쉽게 이해하는 국제회계기준 가이드 북

IFRS 회계원리

International Financial Reporting Standards

제 4 판

Accounting Principles

신호영 · 이화득 · 고종권
김우영 · 김종현 공저

도서출판 시대가치

4판 머리말

2011년도부터 상장기업과 금융기관에게 의무적으로 적용 도입된 국제회계기준(IFRS)은 지속적으로 개정되고 있으며, 회계투명성 제고에 많은 기여를 한 것으로 평가되고 있습니다. 2020년 스위스 IMD(국제경영개발대학원)가 발표한 국가경쟁력 종합평가의 세부 평가항목에서 '회계 · 감사 실무적정성' 부문의 우리나라 순위는 전년도 61위에서 올해 46위로 15단계 상승한 것으로 나타났습니다.

한국채택국제회계기준(K-IFRS)에 기반을 둔 회계의 기본원리를 독자들에게 쉽게 설명하기 위해 2017년에 3판 개정판을 출간한 이후 3년 만에 4판을 내게 되었습니다. 이번 개정판은 3판 개정판 출간 이후에 K-IFRS의 변경 내용을 반영하여 일부 내용을 보완하였고, 2019년에 개정된 재무보고를 위한 개념체계의 내용을 충실히 반영하기 위해 제2장 재무제표의 내용을 대폭 수정하였습니다. 특히 교재로 선택하여 주신 많은 교수님들의 지적과 저자들의 강의를 통해 파악한 문제점을 반영하여 12장 자본과 13장 현금흐름표도 대폭 수정하였으며, 이와 더불어 교재의 내용을 전반적으로 이해하기 쉽도록 수정하였습니다.

이번 4판 개정판의 특징은 다음과 같습니다.

첫째, 재무보고를 위한 개념체계의 대폭적인 개정 내용을 이해하기 쉽도록 노력하였습니다. 이에 따라 재무상태표의 요소인 자산, 부채 및 자본의 정의를 수정하였고, 포괄손익계산서의 요소인 수익과 비용의 정의도 수정하였습니다. 이와 더불어 재무상태표와 포괄손익계산서의 연계성을 보완하여 이익잉여금과 당기순이익 및 배당의 관계를 쉽게 설명하려고 노력하였습니다. 대폭적인 개정이 있었던 재무제표 요소의 인식과 제거 및 측정은 새롭게 집필하였습니다.

둘째, 자본의 경우는 본문의 내용과 예시문제 간의 연계성과 가독성이 낮다는 지적에 따라 본문의 설명과 관련되는 예시문제를 수정하였습니다. 독자들의 가독성을 높이기 위해 본문의 설명과 관련되는 예시문제를 제시하고, 추가적인 설명으로 보완하였습니다. 그리고 본문의 내용 중 지나치게 긴 설명은 간결하게 수정하였습니다.

셋째, 현금흐름표의 본문과 예제를 전면 수정하였습니다. 현금흐름표의 작성원리를 쉽게 이해하도록 재무제표와 현금흐름표 간의 관계를 제시하였으며, 재무상태표와 포괄손익계산서의 계정과 현금흐름표의 현금흐름 간의 관련성도 세부적으로 기술하였습니다. 현금 유입과 유출의 계산원리를 쉽게 이해하도록 회계등식과 T계정을 이용하여 분석하는 방법을 소개하였습니다. 영업활동 현금흐름의 유입과 유출을 회계기록의 사례를 통해 파악할 수 있도록 하고, 이를 회계등식과 T계정 분석을 통해 확인하도록 하였습니다.

넷째, 교재를 선택하여 주신 교수님들과 저자들의 강의를 통해 파악한 미비점을 보완하였습니다. 유형자산의 처분이 7월 1일에 이루어지는 경우에 감가상각비가 월할 계산으로 6월말까지만 계상됨에 따라 1일치의 감가상각비에 대한 질문을 해소하기 위해 유형자산의 처분을 6월말로 일치시키는 등의 세부적인 조정을 하였습니다. 이와 더불어 본문의 내용을 쉽게 이해하도록 난해한 문장을 수정하였고 예제문제의 해답을 간결하게 재작성하였습니다.

4판 개정으로 많은 보완이 있었지만 아직 미비한 점이 많습니다. 이러한 미비점은 교재로 사용하시는 교수님들과 독자들의 지적으로 개선될 수 있습니다. 앞으로도 개선에 대한 많은 의견을 주시기 바랍니다.

4판의 기본 구성은 지난 개정판과 동일하게 3부로 되어 있습니다. 제1부에서는 회계의 의의, 재무제표, 거래의 기록과 회계순환과정, 상품매매기업의 회계에 관한 내용으로 회계의 기초 개념과 회계순환과정에 대해 소개하였습니다. 제2부에서는 계정과목별 회계처리로 자산, 부채 및 자본항목의 회계처리와 관련 이슈를 설명하였고, 제3부에서는 현금흐름표와 재무제표 분석의 내용을 설명하였습니다. 강의를 진행하는 과정에서 시간제약으로 제3부의 내용을 다룰 수 없다면 제3부의 내용을 제외하여도 회계의 기본원리를 강의하는 데 큰 영향이 없을 것입니다.

이번 4판의 개정은 교재로 선택하여 주신 교수님들과 한양대학교 박사 및 박사과정생들의 도움이 있었기에 성공적으로 마칠 수 있었습니다. 많은 도움을 주었던 제주대학교 김진수 교수님, 전북대학교 박삼복 교수님 및 김금영, 박지혜, 유지연 박사와 한양대학교 박사과정생에게 재삼 감사의 마음을 전합니다. 또한 이번 4판 개정 과정에서도 내용을 꼼꼼히 검토하고 수정해 준 박희진 박사의 도움에 감사의 마음을 전합니다. 그리고 본서의 출간을 위해 물심양면으로 심혈을 기울여주신 도서출판 시대가치의 김광범 대표님을 비롯한 직원 여러분들께도 깊이 감사드립니다.

2020년 8월 행당동 캠퍼스에서

저자 일동

차 례

제 1 부 | 회계의 기초와 회계순환 과정

01 | 회계의 의의

02 | 재무제표

03 | 거래의 기록

04 | 회계순환과정

05 | 상품매매기업의 회계

제 2 부 | 계정과목별 회계처리

06 | 재고자산

07 | 현금과 내부통제

08 | 수취채권

09 | 유형자산과 무형자산

10 | 부 채

11 | 금융자산 및 관계기업투자

12 | 자 본

제 3 부 | 현금흐름표와 재무제표 분석

13 | 현금흐름표

14 | 재무제표 분석

제 **1** 부

회계의 기초와 회계순환 과정

IFRS _ Principles of Accounting

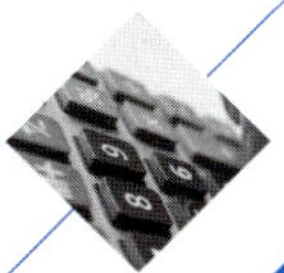

01

회계의 의의

학습목표

우리가 회계(accounting)를 공부하는 이유는 무엇인가? 취업기회가 가장 많이 주어지는 분야 중 하나로 회계가 손꼽히는 이유는 무엇인가? 대학에서 가장 인기 있는 전공 중에 하나로 회계학이 선택되는 이유는 무엇인가? 오늘날 많은 기업의 이해관계자들은 회계정보를 중요시하고 있다. 외환위기와 금융위기 이후 회계의 중요성이 더욱 강조되고 있으며, 기업과 관련된 이해관계자들은 회계정보를 활용하여 자신의 경제적 의사결정을 수행하고 있다. 예를 들어, 투자자나 채권자는 회계정보를 활용하여 기업에 대한 투자 또는 신용제공 여부를 결정한다. 또한 경영자는 자신이 경영하는 기업을 효율적으로 운영하기 위해 회계정보를 활용한다. 이러한 점에서 회계는 정보이용자들이 합리적인 의사결정을 하는 데 필요로 하는 유용한 정보를 생산·제공하기 위한 정보생산시스템이다.

본 장에서 학습할 주요 내용을 요약하면 다음과 같다.

회계의 의의 : 회계정보의 역할, 정보이용자, 기업회계기준

- ➢ 회계란 무엇인가?
- ➢ 회계정보의 역할
- ➢ 회계정보이용자와 회계의 분류
  - 회계정보이용자
  - 회계의 분류
- ➢ 기업회계기준

제 1 절 회계란 무엇인가?

기업에 대한 이해와 평가를 위해서는 기업활동과 관련된 경제적 사건을 분석할 수 있어야 한다. 경제적 사건이란 기업이 경영활동을 수행함에 따라 발생하는 금전 및 기타 재산의 증감이나 변화를 가져오는 모든 사건을 의미한다. 예를 들어, 롯데쇼핑의 스낵칩 판매, KT의 전화 서비스 제공, 현대차의 급여지급 등이 이에 속한다. 기업은 경제적 사건을 분석하여, 자사의 영업 활동내역을 보고하기 위해 기록한다. 이 기록은 화폐단위로 측정되며, 발생한 순서대로 체계적으로 작성 · 보관된다.

일정기간 동안 발생한 경제적 사건은 기록되어 회계보고서라는 문서를 통해 정보이용자(혹은 이해관계자)에게 전달되는데, 이러한 보고서를 재무제표라고 한다. 재무제표는 기업의 수많은 거래를 화폐단위로 요약하여 표준화된 방식으로 기록 · 보고함으로써 기업에 관한 재무정보를 정보이용자가 쉽게 이해할 수 있도록 작성된다.

예를 들어, 대학생 아들을 둔 부모는 등록금을 지원한다. 부모는 아들이 열심히 공부하기를 기대하고 힘들게 번 돈을 등록금으로 지원해주는 것이다. 그렇다면 부모의 입장에서 아들이 정말 열심히 학업에 열중하고 있는지 확인하는 방법은 무엇일까? 가장 효율적인 방법은 아들의 성적표를 확인하는 것이다. 위의 예를 확장하여 기업에 적용해보자. 상대적으로 기업은 아들과 달리 자본시장에서 여러 이해관계자들과 연관되어 있다. 따라서 기업과 관련된 여러 이해관계자들은 기업이 경영활동을 잘 수행하고 있는지 확인하고 싶을 것이다. 이때 이해관계자 입장에서 가장 효율적으로 기업의 경영활동을 확인할 수 있는 방법은 무엇일까? 그것은 바로 기업의 재무제표를 살펴보는 것이다. 재무제표는 자본시장에서 아들의 성적표와 같은 역할을 수행한다. 재무제표는 기업이 수행한 여러 경제적 사건의 결과에 대한 정보를 포함하고 있다. 따라서 아들의 성적표와 달리 기업의 재무제표는 보다 복잡하며 많은 정보를 포함하고 있는 것이다.

자본시장의 참여자 입장에서 기업의 재무제표에 담긴 정보를 정확하게 읽고 활용하는 것은 합리적인 의사결정을 수행하는 데 필수적이다. 이 과정에서 비율, 그래프, 차트 등을 활용하면 재무적 동향 및 관계를 강조할 수 있고, 재무제표를 분석 및 이해 또는 해석하는 능력이 향상될 수 있다.

재무제표를 작성하는 회계절차에는 경제적 사건의 기록만을 다루는 부기(book-keeping) 기능이 포함된다. 과거에는 단순히 회계정보의 생산 측면만을 강조하여 회계를 재무적 성격을 지닌 거래나 사건들을 화폐단위로 기록 · 분석 · 요약하고 그 결과를 해석하는 기술로 정의하였으나 오늘날에는 회계의 수요 측면을 강조하여 다음과 같이 정의하고 있다.

> 회계란 정보이용자가 합리적인 판단이나 의사결정을 할 수 있도록 기업실체에 관한 유용한 경제적 정보를 식별 · 측정 · 전달하는 과정이다.[1)]

이는 단순히 회계정보 산출기능만을 강조하는 것이 아니라 회계정보가 갖는 의사결정의 유용성 측면을 강조한 것이다. 회계는 기업의 경제적 활동에 관한 정보를 기업 내부 및 외부정보이용자에게 전달하는 정보시스템으로 정보이용자들의 합리적이고 경제적인 의사결정에 유용한 정보를 제공하는 것을 목적으로 한다. 회계는 기업의 언어로서 경제적 사건을 식별 · 측정 · 기록 · 전달하는 전체 과정을 포함하고 있다. 따라서 회계를 모르고는 기업의 재무제표를 읽고 해석할 수 없다. [그림 1-1]은 기업의 회계정보시스템을 나타낸다.

그림 1-1 회계정보시스템

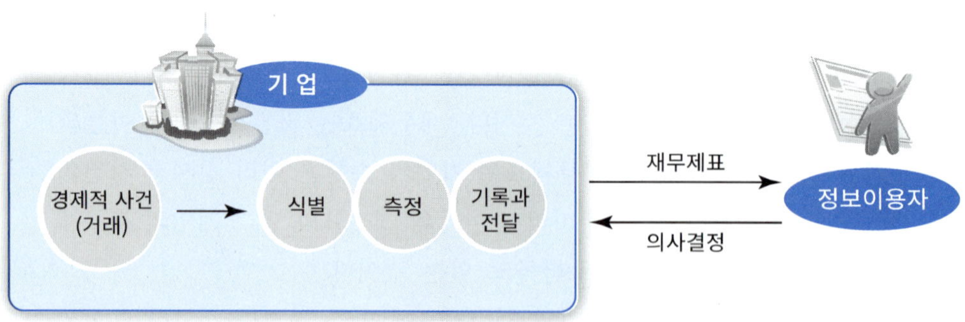

1) 미국회계학회, 1966, 기초적 회계이론에 관한 보고서.

제 2 절 회계정보의 역할

회계의 목적은 기업과 관련된 이해관계자들에게 유용한 정보를 제공하는 것이다. 이러한 회계의 목적 달성과 관련하여 재무제표는 두 가지의 사회적 역할을 담당한다.[2)]

첫째, 이해관계자들이 경제적 의사결정을 수행하는 데 필요로 하는 유용한 정보를 제공한다. 구체적으로 재무제표는 광범위한 정보이용자들이 경제적 의사결정을 수행하는 데 있어 필요로 하는 기업의 재무상태, 경영성과 및 재무상태변동 등과 같은 유용한 정보를 제공한다. 자본시장에서 기업의 영향력에 비추어볼 때 회계정보를 필요로 하는 다양한 이해관계자들이 존재하며, 각 이해관계자들마다 필요로 하는 정보에는 차이가 존재한다. 예를 들어, 주식투자자와 채권자는 기업과 이해관계를 맺고 있다는 공통점을 갖지만, 그들이 필요로 하는 정보에는 차이가 있을 수밖에 없다. 따라서 모든 이해관계자들의 정보수요를 충족시키는 것은 불가능하다. 이러한 이유에서 재무제표는 정보이용자들의 공통적인 정보수요를 충족시키는 것을 목적으로 작성된다. 또한 재무제표는 정보이용자들에게 객관적이며 신뢰성 있는 정보를 제공해야 한다. 따라서 일부 정보이용자들에게만 유용한 정보를 제공하거나, 경영자의 능력과 같은 비재무적인 정보를 제공해서는 안 된다. 재무제표는 정보이용자가 경제적 의사결정을 수행하는데 있어 필요로 하는 모든 정보를 제공하는 것은 아니다.

둘째, 재무제표는 위탁받은 자원에 대한 경영자의 수탁책임(stewardship) 또는 회계책임(accountability)의 결과를 보여준다. 기업은 경영활동에 필요한 자원을 자본시장에서 조달하고 이를 운용하여 이익을 창출한다. 기업이 경영활동을 통해 창출한 이익은 자본시장에 다시 환원되며, 이러한 순환과정이 합리적으로 이루어질 때 자원의 효율적 배분이 달성된다. 경영자는 자본시장에서 제공받은 자원을 효율적으로 활용하고 이윤을 극대화하여 이를 다시 자본시장에 환원하는 최종 책임을 진다. 반면 자본시장의 참여자들은 자신이 제공한 자원이 효율적으로 운영되는지에 대해 관심을 갖게 된다. 자본시장의 참여자들은 자연스럽게 경영자의 수탁

2) 회계정보가 재무제표에 담겨 제공되기에 '재무제표의 사회적 역할'은 '회계정보의 사회적 역할'과 동일한 의미로 해석할 수 있다.

책임 또는 회계책임을 평가하려는 유인을 가지며, 기업의 투자지분 보유 여부, 경영자의 교체결정 등과 같은 경제적 의사결정을 수행한다. 경영자의 수탁책임 또는 회계책임을 평가하는 데 있어 재무제표가 포함하고 있는 회계정보는 유용하게 활용된다.

제 3 절 회계정보이용자와 회계의 분류

1. 회계정보이용자

앞에서 살펴본 바와 같이 기업의 이해관계자들은 회계정보를 이용하여 합리적인 의사결정을 수행한다. 여기서 말하는 기업의 이해관계자란 현재 기업과 이해관계를 맺고 있는 이해관계자뿐만 아니라 미래에 잠재적으로 이해관계를 맺을 것으로 예상되는 이해관계자를 포함한 광의의 개념이다. 따라서 회계정보이용자와 이해관계자는 동일한 의미를 갖는 용어라 할 수 있다. 다음의 [그림 1-2]는 회계정보이용자를 나타낸다.

(1) 내부정보이용자

내부정보이용자는 기업 내부에서 사업을 기획, 조직, 관리하는 자들로서 경영자, 재무담당자, 생산관리자, 마케팅관리자, 회사의 임원 등이 포함된다. 예를 들어, 경영자는 기업의 효율적인 운영을 위한 전략의 수립과 전략의 이행을 위한 전반적인 통제를 수행한다. 이러한 과정에서 경영자는 전략을 수립하고 이행 여부를 평가하는 데 회계정보를 이용한다. 또한 생산관리자는 회계정보를 활용하여 과거 기업의 생산효율성에 대해 평가하고 생산효율성을 향상시키기 위한 전략을 수립한다. 또한 재무담당자, 임원 등은 기업의 현재 재무상태, 경영성과 등을 파악하고 성장가능성을 모색하기 위해 회계정보를 이용한다.

(2) 외부정보이용자

외부정보이용자란 회계정보를 필요로 하는 기업 외부의 이해관계자를 의미한

그림 1-2 회계정보이용자

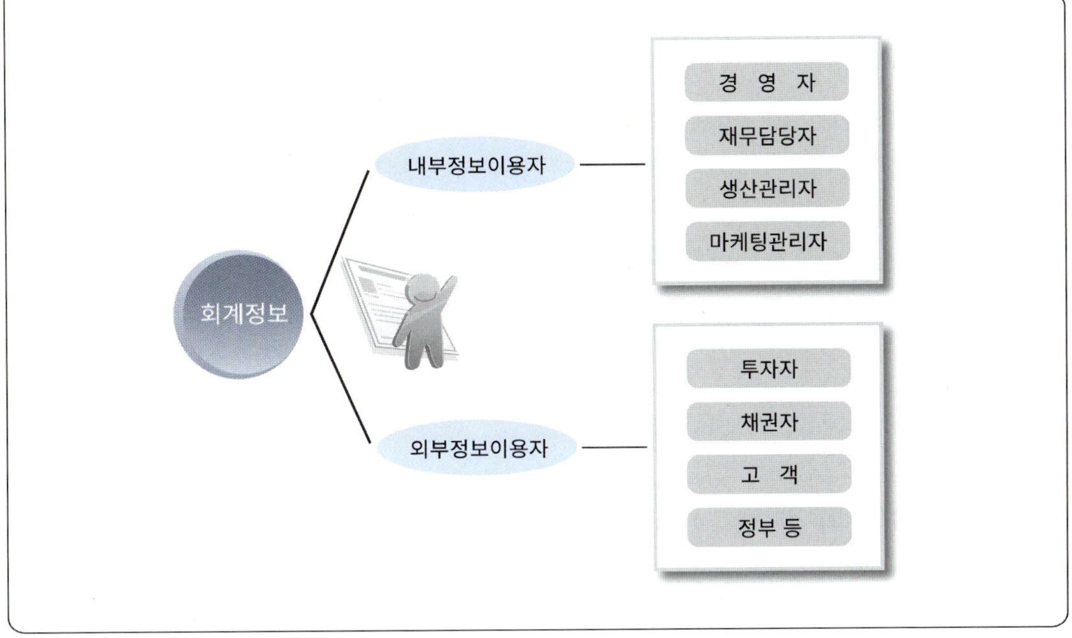

다. 자본시장에서 차지하고 있는 기업의 역할에 비추어볼 때, 회계정보를 필요로 하는 기업의 외부정보이용자는 다양하다. 예를 들어, 투자위험을 감수하는 투자자와 그들의 투자자문가는 투자에 내재된 위험과 투자수익에 대한 정보에 관심을 갖는다.[3] 그들은 주식이나 회사채의 매수, 보유 또는 매도에 관한 의사결정을 위해 정보를 필요로 한다. 예를 들어, 주식투자자는 현재 또는 미래의 잠재적 주주로서 주식의 매입, 보유 및 매도 의사결정을 위한 회계정보, 구체적으로 투자수익에 영향을 미치는 기업가치와 배당에 관한 정보를 필요로 한다. 또 회사채를 매입하려는 회사채투자자는 기업의 지불능력을 평가할 수 있는 정보를 필요로 한다. 일반적으로 주식투자자와 회사채투자자를 합쳐 투자자라고 부른다.

한편, 기업에 자금을 빌려준 거래은행 및 공급자(거래처) 등의 채권자들은 그들의 신용공여 의사결정을 위해 기업의 지불능력을 평가할 수 있는 정보를 필요로 한다. 채권자들은 기업에 대한 자신들의 채권 회수가능성에 관심을 갖는다. 그리

3) 투자자문가로는 주식투자자의 의사결정을 도모하는 재무분석가와 회사채투자자 혹은 채권자의 의사결정을 도모하는 신용평가기관이 있다. 이들 정보중개인들도 기업가치나 신용위험을 분석하기 위해 회계정보를 필요로 한다.

고 고객은 특정 기업과 장기간 거래관계를 유지하고 있거나 의존도가 높은 경우에 그 기업의 존속가능성에 대한 정보에 관심을 갖는다. 정부기관(금융감독원, 공정거래위원회 등), 환경단체 등과 같은 NGO 등도 자원의 배분과 기업의 활동에 관심을 가진다. 이들은 기업활동을 규제하고 조세정책을 결정하며, 국민 소득이나 이와 유사한 통계자료를 근거로 사용하기 위해 정보를 필요로 한다.

마지막으로 기업은 다양한 방법으로 일반대중에게 영향을 미친다. 구체적으로 기업은 종업원의 고용과 지역 내 공급자의 양성과 같은 다양한 방법으로 지역경제에 상당한 기여를 할 수 있다. 일반대중은 재무제표에서 기업의 성장과 활동범위에 관한 추세와 현황에 대한 정보를 얻을 수 있다.

2. 회계의 분류

회계는 정보이용자의 사용목적에 따라 재무회계, 관리회계, 회계감사, 세무회계 및 비영리회계로 분류할 수 있다.

(1) 재무회계

재무회계(financial accounting)는 외부정보이용자인 투자자, 채권자 등이 의사결정을 수행하는 데 필요로 하는 유용한 정보를 제공하는 것을 목적으로 한다. 기업은 재무상태, 경영성과 등과 같은 유용한 정보를 재무제표를 통하여 투자자, 채권자 등의 외부정보이용자에게 전달한다. 재무회계의 핵심은 재무제표이다. 재무제표는 기업활동의 결과를 숫자로 요약하여 유용한 재무적 정보를 외부이용자에게 전달하는 회계보고서이다. 기업은 다수의 정보이용자가 정보를 비교할 수 있도록 일정한 기준에 따라 재무제표를 작성해야 하는데 이러한 기준을 기업회계기준 또는 일반적으로 인정된 회계원칙(Generally Accepted Accounting Principles: GAAP)이라고 한다. 과거 우리나라의 기업회계기준은 한국회계기준원에서 제정하는 「기업회계기준서」였으나 2011년부터 모든 상장기업과 금융기관은 한국채택국제회계기준(Korean International Financial Reporting Standards: K-IFRS)에 따라 회계처리를 수행하고 있다.

자본시장에서 재무제표가 수행하고 있는 역할에 비추어볼 때 재무회계는 여러 회계분야 중에서 가장 기본이 되는 분야라 할 수 있다. 재무제표가 어떻게 작성되며, 재무제표에 포함된 내용이 무엇인지를 이해하는 것은 회계학의 기본이기 때문이다. 이러한 측면에서 후술하는 관리회계, 세무회계, 회계감사 등의 회계분야는 공통적으로 재무회계에 대한 선행학습을 필요로 하고 있다.

(2) 관리회계

관리회계(managerial accounting)는 경영자가 기업 내부 경영활동과 관련하여 합리적 의사결정을 하는 데 필요한 정보를 제공하는 것을 목적으로 하고 있다. 경영자는 작성된 내부보고서를 통해 예산편성, 제품의 판매가격 결정, 제품의 수익성 분석 등과 같은 경영활동을 계획하고 통제한다. 관리회계는 기업의 내부정보이용자에게 정보를 제공하게 되므로 기업회계기준과 같은 일정한 형식이나 내용 등의 규제를 받지 않으며, 별도의 보고형식도 존재하지 않는다.

(3) 회계감사

회계감사란 재무제표에 담긴 정보가 미리 설정된 기준과의 일치 정도를 확인하는 절차이다. 기업이 공시하는 회계정보의 신뢰성을 제고하기 위해서는 기업과 독립적인 공인회계사의 회계감사(auditing)가 필수적으로 이루어져야 한다. 만일 기업과 유착관계를 가진 공인회계사가 회계감사를 수행한다면 회계감사 결과에 대한 확신이 약화될 것이다. 따라서 기업과 유착관계가 없는 독립적인 공인회계사가 회계감사를 수행해야 한다.

공인회계사는 기업이 제공한 재무제표가 기업회계기준을 준수하여 작성되었는지에 대해 감사의견을 표명한다. 구체적으로 공인회계사는 재무제표가 일반적으로 인정된 회계원칙인 기업회계기준에 따라 적정하게 작성되었다고 판단한다면 적정의견을 표명하며, 그 외에 기업회계기준에 위배된 정도에 따라 한정의견, 부적정의견, 의견거절 등을 표명한다.

이와 같이 공인회계사는 기업이 작성한 재무제표의 적정성 여부를 검토하고 표명한 감사의견을 이해관계자에게 공시한다. 우리나라에서는 「주식회사의 외부감사에 관한 법률(외감법)」에 의해 직전 사업연도 말의 자산, 부채, 종업원수 또는 매출액 등 대통령령으로 정하는 기준에 해당하는 회사는 외부감사인(공인회계사)으로부터 회계감사를 받아야 한다.

(4) 세무회계

세무회계(tax accounting)는 세법에 따라 세금을 납부하는 데 필요한 정보를 세무당국에게 제공하는 것을 목적으로 하고 있다. 세무회계는 주로 세법에서 정하는 방식에 따라 세무보고를 하기 위해 과세소득과 세액을 계산하는 데 초점을 맞춘다.

(5) 비영리회계

비영리회계(non-profit accounting)는 정부기관과 공익법인, 학원, 병원 등의 비영리기관의 활동과 사건 등을 측정 · 기록하여 회계정보를 생산하는 활동이다. 비영리회계의 기본적 역할은 정부기관이나 비영리기관의 재정상태와 운영성과에 대한 유용한 정보를 제공하는 것이다. 일례로, 정부회계는 중앙정부(국가)나 지방자치단체와 같은 정부조직의 재정활동에 대한 회계를 말한다. 우리나라를 비롯한 세계의 많은 국가에서는 현금주의로 운영되던 정부회계를 발생주의 · 복식부기로 개혁하고 있다.[4)]

그렇다면 회계원리를 통해 우리가 학습할 내용은 무엇인가? 앞에서 살펴본 바와 같이 여러 회계분야 중에서 가장 기본이 되는 회계분야는 재무회계이다. 재무회계는 재무제표를 통해 합리적인 의사결정을 수행하는 것을 목적으로 하고 있다. 이를 위해서는 재무제표에 포함된 정보가 무엇을 의미하는지 파악하는 것이 중요하다. 예를 들어, 동일한 제품(스마트폰)을 보유한 여러 사용자가 있다고 가정해보자. 이때 각 사용자들의 제품 사용법에 대한 인지도에 따라 스마트폰의 활용도는 차이가 날 수밖에 없다. 즉, 사용법을 완벽히 인지한 사람과 인지하지 못한 사람은 동일한 제품을 사용하더라도 생활의 편의성을 위해 스마트폰을 활용하는 정도가 다를 것이다. 이와 같이 자본시장의 참여자들이 동일한 재무제표 정보를 제공받았다고 할지라도 재무제표에 담긴 정보가 무엇을 의미하는지를 이해하는 정도에 따라 정보의 활용능력에 차이가 존재할 것이다.

따라서 재무회계를 통해 재무제표가 어떻게 작성되고 내포하고 있는 정보가 무엇인지를 학습하는 것은 회계학을 이해하는 데 필수적인 요소이다. 회계원리는 재무회계의 토대를 다지는 선수과정이다. 구체적으로 회계원리에서는 재무제표가

4) 우리나라는 2007년 「지방재정법」에 의하여 지방자치단체에 발생주의 회계기준을 도입하였고, 2009년 「국가회계법」에 의하여 중앙정부에 발생주의 회계기준을 도입하였다.

어떻게 작성되는지에 대한 일련의 과정인 회계순환과정을 배우고, 이를 바탕으로 재무회계의 기초적인 이론을 학습한다.

제 4 절 기업회계기준

과거 우리나라의 기업회계기준은 금융위원회가 증권선물위원회의 심의를 거쳐 제정하였다.[5] 그러나 금융위원회는 2000년 회계기준의 제정 업무를 한국회계기준원 내 회계기준위원회(Korea Accounting Standards Board: KASB)에 위탁하였다. 한국회계기준원은 1998년 10월 정부와 국제부흥개발은행(IBRD)이 합의하여 1999년 9월에 설립된 독립된 민간 회계기준제정기구이다.

한국회계기준원은 회계기준을 국제회계기준에 합치시키라는 국제통화기금(IMF)과 IBRD의 요구에 따라 2007년 3월까지 28개 기업회계기준서를 제정하였다. 이에 정부는 국제회계기준이 글로벌 스탠더드로서 정착되어 가는 추세를 고려하여, 국제회계기준의 도입을 통하여 기업의 회계투명성 향상과 회계분야의 국가경쟁력 강화를 도모하기 위하여 2007년 3월 15일 국제회계기준 도입 로드맵을 발표하였다. 한국채택국제회계기준(K-IFRS)의 제정목적은 비교가능한 회계정보를 정보이용자에게 투명하게 제공하는 데 있다. 한국채택국제회계기준은 「주식회사의 외부감사에 관한 법률(외감법)」에서 정하는 한국채택국제회계기준 의무적용대상 주식회사의 회계처리에 적용한다. 또한 이 기준서는 재무제표의 작성과 표시를 위해 한국채택국제회계기준의 적용을 선택하거나 다른 법령 등에서 적용을 요구하는 기업의 회계처리에도 적용한다.[6] 한편, 국제회계기준의 도입 배경 및 필요성과 그 특징을 정리하면 다음과 같다.

5) 본 절의 내용은 금융감독원에서 작성한 국제회계기준 도입 로드맵(2007.3.15)을 토대로 재작성한 것이다.

6) 한국채택국제회계기준(K-IFRS)은 글로벌 기준으로서 상장기업 및 금융기관이 그 적용대상이므로, K-IFRS의 적용의무가 없는 비상장기업들을 위한 회계기준이 별도로 필요하게 되었다. 이에 따라 회계기준위원회(KASB)는 「일반기업회계기준서」를 제정하였으며, 현행 two track 구조를 유지하고 있다.

1. 국제회계기준 도입 필요성

1) 전 세계적인 회계기준 단일화 추세에 적극 대응

자본시장이 글로벌화됨에 따라 국제적으로 통일된 회계처리기준에 대한 요구가 크게 증가하였고 2007년 3월 당시 EU, 호주, 캐나다 등 100여 개국이 국제회계기준을 자국의 회계기준으로 수용 또는 수용할 예정이었다. 이에 우리나라도 세계적인 회계기준 단일화 추세에 적극 대응할 필요성이 제기되었다.

2) 회계투명성에 대한 신뢰도 제고

외환위기 이후 정부는 기업회계 선진화를 위해 회계감독을 강화하고 제도개선을 지속적으로 실시하여 왔으나 국제회계기준 미사용국으로 분류됨에 따라 국제자본시장에서 한국기업 회계에 대해 전폭적으로 신뢰하지 못하는 한 원인이 되어왔다. 따라서 코리아 디스카운트의 원인 중 회계기준 미흡요인을 제거하여 회계정보에 대한 대내 · 외 신뢰도를 높일 필요성이 부각되었다.

3) 글로벌 기업들의 회계장부 이중 작성 부담 경감

국내기업이 해외증시에 상장할 경우 해당 국가의 회계처리기준을 적용하여 재무제표를 다시 작성하고 외부감사도 받게 되므로 기업부담이 발생하였다. 반면, 국제회계기준 도입 시 국내법규에 의한 재무제표를 국제자본시장에서 그대로 사용할 수 있게 된다는 점에서 이중으로 회계장부를 작성하는 부담을 줄일 수 있다.

2. 국제회계기준 주요 특징

국제회계기준위원회(IASB)는 기준 제정과정에서 미국, 영국, 캐나다, 호주, 일본 등 세계 각국과의 협업을 통해 공동 작업을 하고 있으며 감독기구와 독립적으로 운영된다. 국제회계기준의 주요 특징은 다음과 같다.

1) 원칙중심의 기준체계

상세하고 구체적인 회계처리 방법의 제시보다는 회계담당자가 경제적 실질에 기초하여 합리적으로 회계처리할 수 있도록 회계처리의 기본원칙과 방법론(principle-based)을 제시하는 데 주력하고 있다. 반면, US GAAP 등은 법률관계 및 계약의 내용에 따라 개별 사안에 대한 구체적인 회계처리 방법과 절차(rule-based)를 세밀하게 규정하고 있다.

2) 공정가치 측정

국제회계기준의 중요한 특징은 자본시장의 투자자에게 기업의 재무상황 및 내재가치에 대한 보다 유용한 정보를 제공하는 것이다. 이를 위해 국제회계기준은 기업이 보유하는 모든 금융자산과 금융부채의 가치를 공정가치로 측정하도록 강조하고 있다.

3) 연결재무제표 중심

국제회계기준은 종속회사가 있는 경우 연결재무제표를 기본으로 한다. 따라서 사업보고서 등 모든 공시서류가 연결재무제표 기준으로 작성된다. 연결재무제표는 지배회사와 종속회사를 하나의 독립된 경제실체로 보고 작성한 재무제표이다.

요 약

1. 회계정보이용자

회계정보이용자는 크게 내부정보이용자와 외부정보이용자로 구분한다. 내부정보이용자로는 경영자, 재무담당자, 생산관리자 등이 있으며, 이들은 사업을 기획, 조직, 관리하기 위해 기업의 재무상태 및 재무성과를 파악하고자 한다. 반면, 대표적인 외부정보이용자는 투자자와 채권자가 있다. 주식투자자는 투자수익에 영향을 미치는 기업가치와 배당에 관한 정보를 필요로 하며, 회사채투자자와 채권자는 신용공여 의사결정을 위해 기업의 지불능력을 평가할 수 있는 정보를 필요로 한다. 이 밖에도 고객, 정부기관 및 NGO 등 다양한 정보이용자들이 자신들의 경제적 의사결정을 위해 회계정보를 이용한다.

2. 회계의 분류

회계는 정보이용자의 사용목적에 따라 재무회계, 관리회계, 회계감사, 세무회계 및 비영리회계로 나뉜다. 재무회계는 재무제표 작성을 통해 기업의 재무상태와 경영성과에 관한 정보를 투자자, 채권자 등 외부정보이용자에게 전달하는 것을 목적으로 한다. 관리회계는 경영자가 기업 내부 경영활동과 관련하여 합리적 의사결정을 하는데 필요한 정보를 제공하는 것을 목적으로 한다. 회계감사는 기업이 공시하는 회계정보의 신뢰성을 제고하기 위해 독립된 제3자인 공인회계사가 재무제표의 적정성 여부를 검토하는 것을 말한다. 세무회계는 세법에 따라 세금을 납부하는데 필요한 정보를 세무당국에게 제공하는 것을 목적으로 한다. 비영리회계는 정부기관과 공익법인, 학교 등 비영리기관의 재정상태와 운영성과에 대한 유용한 정보를 제공하는 것을 목적으로 한다.

용어정리

관리회계 기업의 내부이해관계자의 의사결정에 유용한 정보를 제공하기 위한 회계 영역으로서, 보고서 작성 시 일정한 형식 또는 내용에 규제를 받지 않음

기업회계기준 재무제표의 실질적 내용이 되는 회계처리에 필요한 사항, 즉 회계측정기준과 재무제표의 형식상 표시방법 등 재무보고에 필요한 사항을 규정한 회계원칙

재무제표 기업활동의 결과를 숫자로 요약하여 유용한 재무적 정보를 외부이용자에게 전달하는 회계보고서

재무회계 기업의 경영활동을 기록·측정·요약하여 재무제표라는 회계보고서를 기업 외부에 공표할 목적으로 작성하는 외부보고를 위한 회계, 즉 재무제표 작성 중심의 회계로서 기업의 외부이해관계자들이 합리적인 의사결정을 할 수 있도록 필

	요한 회계정보를 제공할 목적으로 행하여지는 회계
회계	회계정보이용자가 합리적인 판단이나 의사결정을 할 수 있도록 기업실체에 관한 유용한 경제적 정보를 식별·측정·전달하는 과정

02

재무제표

학습목표

재무제표는 기업의 활동을 요약하여 재무상태와 경영성과 및 재무상태의 변동에 관한 정보를 담고 있다. 기업은 재무제표를 통하여 정보이용자의 의사결정에 유용한 정보를 제공한다. 재무제표의 예로는 재무상태표, 포괄손익계산서, 자본변동표, 현금흐름표 및 이러한 각 재무제표의 내용에 대해 추가적 설명을 제공하는 주석 등이 있다. 본 장에서는 기업활동, 재무제표와 그 구성요소 및 재무제표 작성을 위한 주요 개념에 대하여 학습한다.

본 장에서 학습할 주요 내용을 요약하면 다음과 같다.

재무제표 : 기업활동, 재무제표, 재무보고를 위한 개념체계

➢ 기업활동과 회계정보
- 기업의 활동
- 기업활동과 재무제표

➢ 재무제표
- 재무상태표
- 포괄손익계산서
- 자본변동표
- 현금흐름표
- 주 석

➢ 재무보고를 위한 개념체계
- 개념체계의 목적과 위상
- 일반목적재무보고의 목적, 유용성 및 한계
- 유용한 재무정보의 질적 특성
- 재무제표와 보고기업
- 재무제표 요소의 인식과 제거
- 재무제표 요소의 측정

제 1 절 기업활동과 회계정보

기업은 자원을 투입하여 상품과 제품 등 재화나 용역을 생산 · 판매(혹은 제공)하여 이익을 창출한다. 그리고 이익을 분배하거나 재생산에 활용하여 영업활동을 지속한다. 한편, 기업은 존속 · 유지 · 발전을 꾀하기 위하여 그 수단으로서 이익 극대화를 추구하지만 보다 궁극적인 목적은 사회수요를 충족시키는 것이라 할 수 있다. 또한 기업은 사람(인적자원), 설비(물적자원) 및 화폐(자금) 등 여러 생산요소들을 효과적 · 효율적으로 활용하여 영업활동을 영위함으로써 재화나 용역을 생산하는데, 이는 국민경제의 원천이 된다.

1. 기업의 활동

기업은 주주, 채권자, 거래처, 종업원 및 정부기관 등 다양한 이해관계자들에게 기업에 관한 재무정보를 재무제표를 통해 제공한다. 재무제표는 다양한 이해관계자들에게 유용한 정보를 제공하기 위한 기업의 재무상태와 경영성과에 관한 체계적인 표현이다. 재무제표를 이해하기 위해서는 재무제표가 나타내고자 하는 기업의 활동을 이해하여야 한다.

기업은 경제적, 사회적 및 문화적 환경 등을 고려하여 목표와 전략을 수립하고, 이러한 전략을 통하여 주주들의 이익을 극대화할 뿐만 아니라 종업원들에게 안정적인 일자리를 제공하며, 국가의 목표 및 정책 공헌 등을 위해 노력한다. 또한 국내영업 또는 해외영업을 할 것인지, 하나의 산업 또는 여러 산업에서 영업활동을 영위할 것인지의 여부, 원재료의 생산 또는 제품의 유통 등에 어떠한 전략을 내세울 것인지를 결정한다. 기업 전체가 아닌 각 사업부 단위별로 또는 제품별로 전략을 세울 수도 있다.

기업은 전략을 통하여 제품의 우월한 품질이나 다양성, 고객서비스 등을 앞세워 틈새시장을 개발할 수 있다. 또한 제품차별화 전략을 통하여 경쟁기업에 비해 경쟁우위를 획득할 수도 있고 규모의 경제, 효율적인 생산 및 원가절감을 통해 가격경쟁 측면에서 우위를 점할 수도 있다. 이러한 전략적 목표를 달성하기 위하여 기업은 재무활동, 투자활동, 영업활동을 수행한다.

(1) 재무활동

기업이 영업활동을 수행하기 위해 필요한 자금을 확보하는 제반 활동을 재무활동(financing activities)이라 한다. 주식이나 회사채의 발행을 통해 투자자로부터 자금을 조달하거나 은행차입을 통해 자금을 조달하는 것 등이 재무활동 사례에 해당한다.[1] 재무활동과 관련된 이해관계자는 크게 투자자와 채권자로 대별된다.

1) 주주

주주는 기업에 자금을 제공하고 그 대가로 기업의 주인을 뜻하는 증서인 주식을 소유한 일반투자자를 일컫는다. 일반적으로 주식회사의 경우에는 보통주(common stock)를 받게 된다. 기업의 입장에서 주식을 발행하고 받은 투자금은 특정일에 상환할 필요가 없고 자금의 사용대가로 주주에게 배당금을 지급한다. 기업의 이익이 많을수록 주주는 많은 배당을 받게 되고 이러한 이익과 배당은 기업의 가치를 나타내는 척도로 작용한다.

2) 채권자

기업은 차입약정서를 작성하고 은행 등 금융기관으로부터 차입을 통해 자금을 조달할 수도 있다. 이 경우 상환일까지 이자를 지급하게 된다.

(2) 투자활동

기업은 필요한 자금을 확보한 후에 영업활동에 필요한 여러 가지 자산에 투자를 하게 된다. 기업의 투자활동(investing activities)은 다음 예시와 같은 항목의 취득 또는 처분과 관련된 활동을 말한다.

- 토지, 건물 및 설비 : 기업에서 재화나 용역을 생산하고 판매(제공)하는 데 필요한 기본시설이며 이 항목들이 가지고 있는 용역잠재력은 장기간에 걸쳐 사용된다.

---

1) 자금을 조달하는 활동뿐 아니라 조달한 자금의 사용대가로 주주에게 배당을, 채권자에게 이자를 지급하는 활동 또한 재무활동에 포함된다.

- 특허, 권리 및 계약권 : 특정 재산권이며 생산 공정에 사용할 수 있는 법적 권리를 제공한다.
- 타 기업이 발행한 주식 또는 회사채 : 기업은 시세차익 또는 기업 간의 원활한 관계유지 등을 이유로 타 기업의 주식 또는 회사채 등에 투자하기도 한다.

(3) 영업활동

기업은 주주와 채권자로부터 자금을 조달하여 여러 가지 자산에 투자한다. 기업이 자산에 대한 투자를 바탕으로 고객에게 재화나 용역을 생산하고 판매(제공)하여 수익을 창출하는 과정을 영업활동(operating activities)이라 하며, 그 예는 다음과 같다.

- 구매활동 : 유통업의 구매부는 매장에서 필요로 하는 제품을 구입한다. 제조업의 구매부는 생산에 필요한 원재료를 구입하게 된다.
- 생산활동 : 제조업의 생산부는 원재료, 노동력을 투입하여 제품을 생산하게 된다.
- 마케팅활동 : 마케팅부는 재화판매를 위한 전략수립을 총괄한다.
- 일반관리활동 : 기업의 관리활동은 구매, 생산, 마케팅 및 타 영업부의 업무를 지원한다. 관리활동은 자료처리, 법률서비스, 연구개발 및 다른 지원용역을 포함한다.

앞서 설명한 기업의 3가지 활동을 요약하면 다음 <표 2-1>과 같다.

표 2-1 | 기업의 활동

구 분	의 의	내 용
재무활동	필요한 자금의 조달	주주와 채권자로부터 자금조달 및 상환, 자금 사용대가(배당, 이자) 지급
투자활동	영업에 필요한 경제적 자원의 획득	토지, 건물 및 기계, 특허권 등의 취득 및 처분
영업활동	수익창출을 위해 재화 또는 용역의 생산·판매(제공)	구매·생산·마케팅·일반관리활동 등

2. 기업활동과 재무제표

투자자와 채권자는 자신들의 합리적인 의사결정을 위해 기업의 재무활동, 투자활동 및 영업활동을 요약한 재무상태와 경영성과에 관한 정보를 알고자 한다. 예를 들어, 주주는 주식의 추가매입 및 매도 등의 투자의사결정을 위해, 채권자는 이자지급 및 원금상환능력을 평가하기 위해 기업운영 전반에 관한 정보를 필요로 한다. 기업은 다수의 이해관계자들로 구성되어 있으며 그 밖의 다양한 경제적 의사결정을 위해 기업에 관한 신뢰성 있는 재무정보를 요구한다. 이러한 정보수요를 충족시키기 위해 기업은 재무제표를 통해 재무상태와 경영성과를 보고한다.

재무보고란 경제적 의사결정에 도움이 되는 재무정보를 제공하는 것을 말한다. 재무보고의 핵심내용인 기업의 재무활동, 투자활동, 영업활동의 결과는 재무제표에 보고된다. 구체적으로 기업의 재무활동과 투자활동 결과는 재무상태표에 요약되며 영업활동의 결과는 포괄손익계산서에 요약된다. [그림 2-1]은 기업의 3가지 활동과 재무제표 간의 관련성을 나타낸다.

그림 2-1 기업활동과 재무제표 간의 관계

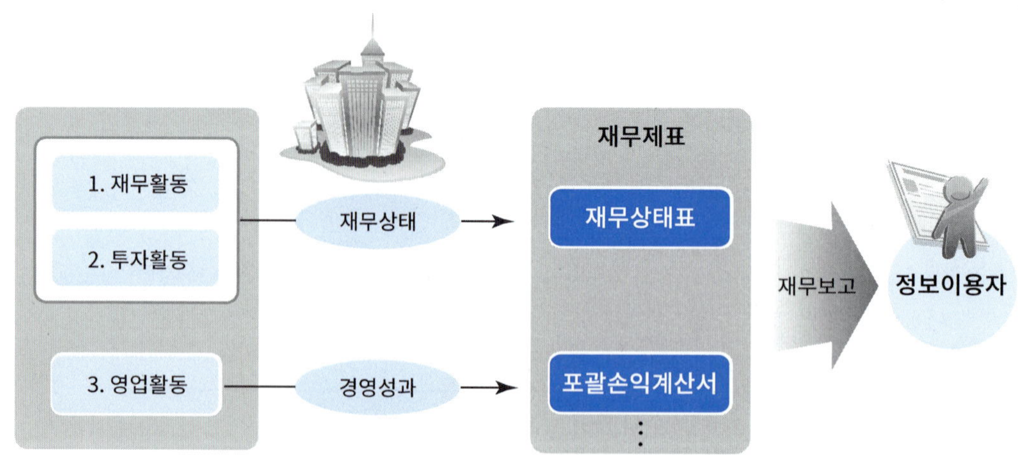

제 2 절 재무제표

1. 재무상태표

재무상태표(statement of financial position 또는 balance sheet)는 보고기간 종료일 현재 기업의 재무상태에 관한 정보를 제공한다. 재무상태란 기업이 보유하고 있는 경제적 자원(자산)과 경제적 의무(부채) 및 소유주지분(자본)의 상황을 말한다. 따라서 재무상태표에서 재무상태의 측정과 직접 관련된 요소는 자산, 부채 및 자본이 된다.

자산(assets)이란 과거사건의 결과로 기업이 통제하는 현재의 경제적자원이다. 기업은 경제적자원의 사용을 지시하고 그로부터 유입될 수 있는 경제적 효익을 얻을 수 있는 현재의 능력이 있다면, 그 경제적 자원을 통제한다. 경제적 자원은 경제적 효익을 창출할 잠재력을 지닌 권리이다. 예를 들어, 재고자산(상품 또는 제품), 매출채권, 토지, 건물, 기계장치 등이 이에 속한다.

부채(liabilities)는 과거사건의 결과로 기업이 경제적 자원을 이전해야 하는 현재의무이다. 의무란 기업이 회피할 수 있는 실제 능력이 없는 책무나 책임을 말한다. 매입채무, 회사채, 금융기관으로부터 차입한 차입금 등을 그 예라 할 수 있다.

재무상태표에 표시되는 자산과 부채의 경우 기업이 정하는 일정한 순서에 따라 배열한다. 일반적으로 자산과 부채는 각각 유동과 비유동으로 구분하여 표시한다. 즉, 현금, 매출채권과 같이 1년 이내에 현금화될 자산을 유동자산이라 하고 1년 이후의 기간에 현금화되는 자산을 비유동자산이라 한다. 또한 1년 이내의 기간에 상환해야 하는 부채를 유동부채라 하며, 1년 이후의 기간에 상환하는 부채를 비유동부채로 분류한다.

자본(equity)은 기업의 자산에서 모든 부채를 차감한 후의 잔여지분이다. 따라서 재무상태표에 표시되는 자본총액은 자산총액에서 부채총액의 측정에 따라 자동적으로 결정된다. 또한 자본은 크게 자본금과 이익잉여금으로 구성된다. [그림 2-2]는 재무제표의 구성요소를 요약한 도표이다.

그림 2-2 재무제표의 구성요소

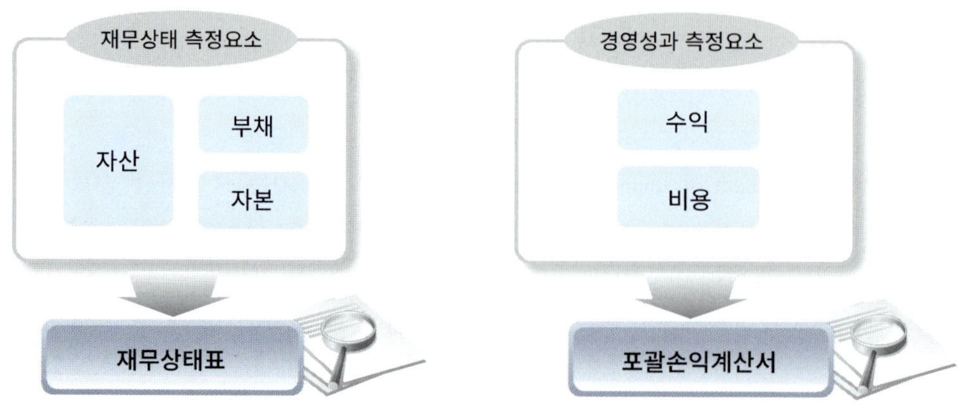

재무상태표를 나타내는 방식에는 계정식과 보고식이 있다. 한국㈜의 20×1년 12월 31일 시점의 재무상태표(<표 2-2>)에서 알 수 있듯이 계정식이란 'T'자 형태로 나누어 왼쪽에는 자산을, 오른쪽에는 부채와 자본을 열거하는 방식이다. 계정식은 자금의 조달원천을 한눈에 파악할 수 있으며, 기업의 재무구조를 쉽게 이해할 수 있다. 반면 자산, 부채, 자본을 일렬로 차례대로 열거하는 방식을 보고식이라 하는데, 이는 누구나 쉽게 이해할 수 있다는 장점이 있다.

재무상태표의 자산은 부채와 자본의 합과 항상 일치하는데, 이를 회계등식 또는 재무상태표등식이라고 부른다. 자산을 기업이 보유하고 있는 경제적 자원, 총투자라고 정의한다면 부채와 자본은 이러한 투자를 위해 조달된 재원으로 이해할 수 있다. 따라서 재원조달 측면에서 부채를 타인자본이라 하며, 자본을 자기자본이라 한다. 반대로 기업이 보유하고 있는 경제적 자원에 대해 채권자와 소유주가 청구권을 행사할 수 있다는 의미에서 부채를 채권자지분, 자본을 소유주지분이라 일컫는다.[2)]

자산 = 부채 + 자본

2) 주식회사에서는 소유주지분을 주주지분이라 한다.

표 2-2 | **재무상태표**

재무상태표

20×1년 12월 31일 현재

한국㈜					(단위 : 천원)
자 산			부 채		
유동자산		₩11,000	매입채무	₩300	
현 금	₩8,000		장기차입금	1,300	
매출채권	1,400		부채총계		₩1,600
재고자산	1,600		자 본		
			자본금	₩15,000	
비유동자산		7,000	이익잉여금	1,400	
설비자산	₩7,000		자본총계		16,400
자산총계		₩18,000	부채와자본총계		₩18,000

[그림 2-3]은 부채와 자본을 상호 비교한 것이다. 부채와 자본은 자금이 늘어난 원인을 설명한다는 공통점이 있으나 부채의 경우는 조달된 자금을 상환할 의무가 있다는 점에서 자본과 다르다. 자본은 주주로부터 출자를 받은 것이므로 자금을 상환할 의무는 없다.

그림 2-3 부채와 자본의 비교

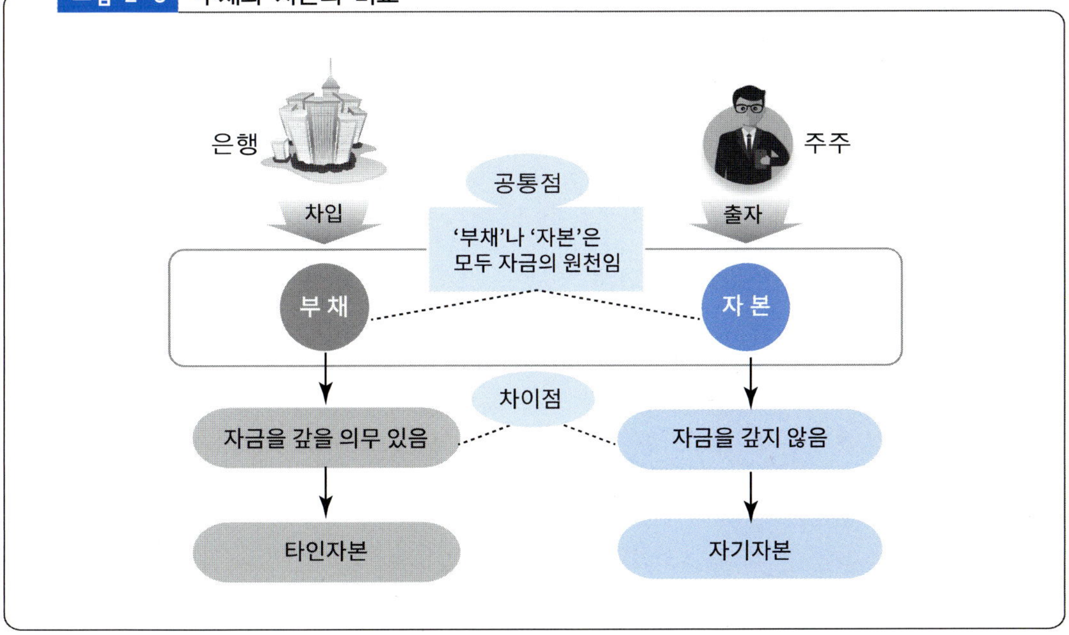

2. 포괄손익계산서

포괄손익계산서(statement of comprehensive income)는 한 회계기간에 대한 기업의 재무성과를 보고하는 재무제표이며, 재무성과의 측정과 직접 관련된 요소는 수익과 비용이다. 수익(income)은 자산의 증가 또는 부채의 감소로서 자본의 증가를 가져오며, 자본청구권 보유자의 출자와 관련된 것을 제외한다. 매출액(용역수익), 이자수익, 임대료수익 등을 들 수 있다. 비용(expenses)은 자산의 감소 또는 부채의 증가로서 자본의 감소를 가져오며, 자본청구권 보유자에 대한 분배와 관련된 것을 제외한다. 매출원가, 급여, 임차료 및 건물 등의 사용으로 인한 가치 감소분(감가상각비) 등이 있다.

그런데 총포괄이익을 구성하는 수익과 비용 항목 중에는 기업회계기준(한국채택국제회계기준)에 따라 순이익의 계산에 포함되지 않는 항목들이 있다. 이러한 항목들은 주로 보유 중인 자산·부채의 가치변동으로 발생하는 미실현평가손익이며, 통칭하여 기타포괄손익(other comprehensive income)이라고 부른다. 기타포괄손익 항목들은 순이익을 구성하는 수익·비용 항목들과는 구분하여 별도로 보고한다.

<표 2-3>은 한국㈜의 20×1년도 포괄손익계산서 예시를 보여준다. 포괄손익계산서에는 수익을 먼저 표시하고, 비용을 표시하여 당기순이익 또는 당기순손실을 보고한다. 수익이 비용을 초과하면 당기순이익을, 비용이 수익을 초과하면 당기순손실을 표시한다. 당기순이익을 계산한 후 기타포괄손익을 가감하여 총포괄이익을 보고한다.[3)]

3) 기타포괄손익에 관한 보다 자세한 내용은 이해하기 어렵다는 점에서 중급회계 단계에서 학습하기로 하고, 회계원리 수준에서는 당기순이익 계산에 초점을 맞춘다. 또한 본서에서는 특별한 언급이 없는 한 총포괄이익의 표시가 없는 경우에도 포괄손익계산서라 부르기로 한다.

표 2-3 | 포괄손익계산서

포괄손익계산서
20×1년 1월 1일부터 20×1년 12월 31일까지

한국㈜		(단위 : 천원)
수 익		₩4,700
용역수익	₩4,700	
비 용		1,950
급 여	₩1,000	
임 차 료	600	
이자비용	100	
수도광열비	250	
당기순이익		₩2,750
기타포괄이익		0
총포괄이익		₩2,750

재무상태표와 포괄손익계산서는 서로 밀접한 관련성을 갖는다. 포괄손익계산서 상 당기순이익은 재무상태표의 구성요소인 자본, 보다 구체적으로 이익잉여금 항목으로 대체된다. 이를 그림으로 나타내면 [그림 2-4]와 같다. 재무상태표와 포괄손익계산서의 연계성에 대해서는 제3장에서 자세히 다룬다. 한편, 재무상태표

그림 2-4 재무상태표와 포괄손익계산서의 연계성

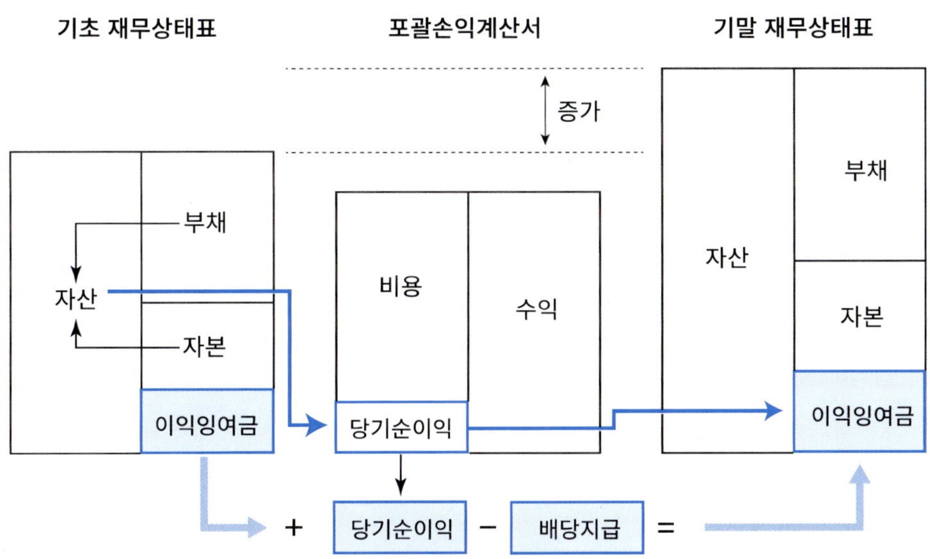

요소인 자산, 부채 및 자본은 일정시점에서의 기업의 경제적 가치를 나타내므로 경제학적으로 저량(stock)의 개념인 반면, 포괄손익계산서 요소인 수익과 비용은 일정기간 동안 발생한 기업의 경제적 가치의 변동을 나타내므로 유량(flow)의 개념이다.

3. 자본변동표

자본변동표(statement of changes in equity)는 한 보고기간 동안 발생한 자본(소유주지분)의 변동을 보고하는 재무제표로서, 자본을 구성하고 있는 요소들(납입자본과 이익잉여금)의 변동에 대한 종합적인 정보를 제공하는 것을 그 목적으로 한다. 자본변동표의 구조는 <표 2-4> 예시와 같이 한국㈜의 기초(20×1년 1월 1일) 시점에서의 자본을 먼저 표시하고, 기중의 자본변동내용을 기록한 다음 기말(20×1년 12월 31일)시점에서의 자본을 표시한다.

표 2-4 | 자본변동표

자본변동표

20×1년 1월 1일부터 20×1년 12월 31일까지

한국㈜ (단위: 천원)

	자본금	이익잉여금	기타포괄손익누계액	총 계
20×1년 1월 1일	₩15,000	0	0	₩15,000
유상증자	-			-
당기순이익		₩2,750		2,750
기타포괄손익			-	-
현금배당[4]		(1,350)	-	(1,350)
20×1년 12월 31일	₩15,000	₩1,400	0	₩16,400

4) 배당은 이자비용과 달리 지분참여자(주주)에 대한 분배로 포괄손익계산서의 비용항목이 아니라 이익잉여금의 감소항목이다.

4. 현금흐름표

현금흐름표(cash flow statement)는 기업의 현금 변동내용을 자세히 보고하기 위하여 한 보고기간 동안 발생한 모든 현금유입과 현금유출에 대한 정보를 제공하는 재무제표이다. 현금흐름표는 한 보고기간 동안 어디서 현금이 들어왔으며, 어디에 현금이 사용되었고, 현금액은 어떻게 변동하였는지에 관한 정보를 제공한다. 구체적으로 한 보고기간 동안 발생한 현금유입과 현금유출을 영업활동, 투자활동 및 재무활동으로 구분하여 보고함으로써 순자산의 변화, 재무구조(유동성과 지급능력 포함), 그리고 급변하는 경영상황에 대처하기 위하여 현금흐름의 금액과 시기를 조절하는 능력을 평가하는 데 유용한 정보를 제공한다. 보다 자세한 현금흐름표 작성을 위한 논리와 방법에 대해서는 제13장에서 학습한다. <표 2-5>는 20×1년도 한국㈜의 현금흐름표 예시이다.

표 2-5 | 현금흐름표

현금흐름표

20×1년 1월 1일부터 20×1년 12월 31일까지

한국㈜		(단위: 천원)
Ⅰ. 영업활동 현금흐름		₩1,350
수익으로부터의 현금유입	₩3,300	
비용에 대한 현금유출	(1,950)	
영업활동 순현금흐름		
Ⅱ. 투자활동 현금흐름		(7,000)
설비자산 구입	(7,000)	
Ⅲ. 재무활동 현금흐름		13,650
보통주 발행	15,000	
배당금 지급	(1,350)	
Ⅳ. 현금의 순증가		₩8,000
Ⅴ. 기초 현금		0
Ⅵ. 기말 현금		₩8,000

5. 주 석

주석(notes)은 재무상태표, 포괄손익계산서, 자본변동표 및 현금흐름표에 표시하는 정보에 추가하여 제공된 정보로서 이러한 각 재무제표에 표시된 항목을 구체적으로 설명하거나 세분화한 정보를 제공한다. 또한 의사결정에 유용하지만 재무제표 인식요건을 충족하지 못하는 항목들에 관한 정보도 제공한다. 예를 들어, 재무제표의 작성근거와 기업이 사용한 구체적인 회계정책에 대한 정보를 공시한다.

제 3 절 재무보고를 위한 개념체계

1. 개념체계의 목적과 위상

'재무보고를 위한 개념체계'(이하 '개념체계'라 한다)는 일반목적재무보고의 목적과 개념을 서술한다. '개념체계'의 목적은 다음과 같다.

① 한국회계기준위원회가 일관된 개념에 기반하여 한국채택국제회계기준(이하 '회계기준')을 제·개정하는 데 도움을 준다.

② 특정 거래나 다른 사건에 적용할 회계기준이 없거나 회계기준에서 회계정책 선택이 허용되는 경우에 재무제표 작성자가 일관된 회계정책을 개발하는 데 도움을 준다.

③ 모든 이해관계자가 회계기준을 이해하고 해석하는 데 도움을 준다.

'개념체계'는 회계기준이 아니다. 따라서 이 '개념체계'의 어떠한 내용도 회계기준이나 회계기준의 요구사항에 우선하지 아니한다.

2. 일반목적재무보고의 목적, 유용성 및 한계

일반목적재무보고의 목적은 현재 및 잠재적 투자자, 대여자와 그 밖의 채권자가 기업[5]에 자원을 제공하는 것과 관련된 의사결정을 할 때 유용한 보고기업 재무정보를 제공하는 것이다. 현재 및 잠재적 투자자, 대여자와 그 밖의 채권자는 다음의 정보를 필요로 한다.

① 기업의 경제적 자원, 기업에 대한 청구권 및 그러한 자원과 청구권의 변동
② 기업의 경영진과 이사회가 기업의 경제적 자원 사용에 대한 그들의 책임을 얼마나 효율적이고 효과적으로 이행했는지 여부

일반목적재무보고서는 현재 및 잠재적 투자자, 대여자와 그 밖의 채권자가 필요로 하는 모든 정보를 제공하지는 않으며 제공할 수도 없다. 그 이용자들은 예를 들어, 일반 경제적 상황 및 기대, 정치적 사건과 정치 풍토, 산업 및 기업 전망과 같은 다른 원천에서 입수한 관련 정보를 고려할 필요가 있다. 일반목적재무보고서는 보고기업의 가치를 보여주기 위해 고안된 것이 아니다. 그러나 그것은 현재 및 잠재적 투자자, 대여자와 그 밖의 채권자가 보고기업의 가치를 추정하는 데 도움이 되는 정보를 제공한다.

3. 유용한 재무정보의 질적 특성

재무정보가 유용하기 위해서는 목적적합해야 하고 나타내고자 하는 바를 충실하게 표현해야 한다. 재무정보가 비교가능하고, 검증가능하며, 적시성 있고, 이해가능한 경우 그 재무정보의 유용성은 보강된다.

(1) 근본적 질적 특성

근본적 질적 특성은 목적적합성과 표현충실성이다.

5) 특정하여 달리 언급하지 않는 한, 이 '개념체계' 전반에 걸쳐 '기업'이라는 용어는 보고기업을 말한다.

1) 목적적합성

목적적합한 재무정보는 이용자들의 의사결정에 차이가 나도록 할 수 있다. 이용자들이 미래 결과를 예측하기 위해 사용하는 절차의 투입요소로 재무정보가 사용될 수 있다면, 그 재무정보는 예측가치를 갖는다. 재무정보가 예측가치를 갖기 위해서 그 자체가 예측치 또는 예상치일 필요는 없다. 재무정보가 과거 평가에 대해 피드백을 제공한다면(과거 평가를 확인하거나 변경시킨다면) 확인가치를 갖는다. 재무정보에 예측가치, 확인가치 또는 이 둘 모두가 있다면 그 재무정보는 의사결정에 차이가 나도록 할 수 있다.

특정 보고기업에 대한 재무정보를 제공하는 일반목적재무보고서에 정보를 누락하거나 잘못기재하거나 불분명하게 하여, 이를 기초로 내리는 주요 이용자들의 의사결정에 영향을 줄 것으로 합리적으로 예상할 수 있다면 그 정보는 중요한 것이다. 즉, 중요성은 개별 기업 재무보고서 관점에서 해당 정보와 관련된 항목의 성격이나 규모 또는 이 둘 다에 근거하여 해당 기업에 특유한 측면의 목적적합성을 의미한다.

2) 표현충실성

재무정보가 유용하기 위해서는 목적적합한 현상을 표현하는 것뿐만 아니라 나타내고자 하는 현상의 실질을 충실하게 표현해야 한다. 완벽한 표현충실성을 위해서는 서술에 세 가지의 특성이 있어야 할 것이다. 서술은 완전하고, 중립적이며, 오류가 없어야 할 것이다. 완전한 서술은 필요한 기술과 설명을 포함하여 이용자가 서술되는 현상을 이해하는 데 필요한 모든 정보를 포함하는 것이며, 중립적 서술은 재무정보의 선택이나 표시에 편의가 없는 것이다. 표현충실성은 모든 면에서 정확한 것을 의미하지는 않는다. 오류가 없다는 것은 현상의 기술에 오류나 누락이 없고, 보고 정보를 생산하는 데 사용되는 절차의 선택과 적용 시 절차 상 오류가 없음을 의미한다.

(2) 보충적 질적 특성

비교가능성, 검증가능성, 적시성 및 이해가능성은 목적적합성과 나타내고자 하는 바를 충실하게 표현하는 것 모두를 충족하는 정보의 유용성을 보강시키는 질적 특성이다.

1) 비교가능성

비교가능성은 이용자들이 항목 간의 유사점과 차이점을 식별하고 이해할 수 있게 하는 질적 특성이다. 다른 질적 특성과 달리 비교가능성은 단 하나의 항목에 관련된 것이 아니다. 비교하려면 최소한 두 항목이 필요하다.

2) 검증가능성

검증가능성은 정보가 나타내고자 하는 경제적 현상을 충실히 표현하는지를 이용자들이 확인하는 데 도움을 준다. 검증가능성은 합리적인 판단력이 있고 독립적인 서로 다른 관찰자가 어떤 서술이 표현충실성에 있어, 비록 반드시 완전히 의견이 일치하지는 않더라도, 합의에 이를 수 있다는 것을 의미한다.

3) 적시성

적시성은 의사결정에 영향을 미칠 수 있도록 의사결정자가 정보를 제때에 이용가능하게 하는 것을 의미한다. 일반적으로 정보는 오래될수록 유용성이 낮아진다. 그러나 일부 정보는 보고기간 말 후에도 오랫동안 적시성이 있을 수 있다. 예를 들어, 일부 이용자들은 추세를 식별하고 평가할 필요가 있을 수 있기 때문이다.

4) 이해가능성

정보를 명확하고 간결하게 분류하고, 특징지으며, 표시하는 것은 정보를 이해가능하게 한다. 일부 현상은 본질적으로 복잡하여 이해하기 쉽지 않다. 그 현상에 대한 정보를 재무보고서에서 제외하면 그 재무보고서의 정보를 더 이해하기 쉽게 할 수 있다. 그러나 그 보고서는 불완전하여 잠재적으로 오도할 수 있다.

4. 재무제표와 보고기업

(1) 재무제표

1) 재무제표의 목적과 범위

재무제표의 목적은 보고기업에 유입될 미래순현금흐름에 대한 전망과 보고기업의 경제적 자원에 대한 경영진의 수탁책임을 평가하는 데 유용한 보고기업의 자산, 부채, 자본, 수익 및 비용에 대한 재무정보를 재무제표이용자들에게 제공하는 것이다. 이러한 정보는 다음을 통해 제공된다.

① 자산, 부채 및 자본이 인식된 재무상태표
② 수익과 비용이 인식된 재무성과표
③ 다음에 관한 정보가 표시되고 공시된 다른 재무제표와 주석
　(가) 인식된 자산, 부채, 자본, 수익 및 비용, 그 각각의 성격과 인식된 자산 및 부채에서 발생하는 위험에 대한 정보를 포함한다.
　(나) 인식되지 않은 자산 및 부채, 그 각각의 성격과 인식되지 않은 자산과 부채에서 발생하는 위험에 대한 정보를 포함한다.
　(다) 현금흐름
　(라) 자본청구권 보유자의 출자와 자본청구권 보유자에 대한 분배
　(마) 표시되거나 공시된 금액을 추정하는 데 사용된 방법, 가정과 판단 및 그러한 방법, 가정과 판단의 변경

2) 보고기간

재무제표는 특정 기간(보고기간)에 대하여 작성되며 다음에 관한 정보를 제공한다.
① 보고기간말 현재 또는 보고기간 중 존재했던 자산과 부채(미인식된 자산과 부채 포함) 및 자본
② 보고기간의 수익과 비용

3) 재무제표에 채택된 관점

재무제표는 기업의 현재 및 잠재적 투자자, 대여자와 그 밖의 채권자 중 특정 집단의 관점이 아닌 보고기업 전체의 관점에서 거래 및 그 밖의 사건에 대한 정보를 제공한다.

4) 계속기업 가정

재무제표는 일반적으로 보고기업이 계속기업이며 예측가능한 미래에 영업을 계속할 것이라는 가정 하에 작성된다. 따라서 기업이 청산을 하거나 거래를 중단하려는 의도가 없으며, 그럴 필요도 없다고 가정한다. 만약 그러한 의도나 필요가 있다면, 재무제표는 계속기업과는 다른 기준에 따라 작성되어야 한다. 그러한 경

우라면, 사용된 기준을 재무제표에 기술한다.

(2) 보고기업

보고기업은 재무제표를 작성해야 하거나 작성하기로 선택한 기업이다. 보고기업은 단일의 실체이거나 어떤 실체의 일부일 수 있으며, 둘 이상의 실체로 구성될 수도 있다. 보고기업이 반드시 법적 실체일 필요는 없다.

5. 재무제표 요소의 인식과 제거

(1) 재무제표 요소의 인식절차

인식(recognition)이란 자산, 부채, 자본, 수익 또는 비용과 같은 재무제표 요소 중 하나의 정의를 충족하는 항목을 재무상태표나 재무성과표에 포함하기 위하여 포착하는 과정이다. 인식은 그러한 재무제표 중 하나에 어떤 항목(단독으로 또는 다른 항목과 통합하여)을 명칭과 화폐금액으로 나타내고, 그 항목을 해당 재무제표의 하나 이상의 합계에 포함시키는 것과 관련된다. 자산, 부채 또는 자본이 재무상태표에 인식되는 금액을 '장부금액'이라고 한다.

인식에 따라 재무제표 요소, 재무상태표 및 재무성과표가 [그림 2-5]와 같이 연계된다.

① 재무상태표의 보고기간 기초와 기말의 총자산에서 총부채를 차감한 것은 총자본과 같다.

② 보고기간에 인식한 자본변동은 다음과 같이 구성되어 있다.

(가) 재무성과표에 인식된 수익에서 비용을 차감한 금액

(나) 자본청구권 보유자로부터의 출자에서 자본청구권 보유자에의 분배를 차감한 금액

하나의 항목(또는 장부금액의 변동)의 인식은 하나 이상의 다른 항목(또는 하나 이상의 다른 항목의 장부금액의 변동)의 인식 또는 제거가 필요하기 때문에 재무제표들은 예를 들어 다음과 같이 연계된다.

① 수익의 인식은 다음과 동시에 발생한다.

그림 2-5 인식에 따라 재무제표 요소들이 연계되는 방법

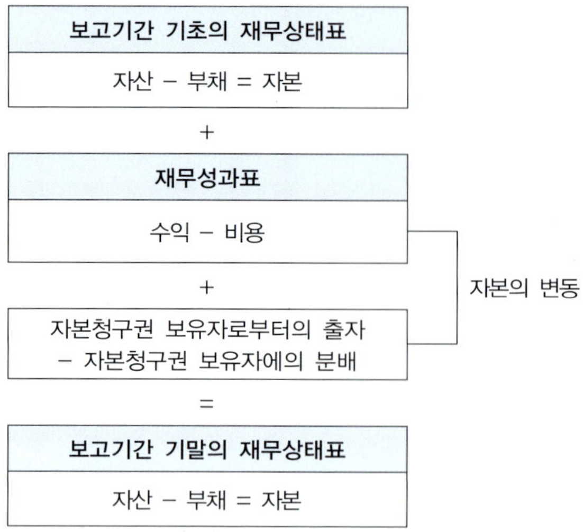

(가) 자산의 최초 인식 또는 자산의 장부금액의 증가

(나) 부채의 제거 또는 부채의 장부금액의 감소

② 비용의 인식은 다음과 동시에 발생한다.

(가) 부채의 최초 인식 또는 부채의 장부금액의 증가

(나) 자산의 제거 또는 자산의 장부금액의 감소

(2) 재무제표 요소의 인식

자산, 부채 또는 자본의 정의를 충족하는 항목만이 재무상태표에 인식된다. 마찬가지로 수익이나 비용의 정의를 충족하는 항목만이 재무성과표에 인식된다. 그러나 그러한 요소 중 하나의 정의를 충족하는 항목이라고 할지라도 항상 인식되는 것은 아니다.

(3) 재무제표 요소의 제거

제거는 기업의 재무상태표에서 인식된 자산이나 부채의 전부 또는 일부를 삭제하는 것이다. 제거는 일반적으로 해당 항목이 더 이상 자산 또는 부채의 정의를 충족하지 못할 때 발생한다.

① 자산은 일반적으로 기업이 인식한 자산의 전부 또는 일부에 대한 통제를 상실하였을 때 제거한다.

② 부채는 일반적으로 기업이 인식한 부채의 전부 또는 일부에 대한 현재의무를 더 이상 부담하지 않을 때 제거한다.

6. 재무제표 요소의 측정

측정(measurement)은 재무상태표와 포괄손익계산서에 인식되어야 할 요소의 화폐금액을 결정하는 과정이다. 재무제표에 인식된 요소들은 화폐단위로 수량화되어 있다. 이를 위해 측정기준을 선택해야 한다. 측정기준은 측정 대상 항목에 대해 식별된 속성(예 : 역사적 원가, 공정가치 또는 이행가치)이다. 자산이나 부채에 측정기준을 적용하면 해당 자산이나 부채, 관련 수익과 비용의 측정치가 산출된다. 재무제표를 작성하기 위해서는 다수의 측정기준이 결합되어 사용되는데 다음과 같은 측정기준이 있다.

(1) 역사적 원가

자산을 취득하거나 창출할 때의 역사적 원가는 자산의 취득 또는 창출에 발생한 원가의 가치로서, 자산을 취득 또는 창출하기 위하여 지급한 대가와 거래원가를 포함한다. 부채가 발생하거나 인수할 때의 역사적 원가는 발생시키거나 인수하면서 수취한 대가에서 거래원가를 차감한 가치이다.

(2) 현행가치

현행가치에는 공정가치, 사용가치와 이행가치, 현행원가가 있다. 현행가치 측정치는 측정일의 조건을 반영하기 위해 갱신된 정보를 사용하여 자산, 부채 및 관련 수익과 비용의 화폐적 정보를 제공한다. 이러한 갱신에 따라 자산과 부채의 현행가치는 이전 측정일 이후의 변동, 즉 현행가치에 반영되는 현금흐름과 그 밖의 요소의 추정치의 변동을 반영한다.

1) 공정가치

공정가치는 측정일에 시장참여자 사이의 정상거래에서 자산을 매도할 때 받거나 부채를 이전할 때 지급하게 될 가격이다. 공정가치는 기업이 접근할 수 있는 시장의 참여자 관점을 반영한다. 시장참여자가 경제적으로 최선의 행동을 한다면 자산이나 부채의 가격을 결정할 때 사용할 가정과 동일한 가정을 사용하여 그 자산이나 부채를 측정한다.

2) 사용가치와 이행가치

사용가치는 기업이 자산의 사용과 궁극적인 처분으로 얻을 것으로 기대하는 현금흐름 또는 그 밖의 경제적 효익의 현재가치이다. 이행가치는 기업이 부채를 이행할 때 이전해야 하는 현금이나 그 밖의 경제적 자원의 현재가치이다. 이러한 현금이나 그 밖의 경제적 자원의 금액은 거래상대방에게 이전되는 금액뿐만 아니라 기업이 그 부채를 이행할 수 있도록 하기 위해 다른 당사자에게 이전해야 할 것으로 기대하는 금액도 포함한다.

3) 현행원가

자산의 현행원가는 측정일 현재 동등한 자산의 원가로서 측정일에 지급할 대가와 그 날에 발생할 거래원가를 포함한다. 부채의 현행원가는 측정일 현재 동등한 부채에 대해 수취할 수 있는 대가에서 그 날에 발생할 거래원가를 차감한다. 현행원가는 역사적 원가와 마찬가지로 유입가치이다. 이는 기업이 자산을 취득하거나 부채를 발생시킬 시장에서의 가격을 반영한다. 이런 이유로, 현행원가는 유출가치인 공정가치, 사용가치 또는 이행가치와 다르다.

요 약

1. 기업의 활동과 재무제표

기업의 활동은 크게 재무활동, 투자활동, 영업활동으로 구분된다. 재무활동이란 필요한 자금을 조달하는 것으로 주식 또는 사채의 발행, 차입을 통해 자금을 확보하는 것이다. 투자활동이란 토지 및 건물, 재고자산 매입 등 영업활동에 필요한 경제적 자원을 획득하는 것이다. 영업활동이란 고객에게 용역이나 재화를 제공함으로써 이익을 창출하기 위한 활동을 말한다. 이와 같은 기업활동의 결과는 재무제표에 보고된다. 재무활동과 투자활동의 결과는 재무상태표에 보고되며, 영업활동의 결과는 포괄손익계산서에 보고된다.

2. 재무제표의 구성

재무제표에는 재무상태표, 포괄손익계산서, 자본변동표, 현금흐름표, 주석이 포함된다. 재무상태표는 일정시점에 기업이 보유하고 있는 자산, 부채, 자본의 재무상태를 보여주는 저량(stock) 개념이며, 포괄손익계산서는 일정기간 동안 기업의 경영성과를 나타내는 유량(flow) 개념이다. 포괄손익계산서상 당기순이익이 재무상태표 자본계정 중의 하나인 이익잉여금 항목으로 보고된다. 이 외에도 자본의 변동을 보여주는 자본변동표, 일정기간 동안 영업·투자·재무활동에 따른 현금의 수취와 지급에 관한 정보를 제공하는 현금흐름표, 추가적인 상세한 설명을 제공하는 주석이 재무제표를 구성한다.

3. 재무보고를 위한 기본가정

재무제표를 작성할 때, 한국채택국제회계기준의 개념체계에 따라 기업은 계속기업의 가정을 적용한다. 예상가능한 미래기간 동안 영업을 계속할 것이라는 계속기업 가정으로 인해 기업은 기간별 보고를 한다.

4. 재무제표 요소

항목	요소	정의 또는 설명
경제적 자원	자산	과거사건의 결과로 기업이 통제하는 현재의 경제적 자원. 경제적 자원은 경제적 효익을 창출할 잠재력을 지닌 권리
청구권	부채	과거사건의 결과로 기업의 경제적 자원을 이전해야 하는 현재의무
	자본	기업의 자산에서 모든 부채를 차감한 후의 잔여지분
재무성과를 반영하는 경제적 자원 및 청구권의 변동	수익	자본의 증가를 가져오는 자산의 증가나 부채의 감소로서, 자본청구권 보유자의 출자와 관련된 것은 제외
	비용	자본의 감소를 가져오는 자산의 감소나 부채의 증가로서, 자본청구권 보유자에 대한 분배와 관련된 것은 제외
그 밖의 경제적 자원 및 청구권의 변동	–	자본청구권 보유자에 의한 출자와 그들에 대한 분배
	–	자본의 증가나 감소를 초래하지 않는 자산이나 부채의 교환

용어정리

부채	과거사건의 결과로 기업의 경제적자원을 이전해야 하는 현재의무
비용	자본의 감소를 가져오는 자산의 감소나 부채의 증가로서, 자본청구권 보유자에 대한 분배와 관련된 것은 제외
수익	자본의 증가를 가져오는 자산의 증가나 부채의 감소로서, 자본청구권 보유자의 출자와 관련된 것은 제외
자본	기업의 자산에서 모든 부채를 차감한 후의 잔여지분
자본변동표	일정기간 동안 발생한 자본의 변동을 표시하는 재무제표
자산	과거사건의 결과로 기업이 통제하는 현재의 경제적자원. 경제적자원은 경제적 효익을 창출할 잠재력을 지닌 권리
재무상태표	일정시점에 기업이 보유하고 있는 자산, 부채 및 자본의 재무상태에 대한 정보를 제공하는 재무제표
주석	재무제표의 과목 또는 금액에 번호를 붙이고 난외 또는 별지에 재무제표 정보에 추가하여 관련된 내용을 기술하는 것
포괄손익계산서	일정기간 기업의 경영성과에 대한 정보를 당기순손익, 기타포괄손익, 총포괄손익의 형태로 제공하는 재무제표
현금흐름표	일정기간 동안 기업실체의 현금유입과 유출에 관한 정보를 제공하는 재무제표
회계등식	자산은 부채와 자본을 합한 금액과 항상 일치한다는 "자산=부채+자본"의 등식

03

거래의 기록

학습목표

회계를 기록하기 위해서는 거래와 계정의 의미를 알아야 한다. 또한 차변과 대변의 정의와 사용법을 이해해야 하고, 회계기록과정의 기본단계가 무엇인지 알아야 한다. 이번 장에서는 분개와 전기 및 회계장부가 무엇인지 설명하고 회계기록과정에서 어떻게 사용되는지 살펴볼 것이다. 마지막으로는 시산표가 무엇인지와 기록과정에 어떻게 도움이 되는지 알아보고자 한다.

회계기록과정은 아래와 같다.

거래의 기록 : 거래, 회계등식, 계정, 회계기록절차, 시산표

- ➢ 회계상 거래
- ➢ 거래의 분석
  - 회계등식의 개념
  - 거래의 분석
- ➢ 거래의 기록
  - 계 정
  - 차변과 대변
  - 차변과 대변의 기록절차
- ➢ 회계기록절차의 단계
  - 분 개
  - 전 기
- ➢ 회계기록절차의 예시
- ➢ 시산표
  - 시산표의 한계
  - 오류 발견
  - 금액 표시

제 1 절 회계상 거래

기업은 다양한 영업활동을 통하여 이익창출을 추구한다. 이러한 영업활동의 과정에서 상품 구매, 건물의 임대차계약, 토지 담보설정 등 많은 거래가 발생한다.

회계상 거래는 회계장부에 기록될 수 있는 거래를 말하며 다음의 두 가지 조건이 충족되어야 한다. 첫째, 거래가 기업의 재무상태에 영향을 주어야 한다. 즉, 기업의 재무제표 요소인 자산, 부채, 자본이 증감하거나 수익과 비용이 발생하여야 한다. 둘째, 화폐로 측정할 수 있어야 한다. 화폐 단위로 측정할 수 없는 경우에는 회계장부에 기록할 수 없기 때문이다. [그림 3-1]에서는 일상적인 거래와 회계상 거래를 요약해서 보여준다. 예를 들어, 건물의 임대차계약, 상품주문, 토지의 담보설정, 종업원의 고용계약 등은 일상적인 거래에 해당하지만 기업의 자산, 부채, 자본의 증감에 영향을 주지 않기 때문에 회계상 거래로 인식하지 않는다. 반면 건물의 화재, 상품(제품)의 파손 및 도난, 상품(제품) 가격의 하락 등은 일상생활에서 거래로 인식하지 않지만 자산, 부채, 자본에 영향을 주기 때문에 회계상 거래로 인식한다.

회계상 거래는 기업의 자산, 부채, 자본에 영향을 주는 경제적 사건을 말한다. 위의 예에서 단순한 상품(제품)주문 행위는 현재시점에서는 기업의 자산, 부채, 자본에 영향을 주지 않기 때문에 회계상의 거래라고 할 수 없다. 상품(제품)수령 또는 현금지급과 같이 자산, 부채, 자본에 영향을 주고 그 크기를 화폐액으로 측정할 수 있는 것을 회계상의 거래라고 부른다.

그림 3-1 일상적 거래와 회계상 거래

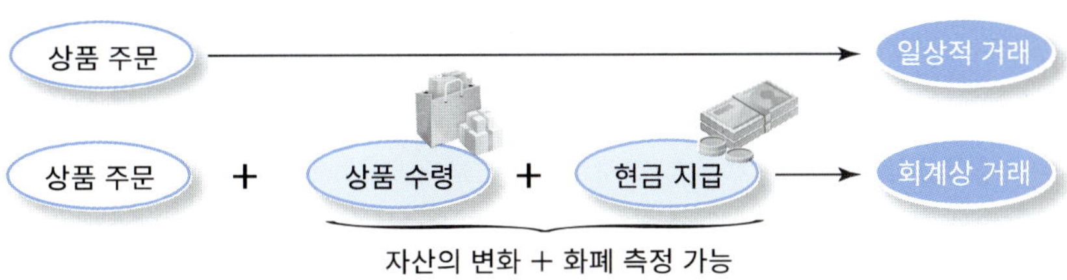

예제 3-1

다음은 한국㈜의 거래내역이다.

(1) 주주들이 현금을 출자하여 한국㈜를 설립하였다.
(2) 강남㈜와 1억원의 거래계약을 체결했다.
(3) 신입사원을 모집하고 고용계약을 하였다.
(4) 자동차를 구매하고 대금은 나중에 지급하기로 했다.
(5) 공장에 화재가 발생하여 막대한 손해를 입었다.
(6) 강남㈜와 강북㈜의 거래에 있어서 한국㈜가 지급보증을 했다.
(7) 강남㈜가 강북㈜에게 구입대금을 지급하지 못해 지급보증한 한국㈜가 대신 현금을 지급했다.
(8) 경영자가 개인자금으로 회사의 주가가 상승할 것으로 예상하여 주식을 구입하였다.
(9) 김대리가 과장으로 승진하면서 연봉 50% 인상의 고용계약을 했다.
(10) 상품을 판매하고 대금 중 일부는 즉시 현금으로 받았고 나머지는 나중에 받기로 했다.

▶▶ 요구사항

위의 각 거래가 회계상 거래인지 아닌지 분석하라.

해답

(1) 자산과 자본이 증가하므로 회계상 거래이다.
(2) 거래계약의 체결은 자산, 부채, 자본의 변동이 없으므로 회계상의 거래가 아니다.
(3) 단순한 고용계약은 회계상의 거래가 아니다.
(4) 자동차라는 자산이 증가하고 대금을 지급하기로 한 부채가 증가하였다. 따라서 회계상의 거래이다.
(5) 공장이라는 자산이 막대한 손실로 가치가 감소하였다. 따라서 자산이 감소한 회계상의 거래이다.
(6) 지급보증 자체는 자산, 부채, 자본의 변동에 영향이 없으므로 회계상의 거래가 아니다.
(7) 지급보증한 한국㈜가 대신 현금을 지급했기 때문에 자산이 감소하였다. 따라서 회계상의 거래이다.
(8) 경영자의 개인적인 행동은 회사의 자산, 부채, 자본에 영향을 주지 않으므로 회계상의 거래가 아니다.

(9) 연봉계약만 한 것이므로 회사의 자산, 부채, 자본에 영향이 없다. 따라서 회계상의 거래가 아니다.
(10) 상품이라는 자산의 감소와 함께 현금이라는 자산의 증가 등 자산이 변동하였으므로 회계상의 거래이다.

앞서 제2장에서 기업의 활동이 재무제표로 요약됨을 살펴본 바 있다. 재무제표를 작성하기 위해서는 일정기간 동안에 발생한 모든 회계상 거래에 대해 기록을 유지해야 하는데, 구체적으로 [그림 3-2]와 같은 회계기록의 절차를 통해 재무제표가 작성된다. 이하에서는 거래의 기록(분개 및 전기)을 위한 준비단계로서 회계등식을 이용한 거래의 분석을 먼저 학습하고, 이어서 회계기록의 세부적인 절차에 대해서 설명한다.

그림 3-2 회계기록의 절차

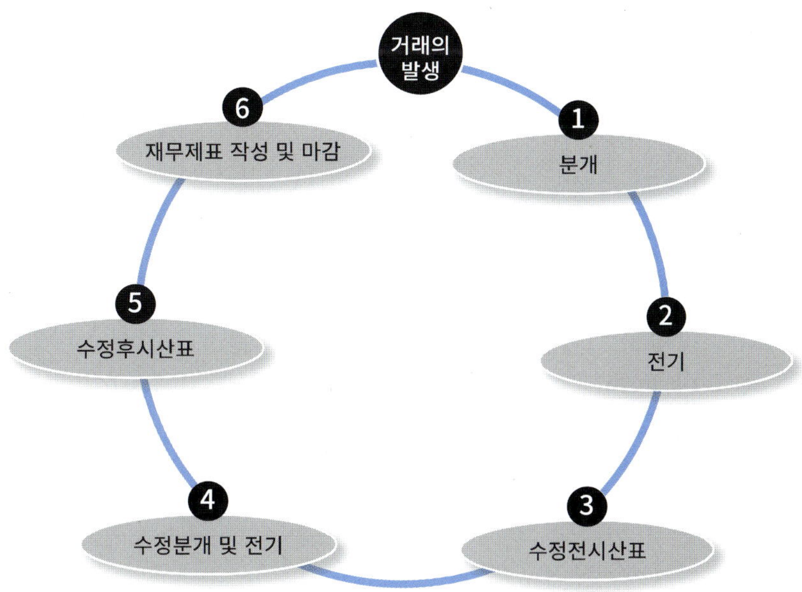

제 2 절 거래의 분석

1. 회계등식

기업이 영업활동을 수행하기 위한 자산(자원)은 주주로부터 조달한다. 주주에 의해 조달되는 부분은 재무제표상 자본으로 인식하고, 채권자에 의해 조달되는 부분은 부채로 인식한다. 따라서 회계등식에 따라 자산은 부채와 자본의 합과 일치한다.

예를 들어, 한국㈜가 사업을 시작하면서 은행(채권자)으로부터 4억원을 차입하고, 주식을 발행하여 주주로부터 6억원을 조달하였다면 한국㈜의 자산은 부채와 자본을 합한 금액 10억원이 되어야 한다.

자산 = 부채 + 자본

회계등식은 경제적 사건을 요약하고 기록하는 데 기초적인 분석 틀을 제공한다. 먼저, 기본적인 회계등식의 확장에 대해 살펴보도록 하자.

재무상태표의 구성요소인 자본은 크게 자본금과 이익잉여금으로 구성되어 있다.[1)] 자본금은 주주가 납입한 금액이고, 이익잉여금은 기업이 영업활동을 통하여 창출한 이익으로 주주에게 자본사용의 대가로 배당금을 지급하고 남은 나머지, 즉 기업의 재투자를 위해서 회사 내에 남겨둔(유보) 금액이다. 따라서 이익잉여금은 당기순이익(수익－비용)에 의해 증가하고 배당금 지급에 의해 감소하게 된다. 결과적으로, 이익잉여금은 수익, 비용 및 배당금 등 세 가지 요소에 의해 영향을 받게 되며, 이 중 어느 하나의 변동은 최종적으로 자본에 영향을 미친다. [그림 3-3]은 자본과 이익잉여금 변동요인 간의 연계성을 보여주고 있다.

1) 자본은 구체적으로 납입자본(자본금과 자본잉여금), 이익잉여금 및 기타자본요소로 구성되어 있으나, 설명의 간편성을 위해 자본금과 이익잉여금만으로 구성되어 있는 것으로 간주한다. 보다 자세한 내용은 제12장(자본)에서 학습하기로 한다.

그림 3-3 재무상태표의 자본과 포괄손익계산서의 당기순손익 및 배당금 간의 연계성

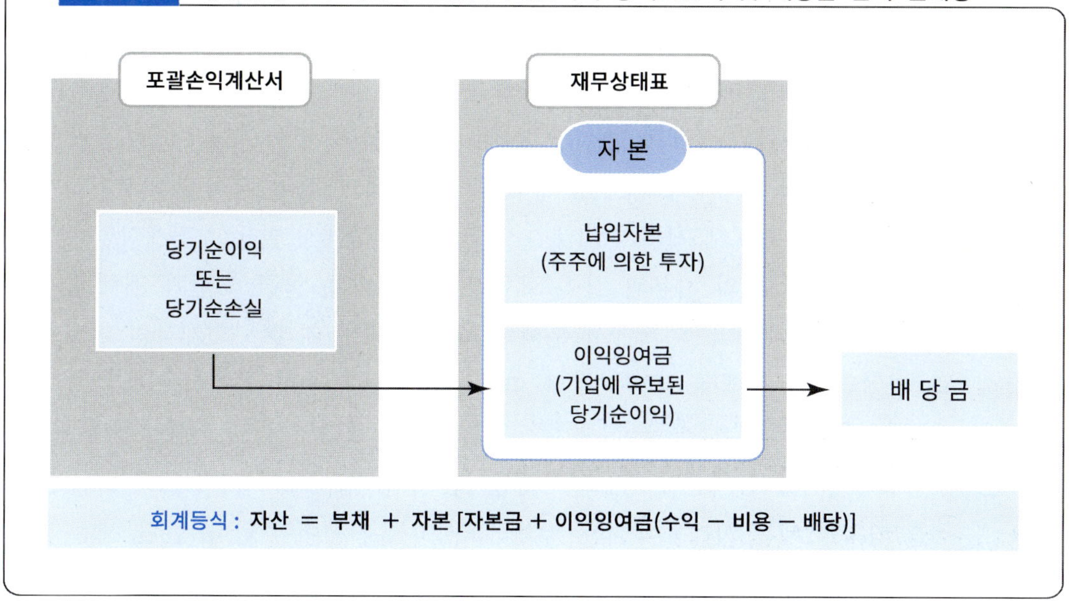

[그림 3-4]는 재무상태표와 포괄손익계산서 구성요소 및 배당을 동시적으로 고려한 기본적인 회계등식의 확장모형이다. 기본적인 회계등식과 일관되게 확장된 회계등식도 등식의 왼편 총액과 오른편 총액이 항상 같아야 한다. 한편, 확장된 회계등식은 왼편과 오른편에 같은 금액을 기록하는 원리와 각 요소에 미치는 영향을 보여주고 있다. 따라서 확장된 회계등식을 학습하는 것은 복식부기의 기본원리를 이해하는 데 많은 도움이 될 것이다.

그림 3-4 회계등식

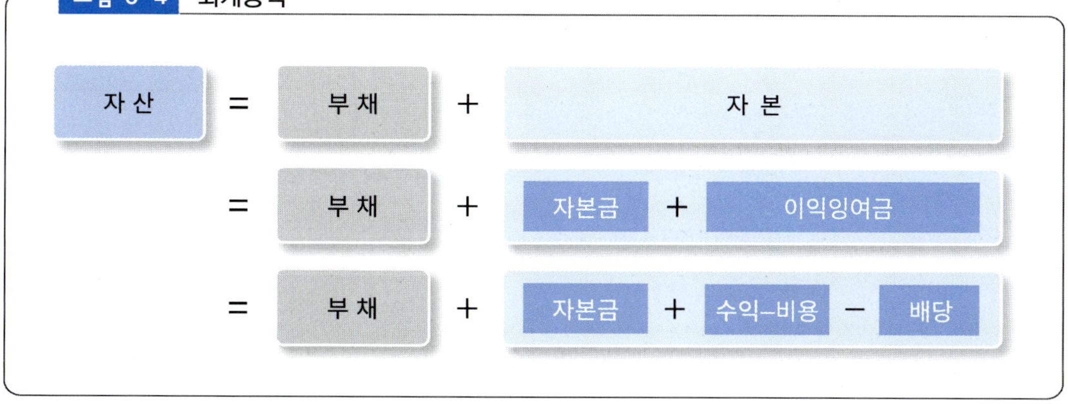

2. 회계등식을 이용한 거래의 분석

거래는 거래상대에 따라 외부거래 또는 내부거래로 나누어 볼 수 있다. 외부거래는 기업 외부와의 경제적 사건을 말한다. 예를 들어, 한국피자의 요리도구 구매, 임차료의 지급, 고객에게 피자 판매 등과 같이 제3자와의 거래가 외부거래이다. 반면에 내부거래는 제3자와의 거래가 아닌 회사내부에서 발생한 경제적인 사건이다. 주문용 컴퓨터의 사용과 같이 보유자산의 사용은 물론 도난과 재해로 인한 손실도 내부거래이다. 여기에서 분석의 대상이 되는 거래는 회계상의 거래이다. 즉, 기업의 재무상태에 영향을 주며 화폐로 측정이 가능한 회계상 거래만 분석의 대상이 된다.

어느 시점에서 계산하더라도 회계등식은 항상 성립해야 하기 때문에 특정 거래를 기록할 때는 회계등식(자산=부채+자본)이 유지되어야 한다. 한편, 모든 거래는 회계등식에서 적어도 두 개 이상의 항목에 영향을 준다. 예를 들어, 자산의 증가는 다른 자산의 감소나 부채의 증가 또는 자본의 증가를 유발한다. 가격이 ₩20,000인 물품을 구입 시 현금 ₩12,000을 지급하고 나머지 ₩8,000은 외상으로 구매하였다고 가정해 보자. 자산에 포함되는 물품이 ₩20,000 증가하고 다른 종류의 자산인 현금은 ₩12,000 감소한다. 또한 부채가 ₩8,000 증가한다. 이 거래에서는 세 개의 항목이 동시에 영향을 받게 된다.

(1) 거래분석

회계등식을 이용하여 경제적 사건인 거래를 분석하고 이해하는 것은 회계원리 수업에 있어서 필수적이다. 이제 <거래 1> ~ <거래 9> 각각에 대해서 살펴보기로 하자.

거래 1. 주주에 의한 투자

20×1년 1월 1일 A씨는 현금 ₩30,000을 출자하여 컨설팅회사인 한국㈜를 설립하고 보통주를 받았다.

보통주는 한국㈜에 대한 A씨의 소유주지분(주주지분)을 나타낸다. 한국㈜는 이 거래로 인하여 현금(자산)과 자본금(자본)이 각각 ₩30,000씩 증가한다.

거 래	자산	=	부채	+	자본
1	현금				자본금
	+₩30,000				+₩30,000

위의 거래의 핵심은 주주에 의한 투자는 기업의 영업활동으로부터 발생하는 수익이 아니라 투자라는 것이다. 회사가 최초로 설립된 이후 주주에 의한 추가적인 투자는 최초의 투자와 동일하게 자본에 영향을 미친다.

거래 2. 현금으로 비품 구입

한국㈜는 컴퓨터를 구입하고 현금 ₩15,000을 지급하였다.

이 거래로 인해 현금(자산)이 ₩15,000 감소하고 컴퓨터라는 비품(자산)이 ₩15,000 증가한다. 거래 1과 거래 2의 누적결과는 다음과 같다.

거래	자산		=	부채	+	자본
	현금	비품				자본금
1	+₩30,000					+₩30,000
2	−15,000	+₩15,000				
	₩15,000	₩15,000				
	₩30,000					₩30,000

거래 2는 자산의 증가와 감소에 동일하게 영향을 미치므로 총자산에 영향을 미치지 않는다. 따라서 거래 1과 거래 2의 결과 총자산은 A씨의 초기투자에 해당하는 ₩30,000이다.

거래 3. 외상으로 소모품 구입

강서㈜로부터 컴퓨터 용지와 토너를 ₩3,000에 구입하고 대금은 1개월 후에 지급하기로 하였다.

용지와 토너의 구입으로 컴퓨터 용지와 토너라는 소모품(자산)이 ₩3,000 증가하고, 외상구입으로 인해 미지급금(부채)이 ₩3,000 증가한다.[2] 회계등식에서의 결과는 다음과 같다.

거래	자산			=	부채	+	자본
	현금	소모품	비품		미지급금		자본금
1~2	₩15,000		₩15,000				₩30,000
3		+₩3,000			+₩3,000		
	₩15,000	₩3,000	₩15,000		₩3,000		₩30,000
		₩33,000				₩33,000	

거래 3의 결과 총자산 ₩33,000은 부채 ₩3,000과 자본 ₩30,000으로 구성된다.

거래 4. 용역 제공

강동㈜에 자문용역을 제공하고 현금 ₩2,000을 받았다.

한국㈜의 영업활동으로 인해 현금(자산)이 ₩2,000 증가하고 자문용역 제공에 따른 매출(수익)이 ₩2,000만큼 발생하였다. 수익은 이익잉여금을 증가시키므로 용역 제공에 따른 이익잉여금(자본) ₩2,000이 증가한다. 회계등식에서의 분석은 다음과 같으며, 회계등식의 왼쪽 합과 오른쪽 합은 ₩35,000으로 동일하다.

거래	자산			=	부채	+	자본	
	현금	소모품	비품		미지급금		자본금	이익잉여금
1~3	₩15,000	₩3,000	₩15,000		₩3,000		₩30,000	
4	+₩2,000							+₩2,000
	₩17,000	₩3,000	₩15,000		₩3,000		₩30,000	₩2,000
		₩35,000					₩35,000	

2) 기업이 재화나 용역을 외상으로 구입하는 경우 일반적인 상거래를 위한 것이면 이를 매입채무라 하고, 일반적인 상거래가 아닌 기타의 목적으로 구입하였다면 이를 미지급금이라 한다.

거래 5. 외상으로 사업개시 광고 게재

광고회사를 통해 사업개시 광고를 게재하였는데 광고비 ₩500은 추후에 지급하기로 하였다.

이 거래로 인해 미지급광고비(부채)가 증가하고 광고비(비용)가 ₩500 발생한다. 비용은 이익잉여금을 감소시키기 때문에 광고비의 발생으로 ₩500의 이익잉여금(자본)이 감소한다.

거래	자산			=	부채		+	자본	
	현금	소모품	비품		미지급금	미지급 광고비		자본금	이익 잉여금
1~4	₩17,000	₩3,000	₩15,000		₩3,000			₩30,000	₩2,000
5						+₩500			−₩500
	₩17,000	₩3,000	₩15,000		₩3,000	₩500		₩30,000	₩1,500
	₩35,000				₩35,000				

광고비(비용)를 현금으로 지급하지 않고 추후에 지급하기로 함으로써 미지급광고비(부채)가 증가하게 된다. 따라서 이 거래는 회계등식의 오른편(부채와 자본)에만 영향을 미치고 있지만 회계등식의 왼쪽 합과 오른쪽 합은 ₩35,000으로 동일한 것을 알 수 있다.

거래 6. 일부 현금 및 일부 외상 용역 제공

고객에게 용역을 제공하고, 용역대가 중 ₩2,000은 현금으로 받고 나머지 ₩5,000은 외상으로 하였다.

이 거래로 자산과 자본이 증가하는데 구체적으로 3개의 항목이 영향을 받는다. 즉, 현금(자산) ₩2,000이 증가하고 매출채권(자산) ₩5,000이 증가하며 수익의 발생으로 이익잉여금(자본) ₩7,000이 증가한다.[3] 회계등식의 분석은 다음과 같다.

3) 기업이 재화나 용역을 외상으로 판매 또는 제공하고 현금을 수취할 수 있는 권리를 획득한 경우 이를 매출채권이라 한다.

거래	자산				=	부채		+	자본	
	현금	소모품	비품	매출채권		미지급금	미지급광고비		자본금	이익잉여금
1~5	₩17,000	₩3,000	₩15,000			₩3,000	₩500		₩30,000	₩1,500
6	+₩2,000			+₩5,000						+₩7,000
	₩19,000	₩3,000	₩15,000	₩5,000		₩3,000	₩500		₩30,000	₩8,500
	₩42,000					₩42,000				

현금 ₩2,000을 받았는데, 이익잉여금이 ₩7,000만큼 증가한 것은 이익잉여금의 증가는 현금수입이 아닌 수익의 발생에 기인하기 때문이다.

거래 7. 각종 비용의 지급

임차료 ₩1,000, 직원급여 ₩2,000, 공공요금 ₩500을 현금으로 지급하였다.

임차료, 직원급여, 공공요금 등 비용을 현금으로 지급함에 따라 자산과 자본이 감소한다. 즉, 현금은 ₩3,500 감소하고 동일한 금액만큼 이익잉여금도 감소한다. 3가지 비용과 관련된 거래의 결과는 다음과 같으며, 등식의 왼쪽 합과 오른쪽 합은 각각 ₩38,500이다.

거래	자산				=	부채		+	자본	
	현금	소모품	비품	매출채권		미지급금	미지급광고비		자본금	이익잉여금
1~6	₩19,000	₩3,000	₩15,000	₩5,000		₩3,000	₩500		₩30,000	₩8,500
7	−₩3,500									−₩1,000
										−₩2,000
										−₩500
	₩15,500	₩3,000	₩15,000	₩5,000		₩3,000	₩500		₩30,000	₩5,000
	₩38,500					₩38,500				

거래 8. 미지급광고비의 지급

거래 5에서 발생했던 미지급광고비 ₩500을 광고회사에 지급하였다.

미지급광고비(부채)를 상환했기 때문에 현금(자산)이 ₩500 감소하고 미지급광고비(부채)가 ₩500 감소한다. 거래의 결과를 분석하면 다음과 같다.

거래	자산				=	부채		+	자본	
	현금	소모품	비품	매출채권		미지급금	미지급광고비		자본금	이익잉여금
1~7	₩15,500	₩3,000	₩15000	₩5,000		₩3,000	₩500		₩30,000	₩5,000
8	−₩500						−₩500			
	₩15,000	₩3,000	₩15,000	₩5,000		₩3,000	₩0		₩30,000	₩5,000
	₩38,000					₩38,000				

거래 5의 비용을 기록할 때 이미 이익잉여금에 반영이 되었기 때문에 미지급광고비의 지급으로 인한 현금지출은 자본에 영향을 주지 않는다. 즉, 거래 5 분석에서 비용을 인식하고 이익잉여금에 거래의 결과를 이미 반영했기에 거래 8에서는 미지급광고비(부채)와 현금(자산)만을 감소시키고 이익잉여금(자본)에는 더 이상 영향을 미치지 않는다.

거래 9. 고객으로부터 현금 회수

거래 6의 외상으로 제공한 용역대금 중 ₩1,000을 현금으로 회수하였다.

이 거래로 현금(자산)은 ₩1,000 증가하고 매출채권(자산)은 ₩1,000 감소한다. 총자산은 변화하지 않지만 자산의 세부 항목들 간에는 변화를 초래한다.

거래	자산				=	부채	+	자본	
	현금	소모품	비품	매출채권		미지급금		자본금	이익잉여금
1~8	₩15,000	₩3,000	₩15,000	₩5,000		₩3,000		₩30,000	₩5,000
9	+₩1,000			−₩1,000					
	₩16,000	₩3,000	₩15,000	₩4,000		₩3,000		₩30,000	₩5,000
	₩38,000					₩38,000			

또한 거래 6에서 용역을 제공할 때 이미 수익을 기록하면서 이익잉여금에 반영하였기 때문에 거래 9의 현금회수액 ₩1,000은 이익잉여금에 더 이상 영향을 미치지 않는다.

(2) 거래요약

아래 그림은 한국㈜의 거래 1에서 거래 9를 요약한 것이다.

	자산				=	부채		+	자본	
거래	현금	소모품	비품	매출채권		미지급금	미지급 광고비		자본금	이익 잉여금
1	₩30,000								₩30,000	
2	−15,000		+₩15,000							
3		+₩3,000				+₩3,000				
4	+2,000									+₩2,000
5							+₩500			−500
6	+2,000			+₩5,000						+7,000
7	−3,500									−3,500
8	−500						−500			
9	+1,000			−1,000						
	₩16,000	₩3,000	₩15,000	₩4,000		₩3,000	₩0		₩30,000	₩5,000
계	₩38,000					₩38,000				

• 위의 예시에서 나타난 각각의 거래는 기본 회계등식의 구성요소인 자산, 부채, 자본의 세부 항목 중 두 가지 이상의 항목을 동시에 변동시킨다.

• 회계등식의 왼쪽 합과 오른쪽 합은 항상 같다.

• 자본의 구성요소인 이익잉여금은 수익과 비용의 발생에 의해서 변동되어진다.

예제 3-2

한국㈜의 20×2년도 2월 중 거래내역은 다음과 같다.

(1) 2월 1일 현금 ₩50,000을 출자하여 보안회사인 한국㈜를 설립하였다.

(2) 2월 4일 무전기 5대를 ₩20,000에 구입하고 현금을 지급하였다.

(3) 2월 7일 은행으로부터 현금 ₩100,000을 단기차입하였다.

(4) 2월 10일 필기구와 장부를 ₩10,000에 구매하고 대금은 나중에 지급하기로 하였다.

(5) 2월 15일 H대학교에 보안서비스를 제공하고 현금 ₩40,000을 받았다.

(6) 2월 17일 H고등학교에 ₩40,000의 보안서비스를 제공하고 ₩20,000은 현금으로 받고 나머지 ₩20,000은 3개월 뒤에 받기로 하였다.

(7) 2월 25일 종업원들에게 급여 ₩50,000을 현금 지급하였다.

(8) 2월 26일 사무실 임차료 ₩10,000을 현금 지급하였다..

▶▶ 요구사항

회계등식을 이용하여 위의 거래를 분석하고 요약하라.

해답

1. 거래의 분석

(1) 한국㈜에 대한 출자로 현금(자산)이 ₩50,000증가하며, 자본금(자본)이 ₩50,000증가한다.

(2) 무전기(기계장치)의 구매를 위해 현금을 지급하였으므로 현금(자산)이 ₩20,000감소하고, 기계장치(자산)가 ₩20,000만큼 증가한다.

(3) 은행으로부터 자금을 단기차입하였으므로 현금(자산)이 ₩100,000증가하며, 단기차입금(부채)이 ₩100,000증가한다.

(4) 외상으로 사무용품(소모품)을 구매하였으므로 소모품(자산)이 ₩10,000증가하며, 미지급금(부채)이 ₩10,000증가한다.

(5) 보안서비스를 제공하고 현금을 수취하였으므로 현금(자산)이 ₩40,000증가하며, 이익잉여금(자본)이 ₩40,000증가한다.

(6) 보안서비스를 제공하고 일부는 현금을 바로 수취하고, 나머지에 대해서는 외상으로 하여 3개월 후에 받기로 하였으므로 현금(자산)이 ₩20,000증가, 매출채권(자산)이 ₩20,000증가한다. 그리고 이익잉여금(자본)이 ₩40,000증가한다.

(7) 종업원들에게 현금으로 급여를 지급하였으므로 현금(자산)이 ₩50,000감소하며, 이익잉여금(자본)이 ₩50,000감소한다.

(8) 사무실 임차료를 현금으로 지급하였으므로 현금(자산)이 ₩10,000감소하며, 이익잉여금(자본)이 ₩10,000감소한다.

2. 거래의 요약

	자 산				= 부 채		+ 자 본	
거래	현금	소모품	기계장치	매출채권	단기차입금	미지급금	자본금	이익잉여금
1	₩50,000						+₩50,000	
2	−20,000		+₩20,000					
3	+100,000				+₩100,000			
4		+₩10,000				+₩10,000		
5	+40,000							+₩40,000
6	+20,000			+₩20,000				+40,000
7	−50,000							−50,000
8	−10,000							−10,000
	₩130,000	₩10,000	₩20,000	₩20,000	₩100,000	₩10,000	₩50,000	₩20,000
계	₩180,000				₩180,000			

제 3 절 거래의 기록

1. 계 정

계정은 자산, 부채, 자본의 증가와 감소, 그리고 수익과 비용의 발생을 기록·계산하는 최소단위이고, 현금이나 자본금과 같이 계정에 이름을 붙이는 것을 계정명이라 한다. 가장 간단한 형태의 계정은 (1) 계정명, (2) 차변(계정의 왼편), (3) 대변(계정의 오른편)의 세 부분으로 구성되어 있다. 계정의 모양이 T자와 같다고 해서 T계정이라고 부르기도 한다. 다음은 계정의 기본 형태이다.

계정명

차 변	대 변
차변 잔액	대변 잔액

T계정은 회계에서 사용하는 표준용어로서 기본적인 회계거래를 설명하는 데 자주 사용되며 특정 거래의 결과가 각 계정에 미치는 영향을 분석하는 데 도움을 준다.

2. 차변과 대변

차변(debit)과 대변(credit)이라는 용어는 방향을 나타내는 신호로 차변은 왼쪽을 나타내고 대변은 오른쪽을 나타낸다. 차변과 대변은 T계정의 어느 쪽에 회계수치를 기록할 것인가를 나타낸다. 계정의 왼쪽에 숫자를 기록하는 것을 차변에 기입(debiting)한다고 하며, 계정의 오른쪽에 숫자를 기록하는 것을 대변에 기입(crediting)한다고 한다. 일반적으로 차변을 '(차)'로 대변을 '(대)'로 줄여서 사용하기도 한다. 차변은 왼쪽에 대변은 오른쪽에 두는 회계관행은 사람이 인도로 다니고 차들은 차도로 다녀야 한다는 것과 같은 일종의 규칙이다. 그리고 이러한 규칙은 모든 계정에 적용된다.

아래 <표 3-1>은 앞선 사례(거래 1 ~ 거래 9)에서 살펴본 한국㈜의 현금거래의 결과를 거래 요약표와 현금계정(cash column)을 이용하여 정리한 것이다.

표 3-1 | 현금거래의 요약표와 현금계정

요약표

현 금
+₩30,000
−15,000
+2,000
+2,000
−3,500
−500
+1,000
₩16,000

계정 형식

현 금			
(차변)	₩30,000	(대변)	₩15,000
	2,000		3,500
	2,000		500
	1,000		
잔액 (차변)	₩16,000		

위 현금거래 요약표에서 양(+)의 값은 현금의 증가를 나타내며 음(−)의 값은 현금의 감소를 나타낸다. 반면에 계정형식에서는 현금의 증가를 차변에, 현금의 감소를 대변에 기록한다. 증가를 차변에, 감소를 대변에 기록하는 것은 증가와 감소의 합계를 각각 계산하고 잔액을 계산하는데 도움이 된다. 즉, 차변의 합계가 대변의 합계보다 더 크면 차변잔액을 가지게 되고, 반대로 대변의 합계가 차변의 합계보다 더 크면 대변잔액을 가진다. 현금계정 차변의 합계가 대변의 합계보다 커서 현금이 차변잔액을 가진다는 것은 기업의 현금증가가 감소보다 큼을 의미한다. 따라서 <표 3-1>에서 차변잔액 ₩16,000은 한국㈜의 현금증가가 현금감소보다 ₩16,000만큼 더 크다는 의미이다.

3. 차변과 대변의 기록절차

제2절에서는 회계등식을 이용하여 거래를 기록하는 방법에 대해 학습하였다. 회계등식을 이용하여 거래를 기록할 때 차변(왼쪽)과 대변(오른쪽)의 금액은 항상 같아야 한다는 것을 알 수 있다. 이러한 차변과 대변의 금액이 같아야 한다는 것을 거래의 이중성(또는 거래의 이중효과)이라고 하며, 이는 복식부기제도의 기본원리이다.

복식부기제도에서 각 거래의 이중효과는 해당 계정에 거래를 기록할 때 기록하는 금액의 정확성을 확보하는 데 도움이 된다. 모든 계정의 차변의 합계와 대변의 합계는 반드시 같아야 하기 때문이다. 어느 한쪽의 금액이 크거나 작으면 거래를 확인해야 할 필요가 있다.

거래를 차변과 대변에 기록하는 복식부기제도가 단순하게 +/-로 거래를 기록하는 것보다 회계등식을 유지하는 데 더 효율적인 방법이다. 이하에서는 복식부기 원리를 이용하여 경제적 사건을 재무상태표 계정과 포괄손익계산서 계정에 기록하는 절차에 대해 설명한다.

(1) 자산, 부채 및 자본

차변은 계정의 왼쪽을 의미하며 대변은 계정의 오른쪽을 의미한다. 재무상태표의 왼쪽(차변)에는 조달된 자금의 운용상태인 자산을 보고하고 오른쪽(대변)은 자금의 조달원천인 부채와 자본을 보고한다.

재무상태표

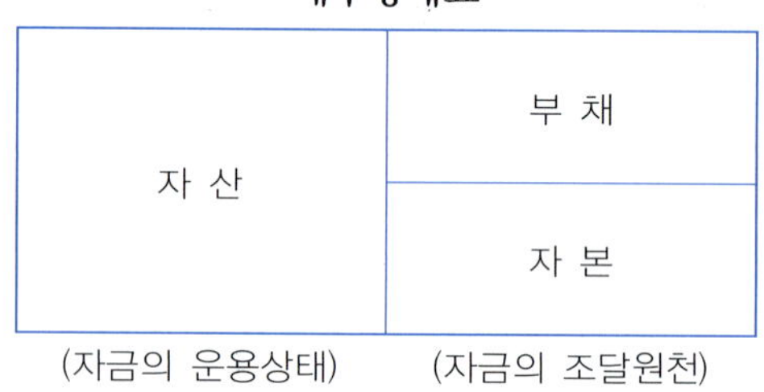

자산은 재무상태표의 왼쪽(차변)에 보고하므로 자산의 증가는 T계정의 차변에 기록하고, 부채와 자본은 재무상태표의 오른쪽(대변)에 보고하므로 부채와 자본의 증가는 T계정의 대변에 기록한다. 그리고 자산과 부채 및 자본의 감소는 증가의 반대 방향에 기록한다. 즉, 자산의 감소는 T계정의 대변에, 부채와 자본의 감소는 T계정의 차변에 기록하게 된다.

구체적인 예를 들어보자. 현금은 자산이므로 현금의 증가는 현금계정의 차변에 기록하고 현금의 감소는 현금계정의 대변에 기록한다. 그리고 매입채무는 부채이므로 매입채무의 증가는 매입채무계정의 대변에, 매입채무의 감소는 매입채무계정의 차변에 기록해야 한다. 또한 자본 항목인 자본금의 증가는 자본금계정의 대변에, 자본금의 감소는 자본금계정의 차변에 기록한다. 이익잉여금계정의 대변은 이익잉여금의 증가(순이익)를 나타내고 이익잉여금계정의 차변은 이익잉여금의 감소(배당이나 순손실)를 나타낸다.

다음은 자산과 부채 및 자본의 차변 및 대변 결과를 T계정으로 요약하였다.

차변	대변
자산 증가 부채 감소 자본 감소	자산 감소 부채 증가 자본 증가

자산의 기초잔액은 차변금액이며, 부채와 자본의 기초잔액은 대변금액이다. 일반적으로 자산의 차변금액은 대변금액을 초과하고, 부채나 자본의 대변금액은 차변금액을 초과한다. 계정의 정상잔액은 그 계정의 증가를 기록하는 방향에 나타난다. 따라서 자산은 일반적으로 차변잔액을 가지며, 부채와 자본은 일반적으로 대변잔액을 나타낸다. 다음은 자산과 부채, 자본의 정상잔액을 보여주고 있다.

자산계정		부채계정		자본계정	
증가	감소	감소	증가	감소	증가
정상잔액			*정상잔액*		*정상잔액*

특정 계정의 정상잔액을 아는 것은 회계기록에 대한 오류를 파악하는데 도움이 된다. 예를 들어, 건물계정의 정상잔액이 대변에 나타난다면 이는 건물계정의 기록에 오류가 있다는 것을 나타내고, 차입금계정의 정상잔액이 차변에 나타난다는 것은 차입금계정의 기록에 오류가 있음을 의미한다. 그러나 가끔 비정상 잔액의 발생으로 계정잔액이 정상적으로 나타나지 않을 수 있다. 예를 들어, 개인이 마이너스통장을 사용하는 것과 유사하게 기업에서 당좌예금잔액을 초과하여 금액을 인출하는 경우 당좌예금계정의 대변에 잔액이 나타날 수 있다.[4)]

(2) 수익과 비용

수익은 당기순이익을 증가시키고 궁극적으로 자본을 증가시키며 왜 자본이 증

4) 이를 당좌차월이라 하며 단기차입금으로 분류한다.

가되는지에 대한 정보를 제공해 준다. 반면에 비용은 순이익을 감소시키고 자본을 감소시키기에 비용의 발생은 수익의 발생과 반대의 결과를 나타낸다.

수익과 비용은 재무상태표 계정(자산, 부채 및 자본)과는 달리 증감으로 표시하지 않고 발생이라는 용어를 사용한다. 한번 발생한 수익 · 비용은 감소하거나 소멸하지 않기 때문이다. 수익과 비용은 보고기간 말에 포괄손익계산서를 통해 당기순이익의 형태로 재무상태표의 자본계정(이익잉여금계정)에 영향을 미치게 된다. 따라서 수익의 발생은 자본의 증가를 가져오므로 대변에 기록하며, 비용의 발생은 자본의 감소를 가져오므로 차변에 기록한다. 즉, 비용계정의 차변 결과와 수익계정의 대변 결과는 자본계정의 차변 및 대변 결과와 동일하다. 다음은 비용계정과 수익계정의 차변 및 대변 결과를 보여주고 있다.

비용계정

발생	
정상잔액	

수익계정

	발생
	정상잔액

제 4 절 회계기록절차의 단계

일반적으로 회계기록은 먼저 각 거래가 해당 계정에 미치는 영향을 분석하고, 그 다음 분석한 각각의 거래정보를 분개장에 입력한다. 이후 분개장에 입력된 분개정보를 원장의 해당 계정에 전기한다.

분개를 수행하지 않고 해당 계정에 거래정보를 직접 입력할 수도 있지만 그렇게 하는 기업은 흔치 않다. 그 이유는 분개장을 이용하지 않고 거래가 발생할 때마다 각 계정에 직접 입력할 경우 거래의 누락이나 오류가 발생할 수 있기 때문이다.

제1절의 [그림 3-2]는 일반적인 회계기록의 절차를 보여주고 있다. 기록절차는 거래의 발생과 함께 시작된다. 매출전표, 수표 및 상품 주문서 등과 같은 서류가 거래의 증빙이 된다. 기업은 이러한 증빙자료를 분석하여 거래가 특정 계정에 미치는 효과를 파악한다. 이어서 기업은 거래를 분개장에 입력하고 원장의 해당 계정에 옮겨 적는다. 이러한 기록절차의 단계는 보고기간 중에 계속해서 반복된다.

첫 번째 단계인 거래의 분석은 본 장 제2절에서 살펴보았으나 이후에도 계속해서 예시할 것이며, 이하에서는 두 번째 단계인 분개와 전기를 중심으로 기록절차를 설명한다.5)

1. 분 개

거래가 발생하면 이를 분석하여 장부에 기록하는 것을 분개(journalizing)라 하고, 기록을 위해 사용되는 장부를 분개장(journal)이라 한다. 기업은 각 거래에 대하여 분개를 실시하며, 거래발생 순서대로 분개장에 기록한다. 분개장은 발생된 거래가 처음으로 기록되는 회계장부이고, 각 거래마다 해당 계정의 차변과 대변 금액을 나타낸다.

기업은 다양한 종류의 분개장을 사용할 수 있지만 보편적으로 기본적인 형태의 분개장인 일반분개장(general journal)을 사용한다. 이러한 일반분개장은 거래 일자, 계정과목명과 간단한 설명 및 두 개의 금액란 등 기입할 수 있는 공란이 있다. 본서에서 분개장이라 함은 일반분개장을 뜻한다.

분개장은 거래의 모든 결과를 한 곳에 나타내고 그 거래에 대한 발생순서를 나타내므로 차변과 대변의 금액을 비교적 쉽게 비교할 수 있어 오류의 발생을 방지하거나 발생된 오류를 쉽게 찾을 수 있다는 장점이 있다. <예제 3-3>은 강남㈜의 거래에 대한 분개방법과 일반분개장의 예를 보여주고 있다.

예제 3-3

5월 1일 현금 ₩50,000을 출자하여 강남㈜를 설립하고 보통주를 발행하였다.
5월 15일 현금 ₩25,000을 지급하고 토지를 구입하였다.

▶▶ 요구사항

위의 거래를 분개하라.

5) 거래에 대한 분석부터 계정의 마감까지의 회계기록 절차는 매 보고기간마다 계속해서 반복된다. 이를 회계순환과정이라 하는데, 보다 자세한 내용은 제4장에서 학습하기로 한다.

해답

일 반 분 개 장

회사명: 강남㈜ 20×1년 5월 1일부터 5월 31일까지

구분		차변		대변	
날짜	번호	계정과목	금액	계정과목	금액
5월 1일	0001	현 금	50,000		
				자본금	50,000
		(현금을 받고 보통주 발행)			
5월 15일	0002	토 지	25,000		
				현 금	25,000
		(현금으로 토지 구입)			

분개를 할 때 정확하고 구체적인 계정과목명을 사용하는 것은 매우 중요하다. 계정과목명을 설정할 때 각 계정과목명이 그 거래의 내용을 가장 적절히 나타낼 수 있는지의 여부가 핵심적 판단기준이 된다. 예를 들어, 기업은 운송용 트럭의 계정과목명을 운송설비, 운송트럭 또는 트럭 등의 계정과목명을 사용하여 기록할 수 있다. 기업이 계정과목명을 한번 선택하게 되면, 이후 발생하는 유사한 거래에서도 동일한 계정과목명을 사용하여야 한다.

<예제 3-3>에 예시된 분개장은 실무에서 사용하는 일반분개장이고, 일반적으로 주로 사용되는 분개 형식은 다음과 같다. 이하에서는 다음의 형식을 따른다.

일 자	회 계 처 리			
×월 ×일	(차) 계정명	×××	(대) 계정명	×××

위 <예제 3-3>을 분개하면 다음과 같다.

5월 1일	(차) 현 금	50,000	(대) 자 본 금	50,000
5월 15일	(차) 토 지	25,000	(대) 현 금	25,000

위의 <예제 3-3>은 하나의 차변계정과 하나의 대변계정인 단 두 개의 계정과 관련되어 있는 거래의 분개를 예시한 것이다. 그러나 어떤 거래는 세 개 이상의 계정이 필요할 수도 있다. 예를 들어, 5월 25일 강남㈜는 가격이 ₩15,000인 건물을 구입하였는데, 현금 ₩10,000을 지급하고 나머지 ₩5,000에 대해서는 나중에

지급하기로 하였다면 다음과 같이 회계처리한다.

5월 25일	(차) 건　　물	15,000	(대) 현　　금	10,000
			미지급금	5,000

2. 전 기

분개장에 기록된 거래는 일정기간마다 주기적으로 원장에 옮겨 적게 되는데, 구체적으로 분개장의 차변에 기입된 내용은 원장의 해당계정 차변에 옮겨 적고, 대변에 기입된 내용은 원장의 해당계정 대변에 옮겨 적어야 한다. 이러한 과정을 전기(posting)라고 한다. 전기는 분개한 거래의 결과를 계정에 누적시켜 잔액을 계산하기 위함이다.

분개 정보를 기록하고 있는 모든 계정의 집합으로 각 계정의 잔액에 대한 정보를 제공해주는 장부를 원장(ledger)이라 한다. 원장은 특정 계정의 변동에 관한 모든 정보를 한곳에 보관하는 회계장부이다. 예를 들어, 현금계정은 현재 보유하고 있는 현금을 나타내며, 매출채권은 고객으로부터 회수할 금액을 나타낸다. 또한 매입채무는 거래처에게 지급해야 할 금액을 나타낸다. 기업은 다양한 종류의 원장을 사용할 수 있으나 모든 기업은 총계정원장(general ledger)을 사용하고 있다. 총계정원장은 모든 자산, 부채 및 자본, 그리고 수익과 비용계정을 수록하고 있다. 특별한 언급이 없는 한 본서에서 원장이라 함은 총계정원장을 의미한다.

(1) 계정의 형식

실무에서 사용되는 원장의 계정 형식은 다음 현금계정의 사례와 같은 구조로 되어 있다.

총계정원장

기간 : 20×1년　5월 1일부터　20×1년　5월 31일까지

강남㈜　　　　　　　　　　　　계정과목 : 현　금

일 자	번 호	차 변	대 변	잔 액
5월　1일		50,000		50,000
5월 15일			25,000	25,000
5월 25일			10,000	15,000

위와 같은 형식을 잔액식 계정이라 하며, 잔액식 계정 형식은 차변, 대변 그리고 잔액을 기입하는 세 개의 란으로 구성되어 있다. 그리고 계정의 잔액은 각각의 거래 후에 결정된다. 그러나 수업목적상 회계원리를 설명하는데 있어서는 단순한 형태의 T계정이 매우 유용하다.

전기는 다음의 단계를 따라 이루어진다.

1. 분개장에 기록한 차변과 대변의 해당계정을 원장에서 찾는다.
2. 분개장의 차변계정을 원장에서 찾아 일자, 상대 계정과목명, 분개장의 차변 금액 등을 기입한다.[6)]
3. 분개장의 대변계정을 원장에서 찾아 상대 계정과목명, 분개장의 대변 금액 등을 기입한다.

다음은 <예제 3-3>의 첫 번째 분개를 이용한 전기의 과정을 나타낸다.

〈분개〉 5월 1일 (차) 현　금 50,000 (대) 자본금 50,000

〈전기〉

현 금	
5/1 자본금 50,000	

① 자 본 금	
	5/1 현 금 50,000

전기는 거래발생 순서대로 수행한다. 즉, 먼저 발생한 거래를 분개장의 차변과 대변에 분개한 후 원장에 전기하고, 그 다음 거래에 대해 분개와 전기를 차례대로 수행한다. 전기는 원장에 최근 자료가 잘 반영되도록 실시해야 한다.

<표 3-2>는 실무에서 일반적으로 사용하는 일반분개장과 총계정원장이다.

원장의 각 계정 내 번호란의 일련번호는 거래가 전기된 분개장의 페이지를 나타낸다. 총계정원장에서 거래에 대한 설명은 일반적으로 생략되는데 그 이유는 거래에 대한 간단한 설명은 이미 분개장에 기록되어 있기 때문이다.

6) 원장에 일자와 분개의 상대 계정과목명을 적는 이유는 거래에 대한 정보를 얻기 위함이다. 일반적으로 상대 계정과목명은 생략하기도 한다.

표 3-2 | 강남㈜의 일반분개장과 총계정원장

일반분개장

회사명: 강남㈜ 20×1 5월 1일부터 5월 31일까지

구분		차변		대변	
일자	번호	계정과목	금액	계정과목	금액
5월 1일	0001	현 금	50,000		
				자 본 금	50,000
(현금을 받고 보통주 발행)					

총계정원장

기간 : 20×1년 5월 1일부터 20×1년 5월 31일까지

강남㈜ 계정과목 : 현 금

일 자	번 호	차 변	대 변	잔 액
5월 1일	0001	50,000		50,000

총계정원장

20×1년 5월 1일부터 20×1년 5월 31일까지

강남㈜ 계정과목 : 자 본 금

일 자	번 호	차 변	대 변	잔 액
5월 1일	0001		50,000	50,000

(2) 계정과목표

기업이 사용하는 계정과 계정번호는 기업마다 다르다. 계정번호는 경영진이 원하는 정보가 얼마나 구체적이냐에 따라 달라진다. 예를 들어, 특정 기업은 모든 공공비용에 대하여 하나의 계정을 사용하기 원하는 반면 다른 기업은 가스, 전기, 수도 등과 같이 공공비용의 각 항목별로 각각 다른 계정을 사용하기 원할 수도 있다. 중·소기업은 대기업에 비해 계정의 숫자가 적을 것이다. 이는 규모가 적은 중·소기업은 20~30개의 계정으로도 모든 기업활동을 보고할 수 있지만, 대기업의 경우 다양한 기업활동을 보고하기 위해 수백 내지 수천 개의 계정이 필요할 것이기 때문이다.

대부분의 기업은 계정과목표를 사용하고 있다. 계정과목표는 기업이 사용하는 모든 계정과 원장에서 위치를 식별할 수 있는 계정번호를 부여하고 있다. 계정의 고유번호는 재무상태표 계정에서 시작하여 포괄손익계산서 계정 순으로 부여하는 것이 일반적이다.

다음은 한국㈜의 계정과목표를 예로 보여주고 있다. 한국㈜의 계정과목표의 계정 번호들 사이에는 어느 정도의 간격이 있는데, 이는 새로운 계정이 추가되는 경우 새로운 계정의 번호를 부여할 수 있도록 여지를 남겨둔 것이다.

한국㈜
계정과목표

자 산	
101	현 금
112	매 출 채 권
139	사 무 기 기
180	비 품
198	선급보험료

부 채	
251	지 급 어 음
262	단기차입금
270	선 수 금
282	미 지 급 금
290	장기차입금

자 본	
311	자 본 금
320	이익잉여금

수 익	
400	용 역 수 익
412	이 자 수 익

비 용	
627	감가상각비
631	수 선 비
651	급 여
653	임 차 료
671	이 자 비 용

제 5 절 회계기록절차의 예시

본 절에서는 한국기획㈜의 6월 거래를 이용하여 회계기록절차의 기본단계를 연습한다. 보고기간은 한 달을 기준으로 하며, 각 거래의 분개와 전기를 하기 전 기본적인 거래분석을 실시한다. 이는 거래와 관련되는 계정을 인식하고 계정의 차변 또는 대변 어느 쪽에 기록할 것인가를 사전에 결정하기 위함이다. 또한 설명을 간단하게 하기 위하여 표준계정 형식을 사용하는 대신에 T계정 형식을 사용한다.

이제 회계기록절차의 기본단계를 연습하기 위해 다음의 예제를 이용하자.

예제 3-4

20×1년 6월 1일에 광고회사인 한국기획㈜가 설립되었으며, 다음은 6월 중 거래내역이다.

(1) 6월 1일 주주들이 현금 ₩20,000을 출자하여 한국기획㈜를 설립하였다.
(2) 6월 1일 사무기기를 ₩10,000에 구입하고 액면금액 ₩10,000의 어음(연 12%, 만기 3개월)을 발행하였다.
(3) 6월 5일 9월 30일까지 광고용역을 제공하기로 약속하고 고객으로부터 현금 ₩2,500을 미리 받았다.
(4) 6월 9일 사무실 임차료 ₩2,000을 현금으로 지급하였다.
(5) 6월 10일 당해 10월 31일에 만기가 되는 5개월분 보험료 ₩1,000을 선납하였다. (단, 보험 적용일은 6월 1일부터이다.)
(6) 6월 12일 3개월분의 소모품 ₩5,000을 외상으로 구입하였다.
(7) 6월 30일 광고용역을 제공하고 대금 ₩20,000을 현금으로 받았다.

▶▶ 요구사항

위 거래들에 대한 거래분석을 한 후, 분개 및 전기를 하라.

해답

(1) 6월 1일 주주들이 현금 ₩20,000을 출자하여 한국기획㈜를 설립하였다.

■ 거래분석 : 현금(자산) ₩20,000 증가, 자본금(자본) ₩20,000 증가

자 산	=	부 채	+	자 본
현금				자본금
+₩20,000				+₩20,000

■ 분개 : (차) 현 금 20,000 (대) 자 본 금 20,000

■ 전기 :

현 금	
① 6/1 20,000	

자 본 금	
	① 6/1 20,000

(2) 6월 1일 사무기기를 ₩10,000에 구입하고 액면금액 ₩10,000의 어음(연 12%, 만기 3개월)을 발행하였다.

■ 거래분석 : 비품(자산) ₩10,000 증가, 미지급금(부채) ₩10,000 증가

자 산	=	부 채	+	자 본
비품		미지급금		
+₩10,000		+₩10,000		

■ 분개 : (차) 비 품 10,000 (대) 미지급금 10,000

■ 전기 :

비 품	
② 6/1 10,000	

미지급금	
	② 6/1 10,000

(3) 6월 5일 9월 30일까지 광고용역을 제공하기로 약속하고 고객으로부터 현금 ₩2,500을 미리 받았다.

■ 거래분석 : 현금(자산) ₩2,500 증가, 선수수익(부채) ₩2,500 증가

자 산	=	부 채	+	자 본
현금		선수수익		
+₩2,500		+₩2,500		

■ 분개 : (차) 현 금 2,500 (대) 선수수익 2,500

■ 전기 :

현 금	
① 6/1 20,000	
③ 6/5 2,500	

선수수익	
	③ 6/5 2,500

(4) 6월 9일 6월 사무실 임차료 ₩2,000을 현금으로 지급하였다.

■ 거래분석 : 임차료(비용) ₩2,000 발생, 현금(자산) ₩2,000 감소

자 산	=	부 채	+	자 본
현금				임차료
−₩2,000				−₩2,000

■ 분개: (차) 임 차 료 2,000 (대) 현 금 2,000

■ 전기:

현 금

① 6/1	20,000	④ 6/9	2,000
③ 6/5	2,500		

임차료

④ 6/9	2,000		

(5) 6월 10일 당해 10월 31일에 만기가 되는 5개월분 보험료 ₩1,000을 선납하였다.

■ 거래분석: 선급보험료(자산) ₩1,000 증가, 현금(자산) ₩1,000 감소

자 산		=	부 채	+	자 본
현 금	선급보험료				
−₩1,000	+₩1,000				

■ 분개: (차) 선급보험료 1,000 (대) 현 금 1,000

■ 전기:

현 금

① 6/1	20,000	④ 6/9	2,000
③ 6/5	2,500	⑤ 6/10	1,000

선급보험료

⑤ 6/10	1,000		

(6) 6월 12일 3개월분의 소모품 ₩5,000을 외상으로 구입하였다.

■ 거래분석: 소모품(자산) ₩5,000 증가, 미지급금(부채) ₩5,000 증가

자 산	=	부 채	+	자 본
소모품		미지급금		
+₩5,000		+₩5,000		

■ 분개: (차) 소 모 품 5,000 (대) 미지급금 5,000

■ 전기:

소모품

⑥ 6/12	5,000		

미지급금

		② 6/1	10,000
		⑥ 6/12	5,000

(7) 6월 30일 광고용역을 제공하고 대금 ₩20,000을 현금으로 받았다.

■ 거래분석: 현금(자산) ₩20,000 증가, 용역수익(수익) ₩20,000 발생

자 산	=	부 채	+	자 본
현금				용역수익
+₩20,000				+₩20,000

■ 분개: (차) 현 금 20,000 (대) 용역수익 20,000

■ 전기:

현 금

① 6/1	20,000	④ 6/9	2,000
③ 6/5	2,500	⑤ 6/10	1,000
⑦ 6/30	20,000		

용역수익

		⑦ 6/30	20,000

거래분석 내용을 종합하면 다음과 같다.

거래	자산				=	부채			+	자본		
	현금	비품	선급 보험료	소모품		미지급금	선수수익			자본금	이익잉여금: 용역수익	이익잉여금: 임차료
1	+₩20,000									+₩20,000		
2		+₩10,000				+₩10,000						
3	+2,500						+₩2,500					
4	−2,000											−₩2,000
5	−1,000		+₩1,000									
6				+₩5,000		+₩5,000						
7	+20,000										+₩20,000	
	₩39,500	₩10,000	₩1,000	₩5,000		₩15,000	₩2,500			₩20,000	₩20,000	−₩2,000
계	₩55,500					₩55,500						

위의 <예제 3-4>의 분개와 전기를 요약하면 다음의 <표 3-3>과 <표 3-4>와 같다. <표 3-3>은 한국기획㈜의 6월 분개장이며, <표 3-4>는 원장을 보여주고 있다.

표 3-3 | 한국기획㈜의 분개장

일 자	회 계 처 리			
6월 1일	(차) 현 금	20,000	(대) 자 본 금	20,000
6월 1일	(차) 비 품	10,000	(대) 미지급금	10,000
6월 5일	(차) 현 금	2,500	(대) 선수수익	2,500
6월 9일	(차) 임 차 료	2,000	(대) 현 금	2,000
6월 10일	(차) 선급보험료	1,000	(대) 현 금	1,000
6월 12일	(차) 소 모 품	5,000	(대) 미지급금	5,000
6월 30일	(차) 현 금	20,000	(대) 용역수익	20,000

표 3-4 | 한국기획㈜의 원장

[자산계정]

현 금

① 6/ 1	20,000	④ 6/ 9	2,000
③ 6/ 5	2,500	⑤ 6/10	1,000
⑦ 6/30	20,000		

소모품

⑥ 6/12	5,000		

비 품

② 6/1	10,000		

선급보험료

⑤ 6/10	1,000		

[부채계정]

미지급금

		② 6/1	10,000
		⑥ 6/12	5,000

선수수익

		③ 6/5	2,500

[자본계정]

자본금

		① 6/1	20,000

[수익계정]

용역수익	
	⑦ 6/30 20,000

[비용계정]

임차료	
④ 6/9 2,000	

제 6 절 시산표

시산표(trial balance)는 특정 시점의 계정과목과 그 잔액을 나타내는 표이다. 기업은 보고기간 말에 시산표를 작성하는데, 이때 시산표에는 원장에 나타난 순서대로 계정을 표시하며 차변잔액을 나타내는 계정의 잔액은 왼쪽인 차변에 대변 잔액을 나타내는 계정의 잔액은 오른쪽인 대변에 기록한다.

시산표를 작성하는 주요 목적은 결산 시 결산절차를 진행하기 전 분개와 전기 및 잔액계산에서 오류가 발생하였는지를 확인하기 위한 절차이다. 시산표 상의 차변합계와 대변합계는 항상 같아야 한다. 만일 차변의 합계와 대변의 합계가 같지 않다는 것은 이전의 회계기록절차에서 오류가 발생하였다는 의미이기 때문에 기업은 시산표를 이용하여 분개와 전기 절차에서 발생한 오류를 찾아야만 한다. 또한 시산표는 재무제표 작성에도 유용성을 가지는데, 이에 관해서는 제4장에서 설명할 것이다.

시산표는 먼저 계정과목명과 그 잔액을 표시하고, 표시한 차변과 대변 열의 합계를 계산한다. 그 다음 차변의 합계와 대변의 합계가 같은지를 확인한다.

<표 3-5>는 한국기획㈜의 6월 말 시산표 상 차변의 합계(₩57,500)와 대변의 합계(₩57,500)가 같음을 확인할 수 있다.

표 3-5 | 한국기획㈜의 6월말 시산표

시 산 표

20×1년 6월 30일 현재

한국기획㈜ (단위: 원)

	차변	대변
현　　금	₩39,500	
소 모 품	5,000	
선급보험료	1,000	
비　　품	10,000	
미 지 급 금		₩15,000
선 수 수 익		2,500
자 본 금		20,000
용 역 수 익		20,000
임 차 료	2,000	
합　계	₩57,500	₩57,500

1. 시산표의 한계

시산표 작성으로 기록오류를 모두 확인하여 제거할 수 있는 것은 아니다. 시산표상에서 차변과 대변의 합계가 같더라도 많은 오류가 존재할 수 있다. 예를 들어, (1) 거래를 분개하지 않은 경우, (2) 분개 정보를 전기하지 않은 경우, (3) 분개한 정보를 두 번 전기한 경우, (4) 분개와 전기에 부정확한 계정이 사용된 경우, (5) 거래의 금액을 기록할 때 서로 상쇄되는 오류가 발생한 경우 등은 시산표 상에는 문제가 없는 것으로 나타난다.

잘못된 계정이나 잘못된 금액이라도 차변과 대변에 같은 금액이 전기되면 차변합계는 대변합계와 같을 것이기 때문이다. 따라서 시산표 상 차변의 합계와 대변의 합계가 같지 않다면 분명 회계기록상에 오류가 존재한다는 것을 확인할 수 있지만 차변의 합계와 대변의 합계가 같다고 해서 기업이 모든 거래를 제대로 기록했다는 것과 원장이 정확하다는 것을 의미하지는 않는다.

2. 오류 발견

시산표에서의 오류는 계산상의 실수, 또는 자료를 부정확하게 전기한 결과 등으로 인해 발생한다. 만약 시산표 상에 차변과 대변이 같지 않다면 어떻게 할 것인가? 가장 먼저 차변과 대변에 차이가 나는 금액을 파악해야 하며, 이 금액의 차이를 발견한 후 다음에 제시한 해결책들을 활용하면 도움이 될 것이다:

① 오류 금액이 ₩1, ₩10, ₩100 또는 ₩1,000이면 차변과 대변 행의 합계를 다시 계산한다.

② 시산표상의 오류 금액이 2로 나누어지면 오류의 절반에 해당하는 금액이 잘못된 란에 입력되었는지를 확인한다. 즉, 차변의 금액이 대변에, 혹은 대변의 금액이 차변에 잘못 기록된 것이다.

③ 오류 금액이 9로 나누어지면, 원장에서 시산표로 잘못 옮겨 적은 계정잔액이 있는지 확인한다. 잔액 ₩12을 ₩21로 잘못 옮겨 적었다면, 이것이 이러한 오류의 예에 해당되며 숫자의 순서가 바뀌는 오류를 전치오류라 한다.

④ 오류 금액이 2 또는 9로 나누어지지 않는다면, 오류가 있는 계정의 잔액이 시산표 상에 생략되었는지를 확인해 본다. 그리고 분개장을 조사하여 해당 금액이 전기하는 과정에서 누락되지는 않았는가를 살펴본다.

3. 금액 표시

원화표시(₩)는 분개장이나 원장에 나타내지 않고 시산표 또는 재무제표 상에만 나타난다. 일반적으로 원화 표시는 첫 번째 행과 합계란에만 표시한다. 또한 가감을 해야 하는 수치 바로 아래에는 단일 밑줄을 긋게 되며, 합계 금액 다음은 이중 밑줄을 그어 최종합계임을 표시한다.

종합예제

20×1년 9월 1일, B씨는 건물을 빌려서 강남주차㈜를 개업하였다. 건물에 자동주차 기계를 설치할 예정이다. 영업개시 첫 달에 다음의 거래가 발생하였다.

(1) 9월 1일 B씨는 현금 ₩40,000을 회사에 출자하고 주식을 받았다.
(2) 9월 2일 9월에 건물 임차료로 현금 ₩2,000을 지급하였다.
(3) 9월 3일 주차기계를 ₩50,000에 설치하였는데 ₩20,000은 현금을 지급하고 나머지는 어음(연 12%, 6개월 만기)을 발행하였다.
(4) 9월 4일 1년분 보험료 ₩2,500을 선납하였다.
(5) 9월 10일 개업 관련 광고비 ₩500에 대한 청구서를 받았다.
(6) 9월 30일 9월 동안에 주차료로 현금 ₩12,500을 받았다.

▶▶ 요구사항

1. 거래를 분개하라.
2. 원장에 계정을 만들어 전기하라.
3. 20×1년 9월 30일 시점에서의 시산표를 작성하라..

해답

1.

일 자	회계처리			
9월 1일	(차) 현 금	40,000	(대) 자 본 금	40,000
9월 2일	(차) 임 차 료	2,000	(대) 현 금	2,000
9월 3일	(차) 기계장치	50,000	(대) 현 금	20,000
			미지급금	30,000
9월 4일	(차) 선급보험료	2,500	(대) 현 금	2,500
9월 10일	(차) 광 고 비	500	(대) 미지급광고비	500
9월 30일	(차) 현 금	12,500	(대) 용역수익	12,500

2.

현 금

9/1	40,000	9/2	2,000
9/30	12,500	9/3	20,000
		9/4	2,500

미지급금

		9/3	30,000

기계장치

9/3	50,000		

선급보험료

9/4	2,500		

자본금

		9/1	40,000

미지급광고비

		9/10	500

임차료

9/2	2,000		

광고비

9/10	500		

용역수익

		9/30	12,500

3.

시 산 표

20×1년 9월 30일 현재

강남주차(주) (단위 : 원)

	차변	대변
현금	₩28,000	
선급보험료	2,500	
기계장치	50,000	
미지급금		₩30,000
미지급광고비		500
자본금		40,000
용역수익		12,500
광고비	500	
임차료	2,000	
합계	₩83,000	₩83,000

요 약

1. 회계상 거래가 회계등식에 미치는 영향

각 거래는 적어도 두 가지 이상의 항목에 동시적으로 영향을 준다. 예를 들어, 자산이 증가했다면 회계등식을 유지하기 위하여 (1) 다른 자산을 감소시키거나, (2) 특정 부채를 증가시키거나, (3) 주주지분을 증가시킨다.

2. 계 정

계정은 자산, 부채, 자본(소유주지분) 또는 수익, 비용의 증가와 감소를 기록하는 최소 단위를 말하며, 현금이나 자본금 등과 같이 계정에 이름을 붙이는 것을 계정명이라 한다.

3. 차변과 대변

차변과 대변은 T계정의 어느 편에 회계수치를 기록할 것인가를 나타내는데, 차변은 T계정의 왼편을, 대변은 T계정의 오른편을 의미한다. 일반적으로 차변을 '(차)'로 대변을 '(대)'로 줄여서 사용하기도 한다.

4. 회계기록 절차의 단계

일반적으로 회계기록절차에는 세 단계가 있다. (1) 각각의 거래가 그 계정에 미치는 영향을 분석하고, (2) 분개장에 각각의 거래정보를 입력한 후, (3) 분개장에 입력된 분개정보를 원장에 있는 적정한 계정에 전기한다.

5. 분개장

분개장은 기록절차에서 몇 가지 큰 의미를 지닌다. (1) 거래의 모든 효과를 한곳에 나타내고, (2) 거래의 발생순서를 나타낸다. 또한 (3) 차변과 대변의 금액을 쉽게 비교하여 오류를 방지하거나 찾을 수 있다.

6. 전 기

분개장에 기록한 거래를 일정기간마다 특정 계정과목으로 옮겨 적는 과정이다. 이 단계는 분개한 거래의 효과를 계정에 누적시키는 역할을 한다.

7. 시산표

특정 시점의 계정과목과 그 잔액을 나타내는 표이다. 주요 목적은 결산 시 결산절차를 진행하기 전 분개와 전기 및 잔액계산에서 오류가 발생하였는지를 확인하는 데 있다.

용어정리

계정	체계화된 회계상의 기록 및 계산단위로 자산, 부채, 자본, 수익, 비용의 각 항목별로 증가와 감소에 대한 거래를 기록하는 장소
대변	T계정의 오른쪽
복식부기	회계거래의 발생을 기록할 때 차변과 대변에 동시 기입하여 그 변동내역과 발생원인을 함께 분류·기록함으로써 하나의 거래를 두 가지 측면에서 기록하는 회계방식
분개	계정에 기록하기 전에 발생순서대로 계정기입법칙에 따라 차변과 대변에 계정명과 금액을 분석하고 기록하는 절차
분개장	분개를 기록하는 장부
시산표	총계정원장의 모든 계정을 열거하고 잔액을 차변과 대변으로 구분하여 기록한 표
전기	분개장의 분개사항을 원장의 계정과목에 옮기는 절차
차변	T계정의 왼쪽
총계정원장	모든 개별 계정들을 종류별로 분류하여 모아놓은 장부로 간단히 원장이라고도 함
회계상 거래	기업의 재무상태에 영향을 미치는 측정가능한 경제적 사건

EXERCISES

연습문제

[문제 1] 회계상 거래 〈난이도: 하〉

다음은 한국㈜에서 발생한 사건의 일부를 나열한 것이다.

(1) 현금 ₩600,000을 출자하여 회사를 설립하였다.

(2) 건물을 ₩200,000에 구입하기로 계약을 체결하였다.

(3) 기계장치 ₩100,000을 외상으로 취득하였다.

(4) 신입사원과 ₩150,000의 고용계약을 체결하였다.

(5) 거래처로부터 상품 ₩300,000을 주문하였다.

(6) 화재로 ₩120,000의 상품이 소실되었다.

〈요구사항〉

한국㈜에서 발생한 사건 중 회계상 거래에 해당하는 번호를 선택하고, 그 거래가 자산, 부채 및 자본에 미치는 영향을 설명하라.

[문제 2] 회계등식(1) 〈난이도: 하〉

다음은 회계등식(자산 = 부채 + 자본)에 기초하여 거래의 구성요소의 변화를 차변과 대변으로 구분한 것이다.

차변	대변
자산의 (①)	자산의 (②)
부채의 (③)	부채의 (④)
자본의 (⑤)	자본의 (⑥)
(⑦)의 발생	(⑧)의 발생

〈요구사항〉

위의 표에서 ①~⑧에 들어갈 말을 채워라.

[문제 3] 회계등식(2) 〈난이도 : 중〉

다음은 20×1년 12월 31일 현재 한국㈜의 재무상태표와 관련된 자료이다.

토　　지	₩100,000	기계장치	₩17,000
매입채무	35,000	건　　물	120,000
매출채권	42,000	자 본 금	50,000
이익잉여금	?	차 입 금	143,600
현　　금	14,500		

〈요구사항〉

1. 한국㈜의 20x1년 자산, 부채 및 자본 합계를 계산하라.
2. 한국㈜의 20x1년 이익잉여금을 계산하라.

[문제 4] 회계등식(3) 〈난이도 : 중〉

한국㈜의 20×1년 3월의 거래는 다음과 같다.

(1) 3월 1일 주주들이 현금 ₩100,000을 출자하여 회사를 설립하였다.
(2) 3월 2일 은행으로부터 현금 ₩50,000을 차입하였다.
(3) 3월 5일 현금 ₩25,000을 지급하는 조건으로 임차계약을 체결하였다.
(4) 3월 10일 용역 ₩15,000을 제공하였으나 이 중에서 ₩10,000을 현금으로 수령하고 나머지 ₩5,000은 3월 말에 받기로 하였다.
(5) 3월 12일 기계장치 ₩31,200을 외상으로 구입하였다.
(6) 3월 20일 종업원에게 급여 ₩13,000을 지급하였다.
(7) 3월 24일 3월 12일 거래한 기계장치에 대한 외상대금 ₩31,200을 현금으로 지급하였다.
(8) 3월 25일 차입금에 대한 이자비용 ₩1,000을 현금으로 지급하였다.
(9) 3월 31일 3월 10일 수령하지 못한 ₩5,000을 현금으로 수령하였다.

〈요구사항〉

1. 거래를 회계등식(자산 = 부채 + 자본[자본금 + 이익잉여금(수익 − 비용)])으로 분석하라.
2. 거래를 분개하라.

[문제 5] **거래의 기록(1)** 〈난이도 : 중〉

광고회사인 한국㈜는 20×1년 1월 1일에 설립되었다. 다음은 1월 중의 거래와 관련된 자료이다.

1월 1일	(차) 현 금	100,000	(대) 자 본 금	100,000
1월 2일	(차) 현 금	40,000	(대) 차 입 금	40,000
1월 3일	(차) 현 금	25,000	(대) 용 역 수 익	65,000
	매 출 채 권	40,000		
1월 8일	(차) 임 차 료	12,000	(대) 현 금	12,000
1월 10일	(차) 현 금	27,000	(대) 매 출 채 권	27,000
1월 15일	(차) 급 여	15,000	(대) 현 금	15,000
1월 25일	(차) 이 자 비 용	8,000	(대) 현 금	8,000
1월 26일	(차) 차 입 금	20,000	(대) 현 금	20,000

〈요구사항〉

위의 자료를 근거로 각 거래의 내용을 추정하라.

[문제 6] **거래의 기록(2)** 〈난이도 : 중〉

건축설계회사인 강남㈜는 20×1년 3월 1일에 설립되었다. 다음은 3월 중의 거래와 관련된 자료이다.

3월 1일	강남㈜를 설립하기로 결정하고 현금 ₩200,000을 출자하였다.
3월 2일	은행으로부터 현금 ₩100,000을 차입하였다.
3월 3일	사무실 임차료 ₩50,000을 현금으로 지급하였다.
3월 5일	건축설계에 필요한 비품 ₩10,000을 외상으로 구입하였다.
3월 8일	강서㈜에 건축설계 서비스를 제공하고 ₩30,000을 현금으로 받았다.
3월 10일	홍보를 위해 광고를 의뢰하고 현금 ₩8,000을 지급하였다.
3월 15일	한국㈜에 건축설계 서비스를 제공하고 ₩70,000을 7일 후에 받기로 하였다.
3월 23일	한국㈜로부터 현금 ₩70,000을 회수하였다.
3월 25일	차입금에 대한 이자비용 ₩5,000을 현금으로 지급하였다.
3월 30일	차입금 중 ₩60,000을 현금으로 상환하였다.

〈요구사항〉

1. 강남㈜의 3월 거래내역을 분개하라.
2. 각 일자별 거래를 T자 계정에 전기하라.

[문제 7] 거래의 기록(3) 〈난이도 : 중〉

다음은 이사전문업체인 한국㈜에서 20×1년도 3월에 발생한 거래이다.

3월 1일	한국㈜를 설립하기로 하고 현금 ₩100,000을 출자하였다.
3월 2일	건물 임차료 ₩10,000을 현금으로 지급하였다.
3월 5일	트럭을 구입하고 현금 ₩15,000을 지급하였다.
3월 10일	개업을 알리기 위하여 광고비 ₩8,000을 지급하였다.
3월 15일	이사용역을 제공하고 현금 ₩50,000을 받았다.
3월 18일	사업 확장을 위해 은행으로부터 현금 ₩40,000을 차입하였다.
3월 20일	이사용역을 제공하고 용역수익 ₩30,000은 2개월 뒤에 받기로 하였다.
3월 25일	추가적으로 트럭 ₩15,000을 외상으로 구입하였다.
3월 31일	종업원에게 급여 ₩30,000을 지급하였다.
3월 31일	차입금에 대한 이자비용 ₩6,000을 지급하였다.

〈요구사항〉

1. 한국㈜의 3월 거래내역을 분개하라.
2. 각 일자별 거래를 T자 계정에 전기하라.
3. 위의 자료에 기초하여 시산표를 작성하라.

[문제 8] 거래의 기록(4) 〈난이도 : 중〉

다음은 건물청소서비스를 제공하는 강남㈜에서 20×1년도 1월에 발생한 거래이다.

20×1년 1월 1일, 이한국 씨는 건물청소서비스를 제공하는 강남㈜를 설립하였다. 1월 한 달 동안의 거래내역은 다음과 같다.

1월 1일	건물청소서비스 업체인 강남㈜를 설립하기로 하고 현금 ₩34,000을 출자하였다.
1월 2일	트럭을 ₩8,000에 구입하면서 대금 중 일부인 ₩5,000은 현금으로 지급하고, 나머지 ₩3,000는 추후에 지불하기로 하였다.
1월 3일	비품 ₩2,600을 외상으로 구입하였다.
1월 6일	청소용역을 제공하고 ₩5,000을 현금으로 받았다.

1월 12일 1월 2일 트럭 구입시 외상대금 ₩3,000과 1월 3일 비품 구입시 외상대금 ₩2,600을 현금으로 지급하였다.

1월 15일 청소 용역 ₩8,000을 외상으로 제공하고, 대금은 추후에 받기로 하였다.

1월 25일 1월 15일에 청소용역 대금 ₩8,000을 현금으로 회수하였다.

1월 26일 종업원에게 급여 ₩2,500을 지급하였다.

1월 31일 차량연료비 ₩400을 지급하였다.

〈요구사항〉

1. 강남㈜의 1월 거래내역을 분개하라.
2. 각 일자별 거래를 T자 계정에 전기하라.
3. 위의 자료에 기초하여 시산표를 작성하라.

[문제 9] 시산표(1) 〈난이도: 상〉

강서㈜의 회계담당자는 20×1년 12월 31일 시산표를 작성하였으나 다음과 같이 차변과 대변의 합계금액이 일치하지 않았다.

시 산 표

20×1년 12월 31일 현재

강서㈜ (단위: 원)

	차변	대변
현금	₩6,504	
매출채권	6,462	
소모품	1,600	
기계장치	6,000	
미지급금		₩5,332
자본금		20,400
용역수익		4,760
급여	8,000	
임차료	3,420	
합계	₩31,986	₩30,492

20×1년도 강서㈜의 분개장 및 원장을 살펴본 결과 다음과 같은 오류를 발견하였다.

(1) 고객으로부터 외상 용역대금 ₩1,480을 회수하면서 차변에 현금 ₩940, 대변에 매출채권 ₩940으로 분개하였다.

(2) 외상으로 기계장치 ₩680을 구입하면서 차변에 소모품 ₩680, 대변에 미지급금 ₩680으로 분개하였다.
(3) 고객에게 용역 ₩1,780을 외상으로 제공하고 대금은 추후에 받기로 하였다. 회계담당자는 차변에 매출채권 ₩1,780, 대변에 용역수익 ₩178로 분개하였다.
(4) 기계장치 외상 구입대금 중 일부인 ₩412을 현금으로 지급하는 회계처리를 회계담당자는 차변에 현금 ₩412, 대변에 미지급금 ₩520으로 분개하였다.

〈요구사항〉

위 오류를 정정한 이후의 정확한 시산표를 작성하라.

[문제 10] **시산표(2)** 〈난이도: 중〉

다음은 한국㈜의 20×1년 12월 31일 시산표이다.

시 산 표

20×1년 12월 31일 현재

한국㈜ (단위: 원)

	차 변	대 변
현금	₩59,000	
매출채권		₩10,000
토지		50,000
건물	60,000	
기계장치	25,500	
차입금	40,000	
미지급금		50,000
자본금		100,000
용역수익	26,000	
급여		5,000
보험료	3,000	
이자비용	1,500	
임차료		2,000
합계	₩215,000	₩217,000

〈요구사항〉

자산, 부채, 자본, 수익 및 비용계정이 정상잔액을 갖는다고 할 때 위의 시산표에서 틀린 곳을 찾아 수정하라.

04 회계순환과정

학습목표

본 장에서는 회계의 기간별 보고와 발생주의 회계를 학습하고 수정분개의 이유와 주요 수정 사항을 살펴본다. 그리고 시산표 작성과 성격 및 목적에 대하여 논의할 것이다. 장부 마감절차를 설명하고 마감후시산표의 목적과 내용에 대하여 알아볼 것이다. 또한 회계순환과정 절차를 설명할 것이다.

본 장에서 학습할 주요 내용을 요약하면 다음과 같다.

회계순환과정 : 발생주의, 수정분개, 재무제표 작성, 장부마감

➢ 기간 개념
- 회계기간
- 발생주의기준과 현금주의기준
- 수익과 비용의 인식

➢ 회계순환과정

➢ 수정분개
- 수정분개의 유형
- 이연항목
- 발생항목
- 수정분개와 전기의 요약

➢ 수정후시산표와 재무제표 작성
- 수정후시산표의 작성
- 재무제표의 작성

➢ 장부의 마감
- 마감분개의 실시
- 마감분개의 전기
- 마감후시산표 작성

➢ 보론 1 : 정산표를 이용한 수정분개와 재무제표 작성
- 정산표 작성의 단계
- 정산표로부터 재무제표의 작성
- 정산표에서 수정분개 실행

➢ 보론 2 : 오류수정을 위한 수정분개

제 1 절 기간 개념

기업이 모든 영업활동을 완전히 종료한 후 재무제표를 작성한다면 기록된 계정의 수정은 필요하지 않다. 영업활동을 종료한 시점에서는 기업의 최종적인 재무상태와 총이익을 계산할 수 있기 때문이다. 다음의 사례를 통하여 거래기록에 대하여 생각해보자.

은행에 근무하던 김부장은 5년 전에 명예퇴직을 하고 퇴직금 1억원을 이용하여 한국슈퍼를 개업하였다. 그러던 어느 날 옛 동료인 박과장이 찾아와서 자신도 사업을 시작하고 싶다며 현재까지의 수익에 대해서 물었다. 김부장은 슈퍼를 시작한 후 지금까지 별도로 매출 기록을 하지 않았고 최근에 아파트 한 채를 장만하고 자동차를 구입하였다. 그리고 슈퍼가 있는 건물을 그 동안의 수익으로 매입했다고 한다. 따라서 김부장은 박과장에게 지금 보유하고 있는 아파트와 자동차 그리고 건물을 합한 금액에서 퇴직금 1억원을 빼고 나면 큰 이익을 벌었을 것이라고 하였다.

1. 회계기간

비록 한국슈퍼 주인의 계산이 옳다고 하더라도 영업실적을 계산하는 데 오랜 시간이 걸리는 것은 현실적이지 않다. 모든 기업은 영업성과와 재무상태를 일정기간에 한 번씩 확인하고자 한다. 경영자는 일반적으로 매월 재무제표에 대해 보고받기를 원하고, 국세청은 기업에게 1년에 한 번씩 세무신고를 할 것을 요구한다. 그리고 투자자, 채권자 등 외부정보이용자도 기업의 일정기간에 대한 재무제표를 제공받기 원한다. 따라서 기업의 영업활동을 쉽게 파악할 수 있도록 영업활동기간을 인위적으로 구분하는데 이것을 회계기간이라 한다.

거래는 두 개 이상의 회계기간에 영향을 미치기도 한다. D항공사의 경우 항공기를 구입하면 한 회계기간만 사용하는 것이 아니라 항공기의 수명 동안 영업에 사용하게 된다. 항공기는 사용기간 동안 D항공사의 재무상태와 경영성과에 영향을 미치게 된다. D항공사의 경우 1대의 항공기가 각 회계기간 동안 얼마의 수익을 창출하였는지, 수익창출을 위해 항공기당 원가가 얼마인지를 평가할 것이다. D항공사뿐만 아니라 모든 기업들은 재무상태와 경영성과를 평가하기 위해서 각 거래가 특정 회계기간과 어떻게 연관되는지를 분석한다. 이러한 분석을 위해 정기적으로 재무제표를 작성하며, 회계기간(보고기간)은 일반적으로 월, 분기 또는 연 단위로 설정한다. 월, 분기 단위로 하는 재무보고를 중간보고라 하는데, 상장기업은 분기와 연 단위의 재무제표를 작성해야 한다.

1년 주기의 회계기간을 회계연도(fiscal year)라고 한다.[1] 회계연도는 일반적으로 특정 월의 첫 번째 날부터 시작하여 12개월 후가 되는 월의 마지막 날로 끝난다. 대부분의 기업들은 역년(달력상의 1년인 1월 1일부터 12월 31일까지)을 회계연도로 사용하나 역년 이외의 기간을 회계연도로 사용하는 기업도 있다.[2]

2. 발생주의기준과 현금주의기준

경제적 사건이 2개 이상의 회계기간에 걸쳐 영향을 미친다면 어느 회계기간의 수익 및 비용으로 보고할 것인지가 중요한 이슈가 될 수 있다. 이하에서는 수익과 비용의 인식과 측정, 즉 기록 시점과 금액을 결정하는 기준과 관련하여 발생주의와 현금주의에 대해서 살펴보도록 한다.

발생주의는 거래나 사건의 경제적 효과와 관련하여 현금이 유출되거나 유입되는 기간이 아닌 해당 거래나 사건이 발생한 기간에 인식하는 회계절차를 말한다. 수익을 결정하는데 발생주의기준을 사용하는 기업은 현금을 수령한 시점이 아닌 수익을 창출하는 경제적 사건이 발생한 시점에 인식한다. 비용 역시 현금을 지출한 시점이 아니라 발생한 시점에 인식한다. 즉, 현금의 수취나 지급과 상관없이 거래나 사건이 일어났을 때 수익과 비용을 인식하는 것이 발생주의 회계이다.

발생주의기준에 대비되는 개념으로 현금주의기준이 있다. 현금주의기준에서

1) 당해 회계연도를 당기라 하며, 직전 회계연도와 다음 회계연도를 각각 전기와 차기라 부른다. 한편, 회계기간 초와 회계기간 말을 줄여서 각각 기초와 기말이라고 칭하며, 기초와 기말 사이를 기중이라 표현한다.

2) 회계기간이 역년과 동일하게 1월 1일부터 12월 31일까지인 기업을 12월 결산법인이라 한다. 같은 논리로, 3월 · 6월 · 9월 결산법인 등이 있다.

수익은 거래나 사건의 발생시점이 아닌 현금수취 시점에 인식하며, 비용도 현금지출 시점에 인식한다. 현금주의기준은 현금의 수취와 지출 시점에 거래를 인식하기 때문에 단순하다는 장점이 있다. 그러나 수익(비용)은 이미 발생하였으나 현금을 수취(지급)하지 않았다는 이유로 수익(비용)을 기록하지 않기 때문에 재무제표를 왜곡시킬 수 있다는 단점이 있다. 반면에 발생주의기준은 현금주의기준보다 경영성과를 적절하게 포착한다. 이러한 이유에서 한국채택국제회계기준에서는 발생주의기준을 채택하고 있다.

예를 들어, 한국회계사무소가 세무자문용역을 제공하고 ₩10,000을 고객으로부터 1개월 뒤에 돈을 받기로 하였다면, 발생주의기준에서는 용역제공시점에 용역수익(매출) ₩10,000을 기록한다. 그러나 현금주의기준에서는 용역제공시점이 아니라 현금 ₩10,000을 수취하는 시점인 1개월 후에 용역수익(매출)을 인식하게 된다.

예제 4-1

한국법무법인은 20×1년도 초에 설립되었으며 1월 한 달간 법률서비스 제공 내역은 다음과 같다.

1월 15일 강남㈜에게 법률자문서비스를 제공하고 ₩100,000을 1개월 뒤에 지급받기로 하였다.

1월 25일 강동㈜에게 법률자문서비스를 제공하고 다음 날 ₩250,000의 현금을 수취하였다.

▶▶ 요구사항

1. 현금주의기준에서 20×1년도 1월의 용역수익(매출)을 계산하라.
2. 발생주의기준에서 20×1년도 1월의 용역수익(매출)을 계산하라.

해답

1. 현금주의기준: ₩250,000
2. 발생주의기준: ₩350,000(₩100,000 + ₩250,000)

3. 수익과 비용의 인식

회계에서 인식은 경제적 사건을 회계장부에 기록하여 재무제표에 반영하는 것을 말하며, 수익과 비용의 인식이란 수익과 비용을 기록하는 시점을 결정하는 것을 의미한다. 수익과 비용을 인식할 때 적용되는 원칙을 수익인식의 원칙과 수익·비용대응의 원칙이라 한다.

(1) 수익인식의 원칙

개념체계에서는 용역을 제공하거나 재화를 판매하고 그 금액을 신뢰성 있게 측정할 수 있을 때에 수익을 인식하는 것으로 규정하고 있다. 이는 신뢰성 있게 측정이 가능하고 충분히 확실한 항목들에 대해서만 수익을 인식하도록 하는 것이다. 일반적으로 수익은 재화의 판매 혹은 용역을 제공한 시점에 인식한다.

예를 들어, <예제 4-1>에서 한국법무법인이 1월 15일에 제공한 법률자문서비스의 대가를 2월 15일에 현금으로 받은 경우 수익은 현금수취 시점인 2월이 아닌 법률자문서비스 제공시점인 1월에 인식하여야 한다. 따라서 한국법무법인은 1월 15일에 제공한 용역에 대한 매출채권을 재무상태표에 반영하고, 자문용역에 대한 수익을 포괄손익계산서에 반영하여야 한다.

(2) 비용인식의 원칙

제2장에서 비용인식에 적용되는 일반적인 원칙은 수익·비용대응의 원칙임을 살펴보았다. 경제적 효익의 사용은 그 사용으로 인해 획득되는 수익이 인식될 때 비용으로 인식한다는 것이다. 즉, 비용은 그 비용이 기여한 수익과 동일한 기간에 인식하는 수익·비용대응의 원칙에 따라 인식한다.

수익·비용대응의 원칙에 의하면 한국법무법인의 법률자문서비스에 대한 직원급여는 법률자문서비스를 제공하기 위해 발생하였기 때문에 포괄손익계산서에 보고한 수익과 동일한 보고기간인 1월의 '급여'라는 비용으로 보고하게 된다. 만일 한국법무법인이 1월에 발생한 급여를 2월에 지급하였다면 1월 말에 비용(급여) 인식과 동시에 부채(미지급급여)를 기록해야 한다.

[그림 4-1]은 수익과 비용인식의 원칙을 요약하여 보여주고 있다.

그림 4-1 수익과 비용의 인식

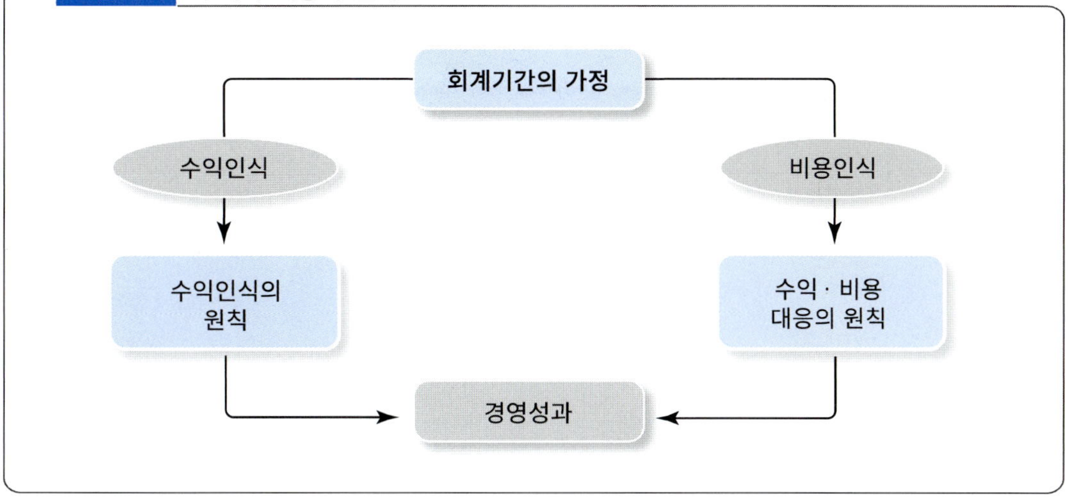

제 2 절 회계순환과정

[그림 4-2]는 회계순환의 과정을 요약한 것이다. 회계순환(accounting cycle)이란 기업이 회계정보를 산출하기 위해서 밟아야 할 일련의 체계적인 절차로써 거래에 대한 분석에서 출발하여 계정의 마감 및 마감후시산표 작성으로 끝나게 된다. 기업은 회계순환과정의 각 단계를 순차적으로 수행하며, 매 회계기간마다 이러한 과정을 반복하게 된다.

단계 1~2는 제3장에서 설명하였듯이 회계기간 중에 반복해서 발생하는 단계이며, 단계 3~6은 월 · 분기 · 연 단위의 회계기간 말에 주기적으로 수행하는 단계이다. 단계 7 장부의 마감은 마감분개와 마감후시산표 작성단계로 일반적으로 기업의 당해 회계연도 말에 한번 수행하게 된다.

회계순환과정에는 두 가지 선택적인 단계가 있다. 실무적으로, 수정분개와 재무제표 작성을 위해 정산표를 사용하거나 역분개 절차를 사용할 수도 있다. 정산표를 사용하는 절차는 [보론 1]에서 자세히 설명하기로 한다. 역분개는 회계기간 초 시점에서 직전 회계기간 말에 실시한 수정분개를 정반대로 하여 특정 수정분개 효과를 취소하는 분개이다. 역분개에 대한 자세한 설명은 본서에서는 생략하기로 한다.

그림 4-2 회계순환과정의 요약

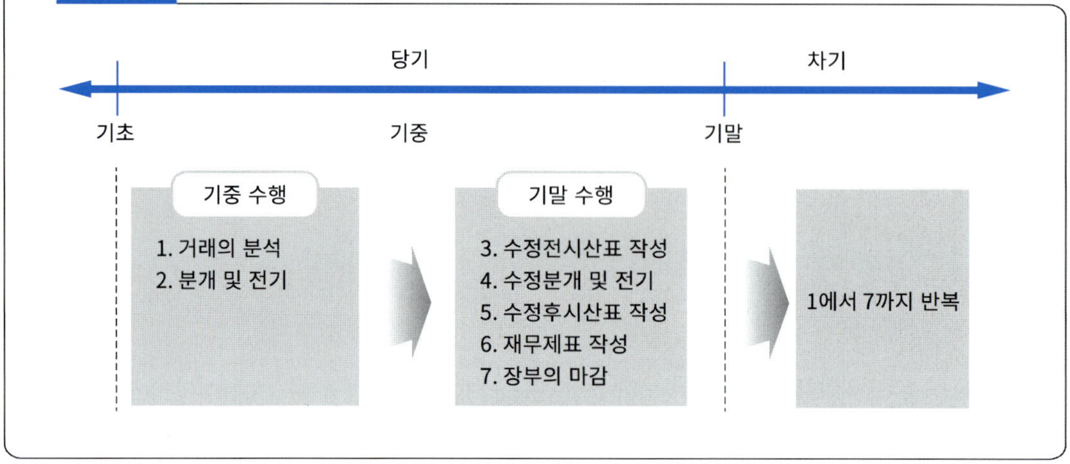

기업은 회계 절차상 오류를 범할 수 있다. 기업은 오류를 발견한 경우 오류수정을 위한 수정분개 및 전기를 실시하여 오류를 정정하여야 한다. 만일 회계기록상 오류가 없다면 오류수정 분개는 필요하지 않다. 오류수정을 위한 수정분개에 대한 자세한 설명과 사례는 [보론 2]에 첨부되어 있다.

제 3 절 수정분개

수익과 비용이 발생한 해당 회계기간에 적정하게 보고하기 위해서 기업은 회계기간 말에 수정분개를 실시한다. 수정분개는 수익인식의 원칙과 비용인식의 원칙(수익·비용대응의 원칙)이 잘 지켜지도록 하는 절차이다. 따라서 수정분개는 재무상태표와 포괄손익계산서에 올바른 금액을 보고할 수 있도록 해준다.

[그림 4-2]의 단계 1~2를 통해 첫 번째로 요약된 표인 시산표는 가장 최근의 자료를 포함하지 못하여 완전하지 못할 수도 있는데, 이것은 다음과 같은 이유 때문이다.[3)]

---

3) [그림 4-2]의 단계 1~2를 통해 첫 번째로 요약된 시산표를 수정분개 이전에 작성하였다 하여 수정전시산표라 한다. 따라서 제3장에서 학습한 시산표는 엄밀한 의미에서 수정전시산표가 된다.

- 일부 사건은 매일 기록하는 것이 비효율적이기 때문에 매일 기록하지 않는다. 예를 들어, 기업은 매일 사용하는 소모품을 기록하지 않고 직원들의 급여를 매일 계산하지 않는다.
- 일부 비용은 매일 거래의 결과이기보다는 시간의 경과로 소멸되어 발생하기 때문에 회계기간 동안에 기록하지 않는다. 임차료, 보험료 및 비품의 사용과 관련되는 금액 등이 그 예다.
- 공공요금과 같은 특정 항목은 일반적으로 당월의 사용분에 대하여 익월에 청구서를 받으므로 당월에 기록되지 않을 수도 있다.

기업은 재무제표 작성을 준비할 때마다 수정분개를 실시해야 한다. 기업은 수정전시산표 상의 각 계정을 살펴 가장 최근의 정보를 반영해야 한다. 예를 들어, 기업은 소모품의 재고나 보험계약서, 임차계약서 및 다른 계약서 상의 내용을 파악해야 한다. 수정분개는 시간이 많이 소요되는 절차이지만 회계기간 말 수정절차를 거쳐 당기의 재무제표에 적절히 반영시켜야 올바른 재무상태와 경영성과를 파악할 수 있다.

1. 수정분개의 유형

수정분개의 유형은 크게 두 가지, 이연(deferrals)과 발생(accruals)으로 분류된다. 다음 <표 4-1>은 이연 및 발생의 항목을 수익과 비용으로 나눠 정리한 것이다.

표 4-1 | 수정분개의 유형

유 형		회계처리
이연 (deferrals)	이연수익	현금은 이미 수취하였으나, 이에 대한 수익인식기준을 충족하지 못하여 부채로 기록함
	이연비용	현금은 이미 지급되었으나, 아직 사용 또는 소비되지 않아 자산으로 기록함
발생 (accruals)	발생수익	수익인식기준을 충족하였으나, 재무상태표일 현재 현금이 수취되지 않아 자산으로 기록함
	발생비용	비용인식기준을 충족하였으나, 재무상태표일 현재 현금이 지급되지 않아 부채로 기록함

그림 4-3 이연항목과 발생항목 비교

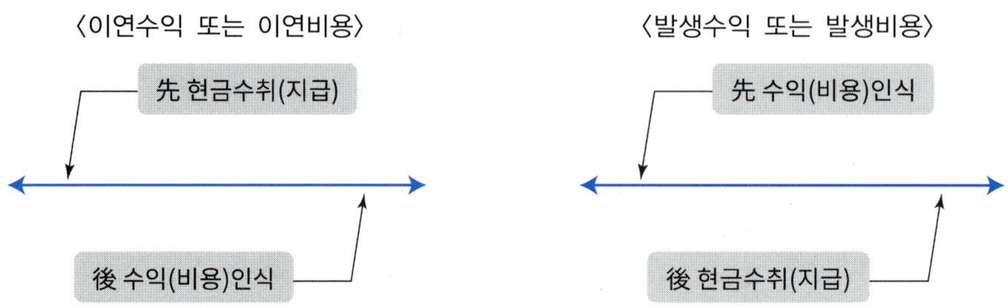

이연항목은 현금의 수취나 지급 등이 먼저 발생하고 이후에 수익 또는 비용으로 인식되는 항목이다. 발생항목은 수익 또는 비용을 먼저 인식하고 그 수익과 비용에 대한 현금 수취나 지급이 이후에 발생하는 항목을 말한다. [그림 4-3]은 이연항목과 발생항목을 비교한 내용이다. 이하에서는 수정분개의 각 유형에 따른 회계처리를 연습하도록 한다.

2. 이연항목

이연항목으로는 선수수익과 선급비용을 들 수 있다.[4] 선수수익은 이미 현금을 수취하였으나 그에 대한 수익인식기준을 충족하지 못하여 부채로 인식한 항목이고, 선급비용은 이미 현금을 지급하였으나 그에 대한 비용인식기준을 충족하지 못하여 자산으로 인식한 항목이다. 기업은 보고기간 말에 이연항목에 대하여 적절한 수정분개를 실시해야 한다.

4) 선수수익은 수익으로 계상한 금액 중 귀속시기가 도래하지 않은 금액을 말한다. 즉 선급비용에 대응되는 개념으로서 기업이 일정기간 계속하여 용역을 제공하기로 하고 수취한 수익 중 용역의 제공이 아직 이루어지지 않아 차기 이후의 수익으로 인식하여야 할 금액을 말한다. 반면에 선수금은 선급금에 대응되는 개념으로서 일반적 상거래에서 미래에 재화나 용역을 제공하기로 하고 대금의 전부 혹은 일부를 미리 수령한 것을 말한다.

(1) 이연수익

이미 현금을 수취하였으나 당해 회계기간에 수익인식기준을 충족하지 못하는 경우 선수수익이라는 부채로 기록한다. 이연수익의 예로 미리 수령한 이자수익, 보험료수익, 임대수익 등이 있다.

구체적으로, 자금을 대여하고 이자를 미리 수취하였다면 선수이자(선수수익)로 회계처리하고, 사무실을 임대하면서 임대료를 미리 수취하였다면 선수임대료(선수수익)로 회계처리한다. 이와 같이 선수수익을 부채로 회계처리하는 이유는 기업이 미래에 서비스를 제공하거나 재화를 인도하여야 하는 의무가 있기 때문이다. 또한 이러한 선수수익은 차후에 기업이 서비스제공을 완료했거나 재화를 제공한 때에 수익으로 인식한다.

서비스제공으로 인한 수익을 매일 기록하는 것은 효율적이지 않기 때문에 일반적으로 기업은 선수수익의 수익인식을 보고기간 말까지 미루게 된다. 따라서 보고기간 말 시점에서 제공한 서비스에 대한 수익의 인식과 부채의 감소를 정확하게 반영하기 위한 수정분개를 실시한다. 수정 전 과대계상된 부채를 감소시키고 과소계상된 수익의 발생을 기록한다.

예제 4-2

한국㈜는 20×1년 9월 1일에 건물의 여유 공간을 강남㈜에 1년간 임대하기로 계약하고 1년치 임대료 ₩1,200,000을 수취하였다. 한국㈜의 결산일은 12월 31일이다.

▶▶ 요구사항

1. 임대료 수취시점(20×1년 9월 1일)에서 한국㈜의 회계처리를 제시하라. (단, 선수임대료(부채)계정을 사용할 것)
2. 보고기간 말(20×1년 12월 31일) 시점에서 한국㈜가 수행하게 될 수정분개를 제시하라.

해답

1.	(차) 현 금	1,200,000	(대) 선수임대료	1,200,000
2.	(차) 선수임대료	400,000	(대) 임 대 료	400,000*

* ₩1,200,000 × 4개월/12개월

<예제 4-2>에서 한국㈜는 향후 1년간 사무실을 임대하기로 약속하고 9월 1일에 강남㈜로부터 1년치 임대료 ₩1,200,000을 받았으므로 부채인 선수임대료(선수수익)계정의 대변에 기록하였다. 그러나 보고기간 말 시점에서는 4개월(9월~12월) 동안 사무실을 제공해주었기에 임대료 ₩400,000을 수익으로 인식함과 동시에 부채로 계상한 선수임대료를 감소시키는 수정분개를 해야 한다.

선수임대료

차변		대변	
12/31 수정	**400,000**	7/1	1,200,000
		12/31 잔액	800,000

임대료

차변		대변	
		12/31 수정	**400,000**
		12/31 잔액	400,000

수정분개를 전기한 결과, 선수임대료계정의 대변잔액은 미실현된 임대료 ₩800,000을 나타내며, 임대료계정의 대변금액은 4개월간 실현된 임대료(수익) ₩400,000을 나타낸다. 만일, 수정분개를 하지 않는다면 한국㈜의 20×1년도 포괄손익계산서의 수익과 당기순이익은 ₩400,000만큼 과소표시될 것이고, 그 결과 보고기간 말 현재 재무상태표상 자본이 ₩400,000만큼 과소표시될 것이다. 또한 선수임대료(부채)도 ₩400,000만큼 과대표시될 것이다.

한편, 앞선 회계처리와는 달리 대체적인 회계처리가 존재한다. 즉, 한국㈜는 임대료 수취시점(20×1년 9월 1일)에서 다음과 같이 회계처리할 수도 있다.

(차) 현 금	1,200,000	(대) 임 대 료	1,200,000

대체적인 회계처리에 따라 한국㈜가 수취한 현금을 선수임대료(부채)가 아닌 임대료(수익)로 회계처리할 경우 20×1년도 수익은 미실현된 ₩800,000만큼 과대계상된다. 한국㈜는 향후 8개월(20×2년도 1월~8월) 동안 추가로 사무실을 제공해야만 수익을 인식할 수 있기 때문이다. 따라서 대체적 회계처리의 경우 보고기간 말 시점에서는 향후 8개월(20×2년도 1월~8월) 동안 사무실을 제공할 의무에 대해 미실현된 임대료 ₩800,000을 선수임대료(부채)로 이연처리하고 임대료를 조정하는 수정분개를 해야 한다.

(차) 임 대 료	800,000	(대) 선수임대료	800,000

선수임대료 (차변)	선수임대료 (대변)
	12/31 수정 **800,000**
	12/31 잔액 800,000

임대료 (차변)	임대료 (대변)
12/31 수정 **800,000**	7/1 1,200,000
	12/31 잔액 400,000

수정분개를 전기한 결과, 앞선 결과와 동일하게 선수임대료계정의 대변잔액은 미실현된 임대료 ₩800,000을 나타내고, 임대료계정의 대변잔액은 실현된 임대료 ₩400,000을 나타낸다. 따라서 현금 수취시점에서 선수임대료(부채)로 회계처리하든 임대료(수익)로 회계처리하든 상관은 없으나, 보고기간 말 시점에서 대응되는 적절한 수정분개를 수행해야 함을 유의해야 한다. 한편, <표 4-2>는 이연수익에 대한 수정분개를 요약한 것이다.

표 4-2 | 이연수익(선수수익)에 대한 수정사항 요약

이연수익의 예	미리 수령한 이자수익, 보험료수익, 임대수익 등
수정 이유	부채로 기록된 선수수익에 대한 서비스(재화)제공으로 수익인식기준을 충족함
수정 전 계정의 잔액	부채 과대계상 / 수익 과소계상
수정분개	(차) 부 채 ××× (대) 수 익 ×××

(2) 이연비용

이미 현금을 지급하였으나 당해 회계기간에 비용인식기준을 충족하지 못하는 경우 선급비용이라는 자산으로 기록한다. 이연비용의 예로 선급임차료, 선급보험료, 소모품비, 감가상각비 등이 있다.

비용의 이연은 시간의 경과(예: 보험료, 임차료 등)나 사용(예: 소모품, 기계장치등)에 따라 소멸하는 원가와 관련된다. 즉, 이러한 원가의 소멸은 일별 분개를 필요로 하지 않고, 재무제표를 작성할 때까지 비용의 인식을 미루게 된다. 그리고 재무상태표일(보고기간 말)에 기업은 당해 회계기간에 해당되는 비용을 인식하고, 미소멸원가(unexpired costs)를 자산계정에 반영하기 위해 수정분개를 실시한다. 즉, 수정 전 과대계상된 자산을 감소시키고 과소계상된 비용의 발생을 기록한다.

비용의 이연에 관한 회계처리에 대해서는 보험료, 소모품비 및 감가상각비로 구분하여 각각 살펴보도록 한다. 한편, <표 4-3>은 이연비용에 대한 수정분개를 요약하고 있다

표 4-3 | 이연비용(선급비용)에 대한 수정사항 요약

이연비용의 예	보험료, 임차료, 소모품비, 감가상각비 등
수정 이유	자산으로 기록된 선급비용(선급금)이 시간의 경과, 사용으로 소멸(즉, 비용화)됨
수정 전 계정의 잔액	자산 과대계상 / 비용 과소계상
수정분개	(차) 비 용 ××× (대) 자 산 ×××

① 보험료

기업은 화재, 도난 및 다른 예상치 못한 사건으로 인하여 발생하는 손실에 대비하기 위하여 보험에 가입한다. 보험료는 일반적으로 미리 지불되기 때문에 보험료 지출시 자산계정인 선급보험료가 증가한다. 그러나 시간이 경과함에 따라 기업은 보험서비스를 제공받으므로 소멸된 원가만큼 비용(보험료)으로 인식해야 한다. 재무상태표일에 기업은 회계기간 동안 소멸된 원가, 즉 보험료의 발생을 차변에, 선급보험료의 감소를 대변에 기록한다.

예제 4-3

한국㈜는 20×1년 4월 1일에 서울보험㈜와 보험계약을 체결하고 본사 건물에 대한 1년간 화재보험료 ₩720,000을 지급하였다. 한국㈜의 결산일은 12월 31일이다.

▶▶ 요구사항

1. 화재보험료 지급시점(20×1년 4월 1일)에 한국㈜의 회계처리를 제시하라. (단, 선급보험료(자산)계정을 사용할 것)
2. 보고기간 말(20×1년 12월 31일) 시점에서 한국㈜가 수행하게 될 수정분개를 제시하라.

해답

1.	(차) 선급보험료	720,000	(대) 현 금	720,000
2.	(차) 보 험 료	540,000	(대) 선급보험료	540,000*

* ₩720,000 × 9개월/12개월

<예제 4-3>에서 한국㈜는 향후 1년간 보험서비스를 제공받기로 계약을 체결하고 4월 1일 서울보험㈜에게 1년치 보험료 ₩720,000을 지급하였으므로 자산인 선급보험료(선급비용)계정의 차변에 기록하였다. 그러나 보고기간 말 시점에서는 9개월(4월~12월)의 시간이 경과됨에 따라, 본사 건물에 대한 화재보험서비스를 제공받았기에 보험료 ₩540,000을 비용으로 인식함과 동시에 자산으로 계상한 선급보험료를 그만큼 감소시키는 수정분개를 해야 한다.

보험료

차변	대변
12/31 수정 **540,000**	
12/31 잔액 540,000	

선급보험료

차변	대변
4/1 720,000	12/31 수정 **540,000**
12/31 잔액 180,000	

수정분개를 전기한 결과, 보험료계정의 차변에는 시간의 경과에 따라 9개월간 소멸된 보험원가 ₩540,000을 나타내고, 선급보험료계정의 차변잔액은 남아 있는 보험서비스 기간인 3개월(20×2년도 1월~3월)에 대한 보고기간 말 현재 미소멸된 보험원가 ₩180,000을 나타낸다. 만일, 수정분개를 하지 않는다면 한국㈜의 20×1년도 보험료는 ₩540,000만큼 과소계상되어 당기순이익이 ₩540,000만큼 과대표시될 것이고, 그 결과 보고기간 말 현재 재무상태표상 자본도 ₩540,000만큼 과대표시될 것이다. 또한 선급보험료(자산)도 ₩540,000만큼 과대표시될 것이다.

대체적인 회계처리로 한국㈜는 보험료 지급시점(20×1년 4월 1일)에서 선급보험료(자산)가 아닌 보험료(비용)로 회계처리할 수도 있다. 이 경우, 보고기간 말 시점에서 한국㈜는 다음과 같은 수정분개를 해야 한다. 수정분개를 전기한 결과는 앞선 결과와 동일하다.

일자	차변	금액	대변	금액
4월 1일	(차) 보 험 료	720,000	(대) 현 금	720,000
12월 31일	(차) 선급보험료	180,000	(대) 보 험 료	180,000

보험료

차변	대변
4/1 720,000	12/31 수정 **180,000**
12/31 잔액 540,000	

선급보험료

차변	대변
12/31 수정 **180,000**	
12/31 잔액 180,000	

② 소모품비

기업은 종이, 봉투 및 프린터 토너 등과 같은 다양한 종류의 소모품을 사용한다. 소모품 자체는 자산이므로 구입할 때에 소모품계정의 차변에 기록하고 기중에 소모품을 사용할 때에는 기록하지 않는다. 그러나 회계기간 동안 사용된 소모품은 보고기간 말에 수정분개를 통해 소모품비로 기록된다. 회계기간 동안 사용된 소모품은 소모품 구입액에서 기말 소모품재고를 차감함으로써 측정할 수 있다. <예제 4-4>를 통해 소모품비에 대한 회계처리를 연습해 보자.

예제 4-4

한국㈜는 20×1년 12월 1일 영업을 시작하면서 소모품 ₩500,000을 구입하고 현금을 지급하였다. 보고기간 말인 12월 31일 소모품 재고를 조사한 결과, ₩150,000에 해당하는 소모품이 남아 있음을 확인하였다.

▶▶ 요구사항

1. 소모품 구입시점(20×1년 12월 1일)에서의 회계처리를 제시하라. (단, 소모품(자산)계정을 사용할 것)
2. 보고기간 말(20×1년 12월 31일) 시점에서 한국㈜가 수행하게 될 수정분개를 제시하라.

해답

1.	(차) 소 모 품	500,000	(대) 현 금	500,000
2.	(차) 소모품비	350,000	(대) 소 모 품	350,000*

* ₩500,000 − ₩150,000

<예제 4-4>에서 한국㈜는 소모품(₩500,000)을 구입하면서 소모품계정의 차변에 기록하였다. 그러나 보고기간 말 시점에서의 소모품 재고액은 ₩150,000이므로 회계기간 동안 사용한 소모품은 ₩350,000이다. 따라서 보고기간 말 시점에서는 소모품 사용액 ₩350,000을 소모품비(비용)로 인식함과 동시에 소모품(자산)을 그만큼 감소시키는 수정분개를 해야 한다.

소모품	
12/1 500,000	12/31 수정 **350,000**
12/31 잔액 150,000	

소모품비	
12/31 수정 **350,000**	
12/31 잔액 350,000	

수정분개를 전기한 결과, 소모품비계정의 차변에는 소모품을 사용함에 따라 소멸된 소모품원가 ₩350,000을 나타내고, 소모품계정의 차변잔액은 남아 있는 소모품, 즉 보고기간 말 현재 미소멸된 소모품원가 ₩150,000을 나타낸다. 수정분개를 하지 않는다면 한국㈜의 20×1년도 소모품비는 ₩350,000만큼 과소계상되어 당기순이익이 ₩350,000만큼 과대표시될 것이고, 그 결과 보고기간 말 현재 재무상태표 상 자본도 ₩350,000만큼 과대표시될 것이다. 또한 소모품(자산)도 ₩350,000만큼 과대표시될 것이다.

대체적인 회계처리로 한국㈜는 소모품 구입시점(20×1년 12월 1일)에 소모품(자산)이 아닌 소모품비(비용)로 회계처리할 수 있다. 이 경우, 보고기간 말 시점에서 한국㈜는 다음과 같은 수정분개를 해야 한다. 수정분개를 전기한 결과는 앞선 결과와 동일하다.

12월 1일	(차) 소모품비	500,000	(대) 현 금	500,000
12월 31일	(차) 소 모 품	150,000	(대) 소모품비	150,000

소모품	
12/31 수정 **150,000**	
12/31 잔액 150,000	

소모품비	
12/1 500,000	12/31 수정 **150,000**
12/31 잔액 350,000	

③ 감가상각비

기업은 일반적으로 영업활동을 수행하기 위해 건물, 기계장치 및 차량 등을 소유한다. 이러한 자산들은 수년에 걸쳐 사용될 것이므로 취득할 때 자산으로 기록된다. 최초 자산으로 기록되는 금액을 취득원가라 하며, 해당 자산을 영업활동에 사용가능한 기간을 내용연수라고 한다.

기업은 건물 등의 자산을 영업활동에 사용하여 수익을 창출함에 따라 수익·비용대응의 원칙에 의하여 내용연수의 매 회계기간 동안 자산의 취득원가 일부분을 비용, 구체적으로 감가상각비로 인식하게 되는데, 이와 같이 자산의 취득원가를 내용연수 동안 체계적이고 합리적인 방법으로 배분하는 과정을 감가상각이라 한다.

회계적 관점에서 내용연수가 두 회계기간 이상 지속되는 장기자산을 취득하는 것은 본질적으로 자산의 장기적인 용역잠재력을 구입하는 것이다. 따라서 선급비용에 대해 수정분개를 하는 것과 같이 감가상각에 대한 기간별 수정분개를 실시할 필요가 있다. 즉, 특정 회계기간 동안 사용한 취득원가를 비용으로 인식하고, 회계기간 말 시점에서 미소멸된 원가를 자산으로 보고한다.

기업이 장기자산을 취득할 때 정확한 내용연수를 알 수는 없다. 이는 자산의 내용연수가 여러 가지 요인으로 인하여 예상보다 길수도 있고 짧을 수도 있기 때문이다. 따라서 감가상각은 소멸된 원가를 실제로 측정하는 것이 아니라 추정하는 것이다. 가장 일반적으로 사용되는 감가상각 계산방법은 자산의 취득원가에서 잔존가치를 차감한 금액을 내용연수로 나누어 계산하는 방법이다.[5)]

일례로, 12월 결산법인인 한국㈜가 20×1년도 초에 판매부서에서 사용할 목적으로 차량 1대를 ₩900,000에 취득하였다고 가정하자. 또한 이 차량의 내용연수는 3년, 내용연수 종료 후 잔존가치는 ₩0으로 추정된다고 가정하자. 만일 차량의 취득원가 ₩900,000이 내용연수 3년 동안 매년 균등하게 소멸된다면, 매년 인식되는 감가상각비는 ₩300,000({₩900,000 − ₩0} ÷ 3년)이 된다. 따라서 한국㈜는 보고기간 말에 차량의 감가상각비를 기록하기 위해 다음과 같은 수정분개를 실시해야 한다.

(차) 감가상각비	300,000	(대) 감가상각누계액	300,000

위의 수정분개가 전기된 후, 차량 관련 계정을 표시하면 다음과 같이 수정된다.

차량운반구		
1/1	900,000	

감가상각누계액 – 차량운반구		
	12/31 수정	**300,000**

5) 이와 같은 방식으로 감가상각비를 계산하는 방법을 '정액법'이라 한다. 여기서 잔존가치란 자산이 이미 오래되어 내용연수 종료시점에 도달하였다는 가정 하에 자산의 처분으로부터 현재 획득할 금액에서 추정 처분부대원가를 차감한 금액이다. 보다 자세한 내용은 제9장에서 학습하도록 하자.

감가상각비	
12/31 수정 **300,000**	

감가상각누계액계정의 잔액은 매년 ₩300,000씩 증가하게 된다. 따라서 수정분개와 전기가 실시된 후 20×2년도 및 20×3년도 보고기간 말 감가상각누계액계정 잔액은 각각 ₩600,000과 ₩900,000이 될 것이다. 감가상각누계액은 해당 자산의 차감계정으로 정상잔액은 대변에 나타난다.[6] '감가상각누계액－차량운반구'는 재무상태표 상에서 해당 자산인 차량운반구 아래에 음(－)의 금액으로 표시하여 보고하는데, 20×1년도 부분재무상태표를 예시하면 다음과 같다.

차량운반구	₩900,000	
차감 : 감가상각누계액	(300,000)	₩600,000

자산의 취득원가와 감가상각누계액과의 차이를 장부금액(book value)이라고 부른다. 따라서 한국㈜의 20×1년 말의 차량운반구 장부금액은 ₩600,000이 된다. 그리고 감가상각은 자산의 가치평가가 아닌 자산의 원가배분 절차이므로 장부금액은 일반적으로 거래시장에서 평가되는 자산의 공정가치와는 다르다.

선급비용의 수정분개와 마찬가지로 감가상각에 대한 수정분개를 수행하지 않는다면, 비용(감가상각비)이 과소계상될 것이며 결과적으로 당기순이익과 자본이 과대계상될 것이다. 즉, 한국㈜가 차량운반구의 감가상각에 대한 수정분개를 하지 않았다면, 한국㈜의 20×1년도 감가상각비는 ₩300,000만큼 과소계상되어 당기순이익이 ₩300,000 과대표시될 것이고, 그 결과 보고기간 말 현재 재무상태표상 자본도 ₩300,000만큼 과대표시될 것이다. 또한 차량운반구(자산)도 ₩300,000만큼 과대표시될 것이다.

6) 감가상각누계액을 자산차감계정으로 표시하는 것에 대한 대안으로 감가상각비를 해당 자산에서 직접 차감하는 방법이 있으나, 한국채택국제회계기준(K-IFRS)에서는 해당 자산에서 차감하는 방법으로 표시하도록 하고 있다. 그 이유는 자산의 취득원가와 현재까지 소멸된 누적원가(감가상각누계액)를 모두 표시할 수 있기 때문이다.

3. 발생항목

발생항목으로는 미수수익과 미지급비용을 들 수 있다.[7] 발생주의기준 하에서는 당해 회계기간에 수익(비용)인식기준이 충족되었으나 이에 대한 현금의 수취(지급)가 다음 회계기간 이후에 발생하는 항목에 대한 수정분개를 필요로 한다. 즉, 기업은 당해 회계기간에 발생하였으나 기록되지 않은 수익과 비용을 인식하기 위한 수정분개를 실시한다.

(1) 발생수익

수익이 발생하였으나 재무상태표일 현재 현금이 수취되지 않아 기록되지 않은 수익을 발생수익(accrued revenues)이라 한다. 발생수익의 예로는 이자수익이나 임대료수익과 같이 시간이 경과함에 따라 발생하는 것과 용역은 제공되었으나 청구되지 않았거나 회수되지 않은 것이 있다. 전자는 수익획득과정이 일별 거래와 무관하기 때문에 기록되지 않은 것이고, 후자는 기업이 전체 용역 중 일부분만 제공하였기 때문에 기록되지 않은 경우이다.

발생수익에 대한 수정분개는 재무상태표일 현재시점에서 수취채권(미래에 현금을 받을 수 있는 권리)인 미수수익을 정확하게 표시하고 회계기간 중 발생된 수익을 인식하기 위해 수행된다. 따라서 수정분개를 실시함으로써 수정 전 과소계상된 자산을 증가시키고, 과소계상된 수익의 발생을 기록한다. 즉, 차변에 자산의 증가를 기록하고 대변에 수익의 발생을 기록한다.

7) 미지급금은 미수금에 대응되는 개념으로서 일반적 상거래 이외에서 발생한 부채로서 미지급비용을 제외한 것을 말한다. 미지급비용은 발생된 비용으로서 지급하지 아니한 것을 말한다. 미지급금은 확정부채로서 지급기일이 도래하여 채권자에게 지급할 의무는 발생하고 있으나 그 지급을 지연하고 있는 것인 반면에, 미지급비용은 계약에 따라 계속적으로 용역을 제공받고 있으나 그 대가의 지급기일이 도래하지 아니한 부채를 말한다. 미수금은 미지급금에 대응되는 개념이며, 미수수익은 미지급비용에 대응되는 개념이라 할 수 있다.

예제 4-5

12월 결산법인 한국㈜는 20×1년 7월 1일에 관계기업인 강남㈜에게 현금 ₩4,000,000을 다음과 같은 조건으로 대여하였다.

- 만기일 : 20×2년 6월 30일
- 이 자 : 연 3%이며, 만기일 원금상환 시 지급조건

▶▶ 요구사항

1. 단기대여금 지급시점(20×1년 7월 1일)에서 한국㈜의 회계처리를 제시하라.
2. 보고기간 말(20×1년 12월 13일) 시점에서 한국㈜가 수행하게 될 수정분개를 제시하라.

해답

1. (차)	단기대여금	4,000,000	(대) 현 금	4,000,000
2. (차)	미수이자	60,000	(대) 이자수익	60,000*

* ₩4,000,000 × 3% × 6개월/12개월

<예제 4-5>에서 강남㈜는 20×1년도 7월부터 12월까지 6개월 동안 자금을 사용하였으므로 한국㈜는 6개월간 이자 ₩60,000을 받을 권리가 있다. 따라서 한국㈜는 보고기간 말에 아직 현금으로 받지는 않았지만 6개월(7월~12월)간 이자 ₩60,000을 이자수익으로 인식함과 동시에 같은 금액만큼을 미수이자(자산)로 기록하기 위한 수정분개를 해야 한다.

미수이자

차변			대변
12/31 수정	**60,000**		
12/31 잔액	60,000		

이자수익

차변	대변		
	12/31 수정	**60,000**	
	12/31 잔액	60,000	

만일, 수정분개를 하지 않는다면 한국㈜의 20×1년도 포괄손익계산서의 수익과 당기순이익은 ₩60,000만큼 과소표시될 것이고, 그 결과 보고기간 말 현재 재무상태표상 자본이 ₩60,000만큼 과소표시될 것이다. 또한 미수이자(자산)도 ₩60,000만큼 과소표시될 것이다. 한편, 20×2년도 6월 말에 한국㈜는 원금과 이자를 회수하게 되는데, 이에 대한 회계처리는 다음과 같다.

(차) 현 금	4,120,000	(대) 단기대여금	4,000,000
		미수이자	60,000
		이자수익	60,000

<표 4-4>는 발생수익에 대한 수정분개를 요약한 것이다.

표 4-4 | 발생수익(미수수익)에 대한 수정사항 요약

발생수익의 예	이자수익, 임대료수익, 용역을 제공하였으나 대금 미회수 등
수정 이유	수익인식기준은 충족되었으나 현금미회수로 인해 기록되지 않음
수정 전 계정의 잔액	자산 과소계상 / 수익 과소계상
수정분개	(차) 자 산 ××× (대) 수 익 ×××

(2) 비용의 발생

비용이 발생하였으나 재무상태표일 현재 현금이 지급되지 않아 기록되지 않은 비용을 발생비용(accrued expenses)이라 한다. 발생비용의 예로는 이자비용, 임차료 및 급여 등이 전형적이다.

발생비용에 대한 수정분개는 재무상태표일 현재시점에 존재하는 지급채무(미래에 현금을 지급할 의무)인 미지급비용을 정확하게 표시하고 회계기간 중에 발생된 비용을 인식하기 위해 수행된다. 따라서 수정분개를 실시함으로써 수정 전 과소계상된 부채를 증가시키고 과소계상된 비용의 발생을 기록한다. 즉, 차변에 비용의 발생을 기록하고 대변에 부채의 증가를 기록한다.

예제 4-6

12월 결산법인인 한국㈜는 일시적인 자금사정으로 20×1년 12월분 종업원급여 ₩3,000,000을 연도말까지 미지급한 상태이다. 그러나 20×2년 1월 초에 거래처로부터 자금을 회수하여 미지급된 급여를 전액 지급하였다.

▶▶ 요구사항

1. 보고기간 말(20×1년 12월 13일) 시점에서 한국㈜가 수행하게 될 수정분개를 제시하라.
2. 20×2년 1월 초 종업원급여 지급 시 수행하게 될 회계처리를 제시하라.

해답

1.	(차) 급 여	3,000,000	(대) 미지급급여	3,000,000
2.	(차) 미지급급여	3,000,000	(대) 현 금	3,000,000

<예제 4-6>에서 한국㈜는 20×1년도 12월 한 달 동안 종업원으로부터 용역을 제공받았으므로 이에 대한 급여를 지급할 의무가 있다. 따라서 한국㈜는 보고기간 말에 아직 현금으로 지급하지는 않았지만 12월 종업원급여 ₩3,000,000을 비용으로 인식함과 동시에 같은 금액만큼을 미지급급여(부채)로 기록하기 위한 수정분개를 해야 한다.

급 여

차변		대변
12/31 수정	**3,000,000**	
12/31 잔액	3,000,000	

미지급급여

차변	대변	
	12/31 수정	**3,000,000**
	12/31 잔액	3,000,000

만일, 수정분개를 하지 않는다면 한국㈜의 20×1년도 포괄손익계산서의 비용이 ₩3,000,000만큼 과소계상되어 당기순이익은 ₩3,000,000만큼 과대표시될 것이고, 그 결과 보고기간 말 현재 재무상태표상 자본이 ₩3,000,000만큼 과대표시될 것이다. 또한 미지급급여(부채)는 ₩3,000,000만큼 과소표시될 것이다. 한편, <표 4-5>는 발생비용에 대한 수정분개를 요약한 것이다.

표 4-5 | 발생비용(미지급비용)에 대한 수정사항 요약

발생비용의 예	이자비용, 임차료, 급여 등
수정 이유	비용인식기준은 충족되었으나 현금미지급으로 인해 기록되지 않음
수정 전 계정의 잔액	비용 과소계상 / 부채 과소계상
수정분개	(차) 비 용 ××× (대) 부 채 ×××

4. 수정분개와 전기의 요약

지금까지 익힌 내용을 종합적으로 복습하기 위해 제3장의 <예제 3-4>를 통해 수정분개 및 전기를 요약해 보도록 하자.

예제 4-7

20×1년 6월 1일에 광고회사인 한국기획㈜가 설립되었으며, 다음은 6월 중 거래내역이다. 단, 한국기획㈜의 보고기간은 한 달이라 가정한다.

(1) 6월 1일 주주들이 현금 ₩20,000을 출자하여 한국기획㈜를 설립하였다.
(2) 6월 1일 사무기기를 ₩10,000에 구입하고 액면금액 ₩10,000의 어음(연 12%, 만기 3개월)을 발행하였다.
(3) 6월 5일 9월 30일까지 광고용역을 제공하기로 약속하고 고객으로부터 현금 ₩2,500을 미리 받았다.
(4) 6월 9일 사무실 임차료 ₩2,000을 현금으로 지급하였다.
(5) 6월 10일 당해 10월 31일에 만기가 되는 5개월분 보험료 ₩1,000을 선납하였다. (단, 보험 적용일은 6월 1일부터이다.)
(6) 6월 12일 3개월분의 소모품 ₩5,000을 외상으로 구입하였다.
(7) 6월 30일 광고용역을 제공하고 대금 ₩20,000을 현금으로 받았다.

한편, 다음은 한국기획㈜의 6월 중 거래내역이 반영된 수정전시산표이다. 그러나 아직 기말의 수정분개는 하지 않은 상태이며, 수정분개에 관한 사항은 아래와 같다.

수정전시산표

20×1년 6월 30일

한국기획㈜ (단위: 원)

	차 변	대 변
현금	₩39,500	
소모품	5,000	
선급보험료	1,000	
비품	10,000	
미지급금		₩15,000
선수수익		2,500
자본금		20,000
용역수익		20,000
임차료	2,000	
합계	₩57,500	₩57,500

[수정분개사항]

① 6월 5일 광고용역을 제공하기로 약속하고 고객으로부터 ₩2,500을 받았는데 6월 중에 ₩500의 광고용역이 제공되었다.

② 6월 30일 소모품 재고를 조사한 결과 ₩2,000어치의 소모품이 남아 있음을 확인하였다.

③ 6월 1일에 구입한 사무기기(비품)의 내용연수는 3년, 잔존가치는 ₩1,000으로 추정되며, 한국기획㈜는 감가상각방법으로 정액법을 채택하고 있다.

④ 6월 중에 임대료수익 ₩500이 발생하였으나 현금이 수취되지 않아 기록하지 않았음이 발견되었다.

⑤ 6월 1일 사무기기를 구입하면서 발행한 어음의 이자는 만기지급조건이다.

⑥ 6월분 종업원급여 ₩10,000이 발생하였으나 일시적 자금사정으로 지급하지 못한 상태이다.

▶▶ 요구사항

1. 재무제표 작성에 필요한 수정분개를 하라. (단, [수정분개사항] 이외에도 수정분개가 필요하다고 판단되는 이연 및 발생 항목에 대해서는 추가적으로 수정분개를 할 것)
2. 수정분개를 원장에 전기하라.

해답

1. 수정분개는 다음과 같이 일반분개장에 기록되는데, 일반분개장에 **수정분개**라고 표기하기도 한다.

한국기획㈜의 분개장

일 자	회 계 처 리			
① 6월 30일	(차) 선수수익	500	(대) 용역수익	500
② 6월 30일	(차) 소모품비	3,000	(대) 소 모 품	3,000
③ 6월 30일	(차) 감가상각비	250*	(대) 감가상각누계액	250
	* {(₩10,000 − ₩1,000) ÷ 3년} × 1/12			
④ 6월 30일	(차) 미수수익	500	(대) 임대료수익	500
⑤ 6월 30일	(차) 이자비용	100**	(대) 미지급이자	100
	** (₩10,000 × 12%) × 1/12			
⑥ 6월 30일	(차) 급 여	10,000	(대) 미지급급여	10,000
⑦ 6월 30일	(차) 보 험 료	200***	(대) 선급보험료	200
	*** ₩1,000 ÷ 5년			

2. 수정분개에 대한 전기는 원장에 **굵은 글씨체**로 표시되고 있다.

한국기획㈜의 원장

현 금

차변		대변	
6/1	20,000	6/9	2,000
6/5	2,500	6/10	1,000
6/30	20,000		

미수수익

차변		대변	
6/30 수정	**500**		

소모품

차변		대변	
6/12	5,000	6/30 수정	**3,000**

선급보험료

차변		대변	
6/10	1,000	6/30 수정	**200**

비 품

차변		대변	
6/1	10,000		

감가상각누계액 – 비품

차변		대변	
		6/30 수정	**250**

미지급금

차변		대변	
		6/1	10,000
		6/12	5,000

선수수익

차변		대변	
6/30 수정	**500**	6/5	2,500

미지급급여

차변		대변	
		6/30 수정	**10,000**

미지급이자

차변		대변	
		6/30 수정	**100**

자본금

차변		대변	
		6/1	20,000

용역수익

차변		대변	
		6/30	20,000
		6/30 수정	**500**

임대료수익

차변		대변	
		6/30 수정	**500**

급 여

차변		대변	
6/30 수정	**10,000**		

소모품비

차변		대변	
6/30 수정	**3,000**		

임차료		
6/9	2,000	

보험료		
6/30 수정	**200**	

이자비용		
6/30 수정	**100**	

감가상각비		
6/30 수정	**250**	

제 4 절 수정후시산표와 재무제표 작성

기업은 수정분개를 실시하고 해당 계정에 전기를 한다. 총계정원장의 각 계정의 잔액을 계산한 후 또 하나의 시산표를 작성한다. 이 시산표를 수정분개를 반영한 시산표란 의미로 수정후시산표라 부른다. 수정후시산표의 목적은 수정 후 원장의 차변계정의 합과 대변계정의 합이 같은지를 확인하는 것이다. 수정후시산표는 기업이 재무제표를 작성하는데 필요한 모든 자료를 포함하고 있다.

1. 수정후시산표의 작성

<표 4-6>은 원장(<예제 4-7> 참조)으로부터 작성된 한국기획㈜의 수정후시산표를 제시한 것이다. 굵은 글씨체로 표시된 금액은 수정분개의 영향으로 올바르게 수정된 금액을 의미한다. 수업목적상 수정후시산표의 금액과 제3장의 <표 3-5>의 (수정전)시산표의 금액을 서로 비교해보기 바란다.

표 4-6 | 한국기획㈜의 수정후시산표

수정후시산표

20×1년 6월 30일

한국기획㈜ (단위 : 원)

	차변	대변
현　　금	₩39,500	
미수수익	**500**	
소 모 품	**2,000**	
선급보험료	**800**	
비　　품	10,000	
감가상각누계액-비품		**₩250**
미지급금		15,000
선수수익		**2,000**
미지급급여		**10,000**
미지급이자		**100**
자 본 금		20,000
이익잉여금		0
용역수익		**20,500**
임대료수익		**500**
급　　여	**10,000**	
소모품비	**3,000**	
임 차 료	2,000	
보 험 료	**200**	
이자비용	**100**	
감가상각비	**250**	
	₩68,350	₩68,350

2. 재무제표의 작성

기업은 수정후시산표를 이용하여 직접적으로 재무제표를 작성할 수 있다. <표 4-7>과 <표 4-8>은 포괄손익계산서와 재무상태표를 보여주고 있다.

먼저, 수정후시산표 상 수익계정과 비용계정을 사용하여 <표 4-7>과 같이 포괄손익계산서를 작성한다.

표 4-7 | 한국기획㈜의 포괄손익계산서

포괄손익계산서

20×1년 6월 1일에서 20×1년 6월 30일까지

한국기획㈜		(단위 : 원)
수 익		₩21,000
용역수익	₩20,500	
임대료수익	500	
비 용		15,550
급 여	₩10,000	
소모품비	3,000	
임 차 료	2,000	
보 험 료	200	
이자비용	100	
감가상각비	250	
당기순이익		₩5,450
기타포괄손익		0
총포괄손익		₩5,450

다음으로 기초이익잉여금, 배당금 및 포괄손익계산서의 당기순이익(또는 당기순손실)을 이용하여 기말이익잉여금 잔액을 계산한다. 공식적으로 회계장부는 마감분개를 통하여 기말이익잉여금을 조정하지만 재무제표 작성은 마감분개 이전에 이루어지기에 재무상태표 작성에 필요한 기말이익잉여금 잔액은 별도로 계산하여야 한다. 즉, 이익잉여금 기말잔액은 이익잉여금 기초잔액에 당기순이익을 가산하고(당기순손실은 차감하고), 배당금 지급액을 차감하여 계산한다. 한국기획㈜의 6월말 이익잉여금잔액은 다음과 같이 계산된다.

기초이익잉여금	₩ 0
(+) 당기순이익	5,450
(−) 배당금	0
기말이익잉여금	₩5,450

마지막으로, 수정후시산표 상 자산계정, 부채계정 및 자본계정 금액과 앞서 계산한 기말이익잉여금을 사용하여 재무상태표를 작성한다. <표 4-8>은 한국기획㈜의 6월말 현재 재무상태표이다.

표 4-8 | 한국기획㈜의 재무상태표

재무상태표

20×1년 6월 30일 현재

한국기획㈜ (단위 : 원)

자 산			부 채	
현 금		₩39,500	미지급금	₩15,000
미수수익		500	선수수익	2,000
소모품		2,000	미지급이자	100
선급보험료		800	미지급급여	10,000
			부채총계	₩27,100
			자 본	
비 품	₩10,000		자본금	₩20,000
감가상각누계액	(250)	9,750	이익잉여금	5,450
			자본총계	₩25,450
자산총계		₩52,550	부채와자본총계	₩52,550

제 5 절 장부의 마감

기업은 회계연도 말에 당기와 차기의 기록내용을 구분하여 차기에 발생하는 거래의 기록에 대비하기 위해 장부를 마감한다. 장부를 마감하기 위해서는 임시계정과 영구계정을 구별할 필요가 있다.

임시계정은 해당 회계연도에만 관련이 있는 포괄손익계산서 상 모든 계정이 여기에 속한다. 기업은 회계연도 말에 모든 임시계정을 마감하여 "0"으로 조정한다. 따라서 경영성과와 관련된 이들 계정은 기초잔액 0에서 출발하므로 회계연도 말의 계정잔액은 전부 해당 회계연도에만 발생한 것이 된다. 예를 들면, 회계연도 말의 용역수익계정의 잔액은 당기에 발생한 용역수익금액을 의미한다.

영구계정은 하나 또는 그 이상의 미래 회계기간과 관련이 있으며, 자본계정을 포함한 모든 재무상태표 계정으로 구성된다. 영구계정은 매 회계기간마다 "0"으로 마감되지 않고 그 잔액은 다음 회계기간으로 이월된다. [그림 4-4]는 임시계정과 영구계정에 속하는 계정들의 예이다.

그림 4-4 임시계정과 영구계정의 예

임시계정	영구계정
• 모든 수익계정 • 모든 비용계정	• 모든 자산계정 • 모든 부채계정 • 주주지분(자본)

1. 마감분개의 실시

기업은 회계기간 말에 마감분개를 통하여 임시계정의 잔액을 영구계정인 이익잉여금(자본)으로 대체한다. 결과적으로, 마감분개는 당기순이익(혹은 당기순손실)을 이익잉여금계정으로 대체하는 회계절차라고 볼 수 있다. 반면에 영구계정은 이러한 마감분개가 요구되지 않는다.

마감분개의 실시와 전기는 회계순환과정에서 필수적인 절차이다. 기업은 재무제표를 작성한 후 마감분개를 실시한다. 그러나 지금까지 학습한 회계순환과정의 여타 단계와는 달리, 마감분개 및 전기는 회계연도 말에만 실시된다. 따라서 마감분개 전 임시계정에는 1년간의 자료가 포함되어 있다.

마감분개를 실시할 때 기타포괄손익을 제외한 포괄손익계산서 상 모든 계정을 이익잉여금계정에서 직접 마감할 수 있으나, 그렇게 하는 것은 이익잉여금계정에 너무 과도한 절차가 될 수 있다. 따라서 기업은 수익계정과 비용계정을 또 다른 임시계정인 집합손익계정에서 마감하고 집합손익계정으로부터의 결과(당기순이익 혹은 당기순손실)를 이익잉여금계정으로 대체하는 방법을 사용한다.

마감분개 역시 일반분개장에 기록하며, 마지막 수정분개 다음에 마감분개라고 입력하여 마감분개를 한다는 것을 표시한 후 마감분개를 원장의 해당 계정에 전기한다. 일반적으로 원장의 수정 후 잔액으로부터 직접 마감분개를 실시한다. 또한 각각의 수익계정, 비용계정마다 독립적으로 마감분개를 실시할 수 있지만 효율적인 마감분개를 수행하기 위해 다음과 같은 절차를 따른다.

- 모든 수익계정에 대해서 수익계정의 대변잔액과 동일한 금액 및 계정과목을 차례대로 차변에 기입하고, 모든 수익계정 잔액의 합계를 집합손익계정의

대변에 기입한다.

- 모든 비용계정에 대해서 비용계정의 차변잔액과 동일한 금액 및 계정과목을 차례대로 대변에 기입하고, 모든 비용계정 잔액의 합계를 집합손익계정의 차변에 기입한다.
- 모든 수익계정 잔액의 합이 모든 비용계정 잔액의 합보다 큰(작은) 경우, 즉 당기순이익(당기순손실)이 발생한 경우에는 집합손익계정의 차변(대변)과 이익잉여금계정의 대변(차변)에 당기순이익(당기순손실)을 기록한다.

다음 <표 4-9>는 마감분개 절차를 제시한 것이다.

표 4-9 | 마감분개의 절차

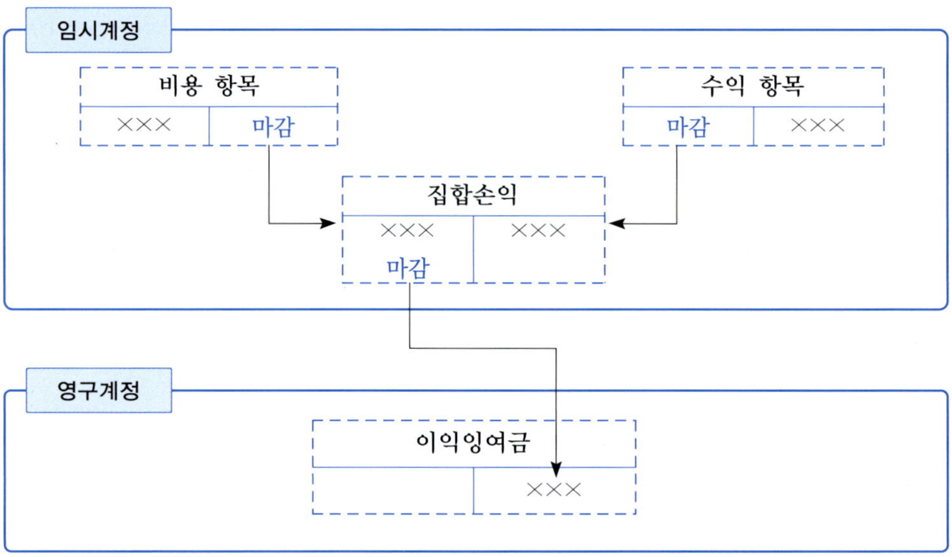

(1) 마감분개의 예시

실무적으로, 기업은 회계연도 말에만 마감분개를 실시하나 마감분개와 전기를 예시하기 위해 한국기획㈜는 매월 말일에 장부를 마감한다고 가정한다. <표 4-10>은 6월 30일 한국기획㈜의 마감분개를 보여주고 있다.

표 4-10 | 한국기획㈜ 마감분개

일 자	회 계 처 리				
6월 30일	(1) (차) 용역수익	20,500	(대) 집합손익	21,000
	임대료수익	500		
	(2) (차) 집합손익	15,550	(대) 급 여	10,000
			소모품비	3,000
			임 차 료	2,000
			보 험 료	200
			이자비용	100
			감가상각비	250
	(3) (차) 집합손익	5,450	(대) 이익잉여금	5,450

마감분개 (1) 및 (2)에서 집합손익계정 금액은 정산표 상 포괄손익계산서 차변과 대변의 합계와 같음을 확인할 수 있다([보론 1] 참조).

2. 마감분개의 전기

<표 4-11>은 마감분개의 전기를 제시하고 있는데, 마감분개를 전기한 후에는 모든 임시계정의 잔액이 "0"이 됨을 알 수 있다. 또한 이익잉여금계정의 잔액은 회계연도 말 시점에서 배분되지 않은 유보이익의 누적금액을 보여주고 있다. 이 금액이 회계연도 말 재무상태표에 보고되는 금액으로, <표 4-8>에 표시된 기말이익잉여금 잔액이 된다.

표 4-11 | 한국기획㈜ 마감분개의 전기

임시계정

급여	
10,000	(마감)**10,000**

소모품비	
3,000	(마감)**3,000**

임차료	
2,000	(마감)**2,000**

보험료	
200	(마감)**200**

이자비용	
100	(마감)**100**

감가상각비	
250	(마감)**250**

용역수익	
(마감)**20,500**	20,500

임대료수익	
(마감) **500**	500

집합손익	
15,550	**21,000**
(마감)**5,450**	

영구계정

이익잉여금	
	5,450

3. 마감후시산표 작성

한국기획㈜가 마감분개를 실시하고 전기한 후, 원장으로부터 마감후시산표라는 또 다른 시산표를 작성할 수 있다. 마감후시산표는 영구계정과 임시계정의 마감분개 및 전기의 실시 후 잔액을 나타낸다. 마감후시산표의 목적은 다음 회계기간으로 이월되는 영구계정의 차변과 대변의 합이 같은지를 확인하기 위해 작성한다. 또한 모든 임시계정은 0의 잔액을 가지고 있기 때문에 마감후시산표는 재무상태표 계정인 영구계정만 포함하고 있다. <표 4-12>는 한국기획㈜의 마감후시산표이다.

표 4-12 | 한국기획㈜의 마감후시산표

마감후시산표

20×1년 6월 30일

한국기획㈜ (단위: 원)

	차변	대변
현금	₩39,500	
미수수익	500	
소모품	2,000	
선급보험료	800	
비품	10,000	
감가상각누계액-비품		₩250
미지급금		15,000
선수수익		2,000
미지급급여		10,000
미지급이자		100
자본금		20,000
이익잉여금		5,450
	₩52,800	₩52,800

요 약

1. 발생주의기준과 현금주의기준

발생주의기준은 거래나 사건의 경제적 효과와 관련하여 현금이 유입되거나 유출되는 기간이 아닌, 해당 거래나 사건이 발생한 기간에 수익이나 비용을 인식하는 것을 말한다. 현금주의기준에서는 현금을 수취할 때 수익을 기록하고 현금을 지출할 때 비용으로 인식한다.

2. 수익 · 비용대응의 원칙

비용인식은 수익인식과 대응하여 수익을 인식하는 기간에 비용을 기록한다.

3. 수정분개

수익과 비용을 올바른 기간에 보고하기 위해서 기업은 회계기간 말에 수정분개를 실시한다. 수정분개는 수익인식의 원칙과 수익 · 비용대응의 원칙이 잘 지켜지도록 하는 절차이다.

4. 수정분개의 유형 : 이연과 발생

수정분개의 유형은 크게 이연과 발생으로 분류된다. 이연은 현금의 수취나 지급 등이 먼저 발생하고 이후에 수익 또는 비용으로 인식되는 항목이며, 발생은 수익 또는 비용을 먼저 인식하고 그 수익과 비용에 대한 현금 수취나 지급이 이후에 발생하는 항목이다.

5. 수정후시산표

수정후시산표의 목적은 수정 후 원장의 차변 및 대변 계정의 합이 일치하는지를 확인하는 것이다. 수정후시산표의 계정은 기업이 재무제표를 작성하는데 필요한 모든 자료를 포함한다.

6. 장부의 마감

회계기간 말 임시계정의 잔액을 영구계정인 이익잉여금(자본 계정)으로 마감분개라는 수단을 통하여 대체시킨다. 마감분개는 당기순이익(혹은 당기순손실)을 이익잉여금에 대체하는 공식적인 절차이다.

7. 회계순환과정

(1) 거래에 대해 분석하고, (2) 분개 및 전기를 실시한다. (3) 수정전시산표를 작성하고, (4) 수정분개 및 전기를 실시한 후, (5) 수정후시산표를 작성한다. (6) 재무제표를 작성한 후, (7) 계정을 마감한다.

용어정리

감가상각	자산의 감가상각대상금액을 그 자산의 내용연수 동안 체계적으로 배분하는 과정
내용연수	기업에서 자산이 사용가능할 것으로 기대되는 기간 또는 자산에서 얻을 것으로 예상되는 생산량이나 이와 유사한 단위 수량
마감(결산)분개	다음 회계기간의 거래를 위하여 임시계정인 손익계정을 마감하고 회계기간 동안의 수익과 비용을 요약하고 차기의 거래를 새로 기록할 수 있는 상태로 만들기 위한 분개
마감절차	회계기간 말의 임시계정의 잔액을 0으로 만드는 절차
미지급비용	회계기간 중에 발생한 비용으로서, 회계기간 말 현재 지급하지 않은 채무
미수수익	현금의 수취는 없지만 회계기간 중에 실현된 수익으로서, 자산계정으로 처리
발생주의	장래에 현금의 수입이나 지출이 있을 것이라는 것을 합리적으로 예측가능한 거래가 발생할 때 수익과 비용을 인식하는 회계원칙
선급비용	1년 이내에 소모되거나 사용될 비용에 대하여 현금을 미리 지급한 자산계정
선수수익	미래에 재화나 서비스를 제공하기로 하고 대금의 전부 또는 일부를 미리 받은 금액으로서, 부채로 분류함
수익인식원칙	수익은 가득되고 실현되었을 때 인식하는 원칙
수익 · 비용대응의 원칙	비용인식은 수익인식과 대응하여 수익을 인식하는 기간에 비용을 기록하는 것
수정후시산표	수정분개가 전기된 후 계정잔액의 정확성을 검증하고 재무제표를 작성하는 데에 필요한 모든 정보를 담고 있는 시산표
시산표	총계정원장의 모든 계정을 열거하고 잔액을 차변과 대변으로 구분하여 기록한 표
영구계정	자산, 부채, 자본 계정과 같이 잔액이 다음 회계기간에 이월되는 재무상태표계정
임시계정	회계기간 말에 마감되어 다음 회계기간으로 이월되지 않고 당해 회계기간에만 존재하는 계정
장부마감	각 임시계정의 잔액을 0으로 만들어 이전 기간의 자료와 분리하여 다음 회계기간에 자료를 누적시킬 수 있도록 함
현금주의 회계	수익은 현금이 유입되는 시점에 인식하고 비용은 현금이 유출되는 시점에 인식하는 회계원칙
회계연도	결산일 다음날부터 다음 결산일까지의 기간으로서, 일반적으로 1년을 1회계기간으로 설정함

보론 1 :

정산표를 이용한 수정분개와 재무제표 작성

정산표는 다중 열(column)을 가진 표로 기업이 수정 절차와 재무제표 작성에 사용한다. 그 이름이 나타내듯 정산표는 작업도구이다. 영구적인 회계기록이 아니기 때문에 분개장이나 총계정원장의 일부가 아니다. 따라서 정산표는 단순히 수정분개와 재무제표 작성을 효율적으로 수행하기 위해 사용하는 도구이다. 기업은 Excel과 같은 프로그램을 이용한 전산화된 10위식 정산표를 이용하는 것이 일반적이다. <표 1>은 정산표의 기본형식과 정산표 작성의 5단계를 보여주고 있다. 각 단계는 순서대로 수행된다.

정산표의 사용은 선택사항이다. 기업이 정산표를 사용하기로 선택하였다면 정산표를 이용하여 재무제표를 작성하게 된다. 정산표에 수정분개를 입력하여 수정후시산표를 작성한 후, 재무제표를 작성한다. 따라서 정산표는 경영진과 다른 이해관계자에게 보다 빠른 시간에 재무제표를 마련해 주는 것을 가능하게 한다.

표 1 | 정산표

정 산 표

회사명 20×1년 12월 31일 (단위: 원)

계정과목	수정전시산표		수정분개		수정후시산표		포괄손익계산서		재무상태표	
	차변	대변	차변	대변	차변	대변	차변	대변	차변	대변

1. 정산표 작성 절차

<표 2>는 제3장의 한국기획㈜ 6월 30일 수정전시산표와 수정자료를 이용하여 작성된 10위식 정산표의 예시이다. 이하에서는 각 단계의 구체적인 과정에 대해서 설명한다.

표 2 | 한국기획㈜의 정산표

정 산 표

한국기획㈜ 20×1년 6월 30일 (단위: 원)

계정과목	수정전시산표		수정분개		수정후시산표		포괄손익계산서		재무상태표	
	차변	대변	차변	대변	차변	대변	차변	대변	차변	대변
현 금	39,500				39,500				39,500	
소 모 품	5,000			3,000	2,000				2,000	
선 급 보 험 료	1,000			200	800				800	
비 품	10,000				10,000				10,000	
미 지 급 금		15,000				15,000				15,000
선 수 수 익		2,500	500			2,000				2,000
자 본 금		20,000				20,000				20,000
용 역 수 익		20,000		500		20,500		20,500		
임 차 료	2,000				2,000		2,000			
합 계	57,500	57,500								
소 모 품 비			3,000		3,000		3,000			
감 가 상 각 비			250		250		250			
감가상각누계액				250		250			(250)*	
미 수 수 익			500		500				500	
임 대 료 수 익				500		500		500		
이 자 비 용			100		100		100			
미 지 급 이 자				100		100				100
급 여			10,000		10,000		10,000			
미 지 급 급 여				10,000		10,000				10,000
보 험 료			200		200		200			
합 계			14,550	14,550	68,350	68,350	15,550	21,000		
당 기 순 이 익							5,450			5,450
									52,550	52,550

* 감가상각누계액은 자산의 차감계정으로 재무상태표상에서는 차변에 기록한다.

1단계. 정산표에 수정전시산표를 작성한다.

원장의 잔액이 있는 모든 계정을 '계정과목'란에 입력한다. 그리고 원장의 차변 및 대변 금액을 '수정전시산표'란에 입력한다.

2단계. '수정분개'란에 수정 사항을 입력한다.

두 번째 단계는 '수정분개'란에 수정사항을 입력한다. 수정사항을 입력하기 위해 적절한 수정전시산표 계정을 사용한다. 추가 계정이 필요할 때는 수정전시산표 합계 바로 아래에 있는 공간에 계정과목명을 입력한다.

구체적으로, 한국기획㈜의 수정 사항은 제3장에서 예시한 수정 사항과 동일하다. 따라서 다음의 수정 사항을 '수정분개'란에 입력한다.

① 한국기획㈜는 제공한 용역 ₩500을 선수수익 차변과 용역수익 대변에 각각 기입한다.
② 한국기획㈜는 추가 계정인 소모품비 차변에 ₩3,000을 입력하고, 소모품 대변에 ₩3,000을 기입한다.
③ 한 달간의 감가상각비에 해당되는 ₩250을 추가 계정인 감가상각비 차변과 감가상각누계액-비품 대변에 각각 기입한다.
④ 한국기획㈜는 사무실을 제공하였으나 아직 청구되지 않은 ₩500을 추가 계정인 미수수익 차변과 임대료수익 대변에 각각 기입한다.
⑤ 한국기획㈜는 발생이자 ₩100을 추가 계정인 이자비용 차변과 미지급이자 대변에 각각 기입한다.
⑥ 한국기획㈜는 발생급여 ₩10,000을 급여 차변과 미지급급여 대변에 각각 기입한다.
⑦ 한국기획㈜는 소멸된 보험료 ₩200을 추가 계정인 보험료 차변과 선급보험료 대변에 각각 기입한다.

한국기획㈜는 모든 수정사항을 입력한 후, '수정분개'란 차변과 대변 합계를 계산하여 두 금액이 같은지 확인해야 한다.

3단계. '수정후시산표'란에 수정 후 잔액을 입력한다.

한국기획㈜는 정산표상 각 계정의 첫 번째 4개 열(column)을 합하여 각 계정의 수정 후 잔액을 계산한다. 예를 들면, 선급보험료의 '수정전시산표'란은 ₩1,000의 차변 금액을, '수정분개'란은 ₩200의 대변 금액을 각각 나타내고 있다. 합친 결과인 ₩800의 차변 금액이 '수정후시산표'란의 잔액이 된다. 각 계정의 수정후시산표 금액은 수정분개와 전기가 이루어진 후 원장에 나타나는 잔액과 일치하게 된다. 이 수정후시산표의 잔액은 <표 4-6>의 수정후시산표의 잔액과 동일한 금액이다.

한국기획㈜는 수정후시산표의 모든 계정잔액을 계산한 후 차변 및 대변의 합계를 계산하여 차변과 대변이 같은지 확인한다. 만일 차변과 대변 합계가 같지 않다면 재무상태표는 정확하지 않을 것이다.

4단계. 수정후시산표 금액을 '재무상태표'란과 '포괄손익계산서'란에 옮겨 적는다.

네 번째 단계는 수정후시산표 금액을 정산표의 '재무상태표'란과 '포괄손익계산서'란에 옮겨 적는 것이다. 한국기획㈜는 재무상태표 계정을 '재무상태표'란의 차변과 대변에 입력한다. 예를 들면, 현금을 '재무상태표'란 차변에, 미지급금을 '재무상태표'란 대변에 입력한다. 한국기획㈜는 감가상각누계액-비품을 '재무상태표'란 차변에 차감 표시하여 입력하는데 그 이유는 대변잔액을 갖는 자산차감계정이기 때문이다. 그리고 정산표에는 이익잉여금계정이 없기 때문에 한국기획㈜는 당기순이익(이익잉여금 가산계정)을 자본금과 마찬가지로 재무상태표 대변에 입력한다.

한편, 용역수익이나 급여 등과 같은 포괄손익계산서 계정은 각각 '포괄손익계산서'란의 대변과 차변에 입력한다.

5단계. '포괄손익계산서'란과 '재무상태표'란의 차변 및 대변 합계를 계산하여 당기순이익(혹은 당기순손실)을 도출하고 정산표를 완료한다.

'포괄손익계산서'란의 차변 및 대변 합계의 차이는 당기순이익 혹은 당기순손실이 된다. 즉, '포괄손익계산서'란의 대변(차변) 합계가 차변(대변)의 합계를 초과하면 그 결과는 당기순이익(당기순손실)이다. 당기순이익(당기순손실)이 발생한 경우, 기업은 '계정과목'란에 당기순이익(당기순손실)이라는 계정을 추가하고, 차이금액을 '포괄손익계산서'란의 차변(대변)과 '재무상태표'란의 대변(차변)에 각각 입력한다. 그 결과, '포괄손익계산서'란과 '재무상태표'란의 차변 및 대변의 합계는 일치하게 된다.

당기순이익(혹은 당기순손실)을 입력한 후 또다시 차변과 대변의 합계를 계산한다면, '포괄손익계산서'란의 차변 합계와 대변 합계는 일치할 것이다. 또한 '재무상태표'란의 차변 합계와 대변 합계도 일치할 것이다. 만일 당기순이익(혹은 당기순손실)을 입력한 후, '재무상태표'란이나 '포괄손익계산서'란의 차변 및 대변 합계가 일치하지 않는다면, 이는 정산표에 오류가 있음을 의미한다.

2. 정산표로부터 재무제표의 작성

정산표를 완료하게 되면 재무제표 작성을 위해 필요한 모든 자료는 준비된 것으로 볼 수 있다. 즉, '포괄손익계산서'란을 이용하여 포괄손익계산서를 작성할 수 있고, 재무상태표는 '재무상태표'란을 이용하여 작성할 수 있다. <표 3>은 한국기획㈜의 정산표로부터 작성된 재무제표를 보여준다. 다만, 정산표를 완료한 시점일지라도 기업은 수정분개 및 전기를 실시하지 않았기에 특정 계정의 원장 잔액은 재무제표상의 금액과 일치하지 않는다.

정산표상의 자본금은 기업이 추가적으로 주식을 발행하지 않았다면 기초와 기말에 동일한 금액일 것이다. 한국기획㈜의 기초 이익잉여금 잔액은 '0'이기 때문에 정산표에는 이익잉여금 계정이 존재하지 않는다. 그러나 당기순이익이 이익잉여금계정에 전기된 후인 첫 번째 보고기간 말이 되어서야 이익잉여금계정 잔액은 표시된다.

정산표를 사용함으로써 기업은 수정분개 및 전기를 실시하기 전에 재무제표를 작성할 수 있다. 그러나 완료된 정산표가 정식의 재무제표를 대체할 수 없다. 정산표상 '재무제표'란의 자료 형식이 재무제표 형식과 일치하지 않기 때문이다. 정산표는 공인회계사의 작업도구이며, 기업은 경영진이나 다른 이용자에게 정산표를 배포하지 않음을 참조하기 바란다.

3. 정산표에서 수정분개 실행

정산표는 분개가 아니며 또한 원장 계정에 전기하는 기초자료로 사용될 수 없다. 계정을 수정하기 위해서는 기업이 수정분개를 실시하고 원장의 계정에 전기하여야 한다. 수정분개는 정산표의 '수정분개'란으로부터 실행된다. 정산표상 수정사항의 설명이나 '수정분개'란의 글자 구별은 수정분개를 실행하는 데 도움이 된다. 정산표가 이용될 때 수정분개 및 전기는 재무제표 작성 후에 실시된다. 한국기획㈜의 6월 30일 수정분개는 본문의 <예제 4-7>의 수정분개와 동일하다.

표 3 | 정산표를 이용한 한국기획㈜의 포괄손익계산서와 재무상태표 작성

포괄손익계산서

20×1년 6월 1일부터 20×1년 6월 30일

한국기획㈜		(단위 : 원)
수 익		₩21,000
용역수익	₩20,500	
임대료수익	500	
비 용		15,550
급 여	₩10,000	
소모품비	3,000	
임 차 료	2,000	
보 험 료	200	
이자비용	100	
감가상각비	250	
당기순이익		₩5,450
기타포괄이익		0
총포괄이익		₩5,450

이익잉여금 명세서

20×1년 6월 30일

이익잉여금(6월 1일)	₩0
가산 : 당기순이익	5,450
이익잉여금(6월 30일)	₩5,450

재무상태표

20×1년 6월 30일 현재

한국기획㈜ (단위: 원)

자 산			부 채	
현 금		₩39,500	미지급금	₩15,000
미수수익		500	선수수익	2,000
소 모 품		2,000	미지급이자	100
선급보험료		800	미지급급여	10,000
			부채총계	₩27,100
			자 본	
비 품	₩10,000		자본금	₩20,000
감가상각누계액	(250)	9,750	이익잉여금	5,450
			자본총계	₩25,450
자산총계		₩52,550	부채와자본총계	₩52,550

보론 2 :

오류수정을 위한 수정분개

거래기록과정에서는 오류가 발생할 수 있다. 기업은 오류를 발견하자마자 정정분개 및 전기를 실시하여 오류를 고쳐야 한다. 만일 회계기록상 오류가 없다면 정정분개는 필요하지 않다.

수정분개와 정정분개 사이에는 몇 가지 차이점이 존재한다. 첫째, 수정분개는 회계순환과정의 필수부분이나 정정분개는 오류가 발생하지 않는다면 불필요한 부분이다. 둘째, 수정분개는 오직 회계기간 말에 실시하지만 정정분개는 오류가 발견될 때마다 실시한다. 셋째, 수정분개는 항상 하나 이상의 재무상태표 계정과 하나의 손익계산서 계정에 영향을 미치나 정정분개는 오류를 정정하는데 필요한 모든 계정과 관련이 있다. 따라서 정정분개는 마감분개 전에 전기되어야 한다.

정정분개를 하기 위해서 부정확한 분개와 정확한 분개를 비교하여야 한다. 그렇게 함으로써 정정되어야 하는 계정과 금액을 쉽게 확인할 수 있기 때문에 이러한 비교를 통하여 계정을 정정하는 분개를 실시한다. 다음 한국㈜ 사례는 이러한 방법에 대한 예시이다.

[사례 1]

5월 10일, 한국㈜는 고객으로부터 외상대금 ₩50을 현금으로 회수하였는데 차변에 현금 ₩50, 대변에 용역수익 ₩50을 분개하고 전기하였다. 기업은 5월 20일 고객이 나머지 외상 대금을 지급할 때 이 오류를 발견하였다.

잘못된 분개(5월 10일)			올바른 분개(5월 10일)		
현금	50		현금	50	
용역수익		50	매출채권		50

부정확한 분개와 정확한 분개를 비교한 결과 차변 현금 ₩50은 올바르다. 그러나 대변의 용역수익은 대변에 매출채권으로 기록되어야 했다. 그 결과 용역수익과

매출채권 모두 원장에 과대계상되어 있으므로 한국㈜는 다음의 정정분개를 실시한다.

정정 분개

5월 20일	용역수익	50	
	매출채권		50
	(5월 10일 거래의 정정수정)		

[사례 2]

5월 18일, 사무기기 ₩450을 외상으로 구입하였다. 이 거래는 분개장에 차변 배달용기계 ₩45, 대변 미지급금 ₩45으로 기록되고 전기되었다. 이 오류는 6월 3일 채권자(기계 공급자)로부터 월별 명세서를 받았을 때 발견하였다.

잘못된 분개(5월 18일)			올바른 분개(5월 18일)		
운송장비	45		사무기기	450	
미지급금		45	미지급금		450

위의 두 분개를 비교한 결과 세 개의 계정이 올바르지 않다. 배달용기계는 ₩45 과대계상되어 있고 사무기기는 ₩450 과소계상되어 있으며 미지급금은 ₩405 과소계상되어 있다. 따라서 한국㈜는 다음의 정정분개를 실시한다.

정정 분개

6월 3일	사무기기	450	
	운송장비		45
	미지급금		405
	(5월 18일에 대한 올바른 분개를 위해서)		

정정분개를 실시하는 대신에 부정확한 분개에 대한 반대 방향의 분개를 실시하고 정확한 분개를 실행할 수 있다. 이 방법은 정정분개보다 더 많은 분개를 실시해야 하는 단점이 있으나 최종적으로 동일한 결과를 달성할 수 있다.

EXERCISES

연습문제

[문제 1] **기간 개념** 〈난이도 : 하〉

보안프로그램 개발업체인 한국㈜는 모바일 결제업체인 강남㈜에게 보안프로그램을 개발해주는 계약을 체결하였다. 계약기간은 20×0년 10월 1일부터 20×2년 5월 31일이다. 한국㈜는 20×1년도에 전체 용역제공에 따른 대가로 현금 ₩400,000을 일시금으로 수령하였으며, 전체 용역 수행에 따른 비용으로 현금 ₩140,000을 일시금으로 지급하였다(수익과 비용은 계약기간동안 매월 균등하게 발생한다).

〈요구사항〉

1. 현금기준에 따라 한국㈜의 20×1년 당기순이익을 계산하라.
2. 발생기준에 따라 한국㈜의 20×1년 당기순이익을 계산하라.

[문제 2] **수익이연(1)** 〈난이도 : 중〉

한국㈜는 20×1년 9월 1일에 건물을 임대하고 1년간 임대료 ₩240,000을 현금으로 수령하면서 전액 수익으로 회계처리하였다. 한국㈜의 결산일은 12월 31일이다.

〈요구사항〉

1. 한국㈜가 20×1년 9월 1일에 수행할 회계처리를 제시하라.
2. 한국㈜가 20×1년 12월 31일에 수행할 회계처리를 제시하라.

[문제 3] **수익이연(2)** 〈난이도 : 중〉

한국㈜는 20×1년 9월 1일에 건물을 임대하고 1년간 임대료 ₩240,000을 현금으로 수령하면서 전액 부채로 회계처리하였다. 한국㈜의 결산일은 12월 31일이다.

〈요구사항〉

1. 한국㈜가 20×1년 9월 1일에 수행할 회계처리를 제시하라.
2. 한국㈜가 20×1년 12월 31일에 수행할 회계처리를 제시하라.

[문제 4] 비용이연(1) 〈난이도 : 중〉

한국㈜는 20×1년 9월 1일에 화재보험에 가입하면서 1년간 보험료 ₩48,000을 현금으로 지급하였으며, 지급시점에 전액 비용으로 회계처리하였다. 한국㈜의 결산일은 12월 31일이다.

〈요구사항〉

1. 한국㈜가 20×1년 9월 1일에 수행할 회계처리를 제시하라.
2. 한국㈜가 20×1년 12월 31일에 수행할 회계처리를 제시하라.

[문제 5] 비용이연(2) 〈난이도 : 중〉

한국㈜는 20×1년 9월 1일에 화재보험에 가입하면서 1년간 보험료 ₩48,000을 현금으로 지급하였으며, 지급시점에 전액 자산으로 회계처리하였다. 한국㈜의 결산일은 12월 31일이다.

〈요구사항〉

1. 한국㈜가 20×1년 9월 1일에 수행할 회계처리를 제시하라.
2. 한국㈜가 20×1년 12월 31일에 수행할 회계처리를 제시하라.

[문제 6] 비용이연(3) 〈난이도 : 중〉

강서㈜의 회계담당자는 20×1년 4월 1일에 소모품을 구입하면서 현금 ₩100,000을 지급하였다. 그러나 구입시점의 소모품 전액을 자산으로 회계처리할지, 비용으로 회계처리할지 고민에 빠졌다. 강서㈜의 결산일은 12월 31일이며, 결산일 현재 미사용한 소모품은 ₩15,000이라고 가정한다.

〈요구사항〉

1. 소모품 구입시점에 전액 자산으로 처리할 경우, 20×1년 4월 1일과 12월 31일에 수행할 회계처리를 제시하라.
2. 소모품 구입시점에 전액 비용으로 처리할 경우, 20×1년 4월 1일과 12월 31일에 수행할 회계처리를 제시하라.
3. 소모품 구입시점에 회계처리 방법의 차이가 강서㈜의 20×1년 당기순이익에 미치는 영향에 대해 설명하라.

[문제 7] 수익발생 〈난이도: 중〉

한국㈜는 20×1년 9월 1일 강서㈜에게 연 12% 이자율로 현금 ₩100,000을 대여하면서, 이자는 20×2년 8월 31일에 원금과 같이 수령하기로 하였다.

〈요구사항〉

1. 한국㈜가 20×1년 9월 1일에 수행할 회계처리를 제시하라.
2. 한국㈜가 20×1년 12월 31일에 수행할 회계처리를 제시하라.
3. 한국㈜가 20×2년 8월 31일에 수행할 회계처리를 제시하라.

[문제 8] 비용발생 〈난이도: 중〉

한국㈜는 20×1년 9월 1일 은행으로부터 연 12% 이자율로 ₩100,000을 차입하였으며, 이자는 20×2년 8월 31일에 원금과 같이 상환하기로 하였다.

〈요구사항〉

1. 한국㈜가 20×1년 9월 1일에 수행할 회계처리를 제시하라.
2. 한국㈜가 20×1년 12월 31일에 수행할 회계처리를 제시하라.
3. 한국㈜가 20×2년 8월 31일에 수행할 회계처리를 제시하라.

[문제 9] 수정후시산표와 재무제표 작성 〈난이도: 상〉

다음은 한국㈜의 20×1년 12월 31일 수정전시산표와 기말수정사항이다.

수정전시산표

20×1년 12월 31일

한국㈜ (단위: 원)

	차 변	대 변
현 금	₩236,000	
대 여 금	145,000	
매 출 채 권	120,000	
토 지	250,000	
차 량 운 반 구	100,000	
감가상각누계액-차량운반구		₩40,000
미 지 급 금		165,000
차 입 금		100,000
자 본 금		250,000
이 익 잉 여 금		248,000

용 역 수 익		150,000
보 험 료	12,000	
이 자 비 용	30,000	
급 여	60,000	
합 계	₩953,000	₩953,000

[기말수정사항]

(1) 차량운반구에 대한 감가상각비는 ₩10,000이다.

(2) 대여금에 대한 당기 이자수익은 ₩5,400이다.

(3) 보험료 ₩12,000 중에서 당기분은 ₩6,000이다.

(4) 차입금에 대한 당기분 이자비용은 ₩35,000으로 비용의 일부가 미지급 상태이다.

〈요구사항〉

1. 기말수정분개를 수행하라.
2. 수정후시산표를 작성하라.
3. 포괄손익계산서 계정의 마감분개를 수행하라.
4. 포괄손익계산서 및 재무상태표를 작성하라.

[문제 10] **장부의 마감** 〈난이도: 상〉

다음은 강서㈜의 20×1년 12월 31일 현재 정산표 중에서 수정전시산표와 수정후시산표 부분을 발췌한 것이다(단, 강서㈜의 회계기간은 1월 1일부터 12월 31일까지이다).

정 산 표

20×1년 12월 31일

계정과목명	수정전시산표		수정후시산표	
	차변	대변	차변	대변
현 금	₩29,500		₩29,500	
매 출 채 권	23,600		23,600	
선 급 보 험 료	3,100		1,400	
토 지	56,000		56,000	
건 물	106,000		106,000	
기 계	49,000		49,000	
미 지 급 금		₩10,400		₩10,400
선 수 임 대 료		5,000		2,800

차 입 금		100,000		100,000
자 본 금		100,000		100,000
이 익 잉 여 금		20,000		20,000
용 역 수 익		75,600		75,600
임 대 료 수 익		24,000		26,200
급 여	35,000		35,000	
광 고 비	17,000		17,000	
수 도 광 열 비	15,800		15,800	
합 계	₩335,000	₩335,000		
보 험 료			1,700	
감가상각비-건물			2,500	
감가상각누계액-건물				2,500
감가상각비-기계			3,900	
감가상각누계액-기계				3,900
이 자 비 용			9,000	
미 지 급 이 자				9,000
합 계			₩350,400	₩350,400

〈요구사항〉

1. 위의 자료를 이용하여 20×1년도 기말수정분개를 하라.
2. 포괄손익계산서 계정의 마감분개를 하라.
3. 마감후시산표를 작성하라.

05

상품매매기업의 회계

학습목표

상품매매기업(merchandising company)은 상품매매를 주된 영업활동으로 하는 기업으로 상품을 매입한 후 일정한 이윤을 가산하여 재판매하는 과정을 통해 이익을 창출한다. 상품매매기업은 원재료 또는 부품을 매입·가공하여 제품을 완성하고 제품판매를 통해 수익을 창출하는 제조기업과는 구별된다. 본 장에서는 상품매매기업의 영업활동과 이에 대한 회계처리과정을 살펴본다.

본 장에서 학습할 주요 내용을 요약하면 다음과 같다.

상품매매기업 : 영업활동, 계속기록법, 실지재고조사법, 회계순환

➢ 상품매매기업의 영업활동
- 영업주기
- 상품매매기업의 포괄손익계산서
- 상품매매거래의 기록방법

➢ 계속기록법에 의한 회계처리
- 상품의 매입기록
- 상품의 매출기록

➢ 실지재고조사법에 의한 회계처리
- 상품의 매입기록
- 상품의 매출기록
- 매출원가를 계산하기 위한 기말수정분개

➢ 추가적 고려사항
- 매입 시 추가적 고려사항 : 매입부대비용, 매입환출및에누리, 매입할인
- 매출 시 추가적 고려사항 : 매출환입및에누리, 매출할인

➢ 회계순환의 완성
- 수정분개
- 마감분개

➢ 재무제표의 표시와 분석

제 1 절 상품매매기업의 영업활동

기업은 수행하는 주된 영업활동에 따라 크게 용역의 제공을 통해 수익을 창출하는 서비스기업, 재화의 매입 및 판매를 통해 수익을 창출하는 상품매매기업,[1) 원재료의 매입·가공을 통해 제품을 생산·판매하여 수익을 창출하는 제조기업으로 분류할 수 있다. 앞서 거래의 기록과 회계순환과정에서는 광고서비스를 제공하는 회사인 한국기획㈜를 통해 서비스기업의 회계처리방법을 학습하였다. 본 장에서는 상품매매기업의 회계처리에 대해 학습한다.

1. 영업주기

영업주기(operating cycle)란 기업이 정상적인 영업활동을 완료하는 데 소요되는 시간을 의미한다. 상품매매기업의 영업주기는 상품을 매입하여 판매한 후 판매대금을 회수하기까지의 정상적인 영업활동이 완료되는 데 소요된 시간을 말한다. 구체적인 상품매매기업의 영업활동을 살펴보면 상품매매기업은 현금 또는 외상으로 상품을 매입한 후 이를 소비자에게 현금이나 외상으로 판매하는 활동을 수행한다. 이때 상품매매기업은 매입하여 판매되기 전까지의 상품을 재고자산으로 분류한다. 재고자산(inventory)이란 기업이 영업활동을 통해 판매할 목적으로 보유하고 있는 자산을 말한다.[2) 이와 같은 과정을 그림으로 나타내면 다음의 [그림 5-1]과 같다.

1) 상품매매기업은 소매기업과 도매기업으로 구분할 수 있는데, 소매기업은 이마트 또는 하이마트와 같이 최종소비자에게 직접 상품을 판매하는 기업이며, 도매기업은 소매기업에게 상품을 공급하는 기업을 말한다.

2) 상품매매기업의 경우 재고자산은 상품인 반면에, 제조기업의 경우는 원재료, 재공품, 제품 등 다양한 형태로 존재한다.

그림 5-1 상품매매기업의 영업주기

2. 상품매매기업의 포괄손익계산서

상품매매기업의 영업활동으로부터 발생하는 주된 수익은 상품판매에 따른 매출액(sales)이다. 반면에 주된 비용은 매출이라는 수익을 창출하는데 발생한 비용, 즉 판매된 상품의 취득원가로 이를 매출원가(cost of goods sold)라 한다. 예를 들어, 한국㈜가 제조업자로부터 상품을 ₩3,000,000에 구입하여 소비자에게 ₩5,000,000에 판매하였다면, 포괄손익계산서에 보고해야 하는 매출액은 ₩5,000,000이고 매출원가는 ₩3,000,000이 된다. 그리고 상품판매로 발생한 매출액에서 매출원가를 차감하여 매출총이익(gross profit)을 계산하며, 매출총이익에서 상품판매 및 일반관리활동을 위한 비용(판매비와관리비)을 차감하여 당기순이익을 측정한다.

반면에, 서비스기업은 용역수익에서 판매비와관리비를 차감하여 당기순이익을 계산한다. 따라서 상품매매기업의 거래기록 과정에서 발생하는 매출과 매출원가 계정은 서비스기업과 구별되는 항목이라 할 수 있다. 서비스기업은 매출원가가 없으므로 포괄손익계산서에 매출총이익을 보고하지 않는다. 다음의 <표 5-1>을 통해 상품매매기업과 서비스기업의 포괄손익계산서 구조의 차이를 확인할 수 있다.[3)]

그런데 상품매매기업은 왜 포괄손익계산서에 매출액과 매출원가를 보고해야만 하는가? 외부이해관계자의 입장에서 매출총이익의 구체적인 구성내역(매출액과 매출원가)을 유용한 정보로 활용할 수 있기 때문이다. 앞선 사례에서 한국㈜가 포괄손익계산서에 매출액과 매출원가를 보고하지 않고 매출총이익 ₩2,000,000만을 보고

3) <표 5-1>과 같이 매출원가가 표시되는 포괄손익계산서를 엄밀하게는 '기능별 분류 포괄손익계산서'라 부르는데, 이하 본서에서는 '포괄손익계산서'를 '기능별 분류 포괄손익계산서'와 동일한 의미로 사용한다.

표 5-1 | 상품매매기업과 서비스기업의 포괄손익계산서 비교[4]

상품매매기업의 포괄손익계산서		
매 출 액		₩5,000,000
매출원가		3,000,000
매출총이익		2,000,000
판매비와관리비		
급 여	₩500,000	
교 통 비	150,000	
광 고 비	350,000	(1,000,000)
당기순이익		₩1,000,000

서비스기업의 포괄손익계산서		
용역수익		₩5,000,000
용역비용		
급 여	₩2,100,000	
소모품비	150,000	
교 통 비	450,000	(2,700,000)
당기순이익		₩2,300,000

한다면, 외부이해관계자는 합리적인 의사결정을 수행하는 데 어려움을 겪을 수 있다. 외부이해관계자 입장에서 매출액과 매출원가에 대한 정보가 주어질 때 매출총이익이 유용한 정보로 활용될 가능성이 높아진다. 따라서 상품매매기업은 포괄손익계산서에 매출액과 매출원가를 보고하기 위한 회계처리를 수행해야 한다.

3. 상품매매거래의 기록방법

앞에서 살펴본 바와 같이 상품의 매매를 주된 영업활동으로 하는 상품매매기업은 매출액과 매출원가를 포괄손익계산서에 보고하기 위한 회계처리를 수행하게 된다. 매출액을 기록하기 위해서는 상품 판매가 이루어지는 시점에 판매대금을 매출액으로 인식하는 분개를 수행해야 한다. 반면에 매출원가를 기록하는 회계처리의 경우 매출액에 비해 상대적으로 어려움이 따를 수 있다. 예를 들어, 한국㈜가 여러 종류의 상품을 현금으로만 판매한다고 하자. 한국㈜가 하루 동안 발생한 매출액을 기록하고자 한다면, 영업을 시작하는 시점에 가지고 있던 현금과 영업을 종료하는 시점의 현금을 비교하면 된다. 그러나 하루 동안 발생한 매출원가를 기

4) 상품매매기업의 구체적인 포괄손익계산서 구조는 매출총이익에서 판매비와관리비를 차감하여 영업이익을 보고하고, 영업이익에서 기타수익과 기타비용을 반영하여 당기순이익을 보고한다. 그러나 <표 5-1>은 기타수익과 기타비용이 없다는 가정 하에서 포괄손익계산서를 작성한 것이다.

그림 5-2 상품매매기업의 재고자산 원가흐름 요약

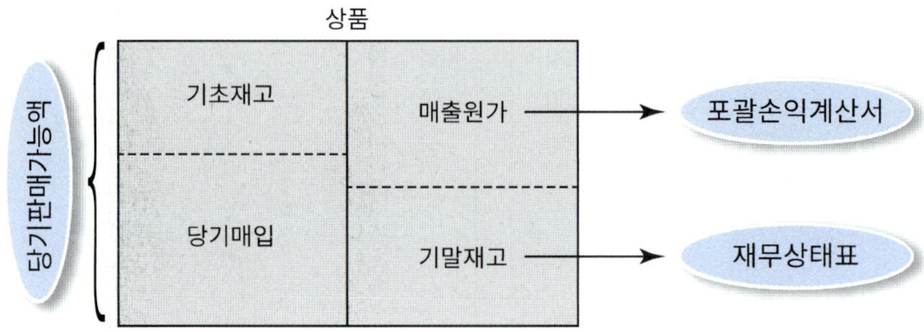

록하고자 한다면 판매된 모든 상품의 취득원가가 얼마인지를 알아야 한다. 한국㈜는 하루 동안 판매된 모든 상품을 과거에 얼마에 구입한 것인지를 인지하고 있어야 매출원가를 기록하는 회계처리를 수행할 수 있다. 기업의 입장에서 상품을 얼마에 구입하여 얼마에 판매하는가에 따라 이익이 결정되기 때문에 매출액뿐만 아니라 매출원가를 보고하는 회계처리도 매우 중요하다.

일반적으로 상품매매기업이 언제 매출원가를 기록하는가에 따라 계속기록법과 실지재고조사법으로 구분된다. 계속기록법은 매출이 발생할 때마다 매출원가를 기록하지만, 실지재고조사법은 기말에 일괄하여 매출원가를 기록한다. 구체적인 상품매매거래의 기록방법에 대해서는 절을 달리하여 살펴본다.

[그림 5-2]는 상품계정을 통한 재고자산 원가흐름에 대해서 자세하게 보여주고 있다. 기업의 직전년도 기말재고는 당해 연도의 기초재고가 되고, 당해 연도에 매입한 상품은 당기매입으로 보고된다. 여기서 기초재고와 당기매입을 합한 금액을 당기판매가능액이라고 한다. 기업은 기초재고와 당기에 매입한 상품액을 초과해서 상품을 판매할 수 없으므로 당기판매가능액이란 상품매매기업이 당해 회계기간에 최대로 판매할 수 있는 상품금액을 의미한다. 이 중 당해 연도에 판매된 부분은 매출원가로 포괄손익계산서에 보고되고, 당해 연도에 판매되지 않고 남은 부분은 기말재고로 재무상태표에 표시된다. 이러한 관점에서 당기판매가능액을 매출원가와 기말재고로 구분하는 원가배분하는 방식으로서 보고기간말에 1회 실시·기록하는 것이 실지재고조사법이라 할 수 있으며, 매번의 매출시점마다 실시·기록하는 것이 계속기록법이라 할 수 있다.

제 2 절 계속기록법에 의한 회계처리

계속기록법(perpetual inventory system)은 상품의 매입 및 매출이 발생할 때마다 상품의 증감을 상품계정에 기록하고, 매출과 매출원가를 직접적으로 기록하는 방법이다. 계속기록법 하에서의 매입 및 매출에 대한 회계처리를 구체적으로 살펴보자.

1. 상품의 매입기록

상품을 판매하기 위해서는 미리 재고를 보유하고 있어야 한다. 특히, 상품매매기업이 영업을 최초로 개시하는 경우 기초재고자산을 보유하고 있지 않으므로 매입을 통해 충분한 재고를 확보해야 한다. 상품의 매입은 현금 또는 신용(외상)으로 이루어지는데 계속기록법의 경우 상품계정을 사용하여 기록한다. 차변에 상품의 증가를, 그리고 대변에 현금의 감소(신용매입의 경우 매입채무 증가)로 회계처리한다. 예를 들어, 한국㈜가 7월 1일에 상품 ₩300,000을 현금(외상)매입하였다면 회계처리는 다음과 같다.

7월 1일	(차) 상 품	300,000	(대) 현 금 (또는 매입채무)	300,000

2. 상품의 매출기록

기업은 고객에게 상품을 판매하는 시점에 매출(수익)로 기록한다. 상품의 판매와 동시에 소유권이 판매자로부터 매입자에게 이전되고 판매자는 매출송장(invoice)을 매입자에게 발송한다. 매출송장에는 상품의 수량과 가격, 판매총액, 신용조건 등과 같은 구체적인 정보가 포함되어 있어서 세금계산서 등과 함께 매출기록의 증거가 된다. 같은 논리로 매입자 입장에서 판매자가 발송한 매출송장은 매입송장이 되며 이는 매입거래의 증빙자료가 된다.

계속기록법에서는 상품을 판매할 때마다 매출(수익)과 매출원가(비용)를 동시에 기록한다. 수익인식과 관련하여 차변에 현금의 증가(신용판매의 경우 매출채권 증가)를, 그리고 대변에 매출의 발생을 회계처리한다. 이와 동시에 비용인식과 관련하여 차변에 매출원가의 발생과 대변에 상품의 감소로 회계처리한다. 예를 들어, 8월 1일에 한국㈜가 상품(원가: ₩200,000)을 ₩400,000에 현금(외상)판매하였다면, 회계처리는 다음과 같다.

8월 1일	(차) 현 금 (또는 매출채권)	400,000	(대) 매 출	400,000
	(차) 매출원가	200,000	(대) 상 품	200,000

이와 같이 매출이 발생할 때마다 매출원가를 기록함으로써 상품매매기업은 보고기간 중 언제든지 기초부터 특정 시점까지 발생한 매출원가뿐만 아니라 현재 보유하고 있는 재고자산을 쉽게 파악할 수 있다는 장점을 가지고 있다.[5)] [그림 5-2]에서 확인할 수 있는 바와 같이, 기초재고에 당기매입을 가산한 당기판매가능액에서 매출이 발생할 때마다 기록한 매출원가를 차감함으로써 기말 현재 장부상 기말재고자산을 계산할 수 있다.

기말재고원가 = (기초재고 + 당기매입) − 매출원가
= 당기판매가능액 − 매출원가

5) 상품매매기업이 계속기록법을 적용할 경우 회계기간 중 언제든지 기초부터 최종판매 시까지 매출액과 매출원가를 파악할 수 있으므로 매출총이익도 알 수 있게 된다.

제 3 절 실지재고조사법에 의한 회계처리

실지재고조사법(periodic inventory system)은 상품의 매입 및 매출이 발생할 경우 상품계정과 매출원가계정에 직접적으로 기록하지 않는다. 상품계정 대신에 매입계정을 사용하며, 기말시점에 재고조사를 실시하여 기말재고자산을 파악하고 매출원가를 산정한다. 실지재고조사법은 기말에 매출원가를 기록한다는 점에서 매출이 발생할 때마다 매출원가를 기록하는 계속기록법과 차이가 있다. 실지재고조사법 하에서의 매입, 매출 및 매출원가 계산을 위한 기말 수정분개에 대한 회계처리를 구체적으로 살펴보자.

1. 상품의 매입기록

계속기록법에서는 상품 매입 시 상품계정에 직접 기록하지만, 실지재고조사법에서는 상품의 매입을 상품계정 대신에 매입이라는 임시계정에 기록한다.[6] 차변에 매입의 증가를, 그리고 대변에 현금의 감소(신용매입의 경우 매입채무 증가)로 회계처리한다. 예를 들어, 7월 1일에 한국㈜가 상품 ₩300,000을 현금(외상)매입하였다면 회계처리는 다음과 같다.

7월 1일	(차) 매 입	300,000	(대) 현 금 (또는 매입채무)	300,000

2. 상품의 매출기록

계속기록법과는 달리 실지재고조사법에서는 상품을 판매할 때마다 매출에 대한 회계처리만을 수행하고 매출원가에 대한 회계처리는 수행하지 않는다. 수익인식과 관련하여 차변에 현금의 증가(신용판매의 경우 매출채권 증가)를, 그리고 대

6) 실지재고조사법 하에서는 상품의 매입이 이루어질 때마다 매입이라는 임시계정을 사용하기 때문에 매입계정의 기말잔액은 한 회계기간 동안 매입한 상품총액이 된다.

변에 매출의 발생만을 기록한다. 따라서 실지재고조사법 하에서는 기말시점에 실지재고조사를 수행하여 기말재고자산을 파악해야 한다. 또한 해당 회계기간에 발생한 매출원가의 계산을 위한 수정분개가 수행되어야 한다. 예를 들어, 8월 1일에 한국㈜가 상품(원가: ₩200,000)을 ₩400,000에 현금(외상)판매하였다면, 회계처리는 다음과 같다.

8월 1일	(차) 현 금 (또는 매출채권)	400,000	(대) 매 출	400,000

실지재고조사법은 매출이 발생할 때마다 매출원가를 기록하는 회계처리를 하지 않으므로 보고기간 중에는 매출원가계정이 나타나지 않으며, 보고기간 말 시점에 당기판매가능액에서 기말재고를 차감하여 매출원가를 계산한다([그림 5-2] 참조). 또한 실지재고조사법 하에서는 보고기간 중에 별도로 상품 및 매출원가에 대한 회계처리를 수행하지 않으므로 보고기간 말 시점에 재고자산(상품)과 매출원가를 표시하기 위한 수정분개를 수행해야 한다.

매출원가 = (기초재고 + 당기매입) − 기말재고
= 당기판매가능액 − 기말재고

실지재고조사법을 이용하면 보고기간 중에 상품을 판매할 때마다 매출원가를 기록하지 않으므로 회계처리에 소요되는 시간을 절약할 수 있다는 장점을 갖는다. 그러나 실지재고조사법 하에서는 보고기간 말에 한 번의 재고조사를 통해 기말재고자산을 파악하므로 보고기간 중에 효율적인 재고관리가 이루어지지 않는다. 즉, 보고기간 중에 얼마의 매출원가가 발생하였는지, 특정 시점에서 보유한 재고자산이 어느 정도인지 파악하기 어렵다는 단점이 있다.

최근 컴퓨터기술의 발달로 개발된 바코드와 광학스캐너 등과 같은 장비를 상품매매기업이 사용하면서 효율적인 재고관리가 가능해졌다. 수작업으로 회계처리를 한 경우와 비교해 볼 때 업무의 효율성이 획기적으로 향상된 것이다. 과거에 상품매매기업이 계속기록법을 적용하기 위해서는 많은 시간과 비용이 투입되었으나 최근에는 계속기록법을 사용할 수 있는 환경이 조성된 것이다. 계속기록법은 경영자 등 내부정보이용자가 재고자산에 대한 정보를 언제든지 파악할 수 있다는 장점을 가지므로 효율적인 재고관리가 필요한 산업에서 주로 사용되고 있다. <표 5-2>는 지금까지 설명한 매입과 매출거래 시 계속기록법과 실지재고조사법 회계 처리방법의 차이를 정리한 표이다.

표 5-2 | **상품매매거래 기록방법 비교 : 계속기록법 vs 실지재고조사법**

구 분	계속기록법		실지재고조사법	
상품매입시	(차) 상 품 ×××	(대) 현 금 ××× (또는 매입채무)	(차) 매 입 ×××	(대) 현 금 ××× (또는 매입채무)
상품매출시 • 매출수익	(차) 현 금 ××× (또는 매출채권)	(대) 매 출 ×××	(차) 현 금 ××× (또는 매출채권)	(대) 매 출 ×××
• 매출원가	(차) 매출원가 ×××	(대) 상 품 ×××	-분개 없음-	

3. 매출원가를 계산하기 위한 기말수정분개

실지재고조사법을 적용할 경우 상품 판매가 발생할 때마다 매출원가를 기록하지 않으므로 보고기간 말 시점에서는 실지재고조사를 통해 기말재고자산을 파악하고 매출원가를 계상하기 위한 수정분개를 실시해야 한다. 매출원가를 포괄손익계산서에 보고하기 위한 구체적인 수정분개는 다음과 같은 과정으로 이루어진다.

1) 상품계정의 기초재고를 매출원가의 차변으로 대체하는 분개를 수행한다.
2) 매입계정의 당기매입을 매출원가의 차변으로 대체하는 회계처리를 수행하게 되면, 매출원가계정 차변의 합은 당기판매가능액이 된다.
3) 실지재고조사에 의해 파악된 기말재고만큼 상품계정을 증가시키고 매출원가계정을 감소시키는 분개를 수행한다.

이상의 회계처리는 [그림 5-3]에서 매출원가를 측정하기 위한 계산절차와 본질적으로 동일하다.

예를 들어, 12월 결산법인인 한국㈜는 실지재고조사법으로 재고자산을 기록한다. 기초재고는 ₩50,000이었으며, 12월 31일 매입계정잔액은 ₩300,000이고 12월 31일에 재고조사를 실시한 결과 기말재고는 ₩150,000으로 파악되었다고 가정하자. 이 경우 한국㈜는 12월 31일에 다음과 같은 수정분개를 수행해야 한다.

12월 31일	① (차) 매출원가	50,000	(대) 상품(기초)	50,000
	② (차) 매출원가	300,000	(대) 매입(당기매입)	300,000
	③ (차) 상품(기말)	150,000	(대) 매출원가	150,000

①번 분개는 기초재고 ₩50,000을 매출원가로 대체하는 분개이다. 이 분개를 통해 매출원가계정에는 ₩50,000이 가산되지만 상품계정 잔액은 일시적으로 ₩0이 된다. ②번 분개는 당기에 매입한 상품, 즉 매입계정의 잔액을 매출원가계정에 가산하는 분개이다. 이 분개를 통해 매출원가계정의 잔액은 당기판매가능액(₩50,000+₩300,000)으로 변경되며, 매입이라는 임시계정 잔액은 ₩0이 됨으로써 매입계정은 자동적으로 마감된다. 마지막으로(③번 분개) 당기판매가능액 ₩350,000에서 기말재고 ₩150,000을 차감하게 되면 매출원가계정 잔액은 당기에 발생한 매출원가 ₩200,000을 나타내게 되며, 상품계정 잔액은 기말재고자산을 표시하게 된다.[7)]

수정분개 후, 이를 원장에 전기하는 과정을 그림으로 도시하면 [그림 5-3]과 같다. 한국㈜의 매출거래는 8월 1일에 ₩400,000의 상품을 판매한 것이 전부라고 한다면, 실지재고조사법 하에서의 부분포괄손익계산서는 <표 5-3>과 같이 표시된다.

그림 5-3 수정분개를 통한 매출원가 산출과정

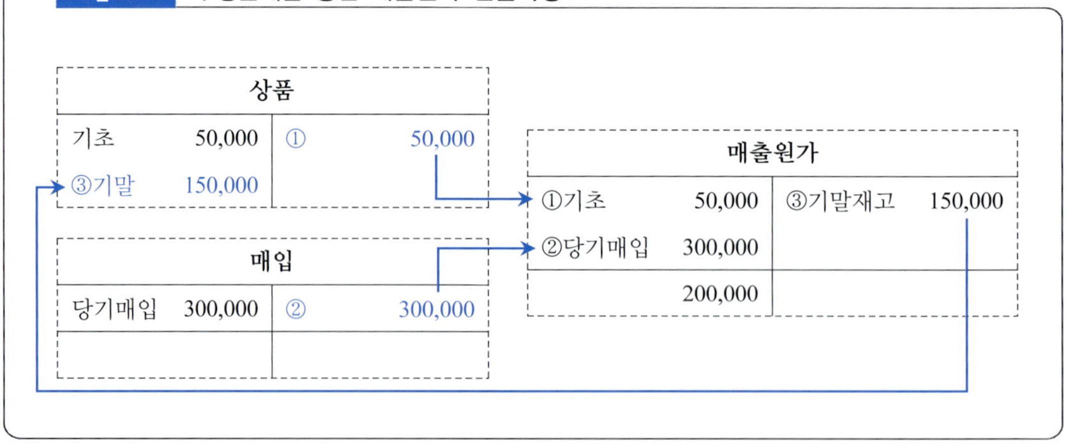

7) ①~③의 분개를 결합하여 다음과 같이 간단히 나타낼 수도 있다.

(차) 매출원가	200,000	(대) 매 입	300,000
상 품	100,000		

표 5-3 | 부분포괄손익계산서

부분포괄손익계산서

20×1년 1월 1일부터 20×1년 12월 31일까지

한국㈜		(단위 : 원)
매출액		₩400,000
매출원가		200,000
기초재고	₩50,000	
+당기매입	300,000	
-기말재고	150,000	
매출총이익		₩200,000

예제 5-1

다음은 매월 말 결산을 하는 한국㈜의 10월 중 거래내역이다. 한국㈜는 10월 1일 기초재고로 ₩50,000의 상품을 보유하고 있다.

(1) 10월 5일 강서㈜로부터 ₩200,000의 상품을 외상으로 매입하고 대금은 30일 후에 지급하기로 약정하였다.

(2) 10월 10일 강남㈜에게 원가 ₩150,000의 상품을 ₩250,000에 외상으로 판매하고 대금은 45일 이내에 받기로 약정하였다.

(3) 10월 15일 강서㈜로부터 ₩250,000의 상품을 외상으로 매입하고 대금은 30일 후에 지급하기로 약정하였다.

(4) 10월 20일 강동㈜에게 원가 ₩110,000의 상품을 ₩170,000에 외상으로 판매하고 대금은 45일 이내에 받기로 약정하였다.

(5) 10월 31일 기말의 상품재고액을 실지조사한 결과 ₩240,000의 상품이 남아있다.

▶▶ 요구사항

1. 계속기록법을 적용하여 한국㈜의 10월 거래를 회계처리하라.
2. 실지재고조사법을 적용하여 한국㈜의 10월 거래를 회계처리하라.
3. 한국㈜가 계속기록법과 실지재고조사법을 각각 적용하였을 경우 매출원가를 계산하라.

해답

1.

10월 5일	(차) 상　　품	200,000	(대) 매입채무	200,000
10월 10일	(차) 매출채권	250,000	(대) 매　　출	250,000
	(차) 매출원가	150,000	(대) 상　　품	150,000
10월 15일	(차) 상　　품	250,000	(대) 매입채무	250,000
10월 20일	(차) 매출채권	170,000	(대) 매　　출	170,000
	(차) 매출원가	110,000	(대) 상　　품	110,000

계속기록법을 적용할 경우 상품 판매가 발생할 때마다 매출원가를 기록하는 회계처리를 수행해야 한다. 따라서 보고기간 말 시점(10월 31일)에 매출원가를 계상하기 위한 별도의 수정분개는 필요하지 않다.

2.

10월 5일	(차) 매　　입	200,000	(대) 매입채무	200,000
10월 10일	(차) 매출채권	250,000	(대) 매　　출	250,000
10월 15일	(차) 매　　입	250,000	(대) 매입채무	250,000
10월 20일	(차) 매출채권	170,000	(대) 매　　출	170,000
10월 31일	(차) 매출원가	50,000	(대) 상　　품(기초)	50,000
	(차) 매출원가	450,000	(대) 매　　입(당기)	450,000
	(차) 상　　품(기말)	240,000	(대) 매출원가	240,000

3. 계속기록법을 적용할 경우 상품 판매가 발생할 때마다 매출원가를 기록하는 회계처리를 수행하기 때문에 매출원가계정의 잔액이 당기에 발생한 매출원가가 된다. 계속기록법을 적용한 위의 <요구사항 1>에서 매출원가계정의 잔액은 ₩260,000(₩150,000 + ₩110,000)이다.
   실지재고조사법을 적용하여 매출원가를 계산하면 ₩260,000이 된다. 이는 기초재고(₩50,000)에 당기매입(₩450,000)을 가산하고 기말재고(₩240,000)를 차감한 금액이다. 계속기록법과 실지재고조사법 적용에 따른 매출원가의 차이는 발생하지 않는다.

제 4 절 추가적 고려사항

지금까지 상품매매기업의 매입 및 매출에 대한 일반적인 회계처리를 학습하였다. 본 절에서는 상품매매기업의 매입 및 매출거래에서 나타날 수 있는 추가적인 고려사항을 살펴본다. 구체적으로 매입부대비용, 매입환출및에누리, 매입할인, 매출환입및에누리, 매출할인에 대한 회계처리를 학습한다.

1. 매입 시 추가적 고려사항

(1) 매입부대비용

일반적으로 상품의 매입과정에서 운송비, 관세, 수수료, 보관료 등이 발생하는데 이들은 상품의 취득과정에서 직접 소요된 지출액이므로 상품의 취득원가에 포함된다. 예를 들어, 한국㈜가 7월 1일에 상품 ₩300,000을 외상으로 매입하면서 운송비로 ₩10,000을 현금으로 지불하였다면 한국㈜가 매입한 상품의 취득원가는 ₩300,000이 아니라 ₩310,000이 된다. 그리고 이에 대한 회계처리는 다음과 같다.

7월 1일	(차) 상품(또는 매입)	310,000	(대) 매입채무	300,000
			현　　금	10,000

상품의 매입과정에서 발생한 부대비용은 계약조건에 따라 부담자가 결정된다. 위의 예에서 한국㈜가 상품을 매입하면서 작성한 매매계약서에 상품의 운송비(매입운임)를 자신이 부담하기로 하였다면 운송비 ₩10,000은 상품의 취득원가에 가산된다. 그러나 매매계약서에서 운송비를 판매자가 부담하기로 하였다면 한국㈜가 매입한 상품의 취득원가는 ₩300,000이 되고, 운송비 ₩10,000은 판매자가 인식하는 비용이 된다.

(2) 매입환출및에누리

매입한 상품에 파손이나 내부적 결함이 있는 경우 매입자는 판매자에게 상품을 반송하기도 하는데, 이를 매입환출(purchase returns)이라 한다. 그리고 반송 대신

매입가액에서 일정 금액만큼 할인을 요구할 수도 있는데 이를 매입에누리(purchase allowances)라고 한다. 실무에서는 통상적으로 매입환출과 매입에누리를 매입환출및에누리계정에 함께 기록한다.

예를 들어, 한국㈜가 7월 5일에 외상매입한 상품 중 ₩50,000을 파손 등의 이유로 판매자에게 반송하는 경우 회계처리는 다음과 같다.

7월 5일	(차) 매입채무[8]	50,000	(대) 상 품 (또는 매입)	50,000

한국㈜가 실지재고조사법을 적용하는 경우, 매입계정이 아닌 매입환출및에누리계정을 이용하여 회계처리할 수도 있다.[9] 매입환출및에누리는 매입계정에 대한 차감계정이므로 보고기간 중에 매입환출 또는 매입에누리가 발생한다면 매입환출및에누리계정을 통해 회계처리하고, 보고기간 말에 매입환출및에누리계정을 제거함과 동시에 해당 보고기간의 순매입액을 계산하기 위한 수정분개를 수행한다.

(3) 매입할인

외상으로 상품을 매매하는 경우 판매자는 판매대금을 조속히 회수하기 위하여 매입자에게 할인혜택을 제공할 수 있다. 이때 구매자가 상품을 외상으로 매입한 후, 매입대금을 조기에 상환할 경우에 제공받는 할인혜택을 매입할인(purchase discounts)이라 한다.[10] 일반적으로 매입할인은 2/10, *n*/30와 같은 신용조건으로 표시된다. 여기서 2/10은 외상매입 후 10일 이내에 매입대금을 지급할 경우 총액의 2%를 할인받을 수 있다는 것을 의미하고, *n*/30은 외상매입 후 30일 이내에는 매입대금을 지불해야 함을 나타낸다.

사례를 통해 매입할인 회계처리를 연습해보자. 한국㈜가 7월 1일에 2/10, n/30의 신용조건으로 ₩300,000의 상품을 매입하였고, 7월 10일에 할인액을 제외한

8) 만일, 현금으로 상품을 매입한 경우에는 반송한 상품의 금액만큼 현금으로 환불받기에 매입채무 대신에 현금으로 회계처리하며, 매입에누리가 발생한 경우의 회계처리도 동일하다.

9) 매입환출(또는 매입에누리) 발생 시 직접 매입계정을 이용하여 회계처리하지 않고 매입환출및에누리계정을 이용하여 간접적으로 회계처리하는 이유는 내부적인 관리목적을 달성하기 위함이다.

10) 판매자 입장에서 구매자에게 할인혜택을 제공하게 되면 할인해 주는 금액만큼 손실이 발생하지만, 신속하게 현금을 확보할 수 있기에 이득이 된다. 반대로 구매자 입장에서도 매입대금을 조기에 지급하고 할인혜택을 받기에 이득이 된다.

나머지 금액을 모두 현금으로 지급하였다면 한국㈜는 7월 1일과 7월 10일에 다음과 같은 회계처리를 수행하게 된다.[11)]

7월 1일	(차) 상품(또는 매입)	300,000	(대) 매입채무	300,000
7월 10일	(차) 매입채무	300,000	(대) 현　　금	294,000
			상품(또는 매입)	6,000

한국㈜가 실지재고조사법을 적용하는 경우, 매입환출및에누리와 마찬가지로 매입계정의 차감계정인 매입할인을 이용하여 간접적인 방식으로 회계처리할 수도 있다. 즉, 보고기간 중에 별도의 매입할인계정으로 기록하였다가 보고기간 말에 매입할인계정의 잔액을 0으로 만들면서 해당 보고기간의 순매입액을 계산하기 위한 수정분개를 수행한다.

한국㈜가 할인기간 경과 후인 7월 30일에 외상매입 대금을 결제한다면 현금결제액은 ₩300,000이 될 것이다. 관련 회계처리는 다음과 같다.

7월 30일	(차) 매입채무	300,000	(대) 현　　금	300,000

예제 5-2

다음은 한국㈜의 12월 중 매입거래 내역이다.

(1) 12월 1일　강서㈜로부터 2/10, *n*/30의 신용조건으로 상품 ₩600,000을 외상으로 매입하였으며, 운송비 ₩20,000을 현금으로 운송회사에 지급하였다.

(2) 12월 8일　12월 1일 매입한 상품 중 ₩100,000의 상품을 파손 등의 이유로 강서㈜에게 반송하였다.

(3) 12월 10일　강서㈜에게 외상매입 대금을 전부 지급하였다.

11) 이와 같이 매입시점에는 상품 또는 매입 총액으로 기록하고 선택한 매입할인에 해당하는 금액을 해당 계정에서 차감하는 방식을 총액법이라 하는데, 매입할인에 대한 회계처리는 총액법 이외에 순액법이 존재한다. 보다 구체적인 설명은 중급회계 교과서를 참조하기 바란다.

▶▶ 요구사항

1. 한국㈜의 12월 중 거래내역을 계속기록법과 실지재고조사법을 적용하여 회계처리하라. (단, 실지재고조사법 적용 시 내부 관리목적 상 매입환출및에누리계정과 매입할인계정을 사용하여 회계처리한다고 가정한다.)
2. 한국㈜가 할인기간 경과 후인 12월 30일에 강서㈜에게 외상매입 대금을 전부 지급한 경우 회계처리를 제시하라.
3. 위 요구사항 1. 및 2.와 관련하여, 매입할인 기간 이전과 이후에 외상매입 대금을 지급할 때 각각에 대해서 12월에 매입한 상품의 순매입액과 매입원가를 계산하라.

해답

1. 매입할인 기간 내에 외상매입 대금을 지급할 경우, 매입할인 금액은 총매입대금에서 매입환출및에누리를 제외한 금액 ₩500,000(₩600,000 − ₩100,000)의 2%가 된다. 한국㈜가 신용조건에 따른 할인기간 내에 결제할 경우, 매입할인으로 기록되는 금액은 ₩10,000(₩500,000 × 2%)이다. 여기서 주의할 점은 매입 시 발생한 운송비(매입운임) ₩20,000은 운송회사에 지급한 것이므로 매입할인을 계산할 때에는 고려하지 않는다.

한국㈜의 장부상 분개

거래		계속기록법	실지재고조사법
12월 1일	상품 매입	상 품 620,000 매입채무 600,000 현 금 20,000	매 입 620,000 매입채무 600,000 현 금 20,000
12월 8일	매입환출및 에누리	매입채무 100,000 상 품 100,000	매입채무 100,000 매입환출및에누리 100,000
12월 10일	할인기간 내에 현금지급	매입채무 500,000 현 금 490,000 상 품 10,000	매입채무 500,000 현 금 490,000 매입할인 10,000

2.

한국㈜의 장부상 분개

거래		계속기록법	실지재고조사법
12월 30일	할인기간 이후 현금지급	매입채무 500,000 현 금 500,000	매입채무 500,000 현 금 500,000

3.

할인기간 이전에 매입대금 지급	
총매입액	₩600,000
매입환출및에누리	(100,000)
매입할인	(10,000)
매입운임	20,000
매입원가	₩510,000

할인기간 이후에 매입대금 지급	
총매입액	₩600,000
매입환출및에누리	(100,000)
매입할인	-
매입운임	20,000
매입원가	₩520,000

2. 매출 시 추가적 고려사항

(1) 매출환입및에누리

판매된 상품에 파손이나 내부적 결함이 있는 경우 판매자는 상품을 반송받기도 하는데, 이를 매출환입(sales returns)이라 한다. 그리고 반송 대신 판매가액에서 일정 금액을 할인해 줄 수도 있는데 이를 매출에누리(sales allowances)라고 한다.[12] 실무에서는 통상적으로 매출환입과 매출에누리를 매출환입및에누리계정으로 기록한다.

예를 들어, 한국㈜가 8월 1일 상품(원가: ₩200,000)을 ₩400,000에 외상판매하였으나, 이 중 ₩50,000어치의 상품(원가: ₩25,000)이 결함으로 인해 8월 8일 반송된 경우, 회계처리는 다음과 같다

(계속기록법 가정)

8월 8일	(차) 매출환입및에누리	50,000	(대) 매출채권	50,000
	(차) 상　　품	25,000	(대) 매출원가	25,000

(실지재고조사법 가정)

8월 8일	(차) 매출환입및에누리	50,000	(대) 매출채권	50,000

12) 앞서 설명한 매입환출및에누리를 매입자 입장에서의 반품에 대한 회계처리라고 한다면, 매출환입및에누리는 판매자 입장에서의 반품에 대한 회계처리라고 할 수 있다.

여기서 매출환입및에누리는 계속기록법이나 실지재고조사법 모두 매출에 대한 차감계정이다. 따라서 보고기간 중에 매출환입 또는 매출에누리가 발생한다면 매출환입및에누리계정을 통해 회계처리하고, 보고기간 말에 매출환입및에누리계정을 제거함과 동시에 해당 보고기간의 순매출액을 계산하기 위한 수정분개를 수행한다.[13] 주의할 점은 계속기록법 하에서는 반송된 상품의 매출원가를 고려해야 하나, 실지재고조사법하에서는 반송된 상품에 대한 매출원가를 고려하지 않는다는 점이다.

(2) 매출할인

매출할인(sales discounts)이란 상품의 판매자가 외상 판매대금의 조기 현금회수를 촉진하기 위하여 매입자에게 제공하는 할인혜택을 말한다. 따라서 매출할인은 현금매출의 경우에는 발생하지 않는 계정이며, 판매자에게 발생하는 매출할인은 매입자 입장에서는 매입할인이 된다.

사례를 통해 매출할인 회계처리를 연습해 보자. 한국㈜가 8월 1일에 2/10, *n*/30의 신용조건으로 상품 ₩400,000(원가 : ₩200,000)을 판매하였고, 8월 10일에 할인액을 제외한 나머지 금액을 모두 현금으로 수취하였다면, 한국㈜는 8월 10일에 다음과 같은 회계처리를 수행하게 된다.

8월 10일	(차) 현　　금	392,000	(대) 매출채권	400,000
	매출할인	8,000		

매출할인은 매출환입및에누리와 마찬가지로 매출계정의 차감계정이며, 계속기록법과 실지재고조사법에 따른 회계처리방법 간에 차이도 존재하지 않는다. 따라서 보고기간 중에 별도의 매출할인계정으로 기록하였다가 보고기간 말에 매출할인계정의 잔액을 0으로 만들면서 해당 보고기간의 순매출액을 계산하기 위한 수정분개를 수행한다.[14]

13) 내부적인 관리목적상 매출환입및에누리계정을 이용하여 회계처리하나 궁극적으로 매출계정에 대한 차감계정이라는 점에서 매출환입(또는 매출에누리) 발생 시 직접 매출계정을 이용하여 회계처리할 수도 있다.

14) 매출환입(또는 매출에누리)와 일관되게 매출할인 발생 시 직접 매출계정을 이용하여 회계처리할 수도 있다.

한국㈜가 할인기간이 경과한 후인 8월 30일에 외상판매대금을 회수한다면, 현금수취액은 ₩400,000이 될 것이다. 관련 회계처리는 다음과 같다.

8월 30일 (차) 현　　금　　400,000　　(대) 매출채권　　400,000

예제 5-3

다음은 한국㈜의 12월 중 매출거래 내역이다.

(1) 12월 1일　강남㈜에게 2/10, n/30의 신용조건으로 상품 ₩600,000(원가 : ₩480,000)을 외상으로 판매하였다.

(2) 12월 8일　12월 1일 판매한 상품 중 ₩100,000(원가 : ₩80,000)이 품질하자 등의 이유로 강남㈜로부터 반송되었다.

(3) 12월 10일　강남㈜로부터 외상판매 대금을 전부 회수하였다.

▶▶ 요구사항

1. 한국㈜의 12월 중 거래내역을 계속기록법과 실지재고조사법을 적용하여 회계처리하라. (단, 내부 관리목적상 매출환입및에누리계정과 매출할인계정을 사용하여 회계처리한다고 가정한다.)
2. 한국㈜가 할인기간 경과 후인 12월 30일에 강남㈜로부터 외상판매 대금을 전부 회수하였다면, 관련 회계처리를 제시하라.
3. 위 요구사항 1 및 2와 관련하여 매출할인 기간 이전과 이후에 외상판매 대금을 회수할 때 각각에 대해서 한국㈜의 12월 순매출액을 계산하라.

해답

1. 매출할인 기간 내에 외상판매 대금을 회수할 경우, 매출할인 금액은 총판매대금에서 매출환입및에누리를 제외한 금액 ₩500,000(₩600,000 − ₩100,000)의 2%가 된다. 한국㈜가 신용조건에 따른 할인기간 내에 회수할 경우, 매출할인으로 기록하는 금액은 ₩10,000(₩500,000 × 2%)이다.

한국㈜의 장부상 분개

거　　래		계속기록법	실지재고조사법
12월 1일	상품 매출	매출채권　600,000 　매　　출　600,000 매출원가　480,000 　상　　품　480,000	매출채권　600,000 　매　　출　600,000 －

12월 8일	판매된 상품반송	매출환입및에누리 100,000 매출채권 100,000 상　품 80,000 매출원가 80,000	매출환입및에누리 100,000 매출채권 100,000 –
12월 10일	할인기간 이전 현금회수	현　금 490,000 매출할인 10,000 매출채권 500,000	현　금 490,000 매출할인 10,000 매출채권 500,000

2.

한국㈜의 장부상 분개

거　래		계속기록법	실지재고조사법
12월 30일	할인기간 이후 현금회수	현　금 500,000 매출채권 500,000	현　금 500,000 매출채권 500,000

3. 한국㈜가 12월 1일 외상판매 거래와 관련하여 매출할인 기간 이전에 외상판매 대금을 회수한 경우 순매출액은 ₩490,000이며, 매출할인 기간 이후에 외상판매 대금을 회수한 경우 순매출액은 ₩500,000이다.

할인기간 이전에 판매대금을 회수	
총매출액	₩600,000
매출환입및에누리	(100,000)
매출할인	(10,000)
순매출액	₩490,000

할인기간 이후에 판매대금 회수	
총매출액	₩600,000
매출환입및에누리	(100,000)
매출할인	–
순매출액	₩500,000

이상에서는 계속기록법과 실지재고조사법에 따른 매입 및 매출관련 회계처리에 대해 살펴보았다. 다음의 <표 5-4>는 <예제 5-2>와 <예제 5-3>의 상품매매 거래에 따른 한국㈜의 당기(순)매입원가와 당기(순)매출액을 비교한 것이다. 당기(순)매입원가는 총매입액에서 매입환출및에누리와 매입할인을 차감하고 매입운임 등을 가산하여 계산한다. 당기(순)매출액은 총매출액에서 매출환입및에누리와 매출할인을 차감하여 계산한다. 한편, 상품을 판매할 때 부담하는 판매운임(운반비)은 매출액에서 직접 차감하는 것이 아니라 판매비와관리비 항목으로 비용처리한다. 포괄손익계산서에 표시되는 매출액과 당기매입원가는 <표 5-4>에서 계산된 당기(순)매출액과 당기(순)매입원가이다.

표 5-4 | 한국㈜의 당기(순)매입원가와 당기(순)매출액의 계산

매입원가(실지재고조사법)	
총매입액	₩600,000
−매입환출및에누리	(100,000)
−매입할인	(10,000)
+매입운임 등 부대비용	20,000
당기(순)매입원가	₩510,000

매출액	
총매출액	₩600,000
−매출환입및에누리	(100,000)
−매출할인	(10,000)
당기(순)매출액	₩490,000
* 운송비는 판매비와관리비로 처리	

제 5 절 회계순환의 완성

본 절에서는 상품매매기업의 회계순환과정을 연습한다. 구체적으로 매입·매출거래, 그리고 이와 관련된 추가적 고려사항(매입할인, 매입환출및에누리, 매출할인 및 매출환입및에누리 등)에 대한 종합적인 회계처리를 복습한다.

1. 수정분개

실지재고조사법을 사용하는 경우 기말에 재고조사를 실시한 후 매출원가를 계산하기 위한 수정분개를 수행해야 하지만, 계속기록법 하에서는 매출원가를 계산하기 위한 수정분개가 필요치 않다. 한편, 회계기간 중에 매입·매출 시 추가적 고려사항(매입할인, 매출할인 등)이 발생한 경우 계속기록법이나 실지재고조사법의 적용여부에 관계없이 특정 보고기간의 당기(순)매입액과 당기(순)매출액을 계상하기 위한 수정분개가 필요할 수도 있다.

예를 들어, 보고기간 말 현재 수정전시산표에 매입환출및에누리계정과 매입할인계정에 잔액이 존재할 경우 해당 계정의 잔액을 제거함과 동시에 당기(순)매입액을 계산하기 위한 수정분개를 수행한다. 구체적으로, 매입환출및에누리 또는 매입할인을 차변에 기록하고 동일한 금액을 대변에 매입의 감소로 기록한다. 특히, 실지재고조사법으로 기록하는 경우 주의를 요하는데, 매출원가 계상을 위한 수정

분개는 1차적으로 매입관련 추가 고려사항(매입환출및에누리와 매입할인)에 대한 수정분개가 수행된 후에 이루어져야 한다.

또한 당기에 발생한 총매출액에서 매출환입및에누리와 매출할인 금액을 차감하기 위한 수정분개도 필요하다. 이는 매출환입및에누리 또는 매출할인 금액만큼 매출을 취소하는 회계처리와 본질적으로 동일하다. 따라서 매출환입및에누리 또는 매출할인을 대변에 기록하고 동일한 금액을 차변에 매출의 취소로 기록한다.

2. 마감분개

마감분개는 당기순이익에 영향을 미친 모든 임시계정들의 잔액을 집합손익계정으로 옮기는 회계처리와 집합손익계정의 잔액을 이익잉여금으로 대체하는 회계처리를 말한다. 앞서 제4장에서 학습한 마감분개와 본 장의 마감분개의 차이점은 수익계정인 매출과 비용계정인 매출원가가 추가되었다는 것뿐이다. 따라서 수익계정인 매출의 잔액을 '0'으로 만들고 이를 집합손익계정의 대변으로 대체하는 마감분개를 추가적으로 수행한다. 이때 매출계정의 잔액은 당기의 순매출액을 의미한다. 또한 비용계정인 매출원가의 잔액을 집합손익계정의 차변으로 대체하는 마감분개도 필요하다. 마지막으로 집합손익계정의 잔액을 '0'으로 만들면서 이를 이익잉여금으로 대체시키는 분개가 수행되어야 한다. 종합예제(<예제 5-4>)를 통해 지금까지 학습한 내용을 정리해보자.

예제 5-4

다음은 매월 말 결산을 하는 한국㈜의 20×1년 12월 중 거래내역이다. 12월 1일에 한국㈜는 현금 ₩800,000, 상품 ₩300,000, 매출채권 ₩50,000, 토지 ₩100,000, 매입채무 ₩350,000, 자본금 ₩900,000을 보유하고 있으며, 이외의 계정 잔액은 없는 것으로 가정한다.

(1) 12월 1일　강서㈜로부터 2/10, *n*/30의 신용조건으로 상품 ₩600,000을 외상으로 매입하였다. 상품을 매입하는 과정에서 운송비 ₩20,000을 운송회사에 현금 지급하였다.

(2) 12월 3일　12월 1일에 외상 매입한 상품 중 ₩100,000을 파손 등의 이유로

강서㈜에 반송하였다.

(3) 12월 10일 12월 1일 외상 매입대금을 강서㈜에 전액 지급하였다.

(4) 12월 11일 강남㈜에게 2/10, *n*/30의 신용조건으로 상품 ₩500,000(원가: ₩250,000)을 판매하였다. 판매과정에서 발생한 운송비 ₩20,000을 운송회사에 현금 지급하였다.

(5) 12월 13일 12월 11일에 판매한 상품 중 품질하자 등의 이유로 강남㈜로부터 ₩100,000어치의 상품(원가: ₩50,000)이 반송되었다.

(6) 12월 20일 강남㈜로부터 할인된 금액을 제외한 판매대금 전액을 현금으로 회수하였다.

(7) 12월 31일 재고조사를 실시한 결과 기말재고자산은 ₩610,000으로 파악되었다.

▶▶ 요구사항

1. 한국㈜의 12월 중 거래내역을 계속기록법과 실지재고조사법을 적용하여 회계처리하라. (단, 한국㈜는 내부 관리목적 상 매입할인계정 및 매출할인계정 등을 사용하여 회계처리한다고 가정한다.)
2. 계속기록법과 실지재고조사법 하에서 한국㈜가 12월 31일에 수행할 수정분개를 제시하라.
3. 계속기록법과 실지재고조사법에 따른 한국㈜의 12월 31일 마감분개를 수행하고 이를 T계정에 전기하라.

해답

1. 회계기간 중 거래에 대한 분개

한국㈜의 회계기간 중 분개

거래		계속기록법	실지재고조사법
12월 1일	상품 매입	상　　품 620,000 　　매입채무 600,000 　　현　　금 20,000	매　　입 600,000 매입운임 20,000 　　매입채무 600,000 　　현　　금 20,000
12월 3일	매입한 상품 반송	매입채무 100,000 　　상　　품 100,000	매입채무 100,000 　　매입환출및에누리 100,000
12월 10일	할인기간 내에 매입대금 지급	매입채무 500,000 　　현　　금 490,000 　　상　　품 10,000	매입채무 500,000 　　현　　금 490,000 　　매입할인 10,000

12월 11일	상품 매출	매출채권 500,000 매 출 500,000 매출원가 250,000 상 품 250,000 운송비 20,000 현 금 20,000	매출채권 500,000 매 출 500,000 운송비 20,000 현 금 20,000
12월 13일	매출한 상품 반송	매출환입및에누리 100,000 매출채권 100,000 상 품 50,000 매출원가 50,000	매출환입및에누리 100,000 매출채권 100,000
12월 20일	할인기간 내에 판매대금 회수	현 금 392,000 매출할인 8,000 매출채권 400,000	현 금 392,000 매출할인 8,000 매출채권 400,000

2. 수정분개

계속기록법 하에서는 매입환출및에누리와 매입할인이 발생할 때마다 상품의 감소를 기록하는 분개를 수행한다. 반면에 실지재고조사법 하에서는 기중에 매입환출및에누리와 매입할인계정을 이용하여 기록하고, 보고기간 말에 매입환출및에누리와 매입할인계정의 잔액만큼 매입의 감소로 수정분개를 한다. 따라서 매입계정 잔액은 당기에 순매입한 상품금액을 의미하게 된다. 또한 실지재고조사법 하에서는 매출원가를 계상하기 위한 수정분개를 수행해야 한다.

한편, 당기에 발생한 총매출액에서 매출환입및에누리와 매출할인 금액을 차감하여 순매출액을 계상하기 위한 수정분개를 수행한다. 즉 매출환입및에누리와 매출할인 금액만큼 매출을 취소하는 회계처리를 한다.

한국㈜의 수정분개

거 래		계속기록법	실지재고조사법
12월 31일	매출원가를 계산하기 위한 수정분개	-분개없음-	매출원가 300,000 상품(기초) 300,000 매출원가 510,000 매입환출및에누리 100,000 매입할인 10,000 매 입 600,000 매입운임 20,000 상품(기말) 610,000 매출원가 610,000

3. 마감분개와 T계정에 전기

앞의 수정분개를 통해 계상된 순매출액을 집합손익계정의 대변으로 대체하는 마감분개가 수행되어야 한다. 또한 회계기간에 발생한 모든 비용계정의 잔액을 '0'으로 만들고 이를 집합손익계정의 차변으로 대체하는 분개도 수행되어야 한다. 위의 예제에서 당기에 발생한 비용은 매출원가와 운송비뿐이다. 따라서 모든 비용계정의 잔액을 '0'으로 만들면서 이를 집합손익계정의 차변으로 대체하는 회계처리를 한다. 마지막으로 집합손익계정의 잔액을 이익잉여금계정으로 대체하는 분개가 수행된다.

한국㈜의 마감분개

거 래		계속기록법	실지재고조사법
12월 31일	수익계정의 마감(①)	매 출 500,000 매출환입및에누리 100,000 매출할인 8,000 집합손익 392,000	매 출 500,000 매출환입및에누리 100,000 매출할인 8,000 집합손익 392,000
	비용계정의 마감(②)	집합손익 220,000 매출원가 200,000 운 송 비 20,000	집합손익 220,000 매출원가 200,000 운 송 비 20,000
	집합손익계정의 마감(③)	집합손익 172,000 이익잉여금 172,000	집합손익 172,000 이익잉여금 172,000

제 6 절 재무제표의 표시와 분석

앞에서 살펴본 종합예제 자료를 활용하여 재무제표를 작성하면 포괄손익계산서는 <표 5-5>와 같다. 포괄손익계산서에서 매출총이익은 매출액에서 매출원가를 차감하여 계산한다. 매출총이익에서 판매비와관리비를 차감하여 당기순이익을 구하고, 당기순이익에 기타포괄손익을 가산하여 총포괄손익을 측정한다.

표 5-5 | 포괄손익계산서

포괄손익계산서

20×1년 12월 1일부터 20×1년 12월 31일까지

한국㈜			(단위 : 원)
매출액			₩392,000
매출원가			200,000
매출총이익			₩192,000
판매비와관리비			20,000
	운송비	₩20,000	
당기순이익			₩172,000
기타포괄손익			0
총포괄손익			₩172,000

매출총이익은 백분율로 표현할 수 있는데, 이를 매출총이익률이라고 한다. 매출총이익률은 매출총이익을 매출액으로 나누어 측정한다. 매출총이익률은 매출액 ₩1당 얼마만큼의 이익을 벌었는지에 대해서 알려준다. 한국㈜의 매출총이익률을 계산하면 약 48.98%이다. 매출액 ₩1당 약 ₩0.49원 정도의 판매마진을 남긴 것으로 해석할 수 있다.

매출총이익률 = 매출총이익 ÷ 순매출액
= ₩192,000 ÷ ₩392,000
= 약 48.98%

매출총이익에는 영업비용이 차감되지 않기 때문에 전체적인 수익성 지표는 아니다. 그러나 경영자 및 이해관계자들은 과거와 당기에 보고된 매출총이익을 비교

하거나 또는 경쟁사의 매출총이익률과 산업평균 매출총이익률과 비교하는 등 매출총이익의 금액과 추세를 면밀히 분석한다. 이러한 재무비율 분석은 회사의 구매기능과 가격정책의 효과성에 관한 정보를 제공한다.

판매비와관리비는 매출원가와 함께 영업수익(매출) 창출과정에서 발생한 영업비용이다. 판매비는 매출과 관련된 비용으로 광고비, 운송비 등과 같은 매출관련 부대비용들이 포함된다. 관리비는 급여 등과 같은 일반영업활동에 관련된 비용이다. <표 5-5>에서 한국㈜의 판매비와관리비는 ₩20,000이고, 당기순이익은 ₩172,000이다.

재무상태표에서 자산은 유동자산과 비유동자산으로 구분하여 표시하는데, 유동자산은 1년 또는 정상영업주기 이내의 기간에 현금화될 자산이다. 그 외의 자산은 비유동자산으로 구분한다. 상품매매기업은 유동성을 기준으로 하는 경우, 상품을 유동자산에서 매출채권 다음으로 보고한다. 상품을 판매한 후 고객으로부터 현금을 회수해야 하기 때문에 매출채권보다는 현금유동성이 상대적으로 낮다. <표 5-6>은 한국㈜의 재무상태표이다.

표 5-6 | 재무상태표

재무상태표

20×1년 12월 31일 현재

한국㈜ (단위 : 원)

자 산			부 채		
유동자산		₩1,322,000	매입채무	₩350,000	
현 금	₩662,000		부채총계		₩350,000
매출채권	50,000				
상 품	610,000				
			자 본		
비유동자산		100,000	자 본 금	₩900,000	
토 지	₩100,000		이익잉여금	172,000	
			자본총계		1,072,000
자산총계		₩1,422,000	부채와자본총계		₩1,422,000

요 약

1. 서비스기업과 상품매매기업의 차이

상품매매기업의 포괄손익계산서는 서비스기업과는 달리 매출액, 매출원가, 매출총이익을 표시한다. 또한 매출원가를 기록하기 위하여 계속기록법과 실지재고조사법 중 하나의 방법을 이용한다.

2. 계속기록법에서 매입기록

상품의 매입시 상품계정을 통해 상품의 증가를 기록한다. 상품을 현금(외상)으로 매입할 경우 차변에 상품의 증가와 대변에 현금(매입채무)의 감소(증가)로 회계처리한다.

3. 계속기록법에서 매출기록

상품의 매출이 발생할 때마다 매출의 발생과 현금 또는 매출채권의 증가를 기록하고, 매출원가의 발생과 상품의 감소를 회계처리한다.

4. 실지재고조사법에서 매입과 매출기록

상품 매입시 상품계정 대신 임시계정인 매입계정을 사용한다. 또한 상품 매출시 매출원가계정을 사용하지 않고 기말시점에 기말재고자산을 파악하여 매출원가를 산정한다.

5. 실지재고조사법에서 매출원가를 계산하기 위한 수정분개

기초재고자산을 매출원가의 차변으로 대체하는 분개를 수행한다. 다음으로 당기매입액을 매출원가의 차변으로 대체하는 회계처리를 수행하게 되면, 매출원가계정 차변의 합은 당기판매가능액이 된다. 마지막으로 기말재고자산 금액만큼 상품계정을 증가시키고 매출원가 금액을 감소시키는 분개를 수행한다. 이와 같은 회계처리를 모두 수행하면 매출원가의 잔액은 회계기간에 발생한 매출원가가 된다.

6. 매입운임과 매입환출및에누리, 매입할인

매입운임은 상품의 매입과정에서 발생한 부대비용을 의미한다. 매입운임은 상품의 취득과정에서 직접 소요된 지출액이므로 상품의 취득원가에 포함된다. 매입한 상품에 파손이나 내부적 결함이 있는 경우 매입자는 판매자에게 상품을 반송하기도 하는데, 이를 매입환출이라 한다. 매입에누리는 매입한 상품에 파손이나 내부적 결함을 이유로 매입가액에서 일정금액만큼을 할인받는 것을 말한다. 매입할인은 매입자가 상품의 매입대금을 조기에 상환하였을 경우 제공받는 할인혜택을 말한다. 매입환출및에누리와 매입할인은 상품(혹은 매입)에서 차감된다.

7. 매출환입및에누리와 매출할인

매출환입은 판매된 상품에 파손이나 내부적 결함이 있어 상품이 판매자에게 반환되는 것이다. 매출에누리는 매출한 상품에 파손이나 내부적 결함을 이유로 매출액에서 일정금액만큼을 할인해주는 것을 말한다. 매출할인이란 상품의 판매자가 외상 판매대금의 조기 현금회수를 촉진하기 위하여 매입자에게 제공하는 할인혜택을 말한다. 매출환입및에누리와 매출할인은 매출액에서 차감된다.

용어정리

계속기록법	매출거래가 발생할 때마다 매출원가를 계산하여 기록하는 회계처리방법
매입에누리	매입한 상품이 파손 또는 내용적 결함이 발생할 경우 매입자가 매입상품을 반송하는 대신 상품매입대금의 일부를 할인받는 것
매입할인	일정기간 내에 매입대금을 지불할 경우 할인받는 금액
매입환출	매입한 상품이 파손 또는 내용적 결함이 발생할 경우 매입자가 매입상품을 반송하는 것
매출액	상품의 판매나 용역의 제공으로 발생한 수익
매출총이익	매출액에서 매출원가를 차감한 부분
매출총이익률	매출총이익을 매출액으로 나누어 측정하며, 일반적으로 백분율(%)로 표시
매출할인	상품의 판매자가 외상 판매대금의 조기 현금회수를 촉진하기 위하여 매입자에게 제공하는 할인혜택
매출환입및에누리	판매된 상품에 파손이나 내부적 결함이 있어 상품이 판매자에게 반환되거나 매출액에서 일정 금액만큼을 할인해 주는 것
순매출액	매출에서 매출환입및에누리와 매출할인을 차감한 금액
실지재고조사법	회계기간 중에 매출원가를 계상하는 것이 아니라 기말시점에 한 번의 재고조사를 실시하여 기말재고자산을 파악하고 이를 통해 매출원가를 산정하는 방법

EXERCISES

연습문제

[문제 1] 상품매매기업의 영업활동 〈난이도: 하〉

다음은 각 기업의 상품매매와 관련된 자료를 나타낸 것이다.

	A기업	B기업	C기업	D기업
매출액	₩200,000	₩100,000	₩200,000	₩250,000
기초재고	23,000	7,000	32,000	(⑦)
당기매입	(①)	51,800	(⑤)	156,000
기말재고	40,000	10,000	84,000	32,000
매출원가	106,000	(③)	52,000	148,000
매출총이익	(②)	(④)	(⑥)	(⑧)

〈요구사항〉

위의 표에서 ①~⑧에 들어갈 금액을 계산하라.

[문제 2] 계속기록법에 의한 회계처리 〈난이도: 중〉

한국㈜는 1월 1일 ₩100,000의 상품을 보유하고 있으며, 20×1년 기중의 상품 매입 및 매출관련 거래는 다음과 같다. 한국㈜의 회계기간은 1월 1일부터 12월 31일까지이다.

(1) 2월 10일 상품 ₩200,000을 현금으로 구입하였다.

(2) 4월 13일 원가 ₩120,000의 상품을 ₩150,000에 현금으로 판매하였다.

(3) 8월 20일 상품 ₩300,000을 외상으로 구입하였다.

(4) 10월 8일 원가 ₩180,000의 상품을 ₩230,000에 외상으로 판매하였다.

〈요구사항〉

1. 계속기록법을 적용하는 경우 필요한 회계처리를 수행하라.
2. 상품계정과 관련된 분개를 T자 계정에 전기하라.

[문제 3] 실지재고조사법에 의한 회계처리 〈난이도 : 중〉

강서㈜는 1월 1일 ₩100,000의 상품을 보유하고 있으며, 20×1년 기중의 상품 매입 및 매출관련 거래는 다음과 같다. 강서㈜의 회계기간은 1월 1일부터 12월 31일까지이며, 실지재고조사를 수행한 결과 기말재고는 ₩170,000으로 파악되었다.

(1) 3월 10일　상품 ₩300,000을 현금으로 구입하였다.
(2) 5월 13일　원가 ₩160,000의 상품을 ₩200,000에 현금으로 판매하였다.
(3) 9월 20일　상품 ₩150,000을 외상으로 구입하였다.
(4) 11월 8일　원가 ₩220,000의 상품을 ₩280,000에 외상으로 판매하였다.

〈요구사항〉

1. 실지재고조사법을 적용하는 경우 필요한 회계처리를 수행하라.
2. 상품계정과 관련된 분개를 T자 계정에 전기하라.

[문제 4] 추가적 고려사항(1) 〈난이도 : 중〉

다음은 한국㈜의 5월 중 거래이다.

(1) 5월 1일　강서㈜로부터 ₩70,000의 상품을 2/10, *n*/30의 신용조건으로 외상구입하였다.
(2) 5월 5일　강서㈜로부터 매입한 상품 중 결함이 발견된 상품 ₩1,000을 반환하였다.
(3) 5월 10일　강서㈜에게 5월 1일 매입거래에 대한 외상대금을 현금으로 지급하였다.

〈요구사항〉

1. 한국㈜가 계속기록법을 적용할 경우 위의 거래를 분개하라.
2. 한국㈜가 5월 10일 이후에 강서㈜에게 외상대금을 지급하였다고 가정할 경우 외상대금 지급과 관련된 회계처리를 수행하라.

[문제 5] 추가적 고려사항(2) 〈난이도 : 중〉

다음은 강남㈜의 6월 중 거래이다.

(1) 6월 8일　강서㈜로부터 ₩80,000의 상품을 2/10, *n*/30의 신용조건으로 외상구입하였다.
(2) 6월 10일　강서㈜로부터 매입한 상품 중 결함이 발견된 상품 ₩5,000을 반환하였다.

(3) 6월 17일 강서㈜에게 6월 8일 매입거래에 대한 외상대금을 현금으로 지급하였다.

〈요구사항〉

1. 강남㈜가 실지재고조사법을 적용할 경우 위의 거래를 분개하라.
2. 강남㈜가 6월 17일 이후에 강서㈜에게 외상대금을 지급하였다고 가정할 경우 외상대금 지급과 관련된 회계처리를 수행하라.

[문제 6] 추가적 고려사항(3) 〈난이도 : 중〉

다음은 한국㈜의 12월 중 거래이다.

(1) 12월 3일 강서㈜에게 2/10, *n*/30의 신용조건으로 상품 ₩100,000을 외상판매하였다(상품의 취득원가 ₩60,000).

(2) 12월 5일 12월 3일 판매한 상품 중 ₩10,000이 상품결함의 이유로 강서㈜로부터 반송되었다.

(3) 12월 12일 12월 3일 매출거래에 대한 외상판매대금을 강서㈜로부터 수령하였다.

〈요구사항〉

1. 한국㈜가 계속기록법을 적용할 경우 위의 거래를 분개하라.
2. 한국㈜가 실지재고조사법을 적용할 경우 위의 거래를 분개하라.

[문제 7] 회계순환의 완성(1) 〈난이도 : 중〉

다음은 결산일인 20×1년 12월 31일 현재 한국㈜의 회계자료를 정리한 것이다.

이익잉여금	₩100,000	광고선전비	₩30,000
총매출액	₩1,020,000	이자비용	₩38,000
매출환입및에누리	₩40,000	급여	₩90,000
매출할인	₩14,000	수도광열비	₩36,000
매출원가	₩694,000	감가상각비	₩14,000
판매운임	₩4,000	이자수익	₩50,000

〈요구사항〉

위의 자료를 이용하여 포괄손익계산서 계정의 마감분개를 수행하라.

[문제 8] 회계순환의 완성(2) 〈난이도: 중〉

다음은 실지재고조사법을 사용하는 한국㈜의 20×1년 12월 31일 현재 계정잔액이다. 실지재고조사를 수행한 결과 기말재고는 ₩28,800으로 파악되었다.

기초재고	₩ 30,000
판매비와관리비	78,000
매　　입	160,000
매입환출및에누리	10,000
매입할인	3,000
매　　출	288,000
매출할인	3,200
매출환입및에누리	4,600

〈요구사항〉

1. 한국㈜의 20×1년 12월 31일 수정분개를 수행하라.
2. 한국㈜의 20×1년 12월 31일 마감분개를 수행하라.

[문제 9] 종합문제(1) 〈난이도: 상〉

다음은 축구용품 전문점인 월드컵㈜의 20×1년 6월 중 거래 내역이다. 6월 1일 장부에는 현금 ₩5,000, 상품(기초) ₩7,000, 자본금 ₩12,000이 기록되어 있다(월드컵㈜의 회계기간은 한 달이다).

(1) 6월 1일　강서㈜로부터 2/10, n/60의 신용조건으로 상품 ₩3,000을 외상매입하였다. 상품 매입 과정에서 운송비 ₩160을 현금으로 지급하였다.

(2) 6월 5일　강서㈜로부터 6월 1일 매입한 상품 중 결함이 발견된 상품 ₩200을 반송하였다.

(3) 6월 9일　성동㈜에게 상품 ₩2,200(원가 ₩1,800)을 1/10, *n*/30의 신용조건으로 외상판매하였다.

(4) 6월 12일　행당㈜로부터 1/10, *n*/30의 신용조건으로 상품 ₩1,720을 외상매입하였다.

(5) 6월 14일　강서㈜에게 6월 1일 매입 관련 외상대금을 지급하였다.

(6) 6월 17일　행당㈜로부터 6월 12일 매입한 상품 중 결함이 발견된 상품 ₩120을 반송하였다.

(7) 6월 20일　종로㈜에게 상품 ₩1,400(원가 ₩980)을 2/10, *n*/30의 신용조건으로 외상판매하였다.

(8) 6월 21일　행당㈜에게 6월 12일 매입 관련 외상대금을 지급하였다.
(9) 6월 27일　종로㈜로부터 6월 20일 외상판매대금을 수령하였다.
(10) 6월 30일　성동㈜로부터 6월 9일 외상판매대금을 수령하였다.

〈요구사항〉
1. 계속기록법을 적용하여 6월의 거래일자별 분개를 수행하라.
2. 월드컵㈜의 20×1년 6월 30일 수정분개를 수행하라.
3. 월드컵㈜의 20×1년 6월 30일 마감분개를 수행하라.

[문제 10] 종합문제(2) 〈난이도: 상〉

다음은 한국㈜의 20×1년 3월 거래내역이다. 3월 1일 현재 한국㈜의 현금계정은 ₩10,000, 자본금계정은 ₩10,000, 상품(기초)계정은 ₩3,000이었다(한국㈜의 회계기간은 한 달이며, 실지재고조사결과 기말재고자산은 ₩5,252이다).

(1) 3월 1일　강서㈜로부터 2/10, *n*/30의 신용조건으로 상품 ₩8,000을 외상매입하였다.
(2) 3월 2일　성동㈜에게 상품 ₩4,000(원가 ₩3,100)을 1/10, *n*/30의 신용조건으로 외상판매하였다.
(3) 3월 5일　강서㈜로부터 3월 1일 매입한 상품 중 결함이 발견된 상품 ₩600을 반송하였다.
(4) 3월 9일　성동㈜로부터 3월 2일 외상판매대금을 수령하였다.
(5) 3월 10일　강서㈜에게 3월 1일 매입 관련 외상대금을 지급하였다.
(6) 3월 22일　행당㈜로부터 상품 ₩2,700을 현금으로 구입하였다.
(7) 3월 24일　성동㈜에게 상품 ₩6,200(원가 ₩4,600)을 현금판매하였으며, 운송비 ₩250을 현금으로 지급하였다.

〈요구사항〉
1. 실지재고조사법을 적용할 경우 3월의 거래일자별 분개를 수행하라.
2. 한국㈜의 20×1년 3월 31일 수정분개를 수행하라.
3. 한국㈜의 20×1년 3월 31일 마감분개를 수행하라.
4. 위의 자료를 이용하여 한국㈜의 20×1년 3월의 부분포괄손익계산서를 작성하라.

제 2 부

계정과목별 회계처리

IFRS _ Principles of Accounting

06

재고자산

학습목표

본 장에서는 제5장에 이어 상품매매기업에 초점을 맞추어 재고자산 회계의 주요 절차를 알아본다. 이미 제5장에서 상품 매입 및 매출거래를 기록하는 방식(계속기록법과 실지재고조사법)을 학습하였기에, 본 장에서는 기말재고자산을 결정하기 위한 재고파악과 단위원가의 결정방법을 설명한다. 또한 저가법의 적용 및 재고자산 추정에 의한 방법도 학습한다.

본 장에서 학습할 주요 내용을 요약하면 다음과 같다.

재고자산 : 재고파악, 단위원가 결정, 저가법, 소매재고법

- 재고자산 개념과 재고파악
  - 미착상품
  - 위탁상품
  - 시용판매상품
- 재고자산의 단위원가 결정
  - 개별법
  - 선입선출법
  - 후입선출법
  - 가중평균법
- 저가법
- 재고자산 추정
  - 소매재고법
  - 매출총이익률법
- 재무제표 표시와 분석
  - 재무제표 표시
  - 재무제표 분석

제1절 재고자산 개념과 재고파악

재고자산(inventory)은 기업이 정상적인 영업활동과정에서 판매를 목적으로 보유하고 있거나 생산 중에 있는 자산을 말한다. 재고자산의 구성항목은 기업의 영업활동 성격에 따라 다르다. 백화점이나 슈퍼마켓과 같은 상품매매기업은 상품(merchandise)을 구입하여 재판매하는 것을 주된 영업활동으로 한다. 따라서 상품매매기업의 경우 다양한 항목으로 구성된 상품이 재고자산이 된다. 예를 들어, 슈퍼마켓의 경우 재고자산은 정상적인 영업활동과정에서 판매를 목적으로 구입한 식료품, 낙농품, 육류 등의 항목이 될 것이다. 반면에 제조기업은 원재료를 가공하고 제품을 생산·판매함으로써 이익을 창출한다. 따라서 컴퓨터나 자동차 등을 생산하는 제조기업의 재고자산은 판매를 위해 보유하고 있는 완성된 제품(finished goods)뿐만 아니라 제품을 만들기 위해 보유하고 있는 원재료(raw materials), 제조과정 중에 있는 재공품(work in process) 등 상품매매기업과는 달리 다양한 형태로 존재한다.

제5장에서 상품의 매입 및 매출거래를 기록하는 방식에는 계속기록법과 실지재고조사법이 있음을 학습하였다. 기업은 계속기록법 또는 실지재고조사법의 사용여부와 관계없이 보고기간 말에 정확한 재고를 파악해야 한다. 계속기록법을 사용하는 기업은 장부에 기록된 재고자산의 수량과 기말재고수량이 일치하는가를 확인해야 하며, 파손이나 도난으로 인한 재고자산의 손실을 파악해야 한다. 또한 실지재고조사법을 사용하는 기업은 기말재고수량을 파악하여 당해 기간 동안 판매된 상품의 매출원가를 계산해야 하므로 재고수량을 파악하게 된다.

기말재고를 파악할 때 상품 등이 운송 중에 있거나 타사(예: 매입처)의 창고에 있는 경우라 할지라도 자사의 재고자산에 포함될 수 있다. 재고자산이 기업의 자산인지 여부를 판별하기 위해서는 재고자산에 대한 법적 소유나 물리적 점유와 같은 거래의 외형적 특성뿐 아니라 경제적 실질[1)]을 함께 고려해야 한다. 이하에서

1) 경제적 실질을 판단한다 함은 특정 시점 현재 재고자산 보유에 따른 위험과 보상이 누구에게 귀속되는가, 그리고 누가 해당 자산을 통제하는가를 파악하는 것이다. 일례로, 법적으로 소유하지 않으나 보유재고에 포함해야 하는 경우(예: 환매조건부매출)와 법적으로 소유하고 있으나 보유재고에서 제외해야 하는 경우(예: 장기할부판매)를 들 수 있다.

는 보유재고 파악에 적용할 수 있는 사례를 소개한다.

1. 미착상품

미착상품(goods in transit)은 운송 중에 있는 매입상품을 말한다. 기업이 상품을 이미 구매했으나 아직 도착하지 않은 경우 이를 구매자의 재고자산에 포함시켜야 할지를 결정해야 한다. 일반적인 법적 소유기준에 따르면 운송 중인 상품의 재고자산 귀속여부는 이전시점이 될 것이다. 따라서 운송 중인 상품의 구입조건이 선적지인도기준(F.O.B. shipping point)이라면 선적시점부터 구매한 기업의 재고자산이 되며, 구입조건이 도착지인도기준(F.O.B. destination)이라면 운송 중인 상품이 목적지에 도착할 때까지는 판매한 기업의 재고자산이 된다. 예를 들어, 한국㈜가 미국의 뉴욕㈜로부터 선적지인도기준으로 상품 1,200단위를 구입하였는데 보고기간 말 현재 상품을 선적한 선박이 태평양을 건너는 중이라면 이 상품은 한국㈜의 기말재고자산이 된다. 반면에 도착지인도기준으로 상품을 구매하였다면 이 상품은 뉴욕㈜의 재고자산이 된다.

위 예에서 한국㈜가 보고기간 말(12월 31일) 현재 창고에 보관 중인 재고자산이 4,000단위이고, 선적지인도기준으로 매입하여 운송중인 상품 1,200단위가 있다면 한국㈜의 기말재고자산 수량은 5,200단위가 될 것이다.

내 역	수량
12월 31일 창고에 보관 중인 기말재고	4,000
+ 선적지인도기준으로 매입한 재고자산	1,200
12월 31일 실제 기말재고	5,200

한국㈜가 선적지인도기준으로 구입한 상품 1,200단위를 포함하지 않는 경우 기말재고자산은 재무상태표에 과소 표시된다. 따라서 재고자산의 원가를 정확히 파악하기 위해서는 재고파악이 충실하게 이루어져야 한다.

2. 위탁상품

위탁상품(consigned goods)은 위탁자(상품 판매를 의뢰한 자)가 수탁자(실제로 상품을 판매하는 자)에게 상품의 판매를 위탁하기 위하여 발송한 상품을 말한다. 이러한 상품을 적송품 또는 위탁품이라고 부른다. 예를 들어, 삼성전자㈜가 대리점에게 TV 판매를 위탁하는 경우 삼성전자와 대리점은 각각 위탁자와 수탁자가 되며, TV는 삼성전자㈜의 적송품 또는 위탁품이 된다. 구체적으로 대리점은 삼성전자㈜로부터 TV를 수령하여 판매하는 활동을 수행하며 TV를 판매할 때마다 매출액의 일정부분을 수수료로 수취한다. 그러나 수탁자인 대리점은 삼성전자㈜를 대신하여 TV 판매를 대행할 뿐 그 소유권은 여전히 위탁자인 삼성전자㈜에 있다. 따라서 보고기간 말 시점에서 대리점이 보유하고 있는 판매되지 않은 TV는 대리점이 아닌 삼성전자㈜의 재고자산이 된다.

3. 시용판매상품

시용판매상품(sales on approval goods)은 고객이 일정기간 동안 시험적으로 사용한 후 그 구매의사를 밝히거나 혹은 구매하지 않고 반송하는 거래에서 취급되는 상품을 말한다. 예를 들어, 홈쇼핑에서 사용 후 불만족 시 30일 이내 100% 환불보장이라는 조건으로 판매되는 상품이 가장 대표적인 사례로 볼 수 있다. 시용판매의 경우 고객에게 상품을 인도한 시점이 아니라 고객이 매입의사를 표시한 시점에 수익을 인식한다. 따라서 보고기간 말 현재 고객에게 인도되었으나 매입의사표시가 없는 상품은 해당 기업의 재고자산에 포함시켜야 한다.

예제 6-1

12월 31일이 결산일인 한국㈜는 실지재고조사법으로 재고자산 회계처리를 기록하고 있으며, 20×1년도 결산과정에서 재고자산 실사를 한 결과 ₩1,000,000인 것으로 파악되었다. 한편, 한국㈜의 20×1년도 재고자산과 관련된 추가자료는 다음과 같았다.

- 20×1년 12월 20일에 강남㈜로부터 선적지인도조건으로 매입한 상품(송장가격 : ₩400,000)이 20×1년 12월 31일 현재 운송 중에 있다.
- 20×1년 12월 25일에 강동㈜로부터 도착지인도조건으로 매입한 상품(송장가격 : ₩300,000)이 20×1년 12월 31일 현재 운송 중에 있다.
- 한국㈜는 대리점을 통한 위탁판매도 수행하고 있는데, 20×1년 12월 31일 현재 대리점이 보유하고 있는 미판매상품의 원가는 ₩150,000이다.
- 한국㈜가 판매를 목적으로 고객에게 발송한 상품(원가 : ₩650,000) 중 20×1년 12월 31일 현재 원가 ₩200,000에 해당하는 상품에 대해서만 고객이 매입의사를 표시해 왔다.

▶▶ 요구사항

추가자료를 고려하여 한국㈜의 20×1년도 정확한 기말재고자산을 계산하라.

해답

기말재고자산 = ₩1,000,000 + ₩400,000 + ₩150,000 + ₩450,000
= ₩2,000,000

제 2 절 재고자산 단위원가 결정

제5장에서 학습하였듯이 기초재고와 당기매입의 합계는 당기판매가능액이 된다. 이 중 기업이 보고기간 말 현재 보유하고 있는 부분은 기말재고자산으로 재무상태표에 표시되며 판매된 부분은 매출원가로 포괄손익계산서에 표시된다. 이와 같이 보고기간 전체의 당기판매가능액을 재무상태표와 포괄손익계산서에 나누어

보고하는 것을 원가배분이라 하는데 이는 매우 중요하다. 특히 물가변동으로 인해 보고기간 중 취득한 재고자산의 원가가 상이할 경우 당기판매가능액을 기말재고자산과 매출원가로 배분하기 위해서는 일정한 원가흐름에 대한 가정, 즉 단위원가 결정을 필요로 한다.[2)]

재고자산의 단위원가 결정방법으로는 개별법, 가중평균법, 선입선출법 및 후입선출법이 있다. 개별법은 재고자산 각각에 대하여 단위원가를 파악하는 방법으로 원가흐름에 대한 별도의 가정을 필요로 하지 않는다는 점에서 원가흐름에 대한 일정한 가정을 필요로 하는 나머지의 방법들과 다르다.

재고자산의 원가를 결정할 때에는 회계정보의 비교가능성을 높이기 위해서는 특별한 사유가 발생하지 않는다면 한번 선택한 단위원가 결정방법을 변경하지 않고 계속해서 사용하는 것이 바람직하다. 한국채택국제회계기준(K-IFRS)은 재고자산 단위원가 결정방법으로 개별법, 가중평균법, 선입선출법은 허용하나 후입선출법은 실제 물량의 흐름을 반영하지 못한다는 이유로 인해 허용하지 않고 있다.

1. 개별법

개별법(specific identification method)은 개별적으로 식별되는 재고자산 항목별 원가를 그 단위원가로 하는 방법이다. 따라서 실제 물량흐름과 장부상 원가흐름이 정확하게 일치한다는 장점을 갖는다. 개별법은 고가의 미술품, 귀금속 또는 주문생산을 하는 선박이나 항공기 등에 적용될 수 있다.

예를 들어, 한국㈜가 동일한 자동차 3대를 1월 초와 2월 초, 3월 초에 각각 ₩1,800,000, ₩2,000,000, ₩2,200,000에 구입했다고 가정하자. 이 경우 당기판매가능액, 즉 자동차 3대의 취득원가는 ₩6,000,000이다. 한국㈜는 4월 초에 자동차 2대를 1대당 ₩4,000,000에 판매하였다면 요약 정보는 다음과 같다.

2) 기말재고원가를 파악한다는 것은 기말보유 물량이 어떤 단위원가로 구성되었는지를 헤아리는 과정이기에 원가배분은 계산측면에서 볼 때, 단위원가를 결정하는 것이라 이해할 수 있다.

구입 :	
1월 초 자동차 1대	₩1,800,000
2월 초 자동차 1대	₩2,000,000
3월 초 자동차 1대	₩2,200,000
판매 :	
4월 초 자동차 2대	₩8,000,000 (₩4,000,000 × 2대)

매출원가로 집계되는 금액은 한국㈜가 판매한 자동차를 언제 구입한 것인지에 따라 달라진다. 한국㈜가 2월 초와 3월 초에 구입한 자동차를 판매하였다면 매출원가는 ₩4,200,000(=₩2,000,000+₩2,200,000)이 되고, 기말재고자산은 1월 초에 구입한 자동차의 취득원가인 ₩1,800,000으로 보고된다. 반대로 4월 초에 판매된 자동차가 1월 초와 2월 초에 구입한 자동차라고 한다면 매출원가와 기말재고자산은 각각 ₩3,800,000(=₩1,80,000+₩2,000,000)과 ₩2,200,000이 될 것이다.

이와 같이, 개별법 하에서의 원가배분(원가흐름)은 실제 물량의 흐름과 정확히 일치한다. 반면에 재고자산의 종류와 수량이 많은 경우 실무적으로 적용하기 어렵다는 단점이 있다. 최근 바코드, 전자제품 코드, 무선 식별시스템 등의 발달로 인해 거의 모든 종류의 재고자산을 구체적으로 파악하는 것이 가능해졌으나 많은 기업들은 개별법을 사용하기보다는 후술하는 선입선출법이나 가중평균법을 이용하여 재고자산의 원가를 배분한다.

2. 선입선출법

선입선출법(first-in first-out method: FIFO)은 실제 물량흐름과 관계없이 먼저 매입한 상품이 먼저 판매된다고 가정하여 당기판매가능액을 매출원가와 기말재고자산으로 배분하는 방법이다. 즉, 선입선출법 하에서 판매된 상품은 과거에 매입한 상품이 되고 기말재고로 남아 있는 상품은 가장 최근에 매입한 상품이 된다.

다음은 한국㈜의 6월 중 상품의 매입 및 매출거래를 요약한 표이다. 이 자료를 이용하여 단위원가 결정방법(선입선출법, 후입선출법 및 가중평균법)에 따른 원가배분을 연습하도록 하자.

일자	구분	매입			매출		
		수량	단가	금액	수량	단가	금액
6월 1일	기초재고	10	₩190	₩ 1,900			
6월 13일	매 입	20	220	4,400			
6월 22일	매 입	30	240	7,200			
6월 26일	매 출				55	₩400	₩22,000
6월 28일	매 입	40	260	10,400			
	합 계	100		₩23,900	55		₩22,000

6월 1일 보유재고(기초재고)는 10단위이고 6월 중 당기매입수량은 90단위(=20단위+30단위+40단위)이므로 한국㈜의 6월 판매가능수량은 100단위이며, 당기판매가능액은 ₩23,900이다. 그리고 6월 중 55단위가 판매되었으므로 기말재고수량은 판매가능수량(100단위)에서 매출수량(55단위)을 차감한 45단위가 된다.

제5장에서 설명한 바와 같이 실지재고조사법 하에서의 기말재고자산은 기말실사를 통해 결정되므로 매출원가는 상품판매 시점이 아닌 보고기간 말에 계산된다. 따라서 실지재고조사법 하에서의 원가배분 순서는 ① 기말재고자산을 먼저 계산하고, ② 당기판매가능액에서 기말재고자산을 차감하여 매출원가를 계산하게 된다. 이와 대조적으로 계속기록법 하에서는 상품의 매출거래가 발생할 때마다 매출원가를 계산·기록하므로 원가배분 순서는 ① 매출원가를 먼저 계산하고, ② 당기판매가능액에서 매출원가를 차감하여 기말재고자산을 계산한다. 이러한 논리는 후입선출법과 가중평균법에도 동일하게 적용된다. 다음의 <표 6-1>과 <표 6-2>는 각각 실지재고조사법과 계속기록법 하에서의 선입선출법을 적용할 경우 계산된 원가배분 결과를 보여준다.

<표 6-1>에서 6월 30일 현재 한국㈜가 보유한 기말재고자산은 가장 최근에 구입한 상품으로 구성된다. 즉, 기말재고자산 45단위는 6월 28일 매입한 40단위와 6월 22일 매입한 5단위로 이루어진다. 따라서 기말재고자산은 ₩11,600(=₩1,200+₩10,400)이 되며, 매출원가는 당기판매가능액(₩23,900)에서 기말재고자산(₩11,600)을 차감하여 계산하므로 ₩12,300이 된다.

표 6-1 | 선입선출법에 따른 매출원가와 기말재고자산(실지재고조사법)

구 분	당기판매가능액			① 기말재고자산			판매
	수량	단가	금액	수량	단가	금액	수량
기초재고(6/ 1)	10	₩190	₩1,900	–	–	–	10
매 입(6/13)	20	220	4,400	–	–	–	20
매 입(6/22)	30	240	7,200	5	240	₩1,200	25
매 입(6/28)	40	260	10,400	40	260	10,400	–
합 계	100		₩23,900	45		₩11,600	55

② **매출원가** = 당기판매가능액 – 기말재고자산
= ₩23,900 – ₩11,600
= ₩12,300

매출총이익 = 매출액 – 매출원가
= ₩22,000 – ₩12,300
= ₩9,700

계속기록법 하에서 선입선출법을 적용할 경우 원가배분 결과는 <표 6-2>와 같다. 먼저 6월 26일 매출(55단위)에 대응되는 매출원가는 가장 먼저 구입한 기초재고부터 순차적으로 55단위가 될 때까지의 상품 단위원가로 구성하게 된다. 즉, 기초재고 10단위와 6월 13일 구입한 20단위, 그리고 6월 22일 구입한 30단위 중 25단위로 구성된다. 따라서 매출원가는 ₩12,300(=₩1,900+₩4,400+₩6,000)이 되며, 기말재고자산은 당기판매가능액(₩23,900)에서 매출원가(₩12,300)를 차감하여 계산하므로 ₩11,600이 된다.

표 6-2 | 선입선출법에 따른 매출원가와 기말재고자산(계속기록법)

구 분	당기판매가능액			판매	① 매출원가		
	수량	단가	금액	수량	수량	단가	금액
기초재고(6/ 1)	10	₩190	₩1,900	10	10	₩190	₩1,900
매 입(6/13)	20	220	4,400	20	20	220	4,400
매 입(6/22)	30	240	7,200	25	25	240	6,000
매 입(6/28)	40	260	10,400	–	–	–	–
합 계	100		₩23,900	55	55		₩12,300

② **기말재고자산** = 당기판매가능액 – 매출원가
= ₩23,900 – ₩12,300
= ₩11,600

매출총이익 = 매출액 – 매출원가
= ₩22,000 – ₩12,300
= ₩9,700

위의 <표 6-1>과 <표 6-2>의 결과를 살펴보면, 실지재고조사법과 계속기록법의 원가배분 결과(매출원가 및 기말재고자산)가 동일함을 확인할 수 있다. 또한 선입선출법의 원가흐름 가정은 실제 물량흐름과 비교적 유사하다. 왜냐하면 상품의 진부화 등을 이유로 먼저 매입한 상품을 먼저 판매하고자 하는 기업의 성향이 원가흐름 가정에 반영되어 있기 때문이다.

선입선출법을 적용할 경우 매출원가는 과거에 먼저 구입한 상품의 취득원가로 포괄손익계산서에 보고되며 기말재고자산은 가장 최근에 매입한 상품의 취득원가로 재무상태표에 보고된다. 따라서 선입선출법의 장점은 재무상태표 상 기말재고자산이 시장가치 또는 현행원가에 근접한 가격으로 표시된다는 점이라 할 수 있다. 그러나 매출원가는 과거의 매입원가로 표시되기 때문에 수익과 비용이 적절하게 대응되지 않을 수 있다는 단점이 존재한다. 또한 물가가 지속적으로 상승하는 인플레이션 기간에는 현행수익에 과거의 낮은 매출원가가 대응됨에 따라 상대적으로 당기순이익이 높게 보고되므로 세금부담을 가중시킬 수 있다.

3. 후입선출법

후입선출법(last-in first-out method: LIFO)은 실제 물량흐름과는 관계없이 가장 최근에 매입한 상품이 먼저 판매된다고 가정하여 당기판매가능액을 매출원가와 기말재고자산으로 배분하는 방법이다. 즉, 후입선출법 하에서 판매된 상품은 가장 최근에 매입한 상품이 되고 기말재고로 남아 있는 상품은 과거에 매입한 상품이 된다. 다음의 <표 6-3>과 <표 6-4>는 각각 실지재고조사법과 계속기록법 하에서의 후입선출법을 적용할 경우 계산된 원가배분 결과를 보여준다.

<표 6-3>에서 6월 30일 현재 한국㈜가 보유한 기말재고자산은 과거에 구입한 상품으로 구성된다. 즉 기말재고자산 45단위는 6월 1일 시점의 기초재고자산 10단위와 6월 13일 매입한 20단위, 그리고 6월 22일 매입한 15단위로 이루어진다. 따라서 기말재고자산은 ₩9,900(=₩1,900+₩4,400+₩3,600)이 되며, 매출원가는 당기판매가능액(₩23,900)에서 기말재고자산(₩9,900)을 차감하여 계산하므로 ₩14,000이 된다.

표 6-3 | 후입선출법에 따른 매출원가와 기말재고자산(실지재고조사법)

구 분	당기판매가능액			① 기말재고자산			판매
	수량	단가	금액	수량	단가	금액	수량
기초재고(6/ 1)	10	₩190	₩1,900	10	₩190	₩1,900	-
매 입(6/13)	20	220	4,400	20	220	4,400	-
매 입(6/22)	30	240	7,200	15	240	3,600	15
매 입(6/28)	40	260	10,400	-	-	-	40
합 계	100		₩23,900	45		₩9,900	55

② **매출원가** = 당기판매가능액 - 기말재고자산
= ₩23,900 - ₩9,900
= ₩14,000

매출총이익 = 매출액 - 매출원가
= ₩22,000 - ₩14,000
= ₩8,000

반면 계속기록법 하에서 후입선출법을 적용할 경우 원가배분 결과는 <표 6-4>와 같다. 먼저, 6월 26일 매출(55단위)에 대응되는 매출원가는 판매일(6월 26일)로부터 역순으로 최근에 구입한 상품부터 순차적으로 55단위가 될 때까지의 상품 단위원가로 구성하게 된다.[3] 즉, 6월 22일 구입한 30단위, 6월 13일 구입한 20단위, 그리고 기초재고 5단위로 구성된다. 따라서 매출원가는 ₩12,550(=₩7,200+₩4,400+₩950)이 되며, 기말재고자산은 당기판매가능액(₩23,900)에서 매출원가(₩12,550)를 차감하여 계산하므로 ₩11,350이 된다.

3) 실지재고조사법과는 달리 계속기록법 하에서는 매출이 발생할 때마다 매출원가를 계산·기록하기 때문에 판매시점을 기준으로 가장 최근에 매입한 상품이 먼저 판매된 것으로 본다. 따라서 위의 예에서 6월 26일에 발생한 매출거래의 매출원가를 계산함에 있어 6월 28일에 매입한 상품은 제외되어야 한다. 그러나 실지재고조사법 하에서 후입선출법을 적용하게 되면 기말에 실지재고조사가 이루어지기 때문에 보고기간 중의 실제 물량흐름에 대한 고려는 이루어지지 않는다. 단순히 보고기간 말 시점으로부터 가장 오래전에 매입한 상품이 남아 있다고 가정한다. 따라서 실제 물량의 흐름과 장부상 물량의 흐름 간에 차이가 발생하게 된다. 이러한 이유로 한국채택국제회계기준(K-IFRS)에서는 후입선출법을 인정하지 않는다.

표 6-4 | 후입선출법에 따른 매출원가와 기말재고자산(계속기록법)

구 분	당기판매가능액			판매	① 매출원가		
	수량	단가	금액	수량	수량	단가	금액
기초재고(6/ 1)	10	₩190	₩1,900	5	5	₩190	₩950
매 입(6/13)	20	220	4,400	20	20	220	4,400
매 입(6/22)	30	240	7,200	30	30	240	7,200
매 입(6/28)	40	260	10,400	–	–	–	–
합 계	100		₩23,900	55	55		₩12,550

② **기말재고자산** = 당기판매가능액 – 매출원가
= ₩23,900 – ₩12,550
= ₩11,350

매출총이익 = 매출액 – 매출원가
= ₩22,000 – ₩12,550
= ₩9,450

위의 <표 6-3>과 <표 6-4>의 결과를 통해 알 수 있듯이, 선입선출법과 달리 후입선출법 하에서는 실지재고조사법 적용에 따른 원가배분 결과(매출원가 및 기말재고자산)와 계속기록법 적용에 따른 원가배분 결과 간에 차이가 나타날 수 있다. 또한 후입선출법의 원가흐름 가정은 실제 물량흐름과는 반대이다.

후입선출법을 적용할 경우 기말재고자산은 가장 오래전에 매입한 상품의 취득원가로 재무상태표에 보고되며, 매출원가는 가장 최근에 매입한 상품의 취득원가로 포괄손익계산서에 보고된다. 따라서 후입선출법의 장점은 현행수익에 현행원가가 대응되므로 수익과 비용의 대응이 더 잘 이루어진다고 볼 수 있다. 또한 물가가 지속적으로 상승하는 인플레이션 시 최근의 높은 매출원가가 매출액에 대응됨에 따라 상대적으로 당기순이익이 낮게 보고되므로 법인세의 절감을 통한 세무상 절세효과를 거둘 수 있다. 그러나 기말재고자산은 오래전에 매입한 상품의 취득원가로 표시되므로 현행원가를 반영하지 못한다. 또한 기업의 경영상황에서 발생하는 실제 물량흐름은 후입선출일 가능성이 거의 없다는 단점이 존재한다.

4. 가중평균법

가중평균법(weighted average cost method)은 일정기간 동안의 당기판매가능액을 판매가능수량으로 나누어 계산한 평균단가를 이용하여 당기판매가능액을 매출원가와 기말재고자산으로 배분하는 방법이다. 가중평균법에서는 기초재고와 당기매입을 구분하지 않고 평균적으로 판매가 이루어진다는 가정 하에 평균단가를 계산하게 된다. 평균단가는 보고기간 말 시점에 1회 또는 매입이 발생할 때마다 이루어질 수 있다. 즉, 실지재고조사법 하에서 가중평균법을 적용하면 보고기간 말 시점에 단 1회의 평균단가 계산을 하게 되는데 이를 총평균법이라 한다. 반면에 계속기록법 하에서 가중평균법을 적용하면 상품을 매입할 때마다 평균단가를 계산하게 되는데 이를 이동평균법이라고 한다. 다음의 <표 6-5>와 <표 6-6>은 각각 총평균법과 이동평균법에서 계산된 원가배분 결과를 보여준다.

표 6-5 | 총평균법에 따른 매출원가와 기말재고원가

구 분	당기판매가능액			① 기말재고자산			판매수량
	수량	단가	금액	수량	단가	금액	
기초재고(6/ 1)	10	₩190	₩1,900	–	–	–	–
매 입(6/13)	20	220	4,400	–	–	–	–
매 입(6/22)	30	240	7,200	–	–	–	–
매 입(6/28)	40	260	10,400	45	239*	₩10,755	55
합 계	100		₩23,900	45		₩10,755	55

② **매출원가** = 당기판매가능액 – 기말재고자산
= ₩23,900 – ₩10,755
= ₩13,145

매출총이익 = 매출액 – 매출원가
= ₩22,000 – ₩13,145
= ₩8,855

$$* \text{평균단가} = \frac{\text{당기판매가능액}}{\text{판매가능수량}} = \frac{₩23,900}{100\text{단위}} = ₩239$$

<표 6-5>에서 당기판매가능액(₩23,900)을 판매가능수량(100단위)으로 나누면 상품 1단위당 평균단가는 ₩239이 된다. 따라서 기말재고자산은 ₩10,755(=₩239 × 45단위)이 되며, 매출원가는 당기판매가능액(₩23,900)에서 기말재고자산(₩10,755)을 차감하여 계산하므로 ₩13,145이 된다.[4] 한편, 총평균법은 보고기간 말 시점에 평균단가를 계산하므로 매출 발생 이후 구입한 상품의 원가도 평균단가를 계산하는데 포함된다.

4) 매출원가의 계산은 다음과 같이 계산할 수도 있다. 즉, ₩239 × 55단위 = ₩13,145.

표 6-6 | 이동평균법에 따른 매출원가와 기말재고자산

구 분	당기판매가능액			평균 단가	판매 수량	① 매출원가		
	수량	단가	금액			수량	단가	금액
기초재고(6/ 1)	10	₩190	₩1,900	₩190				
매 입(6/13)	20	220	4,400	210*				
매 입(6/22)	30	240	7,200	225**				
매 출(6/26)					55	55	₩225	₩12,375
매 입(6/28)	40	260	10,400	256.11***				
합 계	100		₩23,900		55	55	₩225	₩12,375

② **기말재고자산** = 당기판매가능액 − 매출원가 = ₩23,900 − ₩12,375 = ₩11,525

매출총이익 = 매출액 − 매출원가 = ₩22,000 − ₩12,375 = ₩9,625

$$* \text{6월 13일 평균단가} = \frac{₩1,900 + ₩4,400}{30\text{단위}} = ₩210$$

$$** \text{6월 22일 평균단가} = \frac{₩1,900 + ₩4,400 + ₩7,200}{60\text{단위}} = ₩225$$

$$*** \text{보고기간말 평균단가} = \frac{₩225 \times 5\text{단위} + ₩260 \times 40\text{단위}}{45\text{단위}} = ₩256.11$$

한편, 이동평균법은 매출이 발생한 시점에서의 당기판매가능액을 판매가능수량으로 나누어 계산한 평균단가를 사용한다. 따라서 이동평균법을 적용하는 경우에는 상품을 매입할 때마다 평균단가가 달라진다는 특징이 있다. <표 6-6>에서 6월 26일 매출(55단위)에 대응되는 매출원가 계산을 위해 적용되는 평균단가는 그 시점에서 당기판매가능액 ₩13,500(=₩1,900+₩4,400+₩7,200)을 판매가능수량(60단위)으로 나누면 상품 1단위당 평균단가는 ₩225이 된다. 따라서 매출원가는 ₩12,375(=₩225 × 55단위)이 되며, 기말재고자산은 당기판매가능액(₩23,900)에서 매출원가(₩12,375)를 차감하여 계산하므로 ₩11,525이다.

가중평균법은 계산하기 간편하다는 장점이 있다. 그러나 원가흐름이 실제 재고자산의 물량흐름과 일치하지 않을 수 있다는 단점이 존재한다.

지금까지 살펴본 단위원가 결정방법에 따른 원가배분의 결과를 요약하면 아래의 <표 6-7>과 같다.

표 6-7 | 단위원가 결정방법에 따른 원가배분 결과의 비교

	구 분	선입선출법		가중평균법		후입선출법
실지재고조사법	매 출 원 가	₩12,300	<	₩13,145	<	₩14,000
	매출총이익	₩9,700	>	₩8,855	>	₩8,000
	기말재고자산	₩11,600	>	₩10,755	>	₩9,900
계속기록법	매 출 원 가	₩12,300	<	₩12,375	<	₩12,550
	매출총이익	₩9,700	>	₩9,625	>	₩9,450
	기말재고자산	₩11,600	>	₩11,525	>	₩11,350

각각의 단위원가 결정방법에 따라 동일한 당기판매가능액을 매출원가와 기말재고자산으로 배분한 경우 선입선출법에 따른 기말재고자산 금액이 상대적으로 크고 매출원가는 적게 계산된다. 이는 재고자산의 매입단가가 상승하는 추세인 경우 포괄손익계산서의 매출원가는 상대적으로 단위원가가 낮은 상품으로 구성되며, 재무상태표의 재고자산은 상대적으로 단위원가가 높은 상품으로 구성되기 때문이다. 또한 상품의 매입단가가 지속적으로 상승하는 경우 선입선출법을 적용하게 되면 매출원가가 적게 보고되어 당기순이익은 많게 보고된다. 그러나 반대의 상황, 즉 재고자산의 매입단가가 지속적으로 하락하는 경우라면 <표 6-7>에서 부호의 방향은 반대로 나타나게 된다.

예제 6-2

한국㈜의 3월 중 재고자산의 매입 및 매출 관련 자료는 다음과 같다.

구분	일자	단위	매입단가	판매단가	매입금액
기초재고	3월 1일	20단위	₩425	-	₩8,500
매 입	3월 10일	50	446	-	22,300
매 출	3월 15일	50	-	₩1,000	
매 입	3월 20일	40	455	-	18,200
매 출	3월 25일	40	-	1,000	
매 입	3월 30일	30	500	-	15,000

3월말 실제재고수량은 50단위이다.

▶▶ 요구사항

1. 실지재고조사법을 이용하여 선입선출법, 후입선출법, 가중평균법에 따라 3월말 재고자산원가와 3월 매출원가를 계산하라.
2. 계속기록법을 이용하여 선입선출법, 후입선출법, 가중평균법에 따라 3월말 재고자산원가와 3월 매출원가를 계산하라.

해답

당기판매가능액은 ₩64,000으로 구체적인 구성내역은 다음과 같다.

기초재고 :	3월 1일	20단위	₩425	₩8,500
구 입 :	3월 10일	50단위	₩446	22,300
	3월 20일	40단위	₩455	18,200
	3월 30일	30단위	₩500	15,000
당기판매가능액				₩64,000

1. 실지재고조사법

<선입선출법>					
일자	단위	단위당 원가	총원가	기말재고자산	매출원가
3.20	20	₩455	₩9,100	₩24,100	₩64,000 - ₩24,100 = ₩39,900
3.30	30	₩500	₩15,000		

<후입선출법>					
일자	단위	단위당 원가	총원가	기말재고자산	매출원가
3.1	20	₩425	₩8,500	₩21,880	₩64,000 − ₩21,880 = ₩42,120
3.10	30	₩446	₩13,380		

<총평균법>		
	기말재고자산	매출원가
단위당 평균단가: ₩64,000 ÷ 140단위 = ₩457.14	50단위 × ₩457.14 = ₩22,857	₩64,000 − ₩22,857 = ₩41,143

2. 계속기록법

		<선입선출법>		<후입선출법>	
일자	매입	매출원가	재고자산	매출원가	재고자산
3.1			20 @₩425		20 @₩425
3.10	50 @₩446		20 @₩425 50 @₩446		20 @₩425 50 @₩446
3.15		(20 @₩425) (30 @₩446) **₩21,880**	20 @₩446	(50 @₩446) **₩22,300**	20 @₩425
3.20	40 @₩455		20 @₩446 40 @₩455		20 @₩425 40 @₩455
3.25		(20 @₩446) (20 @₩455) **₩18,020**	20 @₩455	(40 @₩455) **₩18,200**	20 @₩425
3.30	30 @₩500		20 @₩455 30 @₩500		20 @₩425 30 @₩500
		기말재고자산: 매출원가:	₩24,100 ₩39,900	기말재고자산: 매출원가:	₩23,500 ₩40,500

		<이동평균법>		
일자	매입	매출원가	재고자산	평균단가
3.1			20 @₩425	
3.10	50 @₩446		70 @₩440	$\frac{₩425 \times 20개 + ₩446 \times 50개}{70개}$ = ₩440
3.15		(50 @₩440) **₩22,000**	20 @₩440	
3.20	40 @₩455		60 @₩450	$\frac{₩440 \times 20개 + ₩455 \times 40개}{60개}$ = ₩450
3.25		(40 @₩450) **₩18,000**	20 @₩450	
3.30	30 @₩500		50 @₩480	$\frac{₩450 \times 20개 + ₩500 \times 30개}{50개}$ = ₩480
		기말재고자산: 매출원가:	₩24,000 ₩40,000	

제 3 절 저가법

1. 원가와 순실현가능가치

재무상태표에 표시되는 기말재고자산은 각 재고자산의 단위원가 결정방법(개별법, 선입선출법 및 가중평균법)에 따라 측정된다. 각 재고자산의 단위원가는 재고자산의 취득원가로서 상품매입원가에 취득부대원가를 가산한 금액이다. 재고자산을 취득원가로 계산하면 재무상태표에 표시되는 금액은 비교적 신뢰성이 높다고 할 수 있으나 현재의 시장가치와는 차이가 발생할 수 있어 목적적합성이 저하될 수 있다.

이와 같은 문제점을 고려하여 한국채택국제회계기준에서는 재고자산을 보고할 때 저가법(lower of cost or market method)을 적용하도록 규정하고 있다.[5] 저가법은 기말재고자산의 원가와 보고기간 말 시점의 순실현가능가치(net realizable value)를 비교하여 둘 중 낮은 금액으로 재무상태표에 보고하는 방법이다. 여기서 순실현가능가치란 정상적인 영업활동의 예상판매가격에서 예상판매비용을 차감한 금액이다.

예를 들어, 스마트폰 판매를 주된 영업활동으로 수행하는 한국상사를 고려해 보자. 한국상사가 판매를 위해 구입한 스마트폰의 취득원가는 ₩800,000이었으나 재무제표를 작성하는 보고기간 말 시점에 이 스마트폰의 시장가치(market value)는 ₩300,000으로 하락하였다. 예상판매비용을 ₩50,000으로 가정할 경우 순실현가능가치는 시장가치 ₩300,000에서 예상판매비용 ₩50,000을 차감한 ₩250,000이 된다. 순실현가능가치 ₩250,000은 취득원가 ₩800,000보다 낮은 금액이므로 저가법을 적용해서 기말재고자산을 ₩250,000으로 보고해야 한다. 동시에 한국상사는 취득원가 ₩800,000과 순실현가능가치 ₩250,000의 차이인 ₩550,000을 당기비용으로 인식해야 한다.

5) 손상 회계란 자산을 보유하고 있는 중에 그 미래 경제적 효익이 훼손되었다고 판단하면 자산의 장부금액을 회수가능액 이상으로 보고하지 않도록 하는 회계처리이다. 재고자산의 경우 손상 회계는 저가법으로 구체화되고 있는데, 장부금액(원가)과 비교하는 순실현가능가치는 회수가능액인 셈이다.

그렇다면, 취득원가와 순실현가능가치를 비교하였을 때 순실현가능가치가 취득원가보다 높은 경우에는 어떻게 처리할 것인가? 한국채택국제회계기준에서는 순실현가능가치가 취득원가보다 높을 경우 나타나는 재고자산평가이익을 인정하지 않고 있다. 저가법은 보수적인 평가방법으로서 재고자산평가손실은 보고하지만 재고자산평가이익은 보고하지 않는다.

2. 저가법의 적용

앞에서 설명한 예를 조금 더 구체적으로 살펴보자. 계속기록법을 사용하는 12월 결산법인인 한국상사가 20×1년 3월 31일에 스마트폰 한 대를 ₩800,000에 외상으로 구입하였고, 재무제표를 작성해야 되는 보고기간 말 시점에 이 스마트폰의 순실현가능가치가 ₩250,000이라고 가정해보자. 스마트폰의 순실현가능가치가 20×1년 12월 31일에 ₩250,000이므로, 한국상사는 재무상태표에 재고자산의 장부금액을 ₩250,000으로 계상하고 취득원가와 순실현가능가치의 차이인 ₩550,000을 재고자산평가손실이라는 계정으로 포괄손익계산서에 보고해야 한다. 재고자산평가손실에 대한 회계처리는 다음과 같다.

(차) 재고자산평가손실 (또는 매출원가)	550,000	(대) 재고자산평가충당금	550,000

차변의 재고자산평가손실은 당기비용으로 인식하고 재무제표에 그 금액을 주석 공시하여야 한다. 대안적인 회계처리로써 재고자산평가손실은 매출원가계정을 직접적으로 사용하는 것도 가능하다. 대변의 재고자산평가충당금은 재고자산의 차감계정이므로 재고자산 금액에서 그 평가충당금을 차감한 잔액이 장부금액이 된다.[6] 이와 같이 재고자산평가충당금 계정을 사용하게 되면 재고자산의 취득원가 ₩800,000과 재고자산평가충당금 ₩550,000이 동시에 재무상태표에 표시되어 재고자산의 장부금액은 순실현가능가치 ₩250,000을 나타나게 된다. 한편, 재고자산평

6) 재무상태표에 재고자산의 취득원가와 재고자산평가충당금이 동시에 보고되는 방법뿐만 아니라 순실현가능가치만을 보고하는 방식도 존재한다. 순실현가능가치만을 보고할 경우 주석에 구체적인 계산과정을 명시해야 한다.

가손실은 포괄손익계산서에서 매출원가에 가산되어 보고된다. 부분재무상태표와 부분포괄손익계산서를 표시하면 다음과 같다.

부분재무상태표

유동자산 :	
재고자산	₩800,000
재고자산평가충당금	(550,000)
장부금액	₩250,000

부분포괄손익계산서

매출원가	₩550,000

만약 차기 이후에 재고자산의 순실현가능가치가 상승하였다고 가정해보자. 위의 예에서 20×2년 12월 31일에 스마트폰의 순실현가능가치가 ₩600,000으로 상승하였다면 어떻게 회계처리를 할 것인가? 이와 같은 상황이라면 재무상태표에 보고된 재고자산의 장부금액 ₩250,000을 ₩600,000으로 수정해야 한다. 또한 장부금액이 증가하는 금액만큼 재고자산평가손실환입계정을 이용하여 매출원가에서 차감한다. 따라서 한국상사의 20×2년 12월 31일 회계처리는 다음과 같다.

(차) 재고자산평가충당금	350,000	(대) 재고자산평가손실환입 (또는 매출원가)	350,000

회계처리 결과, 재고자산평가충당금은 ₩350,000이 감소함에 따라 재고자산의 새로운 장부금액은 순실현가능가치와 동일한 ₩600,000이 되고, 재고자산평가손실환입 ₩350,000은 매출원가에서 차감하므로 당기 이익을 증가시키는 결과와 동일하게 된다. 이때 주의해야 할 점은 재고자산평가손실환입에 대한 상한이 존재한다는 점이다. 즉, 최초의 장부금액을 한도로 하여 평가손실을 환입해야 한다. 따라서 재고자산평가충당금 잔액인 ₩550,000을 초과하여 재고자산평가손실환입을 인식할 수는 없다.[7)]

7) 만약 20×2년 12월 31일에 스마트폰의 순실현가능가치가 ₩900,000이라면, 한국상사는 최초 장부금액 ₩800,000을 한도로 환입해야 하므로 재고자산평가손실환입액은 ₩550,000이 된다.

3. 항목별 기준

기업은 한 종류의 재고자산이 아니라 여러 종류의 재고자산을 보유하므로 여러 종류의 재고자산에 대해 저가법의 적용이 어떻게 이루어지는지를 살펴볼 필요가 있다. 그 이유는 재고자산의 종류에 따라 각 재고자산의 순실현가능가치 변동이 다를 수 있기 때문이다.

한국채택국제회계기준에 의하면 재고자산을 순실현가능가치로 감액하는 저가법은 항목별로 적용한다. 또한 경우에 따라서는 서로 유사하거나 관련이 있는 항목들을 통합하여 종목별로 적용하는 것이 적절할 수 있다. 그러나 보유 재고자산 전체에 저가법을 적용해서는 안 된다. 아래의 한국㈜ 예제를 통해 연습해보자.

항 목	원 가	순실현가능가치	저가평가 결과
A상품	₩6,000	₩4,000	₩4,000
B상품	5,000	5,400	5,000
C상품	2,500	2,200	2,200
D상품	3,000	3,100	3,000
합 계	₩16,500	₩14,700	₩14,200

A상품, B상품, C상품, D상품 각각에 대해 저가법을 적용할 경우 A상품은 순실현가능가치(₩4,000)가 취득원가(₩6,000)보다 ₩2,000이 낮다. 따라서 A상품에 대해 인식해야 하는 재고자산평가손실은 ₩2,000이 된다. B상품의 경우 순실현가능가치(₩5,400)가 취득원가(₩5,000)보다 ₩400이 높기 때문에 재고자산평가손실을 인식할 필요가 없다. C상품의 경우 순실현가능가치가 취득원가보다 ₩300 낮기 때문에 C상품의 재고자산평가손실을 ₩300 인식해야 한다. 그러나 D상품의 경우에는 순실현가능가치가 취득원가보다 높기 때문에 재고자산평가손실을 인식하지 않는다. 항목별 기준을 적용할 경우 재무상태표에 표시되는 재고자산 금액은 ₩14,200이고, 포괄손익계산서에 인식하는 재고자산평가손실(매출원가) 금액은 ₩2,300(A상품 ₩2,000+C상품 ₩300)이 된다.

예제 6-3

다음은 한국㈜가 20×1년 12월 31일 현재 보유하고 있는 재고자산 관련 자료이다.

항 목		원 가	순실현가능가치
가 구	책 상	₩7,000	₩7,500
	의 자	5,000	5,200
자동차	소형차	12,500	11,300
	중형차	15,000	15,500
	대형차	17,500	16,900

▶▶ 요구사항

1. 재고자산에 대한 저가법을 항목별 기준, 종목별 기준으로 적용할 경우 재고자산평가손실 금액을 계산하라.
2. 항목별 기준으로 저가법을 적용할 경우의 회계처리를 제시하라.

해답

1.

항 목		원 가	순실현가능가치	항목별 평가결과	종목별 평가결과
가 구	책 상	₩7,000	₩7,500	–	
	의 자	5,000	5,200	–	
합 계		₩12,000	₩12,700		–
자동차	소형차	12,500	11,300	₩1,200	
	중형차	15,000	15,500	–	
	대형차	17,500	16,900	600	
합 계		₩45,000	₩43,700		₩1,300

① 항목별 기준 : 재고자산평가손실 = ₩1,200 + ₩600 = ₩1,800
② 종목별 기준 : 재고자산평가손실 = ₩45,000 – ₩43,700 = ₩1,300

2. (차) 재고자산평가손실 1,800 (대) 재고자산평가충당금 1,800
(또는 매출원가)

제 4 절 재고자산 추정

지금까지 재고자산의 단위원가 결정방법으로 개별법과 선입선출법, 후입선출법 및 가중평균법에 대해 살펴보았다. 위의 방법들은 각각의 재고자산별로 단위원가를 계산하는 방법이므로 재고자산의 종류가 무수히 많은 경우 또는 화재 · 기타 재해 등으로 정상적인 재고파악이 불가능한 경우에는 적용이 어렵다. 이와 같은 상황에서 사용하는 원가측정방법으로는 소매재고법과 매출총이익률법이 있다.

1. 소매재고법

백화점, 이마트 등과 같은 유통기업들은 단위원가가 상이한 수천 가지의 상품을 보유하고 있다. 따라서 각 상품별로 재고수량에 단위당 원가를 적용하여 재고자산 금액을 계산하는 것은 많은 시간과 노력을 필요로 할 것이다. 소매재고법은 이익률이 유사하고 품종변화가 심한 다품종 상품을 취급하는 유통업에서 실무적으로 다른 원가측정방법을 사용할 수 없는 경우에 흔히 사용한다.[8] 소매재고법 하에서 기말재고자산은 기말재고자산의 판매가격(소매가)에 원가율을 적용하여 추정하게 되는데, 그 구체적인 방법은 다음과 같다.

1. 기말재고(소매가) = 당기판매가능액(소매가) − 매출액
2. 원가율 = 당기판매가능액(원가) ÷ 당기판매가능액(소매가)
3. 추정된 기말재고자산 = 기말재고(소매가) × 원가율

예를 들어, 한국㈜의 기초재고자산은 ₩28,000(소매가 ₩43,000)이고 당해 연도 중에 매입한 재고자산은 ₩122,000(소매가 ₩157,000)이다. 당기매출액은 ₩140,000이고 기말재고소매가는 ₩60,000이라면 소매재고법을 적용하여 추정한 기말재고자산은 다음과 같다(보유 중인 추정된 상품의 원가를 결정하기 위해 실지재고조사를 할

8) 소매재고법은 실무에서 매가환원법 혹은 매출가격환원법이라고도 불린다.

필요가 없음을 주의하라).

	원 가	소매가 (판매가격)
기초재고자산	₩28,000	₩43,000
당기매입	122,000	157,000
당기판매가능액	₩150,000	₩200,000
매 출 액		140,000
		₩60,000

1. 기말재고소매가 = ₩200,000 − ₩140,000 = ₩60,000
2. 원가율 = ₩150,000 ÷ ₩200,000 = 75%
3. 추정된 기말재고자산 = ₩60,000 × 75% = ₩45,000

2. 매출총이익률법

상품의 매입 및 매출거래를 기록하는 방식으로 실지재고조사법 또는 계속기록법을 사용하는 것과는 상관없이 기업은 보고기간 말에 재고자산의 실제 재고량을 조사할 필요가 있다. 왜냐하면 기업이 보유한 실제 재고량을 파악하는 것은 기업의 자산에 대한 확인 및 통제를 위해 반드시 필요한 작업이기 때문이다. 그러나 이러한 재고자산의 실제 재고량을 파악하는 것이 불가능하거나 어려운 경우가 존재한다. 예를 들어, 화재나 홍수가 발생하거나 관련 장부의 소실이 발생한 경우 기업이 실제 재고량을 파악하는 것은 어려워진다. 이와 같이 재고자산의 실사가 불가능한 경우 기업은 매출총이익률법(gross profit method)이라는 실무적 방법을 통해 기말재고자산을 추정하기도 한다.

매출총이익률법은 기업의 보고기간 이익률을 활용하지 못하고 과거이익률 혹은 유사기업의 이익률 등을 이용하여 보유재고 원가를 추정하는 방법을 말한다.[9] 구체적으로 과거의 매출총이익률(= 매출총이익 ÷ 매출액)을 이용하여 당기의 매출총이익을 추정한 다음 당기의 매출액에서 추정한 매출총이익을 차감하여 당기의 매출원가를 추정한다. 그리고 추정된 매출원가를 통해 기말재고자산을 추정하게 되

9) 매출총이익률법은 소매재고법과는 달리 종목별 원가배분결과를 대체한다고 간주할 수 없는 실무적 기법으로 한국채택국제회계기준(K-IFRS)에서는 인정하지 않는다.

는데 그 절차를 요약하면 다음과 같다.

> 1. 추정 매출원가 = 매출액 × (100% − 과거 매출총이익률%)
> 2. 추정 기말재고자산 = 당기판매가능액 − 추정된 매출원가

예를 들어, 재무제표를 작성하기 전 화재가 발생하여 기말재고자산에 대한 실사가 불가능하다고 가정하자. 강남㈜의 과거 매출총이익률이 20%이고 당기 매출액이 ₩600,000이라면 매출총이익은 ₩120,000(=₩600,000 × 20%)으로 추정된다. 따라서 매출원가는 ₩480,000(=₩600,000 − ₩120,000 또는 ₩600,000 × (100% − 20%))으로 추정할 수 있다. 강남㈜의 기초재고자산이 ₩80,000이고 당기매입액이 ₩500,000이라면 기말재고자산의 금액은 다음과 같이 ₩100,000으로 추정된다.

<1>

매출액	₩600,000
차감 : 매출총이익(20% × ₩600,000)	120,000
추정매출원가	₩480,000

<2>

기초재고원가	₩80,000
당기매입원가	500,000
당기판매가능액	₩580,000
차감 : 추정매출원가	480,000
추정기말재고	₩100,000

예제 6-4

한국㈜는 12월 31일 화재로 인해 창고에 있던 재고자산에 대한 정확한 실사가 불가능해졌다. 실지재고조사법을 사용하는 한국㈜는 12월 31일 현재 보유하고 있는 재고자산의 정확한 금액을 파악할 수 없는 상황이다. 다음 자료는 장부에 기록된 내용 중 일부이다.

기초 재고자산	₩300,000
1월 1일부터 12월 31일까지의 매입총계	900,000
1월 1일부터 12월 31일까지의 매출총계	1,500,000
과거 5년간 매출총이익률의 평균	30%

▶▶ 요구사항

1. 매출총이익률법에 따라 매출원가를 추정하라.
2. 매출총이익률법에 따라 기말재고자산을 추정하라.

해답

1. 1년간 매출원가 = 1년간 매출액 × (100% - 과거 5년간 매출총이익률 평균 30%)
= ₩1,500,000 × 70%
= ₩1,050,000

2. 기말재고자산 = 기초재고 + 당기매입 - 매출원가
= ₩300,000 + ₩900,000 - ₩1,050,000
= ₩150,000

제 5 절 재무제표 표시와 분석

1. 재무제표 표시

재고자산은 유동자산으로 재무상태표에 보고되며 매출원가는 포괄손익계산서의 매출액에서 차감된다. 그리고 재고자산의 단위원가 결정방법(개별법, 선입선출법 및 가중평균법) 등 재고자산을 측정하는데 적용된 회계정책, 재고자산의 총 장부금액과 적절한 분류별 장부금액 등은 주석에 보고한다. 일례로, 가중평균법을 이용하여 저가법으로 재고자산을 평가하는 한국㈜는 20×1년 12월 31일에 유동자산으로 재고자산 ₩150,000을 보고한다. 그리고 재고자산의 평가와 관련된 사항은 주석으로 공시한다.

한국㈜ 재무제표에 대한 주석사항
주석 1. 영향력 있는 회계정책 요약 **(b) 재고자산** 재고자산은 기본적으로 가중평균법으로 결정된 원가와 함께 저가법으로 보고된다. 원가는 상품에 대한 직접원가와 재고자산을 운반하는데 발생한 원가들로 구성된다. 일반적인 영업활동거래에서의 순실현가능가치는 상품판매가격에서 관련비용을 차감한 금액이다.

2. 재무제표 분석

재고자산의 관리는 기업의 경제활동에 중요한 영향을 미치기 때문에 상당한 주의를 필요로 한다. 경영자가 고객의 다양한 수요를 충족시키기 위하여 많은 종류의 재고자산을 보유하면 창고비, 보험료 등과 같은 재고자산 관리비용이 증가한다. 그러나 재고자산 관리비용을 고려하여 재고수준을 낮추면 수요 증가 시 상품의 부족으로 인해 판매 기회를 놓쳐버릴 수 있다. 따라서 경영자는 적정한 재고수준을 유지하기 위해 재고자산회전율과 재고자산평균보유기간 등을 이용하여 재고자산을 관리한다.

재고자산의 유동성을 측정하기 위한 재무비율인 재고자산회전율(inventory turnover)은 매출원가를 평균재고자산으로 나눈 값으로, 이는 회계기간 동안 재고자산이 평균적으로 몇 번이나 판매되었는지 알아보고자 할 때 사용한다. 계절적인 요인이 크지 않다면 평균재고자산은 기초재고자산과 기말재고자산의 평균으로 계산된다. 예를 들어, 한국㈜가 20×1년에 기초재고자산 ₩150,000과 기말재고자산 ₩270,000을 보고하였으며 20×1년도 매출원가는 ₩1,050,000이었다. 아래의 산식을 이용하여 재고자산회전율을 계산하면 다음과 같다.

$$\text{재고자산회전율} = \text{매출원가} \div \text{평균재고자산}$$

$$= ₩1,050,000 \div \frac{(₩150,000 + ₩270,000)}{2} = 5\text{회}$$

재고자산평균보유기간은 상품이 판매되기 전 재고상태로 남아 있는 평균기간으로 1년(365일)을 재고자산회전율로 나누어 계산한다. 365일을 재고자산회전율 5회로 나누면 73일이 된다. 이는 재고자산을 매입하여 판매되기까지 약 73일 정도가 소요된다는 것을 의미한다. 각 산업별로 적정 재고자산평균보유기간에는 차이가 있으나, 기업은 가급적 적은 양의 재고자산을 보유하고 높은 재고자산회전율을 유지하면서 고객의 요구를 충족시키기 위해 노력한다.

요 약

1. 재고파악

특정 시점에 특정 재고자산이 과연 그 기업의 자산인지 아닌지 여부를 판별하기 위해서는 재고자산에 대한 법적 소유나 물리적 점유와 같은 거래의 외형적 특성뿐 아니라 경제적 실질을 함께 고려한다.

2. 재고자산 단위원가 결정

재무상태를 적정하게 표시하고 기간 성과를 정확하게 결정하기 위해 당기판매가능액을 기말재고자산과 매출원가로 배분하는데, 이를 위해서는 일정한 원가흐름에 대한 가정, 즉 단위원가 결정방법(개별법, 선입선출법 및 가중평균법)을 사용한다.

3. 원가배분의 중요성

물가상승 시 단위원가 결정방법에 따라 동일한 당기판매가능액을 매출원가와 기말재고자산으로 배분하는 경우 선입선출법은 후입선출법과 비교하여 기말재고자산 금액이 상대적으로 크고 매출원가는 적게 계상됨에 따라 당기순이익은 많게 계상되며, 가중평균법에 따른 결과는 선입선출법과 후입선출법의 배분결과 사이에서 결정된다. 그러나 물가하락 시에는 반대의 결과가 나타난다.

4. 저가법

저가법은 기말재고자산의 원가와 보고기간 말 시점의 순실현가능가치를 비교하여 둘 중 낮은 금액으로 재무상태표에 보고하는 방법을 말한다. 원가보다 순실현가능가치가 하락할 경우, 재고자산의 장부금액을 순실현가능가치로 감액시키고 동액만큼 재고자산평가손실로 인식한다.

5. 소매재고법

소매재고법은 이익률이 유사하고 품종변화가 심한 다품종 상품을 취급하는 유통업에서 실무적으로 다른 원가측정방법을 사용할 수 없는 경우에 흔히 사용하는 추정에 의한 원가배분방법을 말한다.

6. 재고자산회전율 및 재고자산평균보유기간

재고자산의 효율적 관리를 측정하는 지표로 재고자산회전율과 재고자산평균보유기간이 사용된다.

용어정리

도착지인도조건 운송비를 판매자가 부담하여 운송중인 상품의 경우 판매자의 재고자산으로 보고되며, 상품이 매입자에게 도착할 때 소유권이 매입자에게로 이전되는 판매조건

보수주의 불확실한 미래의 상황을 추정하는 과정에서 명백한 규정의 적용이 불가능하다고 의심될 경우 기업의 자산과 이익을 가능한 한 낮게 계상하는 회계처리방법을 적용하는 개념

선입선출법 먼저 입고된 재고자산이 먼저 판매된다고 가정하는 방법으로, 기말재고자산으로 남아 있는 항목은 가장 최근에 매입한 재고자산

선적지인도조건 운송비를 매입자가 부담하며 운송중인 상품의 경우 매입자의 재고자산으로 보고되며 판매처에서 선적되는 시점에 소유권이 매입자에게로 이전되는 판매조건

완제품 제조활동에서 완성되었지만 아직 판매되지 않아 보유하고 있는 재고자산

원재료 제품의 생산에 투입되지 않았으나 생산에 사용될 기초품

저가법 재고자산의 평가시 보수적 관점에서 취득원가와 순실현가능가치 중 낮은 금액으로 재고자산을 평가하는 방법

적송품(위탁품) 위탁자가 수탁자에게 판매를 하기 위하여 발송한 상품으로 위탁품은 위탁자의 재고자산으로 보고

재고자산 평균보유기간 상품이 판매되기 전 재고상태로 남아 있는 평균기간으로 365일을 재고자산회전율로 나누어 계산

재고자산회전율 매출원가를 평균재고자산으로 나눈 값으로 회계기간 동안 재고자산이 평균적으로 몇 번이나 판매되었는지를 나타냄

재공품 생산 중의 공정에 있는 미완성 제품

후입선출법 재고자산의 평가과정에서 최근 매입한 상품이 먼저 판매된 것으로 가정하여 계산하는 방법

EXERCISES

연습문제

[문제 1] 재고자산 개념과 재고파악 〈난이도 : 중〉

한국㈜가 결산을 위해 창고에 보관 중인 기말재고자산에 대한 실지재고조사를 수행한 결과, 20×1년 결산일인 12월 31일 현재 재고자산금액은 ₩500,000이었으며 다음과 같은 사항이 추가적으로 발견되었다.

(1) 한국㈜가 20×1년 12월 23일에 선적지인도기준으로 강서㈜에게 판매한 상품 ₩50,000은 결산일 현재 운송 중에 있다.

(2) 한국㈜가 20×1년 12월 25일에 도착지인도기준으로 매입한 상품 ₩155,000은 결산일 현재 운송 중에 있다.

(3) 한국㈜가 20×1년 12월 27일에 선적지인도기준으로 종로㈜로부터 매입한 상품 ₩40,000은 결산일 현재 운송 중에 있다.

(4) 한국㈜가 20×1년 12월 28일 도착지인도기준으로 부산㈜에게 판매한 상품 ₩60,000은 결산일 현재 운송 중에 있다.

(5) 한국㈜는 20×1년 12월 28일 위탁판매를 위하여 강서㈜에게 위탁품 ₩30,000(원가)을 발송하였으나 결산일 현재 강서㈜가 보관 중인 미판매상품의 원가는 ₩10,000이다.

〈요구사항〉

위의 거래사항을 포함할 경우 한국㈜의 20×1년 12월 31일 현재 재무상태표에 표시될 재고자산금액을 구하라.

[문제 2] 재고자산의 단위원가 결정(1) 〈난이도 : 중〉

다음은 회계기간이 한 달인 한국㈜의 1월 중 상품의 매입 및 매출거래를 요약한 표이다.

일 자	구 분	수 량	매입단가	판매단가	총원가
1월 1일	기초재고	40	₩80		₩ 3,200
1월 13일	매 입	30	100		3,000
1월 20일	매 출	55			
1월 27일	매 입	30	120		3,600
1월 31일	기말재고	45			

〈요구사항〉

한국㈜가 실지재고조사법을 사용할 경우 각각의 방법으로 매출원가, 기말재고자산을 구하라.

1. 선입선출법(FIFO)
2. 후입선출법(LIFO)

[문제 3] 재고자산의 단위원가 결정(2) 〈난이도: 중〉

다음은 회계기간이 한 달인 한국㈜의 7월 중 상품의 매입 및 매출거래를 요약한 표이다.

일 자	구 분	수 량	매입단가	판매단가	총원가
7월 1일	기초재고	120	₩130		₩ 15,600
7월 6일	매 입	200	150		30,000
7월 10일	매 출	80		₩160	
7월 14일	매 입	110	180		19,800
7월 22일	매 출	90		200	
7월 28일	매 출	130		210	
7월 31일	기말재고	130			

〈요구사항〉

한국㈜가 계속기록법을 사용할 경우 각각의 방법으로 매출원가, 기말재고자산 및 매출총이익을 구하라.

1. 선입선출법(FIFO)
2. 후입선출법(LIFO)

[문제 4] 재고자산의 단위원가 결정(3) 〈난이도: 중〉

다음은 회계기간이 한 달인 한국㈜의 5월 중 상품의 매입 및 매출거래를 요약한 표이다. 한국㈜는 재고자산 단위원가 결정방법으로 가중평균법을 사용하고 있다.

일 자	구 분	수 량	단 가	총원가
5월 1일	기초재고	150	₩200	₩30,000
5월 9일	매 입	100	240	24,000
5월 16일	매 출	160		
5월 25일	매 입	150	264	39,600
5월 31일	기말재고	240		

〈요구사항〉

1. 한국㈜가 실지재고조사법을 사용할 경우, 20×1년 5월의 매출원가 및 기말재고자산을 계산하라.
2. 한국㈜가 계속기록법을 사용할 경우, 20×1년 5월의 매출원가 및 기말재고자산을 계산하라.

[문제 5] **재고자산의 단위원가 결정(4)** 〈난이도: 상〉

다음은 한국㈜의 20×1년도 상품의 기초재고와 매입에 관한 자료이며, 한국㈜는 재고자산을 실지재고조사법을 적용하여 회계처리한다. 20×1년 12월 31일 현재 기말재고수량은 200단위이며, 상품의 도난이나 감모 등은 발생하지 않았다.

일 자	구 분	수 량	매입단가
1월 1일	기초재고	100	₩210
3월 15일	매 입	300	240
7월 20일	매 입	200	250
9월 4일	매 입	300	280
12월 2일	매 입	100	300

〈요구사항〉

1. 한국㈜의 20×1년도 총 당기판매가능액을 계산하라.
2. 선입선출법, 후입선출법 및 가중평균법에 따라 (1)기말재고자산과 (2)매출원가를 계산하라.
3. 한국㈜의 경영자가 당기순이익이 가장 크게 보고되는 단위원가 결정방법을 선택한다면 선입선출법, 후입선출법, 가중평균법 중에서 어느 방법을 선택해야 하는가?

[문제 6] **재고자산의 단위원가 결정(5)** 〈난이도: 중〉

다음은 회계기간이 한 달인 한국㈜의 7월의 상품매매 자료이며, 한국㈜는 재고자산을 계속기록법을 적용하여 회계처리한다(단, 상품의 도난이나 감모 등은 발생하지 않았다고 가정한다).

날짜	매입수량	매입단가	판매수량
7/ 1	400	₩ 90	
7/ 6			300
7/11	500	₩120	
7/14			200
7/21	500	₩133	
7/27			500

〈요구사항〉

1. 선입선출법, 후입선출법 및 가중평균법에 따라 (1)기말재고자산과 (2)매출원가를 계산하라.
2. 선입선출법, 후입선출법, 가중평균법 중에서 기말재고자산을 가장 크게 보고하는 방법은 무엇인가?

[문제 7] 저가법(1) 〈난이도 : 상〉

한국㈜는 항목별 기준으로 저가법을 사용한다. 다음은 한국㈜가 20×1년 12월 31일 현재 보유하고 있는 재고자산 관련 자료이다.

구 분	재고수량	단위당 원가	예상판매가격	예상판매비용
A상품	500	₩230	₩230	₩30
B상품	300	180	200	15
C상품	150	162	180	20

〈요구사항〉

1. 20×1년 한국㈜가 인식해야 할 재고자산평가손실 금액을 구하라.
2. 20×1년 재고자산평가손실과 관련된 회계처리를 하라.
3. 한국㈜의 20×1년 기초재고가 ₩150,000, 당기매입이 ₩100,000일 때 재고자산평가손실을 반영한 매출원가를 계산하라.

[문제 8] 저가법(2) 〈난이도: 중〉

다음은 한국㈜가 20×1년 12월 31일 현재 보유하고 있는 재고자산 관련 자료이다.

구 분		재고수량	단위당 원가	단위당 순실현가능가치
컴퓨터	A상품	70	₩200	₩170
	B상품	80	150	165
키보드	C상품	100	120	110
	D상품	150	150	165

〈요구사항〉

1. 항목별 기준으로 저가법을 사용할 경우 20×1년 한국㈜의 기말재고자산 금액을 계산하라.
2. 종목별 기준으로 저가법을 사용할 경우 20×1년 한국㈜의 기말재고자산 금액을 계산하라.

[문제 9] 소매재고법 〈난이도: 하〉

소매재고법을 사용하는 한국㈜의 20×1년 매입과 매출에 관한 자료는 다음과 같다.

	원 가	소매가(판매가격)
기초재고	₩65,000	₩90,000
순매입액	264,000	380,000
순매출액		385,000

〈요구사항〉

1. 한국㈜의 20×1년 기말재고자산(소매가)을 계산하라.
2. 한국㈜의 20×1년 원가율을 계산하라.
3. 한국㈜의 20×1년 기말재고자산(원가)과 매출원가를 계산하라.

[문제 10] 매출총이익률법 〈난이도: 상〉

한국㈜는 20×1년 홍수로 인해 창고에 있던 재고자산 중 일부가 유실되는 피해를 입었다. 한국㈜의 과거 매출총이익률은 40%이고, 20×1년도 재고자산 거래 내역은 다음과 같다.

총매출액	₩182,000	총매입액	₩128,000
기초상품재고	25,000	매출환입및에누리	17,000
매입할인	3,000	매입환출및에누리	4,000

〈요구사항〉

한국㈜의 20×1년 12월 31일 결산일 현재의 순매입액과 매출원가 추정액을 계산하라.

07

현금과 내부통제

학습목표

현금은 기업이 보유하는 자산 중에서 유동성이 가장 높은 자산이다. 따라서 현금에 대한 통제는 회계부정의 발생을 사전에 방지한다는 점에서 중요하다. 현금에 대한 통제뿐만 아니라 다른 유형의 자산을 보호하기 위해서도 기업의 내부통제는 필요하다.

본 장에서는 현금의 개념과 분류에 대해서 살펴보고, 내부통제제도의 본질적인 특징과 이러한 통제가 현금관리에 어떻게 적용되는지를 설명한다. 또한 회사가 재무상태표에 현금을 어떻게 보고하는지에 대해서도 설명한다.

본 장에서 학습할 주요 내용을 요약하면 다음과 같다.

현금과 내부통제 : 내부통제, 당좌예금, 은행계정조정표, 소액현금제도

- ➢ 현금의 개념과 내부통제
  - 현금의 의의와 구분
  - 내부통제
- ➢ 당좌예금과 은행계정조정표
  - 당좌예금
  - 은행계정조정표
- ➢ 소액현금제도
- ➢ 재무제표의 표시

제 1 절 현금의 개념과 내부통제

1. 현금의 의의와 구분

(1) 현금의 의의

현금은 유동성이 매우 높은 자산으로 회사의 경영활동 전반에서 중요한 역할을 한다. 현금은 회사의 영업활동에서 발생한 지급의무를 이행하는 수단이며, 여러 투자안에 투입되어 회사의 수익성을 높이기도 하는 자산으로 적절한 관리가 필요하다. 적절한 현금관리를 하지 않아 현금 보유액이 적정수준보다 낮으면 일시적 지급불능이나 채무의 변제를 하지 못하여 회사의 신용이 하락할 수 있다. 또한 좋은 투자기회가 있을 때 투자할 수 없어 수익성이 낮을 수도 있다. 현금은 유동성이 높은 반면에 그 자체는 수익을 창출하지 못하므로 적정수준보다 지나치게 많이 보유하게 되면 수익성이 떨어지며, 횡령이나 도난 방지에 따른 현금관리 비용이 증가하여 회사에게 부담을 줄 수 있다.

그러므로 적정 보유현금보다 많은 현금이 생기면 단기투자상품에 투자하여 수익성을 확보하고, 부족현금이 발생하면 회사가 보유하고 있는 예금을 인출하거나 차입을 하게 된다. 즉, 적절한 현금관리를 통해 현금부족을 예방하고 여유현금은 단기투자 등에 활용하여 적정수준의 현금을 보유해야 한다. 현금에 대한 회계처리는 횡령이나 도난 방지에 초점을 두고 있다.

(2) 현금및현금성자산의 분류

현금(cash)은 회사가 실제 보유하고 있는 현금과 요구불예금으로 정의되며, 현금성자산과 함께 재무상태표에 '현금및현금성자산'으로 표시된다. 현금의 범위에는 지폐나 동전과 같은 통화와 통화대용증권이 포함된다. 여기서 통화대용증권이란 언제든지 현금으로 교환할 수 있는 증서로서 타인이 발행한 당좌수표, 송금환, 우편환증서, 만기일이 도래한 채권이자표 및 배당금지급통지표 등을 말한다.

그러나 수입인지나 우표와 같은 것은 현금으로 교환될 목적이 아니므로 소모품으로 분류하고, 종업원이 급여를 가불했다는 가불증서는 단기대여금으로 분류하는 것이 타당하다. 또한 거래처에서 매출대가로 선일자수표를 받았다면, 이는 일자가 도래하기 전까지는 매출채권으로 분류하는 것이 타당하다. 그리고 은행에 보관된 현금이라 할 수 있는 요구불예금은 회사가 보유하고 있는 통화와 구분할 실익이 없기 때문에 현금으로 분류한다. 대표적인 요구불예금으로는 입·출금이 자유로운 보통예금과 당좌예금이 있다.

현금성자산(cash equivalents)은 현금의 단기적인 운용을 목적으로 취득한 유동성이 매우 높은 단기금융자산을 말한다. 현금성자산은 현금으로 전환이 용이하고 이자율의 변동으로 인한 가치변동의 위험이 중요하지 않은 자산이어야 한다. 취득일로부터 만기일이 3개월 이내에 도래하는 단기금융상품이 이에 속한다. 예를 들면, 취득 당시 만기가 3개월 이내에 도래하는 국·공채와 사채, 취득 당시 상환일이 3개월 이내에 도래하는 상환우선주, 3개월 이내의 환매조건을 가진 환매채, 초단기금융상품, 양도성예금증서 등이 현금성자산으로 분류된다.

이자수익이나 배당수익 등을 얻을 목적으로 여유현금을 예금이나 유가증권 등에 투자하는 경우 해당 투자자산이 현금성자산에 포함되는지 여부를 판단하는 것은 그 자산의 취득시점에 의해 결정된다. 현재 보유하고 있는 예금과 유가증권의 만기일이나 상환일이 향후 3개월 이후에 도래하는 경우에는 해당 자산은 현금성자산이 아닌 단기금융상품이나 단기매매금융자산으로 분류한다.[1)]

현금및현금성자산을 정리하면 다음 <표 7-1>과 같다.

표 7-1 | 현금및현금성자산의 분류

구 분	적 요	내 용
현금	통화	지폐, 동전
	통화대용증권	타인발행당좌수표, 자기앞수표, 송금환 및 우편환, 만기도래 국·공·사채이자지급표 등
	요구불예금	보통예금, 당좌예금
현금성자산	금융상품	- 가입시 만기가 3개월 이내인 정기예금 및 신탁예금 - 취득시 만기가 3개월 이내에 도래하는 양도성예금증서, 어음관리구좌, 기업어음 - 취득시 만기가 3개월 이내에 도래하는 채권 및 상환우선주 - 3개월 이내에 환매조건으로 취득한 환매채 - 초단기수익증권 등

1) 단기금융상품과 단기매매금융자산에 대해서는 제11장(금융자산 및 관계기업투자)에서 설명한다.

예제 7-1

다음은 한국㈜의 20×1년 12월 31일 결산일 현재의 현금, 예금 및 기타 등의 내역이다. 이 내역을 이용하여 현금및현금성자산으로 보고되어야 할 금액은 얼마인가?

지폐와 동전	₩15,000	당좌차월	₩50,000
수입인지	10,000	타인발행수표	25,000
당좌개설보증금	80,000	배당금지급통지표	20,000
만기가 2개월 이내인 채권(20×1년 12월 1일 취득)			150,000
양도성예금증서(120일 만기)			500,000
기일이 도래한 공채이자표			10,000
일반적 상거래상의 선일자수표			200,000
환매채(20×1년 11월 1일 취득한 90일 환매조건)			250,000
정기적금(1년 이내 만기도래)			300,000

해답

현금및현금성자산
= 지폐와 동전 ₩15,000 + 타인발행수표 ₩25,000 + 배당금지급통지표 ₩20,000 + 만기가 2개월 이내인 채권 ₩150,000 + 기일이 도래한 공채이자표 ₩10,000 + 환매채 ₩250,000
= ₩470,000

* 당좌차월 ₩50,000 : 단기차입금, 수입인지 ₩10,000 : 소모품, 당좌개설보증금 ₩80,000 : 장기금융상품, 선일자수표 ₩200,000 : 매출채권, 정기적금(1년 이내 만기도래) ₩300,000 : 단기금융상품

2. 내부통제제도

(1) 내부통제제도의 의의

내부통제제도란 재무보고의 신뢰성, 경영의 효과성 및 효율성 그리고 관련법규의 준수에 관련된 기업의 목적 달성에 합리적 확신을 제공할 목적으로 지배기구, 경영진 및 기타의 인원에 의해 설계, 실행, 유지되고 있는 절차를 말한다. 내부통제절차는 현금, 매출채권, 투자자산 및 유형자산 등 모든 자산과 관련된다.

재무보고의 신뢰성을 확보하는 내부통제는 뜻하지 않는 오류(error)와 부정(fraud)을 방지하도록 설계되어야 한다. 오류(error)는 재무제표에 포함되어 있는 비의도적인 흠결을 말하는 반면에, 부정(fraud)이란 경영자, 종업원 또는 제3자 등에

의한 고의적 행위를 의미한다. 오류와 부정은 둘 다 재무제표의 왜곡표시를 초래한다. 일반적으로 부정은 종업원의 부정직한 행동을 사전에 적발함으로써 횡령이나 재산은닉 등을 방지하는 데 필요한 내부통제가 구축되어 있지 않거나 또는 구축되어 있어도 적절히 운용되지 못할 경우에 발생한다.

(2) 내부통제의 원칙

회사자산을 보호하고 회계기록의 정확성과 신뢰성을 향상시키기 위해서 회사는 일정한 내부통제원칙을 준수해야 한다. 내부통제원칙은 회사의 규모와 사업의 특성, 경영진의 통제 철학에 따라 다양하지만 대부분의 회사는 책임의 설정, 업무의 분장, 문서화, 물리적·기계적·전자적 통제, 독립적인 내부검증 및 기타 통제 등 6가지 원칙을 적용하고 있다.

1) 책임의 설정

내부통제의 필수적인 원칙으로 주어진 업무의 책임을 특정 종업원에게 부여하는 것을 의미한다. 오직 한 사람만이 주어진 업무에 책임을 질 때 통제는 가장 효율적이다.

2) 업무의 분장

업무의 분장이란 상호 관련된 업무는 서로 다른 종업원이 담당하도록 하고, 특정 자산을 물리적으로 보관·관리하는 종업원과 해당 자산에 대한 회계기록 업무를 담당하는 종업원을 별도로 배치해야 한다는 원칙이다.

3) 문서화

기업활동에서 발생한 거래나 사건을 문서화하면 해당 거래나 사건에 대한 명확한 증거를 제공함으로써 회계기록의 정확성과 신뢰성을 높일 수 있다. 이때 일련번호가 부여된 문서를 사용하여 거래가 발생할 때마다 문서화 절차를 수행해야 하며, 효율적인 통제를 위하여 거래가 발생하는 즉시 거래기록의 대상이 되는 문서는 회계부서에 전송해야 한다.

4) 물리적, 기계적 및 전자적 통제

특정 자산에 대한 횡령이나 도난을 방지하기 위해서는 물리적이고, 기계적이며 전자적인 통제장치를 사용해야 한다. 물리적 통제는 자산을 보호할 뿐만 아니라 회계기록의 정확성과 신뢰성을 향상시킨다.

5) 독립적인 내부검증

대부분의 내부통제는 독립적인 내부검증절차를 포함한다. 독립적인 내부검증에 따른 효과를 최대화시키기 위해서는 회사가 정기적으로 또는 수시로 기록을 검증하고 독립적인 제3자가 검증을 실시하며, 정보의 불일치와 예외사항에 대하여 적절한 수정 조치가 이루어질 수 있도록 경영진에게 보고해야 한다.

6) 기타 통제

내부통제가 효율적으로 운용되기 위해서는 기타의 통제가 요구되는데 종업원들의 업무를 순환시키는 것, 종업원에게 휴가를 주어 그 기간 동안 다른 종업원으로 하여금 해당 업무를 수행하도록 권유하는 것 등을 그 예로 들 수 있다.

(3) 내부통제의 한계

회사는 자산을 보호하고 회계기록의 신뢰성을 높이도록 내부통제제도를 설계해야 한다. 그러나 내부통제만으로 모든 회계부정을 방지할 수는 없으며, 상황에 따라 종업원들의 부주의나 무관심으로 인해 비효율적으로 운용될 수 있다는 한계점을 갖고 있다. 따라서 내부통제제도를 설계하고 운용할 때는 이러한 점을 충분히 고려해야 한다.

(4) 전표시스템과 소액현금제도

대부분의 중소기업과 대기업은 현금지출에 대한 내부통제의 일환으로 전표를 사용한다.[2] 전표시스템(voucher system)은 사용한 모든 지출이 적절하다는 것을 확인하기 위해 고안된 독립적 승인체계이다. 일반적으로 현금지출에 대한 내부통제는 현금보다 회사의 규정된 통제절차에 따라 발행하는 수표로 지불할 때 더 효과

2) 내부통제의 일환으로 전표시스템과 동시에 전자자금이체제도를 또한 활용하고 있다.

적인데, 한 가지 예외는 소액현금(petty cash)이다.

1) 전표시스템

전표는 각 지출에 대해 작성된 허가 양식이며, 회사는 소액현금 지출을 제외한 모든 유형의 현금지출에 대해 전표를 요구한다. 전표의 작성은 전표의 표면에 채무에 관한 적절한 정보를 기입하는 것에서 시작된다. 판매회사의 송장은 대부분의 필요한 정보를 제공한다. 대금 지급부서의 직원은 전표를 기록하고(분개장에서 "전표등록"이라 함) 지불되는 일자에 따라 작성한다. 회사는 그 일자에 수표를 발행하고 발송한다. 그리고 송장에는 "지불됨"이라는 도장을 찍는다. 지급이 완료된 전표는 기록을 위해 회계부서로 보내진다(분개장에는 "수표등록"이라 함). 전표시스템은 두 개의 분개를 포함하는데, 하나는 전표를 발행하는 것이고 나머지는 전표를 지급하는 것이다.

2) 소액현금제도

회사는 업무와 관련하여 우편요금, 식대 또는 교통비 등과 같은 비교적 소액의 현금을 지출하게 되는데, 이러한 소액현금 지출을 통제하기 위한 시스템을 소액현금제도(petty cash fund)라 한다. 소액현금제도에 관한 회계처리에 대해서는 제3절에서 구체적으로 살펴본다.

(5) 현금 수취 및 지출에 대한 내부통제의 적용

현금은 은닉과 운반이 용이하며 거래빈도가 가장 높은 자산이기 때문에 다른 자산으로 부적절하게 전환되거나 유용될 가능성이 높다. 또한 빈번하게 발생하는 현금거래를 기록하는 데 많은 오류가 발생할 수 있기 때문에 현금에 대한 효과적인 관리를 위해서는 내부통제가 필수적이다.

현금 수취는 현금판매, 외상대금의 회수, 이자·배당금 및 임대료의 수령, 주주의 증자, 은행으로부터의 대출, 자산의 처분 등 다양한 원천에서 발생한다. 회사는 각종 비용의 지급과 부채의 상환, 자산 매입 등 여러 이유에서 현금을 지출한다. 회사는 현금 수취와 지출시 내부통제의 원칙을 다양하게 적용하고 있는데, 다음 <표 7-2>는 내부통제의 원칙이 현금 수취와 지출의 과정에 어떻게 적용되는지에 대한 사례를 보여준다.

표 7-2 | 현금의 수취와 지출의 내부통제

내부통제 유형	현금 수취과정	현금 지출과정
책임의 설정	지정된 직원(현금출납원)만이 현금수취 처리	지정된 직원(재무담당자)만이 수표에 서명할 수 있는 권한 부여
업무의 분장	현금수취 및 기록, 현금보유를 서로 다른 직원이 담당	수표 서명자는 지출을 기록하지 않음
문서화	송금통지서와 예금전표 등 사용	사전 번호가 기입된 수표를 사용하고 이에 대한 사용내역을 보고
물리적 · 기계적 · 전자적 통제	현금을 회사 금고 또는 은행에 보관	백지수표를 접근이 제한된 회사 금고에 보관
독립적인 내부검증	재무담당자가 현금수취 총액을 은행예금과 비교	월별로 은행명세서와 비교 · 조정
기타 통제	매일 모든 현금을 은행에 예치	송장에 "지불됨"이라는 도장을 찍음

제 2 절 당좌예금과 은행계정조정표

회사는 영업의 효율과 더 나은 내부통제의 운용을 위해 복수의 은행계정을 보유하게 된다. 은행거래는 회사와 은행이 이중으로 기록하기 때문에 현금에 대한 효과적인 내부통제가 된다.

한편, 회사의 장부상 예금 잔액은 은행의 회사계좌 잔액과 일치해야 한다. 은행계정조정은 회사의 장부상 잔액을 은행의 잔액과 비교하고 이들 잔액을 일치시키기 위해 차이를 설명하는 절차라고 할 수 있다.[3)]

1. 당좌예금

회사의 현금출납 책임자는 각 예금을 예금전표로 문서화하여 은행예금을 관리해야 한다. 은행예금에는 당좌예금, 보통예금, 정기예금 등 여러 가지가 있으나

3) 이러한 관점에서 회사가 은행계정조정표를 작성하는 절차는 앞서 살펴본 내부통제 원칙의 하나인 '독립적인 내부검증절차'라고 할 수 있다.

가장 대표적인 예금은 당좌예금이다.

회사는 은행과 당좌계약을 체결하고 당좌계좌를 개설하는데, 이 계좌의 예금을 당좌예금이라 한다. 당좌예금은 회사가 은행에 현금을 입금하고, 필요할 때에는 언제든지 수표(이를 '당좌수표'라 함)를 발행하여 현금을 인출할 수 있는 요구불 예금이다. 당좌예금은 현금및현금성자산에 포함되지만 회계기간 중 장부에 기록할 때에는 현금계정과 분리하여 당좌예금계정을 사용한다. 현금이나 타인발행당좌수표 등을 은행에 입금하면 당좌예금 계정의 차변에 기록하며, 반대로 당좌수표를 발행하게 되면 해당 예금 잔액은 감소하게 되므로 당좌예금계정의 대변에 기록한다.

일반적으로 당좌예금의 인출은 당좌예금 잔액의 범위 내에서 이루어지는 것이 원칙이다. 즉, 당좌예금의 잔액을 초과하여 수표를 발행하게 되면 그 수표는 은행으로부터 지급이 거절되어 부도수표가 된다. 그러나 은행과 미리 계약을 체결한 경우에는 일정한 한도 내에서 당좌예금잔액을 초과하여 수표를 발행하여도 은행이 지급하도록 할 수 있는데, 이와 같이 당좌예금 잔액을 초과하여 지급한 금액을 당좌차월(bank overdraft)이라고 한다. 당좌차월이 발생하는 경우 이를 단기차입금으로 회계처리한다. 다만, 기중에는 당좌예금과 당좌차월을 구별하지 않고 당좌예금으로 계상하며, 보고기간 말에 당좌예금이 차변잔액이면 유동자산으로 분류하고 당좌예금이 대변잔액이면 단기차입금으로 분류한다.

예제 7-2

다음은 한국㈜의 12월 거래 내역이다.

(1) 12월 1일 서울은행과 당좌거래를 계약하고 현금 ₩500,000원을 예금하였다(서울은행과 약정한 당좌차월 한도는 ₩100,000이다).

(2) 12월 10일 매입처로부터 상품을 매입하고 수표 ₩200,000을 발행하였다.

(3) 12월 15일 미지급금 ₩200,000을 수표를 발행하여 지급하였다.

(4) 12월 20일 상품 ₩300,000을 매출하고 거래처가 발행한 수표를 받아 입금하였다.

(5) 12월 25일 상품을 매입하고 당좌수표 ₩450,000을 발행하였다.

▶▶ 요구사항

1. 각 일자별 회계처리를 하라. (재고자산은 실지재고조사법으로 기록한다고 가정한다)
2. 12월 31일 당좌예금 잔액을 계산하라.
3. 12월 31일에 수행할 회계처리를 하라.

해답

1.

12월 1일	(차) 당좌예금	500,000	(대) 현 금	500,000
12월 10일	(차) 매 입	200,000	(대) 당좌예금	200,000
12월 15일	(차) 미지급금	200,000	(대) 당좌예금	200,000
12월 20일	(차) 당좌예금	300,000	(대) 매 출	300,000
12월 25일	(차) 매 입	450,000	(대) 당좌예금	450,000

2. 12월 31일 당좌예금 잔액 : (₩50,000) 즉, 대변잔액 ₩50,000

3. 12월 31일 (차) 당좌예금 50,000 (대) 단기차입금 50,000

2. 은행계정조정표

(1) 은행계정조정표와 오류의 종류

특정 시점에서 회사의 장부상 당좌예금 잔액과 은행잔액은 일치해야 하지만 여러 가지 이유로 서로 일치하지 않는 경우가 있다. 이 경우 회사의 장부상 잔액과 은행의 잔액을 일치시키는 절차가 필요한데, 이때 쓰이는 것이 은행계정조정표이다. 은행계정조정표는 모든 은행계좌에 대해 작성할 수 있으나, 실무적으로 당좌예금계좌에 대한 거래가 가장 빈번하게 나타나므로 당좌예금에 대한 은행계정조정표를 설명한다.

은행계정조정표의 주된 수정사항은 회사와 은행 간의 기록 시차에 따른 차이와 회사 또는 은행의 기장오류에서 발생한다. 보다 구체적으로 살펴보면 다음과 같다.

1) 회사와 은행 간의 기록시점 차이에 따른 차이 항목

① 미기록예금

미기록예금은 회사의 장부상 당좌예금잔액에는 반영되어 있으나, 거래처 등으로부터 은행 마감시간 이후 입금되었거나 또는 우편으로 송금되어 아직 은행측 잔액에 반영되지 않은 예금을 말한다. 따라서 미기록예금이 존재하는 경우, 은행측 잔액이 과소계상되어 있기 때문에 미기록예금을 은행측 잔액에 가산조정한다.

② 기발행미인출수표(미결제수표)

기발행미인출수표는 거래처의 대금 등을 지급하기 위해서 회사가 수표를 이미 발행하였으나 거래처 등이 은행에서 인출하지 않은 수표를 말한다. 따라서 기발행미인출수표가 존재하는 경우, 은행측 잔액이 과대계상되어 있기 때문에 기발행미인출수표를 은행측 잔액에서 차감조정한다.

③ 미통지예금

미통지예금은 거래처 등이 은행에 직접 입금하여 은행측 잔액에는 정상적으로 반영되어 있으나 입금에 대한 통지가 회사에는 전달되지 않아 회사에서 아무런 회계처리를 하지 않은 예금을 말한다. 따라서 미통지예금이 존재하는 경우, 회사 장부상 잔액이 과소계상되어 있기 때문에 미통지예금을 회사 잔액에 가산한다.

④ 부도수표

부도수표란 회사가 거래처로부터 받아 은행에 입금하면서 장부상 잔액에 정상적으로 기록하였으나 거래처의 은행잔고 부족으로 지급이 거절된 수표를 말한다. 지급이 거절되면 은행은 해당 수표를 부도수표로 처리하고 회사의 당좌예금잔액을 감소시킨다. 따라서 부도수표가 존재하는 경우, 회사 장부상 잔액이 과대계상되어 있기 때문에 부도수표를 회사 잔액에서 차감한다.

⑤ 은행수수료

은행은 당좌차월이나 기타 은행서비스의 대가로 회사에 수수료를 부과한다. 은행수수료가 발생하면 은행은 동 금액을 은행측 잔액에서 차감한다. 그러나 은행의 미통지 등의 이유로 회사의 장부상 잔액에는 은행수수료 차감이 반영되어 있지 못할 수 있다. 이 경우 은행수수료만큼 회사 장부상 잔액이 과대계상되어 있기 때문에 은행수수료를 회사 잔액에서 차감한다.

2) 회사 또는 은행의 기장오류

회사나 은행의 기장오류로 인해 생기는 장부상 차이이다. 예를 들어, 회사의 회계 담당자가 수표금액 ₩450,000을 잘못 기장하여 ₩45,000 또는 ₩540,000으로 기록할 수 있다. 반대로 은행 직원의 실수로 잘못된 계정명을 쓰거나 회사의 계좌가 아닌 다른 회사의 계좌에서 당좌예금을 입·출금할 수도 있다. 이러한 오류가 발생했을 때는 기장오류가 생긴 회사 잔액 또는 은행측 잔액을 수정한다.

은행계정조정표(bank reconciliation)는 회사의 내부통제 절차에 의해 작성되어야 한다. 회사에 독립된 내부 입증절차인 내부통제원칙이 없으면 현금 횡령과 같은 부정이 이루어질 수 있다. 예를 들어, 은행계정조정표를 작성하는 현금출납원은 문서 조작 등을 통하여 현금을 횡령할 수 있고, 은행계정조정표의 조정을 허위로 작성함으로써 횡령을 감출 수 있다.

은행계정조정표를 작성함에 있어 출발점은 회사의 장부상 잔액과 은행거래명세서 잔액을 기입하는 것이다. 다음으로 <표 7-3>에서와 같이 여러 가지 조정을 수행한다. 그리고 마지막으로 두 잔액 간 차이의 원인이 되는 모든 조정 항목을 확인한다.

표 7-3 | 은행계정조정 절차

장부상 잔액 (장부잔액에 조정)		≠	은행측 잔액 (은행잔액에 조정)	
(+)	미통지예금		(+)	미기록예금
(−)	부도수표		(−)	기발행미인출수표 (미결제수표)
(−)	은행수수료			
(+/−)	회사기장오류		(+/−)	은행기장오류
정확한 잔액		=	정확한 잔액	

(2) 은행계정조정표 작성 예시

20×1년 4월 30일 현재 한국㈜의 장부상 당좌예금잔액은 ₩1,111,900이고 은행측 잔액은 ₩1,590,000이다. 한국㈜는 은행측 잔액과의 차이를 조정하는 과정에서 다음과 같은 차이가 있음을 발견하였다.

1. 미기록예금 : 4월 30일 예금(은행은 5월 1일에 수취함)	₩220,000
2. 기발행미인출수표 : • No.453, ₩300,000 • No.457, ₩140,000 • No.460, ₩150,000	590,000
3. 오류 : 한국㈜가 외상매입대금을 결제하기 위해 발행한 수표(No.443) ₩122,600을 직원의 실수로 장부에 ₩126,200으로 수표를 잘못 기록하였음.	3,600
4. 은행거래명세서 상에서 확인된 내역 :	
① 차감 - 강남㈜가 입금한 수표 ₩42,500이 부도처리됨.	42,500
② 차감 - 수표 인쇄비 ₩3,000이 부과됨.	3,000
③ 가산 - 받을어음 ₩150,000이 거래처로부터 회수되었으나, 회사에는 통지되지 않았음.	150,000

회사와 은행 간의 차이를 이용하여 은행계정조정표를 작성하면 <표 7-4>와 같다. <표 7-4>는 한국㈜의 은행계정조정표이다.

표 7-4 | 은행계정조정표

은행계정조정표

20×1년 4월 30일

한국㈜ (단위 : 원)

장부상 잔액		₩1,111,900	**은행측 잔액**		₩1,590,000
가산 :			가산 :		
추심어음입금	₩150,000		은행미기록예금	₩220,000	220,000
수표(No.443)기록오류	3,600	153,600			
차감 :			차감 :		
			기발행미인출수표		
부도수표	42,500		No.453	300,000	
은행수수료 부과	3,000	(45,500)	No.457	140,000	
			No.460	150,000	(590,000)
조정된 장부상 잔액		**₩1,220,000**	**조정 후 은행측 잔액**		**₩1,220,000**

회사는 조정된 장부상 당좌예금잔액을 결정하기 위해 수정한 각 조정항목에 대한 수정분개를 기록한다. 회사가 수정분개를 수행하지 않고, 또 이들 항목을 해당 계정에 전기하지 않는다면 당좌예금계정의 잔액은 정확하지 않을 것이다. 따라서 한국㈜는 4월 30일에 다음의 회계처리를 수행하게 된다.

• 추심어음입금(매출채권의 회수)

은행이 매출채권 ₩150,000을 추심하여 한국㈜의 은행계좌에 입금하였으나 회사측 장부에 기록되지 않았다. 따라서 회사측 당좌예금 잔액이 ₩150,000만큼 과소계상된 것을 수정하기 위해 다음과 같이 회계처리한다.

4월 30일 (차) 당좌예금 150,000 (대) 매출채권 150,000

• 장부상 오류

한국㈜가 발행한 수표(No.443) ₩122,600는 정확한 금액을 은행에서 인출하였으나 회사직원의 실수로 한국㈜의 장부에는 ₩126,200이 인출된 것으로 기록되었다. 이는 실제 당좌예금에서 인출된 금액보다 회계처리상 ₩3,600이 더 지출된 것이므로 당좌예금과 매입채무가 과다하게 상계된 것이다. 따라서 한국㈜는 당좌예금과 매입채무를 증가시키는 회계처리를 하여야 한다. 이것을 수정하기 위한 회계처리는 다음과 같다.

4월 30일 (차) 당좌예금 3,600 (대) 매입채무 3,600

• 부도수표

부도수표는 한국㈜의 매출채권으로 회계처리한다.

4월 30일 (차) 매출채권 42,500 (대) 당좌예금 42,500

• 은행수수료 부과

회사는 수표용지 비용과 기타 은행수수료 부과 금액이 크지 않기 때문에 수수료비용(기타비용)으로 처리한다. 회계처리는 다음과 같다.

4월 30일 (차) 수수료비용 3,000 (대) 당좌예금 3,000

이상 4개의 개별 분개를 수행하는 대신에 한국㈜는 이들을 하나의 분개로 묶을 수 있다. 또한 분개를 전기한 후, 한국㈜의 당좌예금계정은 다음과 같다.

표 7-5 | 수정 후 당좌예금 잔액

당좌예금

4월 30일 조정전 잔액	₩1,111,900	4월 30일	₩42,500
30일	150,000	30일	3,000
30일	3,600	4월 30일 조정후 잔액	1,220,000
	₩1,265,500		₩1,265,500

총계정원장에서의 수정 후 당좌예금잔액은 <표 7-4>의 은행계정조정표에서 조정된 장부상 당좌예금잔액과 일치해야 한다. 그리고 회사가 은행계정조정표를 작성하면서 은행의 수정항목을 발견하였다면 은행에 알려주어야 은행이 기록에 필요한 수정을 수행할 수 있다. 다만 은행은 미기록예금이나 기발행미인출수표에 대한 어떠한 분개도 수행하지 않는 대신에 수정항목이 은행에 통지되면 이들 항목을 수정하게 된다.

다음의 <예제 7-3>을 통해서 은행계정조정표에 대한 연습을 해보자.

예제 7-3

한국㈜의 5월 31일 현재 장부상 당좌예금잔액은 ₩1,331,900이었다. 은행이 보내온 한국㈜의 20×1년 5월의 은행거래명세서 자료 및 은행거래명세서를 검토하는 과정에서 다음의 사실을 확인하게 되었다.

5/1 잔액	₩1,265,000	5/31 잔액	₩1,428,000
차변 메모		대변 메모	
• 부도수표	₩17,500	• 받을어음의 회수	₩50,500

(1) 부도수표는 고객인 강남㈜가 발행한 것이다.

(2) 은행이 회수한 만기도래 받을어음의 액면금액은 ₩50,000(이자율 연 12%, 3개월 만기)이었으며, 은행은 추심수수료 ₩1,000을 부과하였다.

(3) 5월 31일 현재 기발행미인출수표 총액은 ₩241,000이다.

(4) 5월 31일 현재 미기록예금 총액은 ₩175,200이다.

(5) 5월 10일 거래처 강서㈜에게 발행한 수표 ₩35,200이 5월 25일에 은행에서 지급되었다. 그런데 한국㈜는 이 수표를 발행하면서 ₩32,500으로 잘못 기록하였다.

▶▶ 요구사항

1. 5월 31일 시점에서 은행계정조정표를 작성하라.
2. 한국㈜가 수행할 회계처리를 하라.

해답

1.

은행계정조정표

20×1년 5월 31일

한국㈜ (단위 : 원)

장부상 잔액		₩1,331,900	**은행측 잔액**		₩1,428,000
가산 :			**가산 :**		
받을어음 ₩50,000과 이자 ₩1,500을 회수*, 추심수수료 ₩1,000 차감 (*50,000×0.12×3/12)	₩50,500	50,500	미기록예금	₩175,200	175,200
차감 :					
부도수표	17,500		**차감 :**		
수표 기록의 오류	2,700	(20,200)	미결제수표	241,000	(241,000)
조정된 장부상 잔액		**₩1,362,200**	**조정된 은행측 잔액**		**₩1,362,200**

2. 5월 31일 (차) 당좌예금 50,500 (대) 매출채권 50,000
수수료비용 1,000 이자수익 1,500

5월 31일 (차) 매출채권 17,500 (대) 당좌예금 17,500

5월 31일 (차) 매입채무 2,700 (대) 당좌예금 2,700

제 3 절 소액현금제도

현금지출에 대한 내부통제의 일환으로 회사는 소액현금제도를 운용하는데, 이는 전도금제도(imprest system)의 일종이다.[4] 소액현금제도 절차는 크게 소액현금의 설정, 지출 및 보충 세 단계로 이루어진다.

(1) 소액현금의 설정

소액현금제도를 수립할 때 회사는 소액현금에 대해 책임을 지는 담당자를 지정한 다음 소액현금의 규모를 결정한다.

예를 들어, 한국㈜가 3월 1일에 당좌수표를 발행하여 ₩200,000의 소액현금을 설정하기로 결정하였다면 회계처리는 다음과 같다.

3월 1일	(차) 소액현금	200,000	(대) 당좌예금	200,000

대부분의 소액현금제도는 정액기준으로 설정되는데, 설정된 소액현금의 크기를 경영자가 변경하지 않는 한 소액현금계정에 대한 추가적인 분개는 발생하지 않는다. 그러나 소액현금을 증액하기로 결정했다면 추가적인 분개가 필요하다. 7월 1일에 회사가 소액현금 규모를 ₩200,000에서 ₩300,000으로 증액하기로 결정하였다면, 소액현금 ₩100,000을 차변에 기록하고 당좌예금 ₩100,000을 대변에 기록한다.

7월 1일	(차) 소액현금	100,000	(대) 당좌예금	100,000

(2) 소액현금의 지출

소액현금 담당자는 회사가 정한 소액현금 규정에 따라 소액현금을 사용한다. 일반적으로 경영자는 소액현금에서 사용되는 지출 규모를 제한하기 때문에 특정 형태의 거래(예: 직원에 대한 단기대여)에 소액현금을 사용하는 것은 허용하지 않는다.

4) '전도금'이라는 용어는 지정된 목적을 위해 미리 설정된 돈을 의미한다.

소액현금의 지출은 사전에 번호가 기록된 소액현금 영수증(또는 소액현금전표)에 문서화되어야 한다. 영수증에는 소액현금 관리자와 지급을 받는 사람 모두의 서명이 이루어진다. 운송비 청구서 또는 송장과 같은 다른 증거자료가 있다면 소액현금 영수증에 첨부한다.

소액현금 담당자는 소액현금이 보충되는 시점까지 영수증을 보관하여 소액현금 영수증과 소액현금 잔액의 합계가 설정된 소액현금 총액과 일치하는지를 확인한다. 이때 경영자는 소액현금 담당자가 지출한 소액현금이 회사가 정한 기준대로 정확하게 유지되고 있는지를 확인해야 한다. 여기서 중요한 점은 소액현금에서 지출이 발생할 때 지급과 관련된 거래를 기록하지 않는다는 점이다. 대신에 소액현금을 보충하는 시점에 소액현금의 지출과 관련된 거래를 기록하게 된다.

(3) 소액현금의 보충

회사는 소액현금이 적정수준 이하가 될 때 소액현금을 보충한다. 소액현금 담당자는 소액현금 영수증과 소액현금 지출에 따른 지급명세를 작성하여 지출된 소액현금의 보충을 재무담당자에게 요청한다. 재무담당자는 소액현금에서 적절한 지출이 이루어졌는지를 소액현금 영수증과 증거자료로 검토한 후, 소액현금의 보충 요청을 승인하고 설정된 금액으로 소액현금을 지급한다.

한국㈜의 소액현금 담당자가 3월 31일에 ₩174,000의 소액현금 보충을 요청하였고, 재무담당자가 즉시 당좌수표를 발행하여 소액현금을 보충해 주었다고 하자. 소액현금은 현금보유액 ₩26,000과 소액현금 영수증(우편요금 ₩88,000, 운송비 ₩76,000, 소모품비 ₩10,000)으로 구성되어 있는 경우 회계처리는 다음과 같다.

3월 31일	(차) 우 편 료	88,000	(대) 소액현금	174,000
	운 송 비	76,000		
	소모품비	10,000		
	(차) 소액현금	174,000	(대) 당좌예금	174,000

위 분개는 소액현금 지출분개와 소액현금 보충분개가 동시에 이루어지고 있으며, 보충분개는 소액현금계정에 아무런 영향을 주지 않는다는 것을 알 수 있다. 즉, 소액현금의 보충은 소액현금 영수증을 현금으로 전환함으로써 소액현금의 구성에 영향을 줄 뿐 소액현금 잔액에는 별다른 영향을 주지 않는다.[5)]

한편, 소액현금을 보충할 때 회사는 현금과부족을 인식할 필요가 있다. 현금과부족은 소액현금 보관함에 남아 있는 현금과 소액현금 영수증의 합계가 설정된 소액현금 총액과 일치하지 않을 때 발생하게 된다. 3월 31일에 한국㈜의 소액현금 담당자가 ₩26,000이 아닌 ₩24,000의 현금을 보유하고 있다면 ₩2,000에 대한 증빙이 없어 현금이 부족한 것이 된다. 이때 요청할 금액은 소액현금이₩200,000이 되도록 ₩176,000(₩200,000 - ₩24,000)을 요청하며, 다음과 같이 회계처리한다.

3월 31일	(차)	우 편 료	88,000	(대) 소액현금	176,000
		운 송 비	76,000		
		소모품비	10,000		
		현금과부족	2,000		

반대로 소액현금 담당자가 ₩28,000의 현금을 보유하고 있다면 요청할 보충금액은 ₩172,000(₩200,000 - ₩28,000)이 되며, 이 경우 회사는 현금과부족 ₩2,000(초과분)을 대변에 기록하게 된다.

3월 31일	(차)	우 편 료	88,000	(대) 소액현금	172,000
		운 송 비	76,000	현금과부족	2,000
		소모품비	10,000		

현금과부족은 그 원인이 밝혀질 때까지 임시계정으로 남아 있게 된다. 다만, 결산 시까지 원인이 밝혀지지 않는 경우, 회사는 현금과부족 차변잔액을 포괄손익계산서에 잡손실(기타비용)로 보고하고 현금과부족 대변잔액은 잡이익(기타수익)으로 보고한다.

이제 <예제 7-4>를 통해 소액현금제도에 대한 회계처리를 연습해 보자.

---

5) 소액현금 지출분개와 보충분개가 동시에 발생한다면 이 두 분개를 하나로 합쳐 다음과 같이 나타낼 수 있다.

(차)	우 편 료	88,000	(대) 당좌예금	174,000
	운 송 비	76,000		
	소모품비	10,000		

예제 7-4

한국㈜는 소액현금제도를 운용하고 있다. 한국㈜의 소액현금 운용주기는 1개월이고 소액현금 설정액은 ₩1,000,000이다. 20×1년 1월 1일에 재무담당자는 당좌수표를 발행하여 소액현금 담당자에게 소액현금을 전달하였으며, 1월 한 달간의 소액현금 사용내역은 다음과 같았다.

우편료	₩250,000
운송비	350,000
소모품비	350,000

20×1년 1월 31일 현재 소액현금 잔액은 ₩30,000이며, 소액현금 담당자는 1월 31일에 ₩970,000의 소액현금 보충을 재무담당자에게 요청하였다.

▶▶ 요구사항

소액현금과 관련하여 1월 한 달간의 회계처리를 하라.

해답

1월 1일	(차) 소액현금	1,000,000	(대) 당좌예금	1,000,000
1월 31일	(차) 우 편 료	250,000	(대) 당좌예금	970,000
	운 송 비	350,000		
	소모품비	350,000		
	현금과부족	20,000		

제 4 절 재무제표의 표시

재무상태표에서 회사는 실제 보유한 현금, 은행에 예치된 현금(보통예금과 당좌예금 등 요구불예금), 그리고 소액현금을 합하여 총액을 단순히 '현금'으로 보고한다. 뿐만 아니라 현금성자산을 포함하여 재무상태표에 <표 7-6>과 같이 '현금및현금성자산'으로 표시한다. 현금및현금성자산은 회사가 보유한 자산 가운데 가장 유동성이 높기 때문에 재무상태표의 유동자산 중에서 가장 먼저 표시된다.

표 7-6 | 현금및현금성자산의 표시

부분재무상태표

삼성전자㈜ (단위 : 백만원)

	20×1	20×0
유동자산		
현금및현금성자산	₩9,791,419	₩10,149,930

회사는 특정 목적을 위해 사용이 제한되는 현금을 보유할 수 있다. 급여와 임금을 지급하기 위한 급여지급은행계정이 그 예가 될 수 있다. 새로운 건물을 신축하기 위한 건물신축기금이 또 다른 예가 될 수 있다. 회사는 재무상태표에 사용이 제한된 현금(restricted cash)을 별도로 보고해야 한다. 회사가 차기연도 내에 사용이 제한된 현금을 사용할 것으로 기대한다면 유동자산으로 보고하고, 그렇지 않은 경우 비유동자산으로 보고한다. 급여지급은행계정은 일반적으로 다음 급여지급일에 사용될 것이기 때문에 유동자산으로 분류한다. 반면 새로운 건축이 차기연도 내에 시작되지 않을 것이라면, 건물신축기금은 비유동자산으로 분류한다.

요 약

1. 현금의 정의

회사가 실제 보유하고 있는 통화(지폐와 동전), 통화대용증권 및 요구불예금(보통예금과 당좌예금)으로 정의된다.

2. 현금에 대한 관리 및 통제의 필요성

현금은 기업이 보유하고 있는 자산 중에서 유동성이 가장 높은 자산이기 때문에 회계부정이 발생하지 않도록 적절한 현금관리 및 통제가 필요하다.

3. 내부통제의 정의

내부통제는 회사의 자산을 보호하고 회계기록의 정확성과 신뢰성을 향상시키기 위해서 조직 내에 도입한 방법과 절차이다.

4. 내부통제의 원칙

내부통제의 원칙은 회사의 규모와 사업의 특성, 경영진의 통제 철학에 따라 다양하지만, 대부분의 회사는 책임의 설정, 업무의 분장, 문서화, 물리적·기계적·전자적인 통제, 독립적인 내부검증 및 기타 통제 등 여섯 가지 원칙을 적용하고 있다.

5. 은행계정을 이용한 현금의 물리적 통제

당좌예금 등 은행계정의 활용은 현금의 보관에 대한 물리적 통제를 제공함으로써 효율적인 내부통제의 운용에 기여한다. 은행계정은 회사가 보관해야만 하는 화폐 총액을 최소화시켜주며, 은행거래에 대한 이중기록을 가능하게 한다.

6. 은행계정조정표 작성

은행계정조정은 회사의 장부상 당좌예금잔액과 은행의 잔액을 정확한 금액으로 조정하는 절차이다. 조정 절차의 단계에서 수정항목으로는 미기록예금, 기발행미인출수표(미결제수표), 미통지예금, 부도수표, 은행수수료 부과, 회사 또는 은행에 의한 기록오류 등이 있다.

7. 소액현금제도의 운용

현금지출에 대한 내부통제의 일환으로 회사는 업무와 관련하여 상대적으로 소액의 현금을 지급하기 위해 소액현금제도를 운용한다. 소액현금제도 절차는 크게 소액현금의 설정, 지출 및 보충의 세 단계로 이루어진다.

8. 현금의 보고

회사는 현금을 현금성자산과 함께 '현금및현금성자산'으로 재무상태표의 유동자산 부분에 첫 번째로 표시한다. 그러나 특정 목적을 위해 사용이 제한된 현금은 별도로 현금이 사용될 것으로 기대되는 시점에 따라 유동자산 또는 비유동자산으로 보고한다.

용어정리

현금	통화(동전 및 지폐), 통화대용증권(수표, 우편환 등) 또는 보유하고 있거나 은행에 예치한 돈(예금)으로 구성된 자원
현금성자산	유동성이 매우 높은 단기투자자산으로서 확정된 금액으로의 현금전환이 용이하고 가치변동의 위험이 중요하지 않은 자산
내부통제	기업의 자산을 보호하고 회계기록의 정확성과 신뢰성을 향상시키기 위해 조직 내에 도입한 모든 관련 방법과 절차
전표시스템	컴퓨터에 전표서식 데이터를 입력하여 사무자동화 시스템으로 처리하는 것
소액현금제도	일정기간 동안에 소액의 현금지출을 위한 자금을 준비해 놓고, 그 기간 동안에 소액현금 지출을 분개 없이 사용한 다음, 일정기간 후 소액현금의 사용부분을 다시 충당할 때 해당 기간 동안에 사용한 소액지출을 분개하는 방법
수표	예금주가 서명하고 지정된 수취인에게 특정 금액을 은행이 지급하도록 요구하는 요청서
은행거래명세서	회사의 요청에 따라 은행이 발행하는 예금의 거래내역과 예금잔액을 명시한 증명서
은행계정조정	정기적으로 회사의 장부상 당좌예금계정에 관한 기록과 은행이 독립적으로 유지하고 있는 해당 회사에 대한 당좌예금 잔액과의 일치여부를 확인하는 절차
미기록예금	회사의 장부상 당좌예금잔액에는 반영되어 있으나, 거래처 등으로부터 은행 마감시간 이후 입금되었거나 또는 우편으로 송금되어 아직 은행측 잔액에 반영되지 않은 예금
기발행미인출수표	거래처의 대금 등을 지급하기 위해서 회사가 수표를 이미 발행하였으나 거래처 등이 은행에서 인출하지 않은 수표를 말하며, 미결제수표라고도 함.
미통지예금	거래처 등이 은행에 직접 입금하여 은행측 잔액에는 정상적으로 반영되어 있으나 입금에 대한 통지가 회사에는 전달되지 않아 회사에서 아무런 회계처리를 하지 않은 예금

부도수표	당좌예금잔액이나 당좌차월한도액을 초과하여 발행한 수표로 은행에서 지급이 거절된 수표
은행수수료	회사가 은행의 제반 서비스를 이용하고 지불하는 비용

EXERCISES

연습문제

[문제 1] 현금및현금성자산(1) 〈난이도: 중〉

다음은 한국㈜의 20×1년 12월 31일 결산일 현재의 현금, 예금 및 기타 등의 내역이다.

지폐와 동전	₩40,000	배당금지급통지표	₩65,000
타인발행수표	130,000	만기가 도래한 국채이자표	87,000
정기적금(1년 이내 만기도래)	500,000	직원가불금	130,000
수입인지	6,000	환매채(90일 환매조건)	160,000
우편환증서	210,000	우표	4,000
선일자수표	60,000	당좌개설보증금	100,000

〈요구사항〉

한국㈜의 20×1년 12월 31일 결산일 현재 재무상태표에 표시될 현금및현금성자산의 잔액을 구하라.

[문제 2] 현금및현금성자산(2) 〈난이도: 상〉

다음은 한국㈜의 20×1년 12월 31일 결산일 현재의 현금및현금성자산 및 장·단기 금융상품과 관련된 계정잔액이다.

지폐와 동전	₩100,000	보통예금	₩370,000
당좌예금(A은행)	340,000	당좌차월(B은행)	140,000
당좌개설보증금	150,000	우편환증서	70,000
배당금지급통지표	110,000	환매채(90일 환매조건)	200,000
정기예금(1년 만기)	2,000,000	정기적금(1년 만기)	1,500,000
양도성예금증서(120일 만기)	500,000	타인발행당좌수표	300,000
직원가불금	120,000	만기가 도래한 국채이자표	60,000
우표	20,000	수입인지	30,000

〈요구사항〉

한국㈜의 20×1년 12월 31일 결산일 현재 재무상태표에 표시될 현금및현금성자산의 잔액을 구하라.

[문제 3] **내부통제(1)** 〈난이도: 중〉

다음의 통제절차는 한국㈜가 카운터에서 직접 현금을 수취하는 데 사용된다.

(1) 모든 카운터에서의 현금수취는 하나의 현금인출기를 가진 금전등록기를 사용하는 4명의 직원에 의해 기록된다.
(2) 도난의 위험을 최소화하기 위해, ₩200,000을 초과하는 현금은 밀실에 있는 잠기지 않는 책상 서랍에 보관되어 있다.
(3) 각 직원은 하루 일과가 끝나는 시점에 현금수취액을 계산하고 금전등록기 총액으로 조정한다.
(4) 장부기록 직원은 그날의 현금수취를 기록하기 위해 분개를 수행한 후 은행에 예금한다.
(5) 자금을 보호하기 위해 현금출납원은 휴가를 가지 않는다.

〈요구사항〉

1. 각 절차에 대해 내부통제의 취약점을 설명하고 위반된 내부통제원칙은 무엇인지 설명하라.
2. 각 취약점에 대해 내부통제를 개선할 수 있는 방안을 제안하라.

[문제 4] **내부통제(2)** 〈난이도: 중〉

강남㈜에서는 수표를 발행하는 권한을 구매직원과 재무담당자가 모두 가지고 있기 때문에 수표에 미리 번호를 매기지 않고 있다. 각 서명자는 잠금장치가 없는 캐비닛에 보관된 미발행수표에 접근할 수 있다. 구매직원은 판매를 위해 구입한 상품에 관련된 모든 계산서를 지불한다. 지불을 하기 전, 구매직원은 상품을 수령했는지 판단하고 판매회사의 송장이 정확한지를 확인한다. 지불 후에 송장은 판매회사에 의해 정리되고, 구매직원은 지출에 대한 분개를 기록한다. 재무담당자는 권한을 부여받은 직원이 승인한 다른 모든 계산서에 대해 지불한다. 지불 후에 재무담당자는 모든 계산서에 "지불됨"이라는 도장을 찍고, 지불된 날짜순으로 정리하며, 현금지출 분개에 수표를 기록한다. 강남㈜는 재무담당자에 의해 조정되는 하나의 당좌예금을 유지하고 있다.

〈요구사항〉

1. 현금지출에 대한 내부통제의 취약점을 나열하라.
2. 재무담당자에게 내부통제의 개선을 위해 어떤 점을 조언해야 하는지 설명하라.

[문제 5] 은행계정조정표(1) 〈난이도 : 하〉

다음은 강남㈜와 관련된 정보이다.

(1) 거래은행으로부터 확인된 20×1년 7월 31일 당좌예금 잔액 : ₩254,200
(2) 강남㈜가 기록하지 않은 7월 은행수수료 부과액 : ₩1,000
(3) 20×1년 7월 31일 회사의 장부상 당좌예금 잔액 : ₩254,900
(4) 20×1년 7월 31일 미기록예금 : ₩52,500
(5) 7월에 거래은행은 강남㈜의 받을어음 ₩30,000과 이자 ₩3,600을 회수하고, 추심수수료 ₩1,500을 차감하였음(단, 강남㈜는 받을어음 회수를 기록하지 않았으며, 이자수익도 인식하지 않았음).
(6) 20×1년 7월 31일 미결제수표 : ₩20,700

〈요구사항〉

1. 이상의 자료를 이용하여 20×1년 7월 31일 강남㈜의 은행계정조정표를 작성하라.
2. 20×1년 7월 31일 강남㈜의 필요한 수정분개를 하라.

[문제 6] 은행계정조정표(2) 〈난이도 : 중〉

강서㈜는 제조업을 영위하고 있는 회사이다. 20×1년 5월 31일 회사의 총계정원장의 현금계정은 다음의 잔액을 보고하였다.

현 금

날짜	설명	참조	차변	대변	잔액
5월 31일	잔액				₩678,150

같은 날에 서울은행으로부터 다음의 정보를 담고 있는 은행거래명세서를 받았다.

서울은행

수표와 차변	예금과 대변	일별 잔액	
×××	×××	5/31	₩680,460

은행거래명세서의 세부사항과 회사의 장부상 현금계정의 세부사항을 비교한 결과 차이의 원인으로 다음과 같은 사실이 밝혀졌다.

(1) 은행거래명세서는 추가적인 회사의 수표 인쇄비 ₩4,000의 차변 메모를 포함하고 있다.
(2) 5월 12일 현금판매 ₩83,615가 은행에 입금되었다. 현금수취 분개장 기입과 예금전

표는 ₩84,615로 잘못 기록되었다. 서울은행은 정확한 금액으로 강서㈜ 당좌계좌에 입금처리하였다.

(3) 5월 31일 미결제수표 총액은 ₩51,525이고, 미기록예금은 ₩93,615이었다.

(4) 5월 18일 강서㈜는 한국㈜에게 No.1181의 수표 ₩68,500을 발행하였다. 수표는 5월 중에 은행에서 결제되었고, 강서㈜는 ₩65,800으로 잘못 분개하고 전기하였다.

(5) 은행은 강서㈜의 받을어음 ₩200,000과 이자 ₩8,000을 회수하였고, 이에 대한 추심수수료 ₩2,500을 부과하였다. 그러나 강서㈜는 동 거래를 인식하지 않았다.

(6) 무효화된 수표를 포함하고 있는데, 이는 강남㈜가 김정호에게 발행한 수표 ₩60,000이었으며, 은행이 강서㈜에 잘못 부과하였다.

(7) 5월 31일 은행거래명세서에는 강서㈜의 고객인 최규화가 강서㈜에게 발행한 수표 ₩93,400이 부도수표 처리되었음을 보여주고 있다.

〈요구사항〉

1. 이상의 자료를 이용하여 20×1년 5월 31일의 은행계정조정표를 작성하라.
2. 20×1년 5월 31일 강서㈜의 필요한 수정분개를 하라.

[문제 7] 은행계정조정표(3) 〈난이도 : 상〉

20×1년 8월 31일 행당은행에서 보내온 한국㈜의 은행거래명세서는 다음의 정보를 담고 있다.

8월 1일 잔액	₩174,000	은행 대변 메모 :	
8월 예금	731,100	받을어음 회수	₩69,300
8월에 결제된 수표	715,000	이 자	320
8월 31일 잔액	259,320	은행 차변 메모 :	
		은행수수료	400

20×1년 8월의 총계정원장에 있는 현금계정의 요약은 다음을 보여준다.

- 8월 1일 잔액 : ₩169,000
- 현금수취 : ₩770,000
- 현금지출 : ₩735,700
- 8월 31일 잔액 : ₩203,300

분석에 의하면, 7월 31일 은행계정조정표의 조정항목은 미기록예금 ₩40,000과 미지급수표 ₩45,000뿐이었다. 미기록예금은 8월에 은행이 기록한 첫 예금이었다. 또한 8월에 채권추심 및 수표인출과 관련하여 다음과 같은 오류가 있었다고 판단하였다. (1) 8월 중에 거래처에서 외상매출금 ₩4,200을 입금하였으나 은행에서 ₩2,400으로 입금처리하였다. (2) 종업원에게 급여로 지급한 수표 ₩2,750을 은행이 ₩2,780으로 기록하였다.

〈요구사항〉

1. 이상의 자료를 이용하여 20×1년 8월 31일에 은행계정조정표를 작성하라.
2. 20×1년 8월 31일 한국㈜가 수행해야 하는 수정분개를 하라(단, 받을어음에 대한 이자는 인식하지 않았다고 가정한다).

[문제 8] 소액현금제도(1) 〈난이도: 하〉

서울㈜는 5월 1일에 수표 ₩100,000을 현금화하여 소액현금을 설정하였다. 회사는 사용한 현금에 대하여 정산함과 동시에 6월 1일 및 7월 1일에 소액현금을 보충하였다.

6월 1일 :
- 소액현금 잔액 : ₩4,750
- 영수증 : 배송료 ₩31,250, 우편료 ₩39,000, 잡손실 ₩25,000

7월 1일 :
- 소액현금 잔액 : ₩3,250
- 영수증 : 배송료 ₩21,000, 우편료 ₩51,000, 잡손실 ₩24,750

7월 10일에 서울㈜의 소액현금 설정 금액이 ₩100,000에서 ₩150,000로 증가되었다.

〈요구사항〉

서울㈜의 위 거래사항에 대한 회계처리를 나타내라.

[문제 9] 소액현금제도(2) 〈난이도: 하〉

강동㈜는 소액현금제도를 운용하고 있다. 3월 1일에 ₩100,000의 소액현금이 설정되었다. 3월 한 달간 다음의 소액현금 영수증이 소액현금 보관함에서 발견되었다.

날 짜	영수증 번호	목 적	금 액
5일	1	우 편 료	₩39,000
7일	2	배 송 료	21,000
9일	3	잡 손 실	6,000
11일	4	출 장 경 비	24,000
14일	5	잡 손 실	5,000

소액현금은 잔액이 ₩5,000이 된 3월 15일에 보충되었다. 3월 20일에 소액현금 설정금액이 ₩150,000으로 증가되었다.

〈요구사항〉

강동㈜의 위 거래사항에 대한 회계처리를 나타내라.

[문제 10] **소액현금제도(3)** 〈난이도 : 중〉

강남㈜는 소액 지출을 위해 소액현금제도를 유지하고 있다. 다음의 거래가 2개월 동안 발생하였다.

7월 1일 : 서울은행에서 수표 ₩20,000을 발행하여 소액현금을 설정하였다.

15일 : 수표 ₩19,300을 발행함으로써 소액현금을 보충함. 소액현금은 ₩700의 현금잔액과 다음의 소액현금 영수증으로 구성된다.

- 배 송 료 : ₩9,400
- 우 편 료 : ₩4,240
- 소모품비 : ₩4,590
- 잡 손 실 : ₩1,070

31일 : 수표 ₩19,200을 발행함으로써 소액현금을 보충함. 소액현금은 ₩800의 현금잔액과 다음의 소액현금 영수증으로 구성된다.

- 배 송 료 : ₩8,210
- 자선 기부금 : ₩3,000
- 우 편 료 : ₩4,780
- 잡 손 실 : ₩3,210

8월 15일 : 수표 ₩18,490을 발행함으로써 소액현금을 보충함. 소액현금은 ₩1,510의 현금잔액과 다음의 소액현금 8월 16일 영수증으로 구성된다.

- 배 송 료 : ₩7,440
- 소모품비 : ₩4,150
- 우 편 료 : ₩3,300
- 잡 손 실 : ₩3,600

16일 : 수표 ₩10,000을 발행함으로써 소액현금제도의 설정금액을 ₩30,000으로 증가시켰다.

31일 : 수표 ₩28,160을 발행함으로써 소액현금을 보충함. 소액현금은 ₩1,840의 현금잔액과 다음의 소액현금 영수증으로 구성된다.

- 우 편 료 : ₩14,500

- 소모품비 : ₩9,060
- 배 송 료 : ₩4,600

〈요구사항〉

1. 강남㈜의 위 거래사항에 대한 회계처리를 나타내라.
2. 소액현금계정에 전기하라.

08

수취채권

제 1 절 | 수취채권의 유형

제 2 절 | 매출채권

제 3 절 | 어 음

제 4 절 | 재무제표 표시와 분석

학습목표

매출의 상당 부분이 신용으로 이루어지기 때문에 회사의 입장에서 수취채권은 중요한 자산이다. 그러므로 수취채권에 대한 면밀한 주의와 관리가 필요하다. 이번 장에서는 회사가 상품을 판매할 때, 신용판매로부터 현금을 회수할 때 그리고 회수할 수 없는 채권을 상각할 때 수행하는 회계처리에 대해 학습할 것이다.

본 장에서 학습할 주요 내용을 요약하면 다음과 같다.

수취채권 : 외상매출금, 대손상각, 받을어음

- ➢ 수취채권의 유형
- ➢ 매출채권
  - 매출채권의 인식
  - 매출채권의 평가 : 대손상각
  - 매출채권의 처분
- ➢ 어음
  - 만기일 결정
  - 이자계산
  - 어음의 인식
  - 어음의 평가
  - 어음의 처분
- ➢ 재무제표 표시와 분석
  - 재무제표 표시
  - 재무제표 분석

제 1 절 수취채권의 유형

수취채권(receivables)이란 영업활동 수행 과정에서 재화나 용역을 외상으로 판매하거나 자금을 대여하고 그 대가로 미래에 현금을 수취할 권리를 획득하는 경우에 발생하는 채권을 말한다. 수취채권 중 재화 및 용역의 제공이라는 일반적인 영업활동에서 발생한 채권은 매출채권으로, 일반적인 영업활동 이외에서 발생한 채권은 기타채권으로 분류한다. 수취채권은 현금으로 회수될 것으로 기대되는 청구권으로 금융자산에 속한다. 수취채권을 제외한 금융자산은 제11장에서 자세히 다룰 예정이다.

매출채권(trade receivables)은 외상매출금과 받을어음으로 구분되는데 매출채권 중 재화 및 용역의 제공이라는 일반적인 영업활동으로 인해 발생한 채권을 외상매출금(accounts receivable)이라 하고, 일반적인 영업활동에서 발생한 어음상의 채권을 받을어음(notes receivable)이라 한다. 한국채택국제회계기준에서는 외상매출금과 받을어음을 구분하지 않고 매출채권으로 통합하고 있으므로 재무상태표에는 매출채권으로 표시한다.

기타채권은 일반적인 영업활동 이외의 거래에서 발생하며 재무상태표에 별도의 항목으로 보고한다. 기타채권의 예로는 미수금, 미수수익, 대여금 등을 들 수 있다. 미수금은 비품, 토지 등 재고자산 이외의 자산을 외상으로 매각하였을 때 발생한 수취채권이다. 미수수익은 매출 이외의 수익으로 이자수익, 임대료수익 등과 같이 기간경과에 따라 수익이 발생하였으나 기일이 도래하지 않아 받지 못한 경우에 인식하는 수취채권이다. 그리고 대여금은 다른 기업 등에게 현금을 대여해 주고 만기일에 상환받기로 약속한 채권을 말한다.

제 2 절 매출채권

매출채권과 관련된 회계처리는 매출채권의 인식과 평가 그리고 처분이라는 세 가지 관점으로 요약된다.

1. 매출채권의 인식

제5장에서 상품의 신용판매가 매출채권에 미치는 영향을 살펴보았다. 복습 차원에서 예를 들면 다음과 같다.

한국㈜는 20×1년 1월 1일에 2/10, *n*/30의 조건으로 상품 ₩2,000,000어치를 강남㈜에 신용판매하였다. 1월 9일 강남㈜는 ₩200,000의 상품을 한국㈜에 반품하였다. 1월 10일 한국㈜는 강남㈜로부터 외상대금을 전액 회수하였다. 한국㈜의 일자별 회계처리는 아래와 같다.

1월 1일	(차) 매출채권	2,000,000	(대) 매　　출	2,000,000
1월 9일	(차) 매출환입및에누리	200,000	(대) 매출채권	200,000
1월 10일	(차) 현　　금	1,764,000*	(대) 매출채권	1,800,000
	매출할인	36,000**		

* ₩1,800,000 − ₩36,000

** ₩1,800,000 × 2%

현금할인을 받을 수 있는 기회는 일반적으로 제조업자가 도매업자에게 또는 도매업자가 소매업자에게 판매하는 경우에 발생한다. 판매회사는 영업활동에서 발생한 매출채권을 신속하게 회수하기 위해 현금할인 혜택과 같은 신용조건을 이용한다.

2. 매출채권의 평가 : 대손상각

매출채권을 재무제표에 보고할 때 회수불능 매출채권을 고려하여야 한다. 거래처의 파산, 지급능력 저하 등의 이유로 매출채권이 회수되지 않은 경우 이와 같은 회수불능채권을 대손 또는 금융자산의 손상이라고 한다. 매출채권의 회수가 불가능하다고 판단되면 그에 따른 자산의 감소가 발생하는데 이에 대응하여 인식하는 비용계정이 대손상각비이다. 예를 들어, 한국㈜가 ₩100,000을 외상판매하였는데 이 금액 중 ₩20,000이 회수불가능할 것으로 예상된다면 대손상각비 ₩20,000을 인식하게 된다. 이와 같은 손실은 외상판매를 이용하여 영업을 할 때 정상적이고 필수적으로 나타날 수 있다.

회수불능 매출채권에 대한 회계처리 방법은 이론적으로 직접상각법(direct write-off method)과 충당금설정법(allowance method)이 있으며, 대손상각비를 인식하는 시점에 차이가 있다.

(1) 직접상각법

직접상각법은 매출채권이 회수불가능할 것으로 예상되는 시점이 아닌 실제로 회수불가능하게 되었을 때 그 손실금액을 대손상각비로 인식하고, 매출채권을 직접 차감하는 방법이다. 예를 들어, 한국㈜의 20×1년 12월 31일 매출채권 잔액이 ₩300,000이고 20×2년 2월 2일 매출채권 중 ₩10,000이 실제로 회수불가능하게 되었다면 직접상각법에 따른 회계처리는 다음과 같다.

2월 2일	(차) 대손상각비	10,000	(대) 매출채권	10,000

직접상각법은 대손이 예상되는 시점에는 회계처리를 하지 않고, 실제로 대손이 확정된 시점에 대손상각비를 인식하고 매출채권을 직접 차감하므로 간단하고 객관적이라는 장점이 있다. 그러나 직접상각법은 실제 회수불능채권이 발생하기 전에는 대손 회계처리를 수행하지 않으므로 대손비용 인식 회계연도와 매출이 발생하는 회계연도가 불일치하는 수익·비용 대응 문제가 나타날 수 있다. 또한 실제로 대손이 확정된 시점에 대손 회계처리를 수행하므로 매출이 발생하는 회계연도의 매출채권이 과대계상될 수 있다는 단점이 있다. 따라서 대손비용이 중요하다면 재무보고 목적으로 직접상각법을 채택하기는 어렵다.

(2) 충당금설정법

충당금설정법은 회계연도 말에 매출채권 중 회수가 불가능한 금액을 추정하여 대손상각비로 인식하고 이를 대손충당금으로 설정하는 방법이다. 대손충당금은 매출채권에서 차감하는 방식으로 표시된다. 매출채권의 손상 발생에 대한 객관적인 증거가 있는지를 회계연도 말에 평가하고 그러한 증거가 있으며 미래현금흐름에 영향을 미치는 경우 손상차손에 해당하는 대손상각비를 인식한다. 그리고 실제로 대손이 확정된 시점에 대손충당금의 감소와 매출채권의 감소를 각각 차변과 대변에 인식하는 회계처리를 수행한다.

한국채택국제회계기준에서는 대손비용이 금액적으로 중요할 때 재무보고 목적을 위해서 충당금설정법을 사용하도록 요구한다. 구체적으로 충당금설정법의 방법은 다음과 같다.

첫째, 회수불능 매출채권을 추정한다. 추정된 비용은 수익이 보고되는 기간에 대응되도록 한다.

둘째, 매 기간 말에 수정분개를 통해서 추정된 회수불능채권을 대손상각비계정의 차변과 대손충당금계정(자산차감 계정)의 대변에 기록한다.

셋째, 실제 회수불능채권을 상각할 때는 대손충당금계정의 차변과 매출채권계정의 대변에 동 금액을 기록한다.

1) 회수불능금액의 추정

회사는 회계연도 말에 이해관계자들에게 순실현가능가치 정보를 제공하기 위해 매출채권의 회수가능성을 추정한다. 순실현가능가치는 매출채권에서 추정된 회수불능금액과 매출채권을 회수하는 데 소요되는 비용을 차감한 금액으로, 매출채권 중 현금으로 회수가능한 순액의 개념이다.

회수불능금액을 추정하기 위해 일반적으로 매출채권의 경과기간을 고려하여 판단하는 매출채권 비율기준(percentage of receivables)이 실무적으로 많이 사용되고 있으나 한국채택국제회계기준에서는 개별 채권의 손상된 객관적 증거로 인해 추정 미래현금흐름이 낮아진 경우 그 손상 상당액(장부금액 - 추정 미래현금흐름의 현재가치)을 대손으로 처리하도록 하고 있다.

대손충당금 설정액 = 매출채권의 장부금액
− 매출채권의 추정 미래현금흐름의 현재가치

한국㈜가 20×1년도에 상품 ₩2,400,000을 외상판매하고 이 중에서 12월 31일에 매출채권 ₩300,000이 회수되지 않은 채 남아 있다고 하자. 기말 매출채권에 대한 대손을 추정하기 전 대손충당금 잔액은 ₩10,000이다. 담당부서에서 추정한 결과 매출채권 중 ₩24,000이 회수불능으로 추정하였다면 순실현가능가치는 ₩276,000(₩300,000 − ₩24,000)이 된다.[1)]

<표 8-1>과 같이 재무상태표에는 매출채권에서 대손충당금을 차감하여 매출채권의 순액이 ₩276,000이 되도록 표시한다. 이때 ₩276,000은 재무상태표일 현재 매출채권의 순실현가능가치를 나타낸다.

표 8-1 | 대손충당금의 표시

부분재무상태표
20×1년 12월 31일 현재

한국㈜		(단위 : 원)
매출채권	₩300,000	
차감 : 대손충당금	(24,000)	276,000

<표 8-1>에서 한국㈜의 매출채권 순실현가능가치가 ₩276,000이 된다는 것은 어렵지 않게 이해할 수 있다. 그러나 한 가지 유의할 점은 기말 매출채권에 대한 대손예상액을 추정한 후 수정전 대손충당금과 비교하여 차액에 대한 추가적인 회계처리가 필요하다는 것이다.

위의 예에서 20×1년에 보고될 한국㈜의 대손충당금은 ₩24,000인데, 판매담당자가 대손예상액을 추정하기 전 대손충당금 잔액이 ₩10,000이므로 추가로 인식할 대손충당금 잔액은 ₩14,000이다. 이처럼 수정전 대손충당금 잔액보다 기말 재무상태표에 표시될 대손예상액이 크면 그 차액을 대손충당금으로 추가 설정하고 동 금액을 대손상각비로 인식한다.

1) 내용의 편의상 회수하는 데 소요되는 비용은 없다고 가정한다.

충당금설정법에서 수정전 대손충당금 잔액 ₩10,000을 고려하는 경우 기말 매출채권에 대한 대손충당금 회계처리는 다음과 같다.

12월 31일	(차) 대손상각비	14,000	(대) 대손충당금	14,000

한편, 20×1년에 예상된 대손추정액이 ₩24,000이 아니라 ₩8,000이라고 가정하면, 수정전 대손충당금 잔액이 ₩10,000이므로 대손충당금 잔액을 ₩2,000 감소시켜야 한다. 이처럼 수정전 대손충당금 잔액보다 기말 재무상태표에 표시될 대손예상액이 작으면 대손충당금을 감소시키고 동 금액을 대손충당금환입으로 인식한다. 대손충당금환입이 발생하는 이유는 전기에 대손충당금을 너무 많이 설정하였기 때문이다.

충당금설정법에서 20×1년 말에 예상된 대손추정액이 ₩24,000이 아니라 ₩8,000이라고 가정할 경우 대손충당금 회계처리는 다음과 같다.

12월 31일	(차) 대손충당금	2,000	(대) 대손충당금환입	2,000

2) 대손 확정

매출채권의 회수가 실제로 불가능하게 되면 회사는 대손확정을 위한 회계처리를 수행한다. 구체적으로 대손이 확정된 시점에 대손충당금의 감소와 매출채권의 감소를 각각 차변과 대변에 인식하는 회계처리를 한다. 20×1년 12월 31일에 대손충당금 ₩24,000을 설정한 상태에서 20×2년 4월 30일에 강남㈜에 대한 매출채권 ₩10,000에 대해 대손이 확정된 경우 한국㈜가 수행할 회계처리는 다음과 같다.

4월 30일	(차) 대손충당금	10,000	(대) 매출채권	10,000

충당금설정법에서는 기말에 대손예상액을 추정하므로 실제 대손으로 확정된 금액과 차이가 발생할 수 있다. 이때 대손충당금보다 확정된 대손이 더 많으면 대손 확정시점에 추가로 대손상각비를 인식한다. 20×2년 5월 31일 추가로 강북㈜의 매출채권 ₩20,000에 대해 대손이 확정된 경우 한국㈜가 수행할 회계처리는 다음과 같다.

5월 31일	(차) 대손충당금	14,000	(대) 매출채권	20,000
	대손상각비	6,000		

예제 8-1

한국㈜는 20×1년 중에 설립되었고 매출채권과 대손에 대한 자료는 다음과 같다.

1. 20×1년 말 매출채권은 ₩1,000,000이고, 이 중 ₩80,000은 회수불가능한 것으로 추정된다.
2. 20×2년 말 매출채권은 ₩1,800,000이고, 이 중 ₩150,000은 회수불가능한 것으로 추정된다.

▶▶ 요구사항

독립적인 다음 상황에 대해 20×1년 말 대손추정, 20×2년 대손확정 및 기말 대손추정에 필요한 회계처리를 하고, 20×2년 말 재무상태표 상 매출채권의 순실현가능가치를 보여라.

1. 20×2년 중 매출채권 ₩40,000이 대손확정되었다.
2. 20×2년 중 매출채권 ₩100,000이 대손확정되었다.

해답

1. 20×2년 중 매출채권 ₩40,000 대손확정

1) 20×1년 말

(차) 대손상각비	80,000	(대) 대손충당금	80,000

2) 20×2년 대손확정

(차) 대손충당금	40,000	(대) 매출채권	40,000

3) 20×2년 말

(차) 대손상각비	110,000	(대) 대손충당금	110,000

부분재무상태표

20×2년 12월 31일 현재

한국㈜		(단위 : 원)
매출채권	₩1,800,000	
대손충당금	(150,000)	1,650,000

2. 20×2년 중 매출채권 ₩100,000 대손확정

1) 20×1년 말

(차) 대손상각비	80,000	(대) 대손충당금	80,000

2) 20×2년 대손확정

(차) 대손충당금	80,000	(대) 매출채권	100,000
대손상각비	20,000		

3) 20×2년 말

(차) 대손상각비 150,000 (대) 대손충당금 150,000

부분재무상태표

20×2년 12월 31일 현재

한국㈜ (단위 : 원)

매출채권	₩1,800,000	
대손충당금	(150,000)	1,650,000

3) 상각된 회수불능채권의 회수

회사가 회수불가능으로 판단하여 대손확정 처리한 매출채권이 대손 처리된 이후 시점에 회수되기도 한다. 이 경우 회수불능으로 상각된 매출채권의 회수를 기록하기 위해 두 개의 회계처리를 수행한다. 첫째, 매출채권의 대손확정 회계처리를 취소하여 매출채권을 회복시킨다. 둘째, 매출채권의 회수에 대한 일반적인 회계처리를 수행한다.

앞의 예에서 한국㈜가 4월 30일자로 대손확정 처리한 매출채권 ₩10,000을 6월 1일 강남㈜로부터 회수했다면 이에 대한 회계처리는 다음과 같다.

(대손확정 취소분개)

6월 1일 (차) 매출채권 10,000 (대) 대손충당금 10,000

(매출채권 회수분개)

6월 1일 (차) 현 금 10,000 (대) 매출채권 10,000

위의 취소분개에서 매출채권이 차변에 ₩10,000이 기록되고, 회수분개에서 매출채권이 대변에 ₩10,000이 기록되므로 다음과 같이 취소분개와 회수분개를 동시에 하여도 재무상태에 미치는 영향은 동일하다.

6월 1일 (차) 현 금 10,000 (대) 대손충당금 10,000

대손상각과 동일하게 대손을 취소하기 위한 분개 역시 재무상태표 계정에만 영향을 미친다. 위의 두 분개로 인한 순효과인 ₩10,000은 현금계정 차변과 대손충당금계정 대변에 각각 기록된다.

예제 8-2

20×1년 12월 31일 한국㈜의 수정전시산표는 다음 금액을 포함하고 있다.

	차 변	대 변
매출채권	₩300,000	
대손충당금		₩27,000

1. 한국㈜의 20×1년 12월 31일 매출채권 잔액은 ₩300,000이고 이 중 ₩57,000이 회수불가능하다고 추정된다.
2. 한국㈜의 20×2년 1월 중 매출과 매출채권에 대한 주요 거래는 다음과 같다.
   1) 1월 10일 : 강동㈜에 상품 ₩50,000을 외상매출하였다.
   2) 1월 20일 : 전년도 매출채권 중 ₩30,000이 현금으로 회수되었다.
   3) 1월 21일 : 전년도 매출채권 중 ₩15,000이 회수불능으로 판명되었다.
   4) 1월 25일 : 전년도 회수불능처리하였던 매출채권 ₩5,000이 현금으로 회수되었다.
   5) 1월 27일 : 강서㈜에 상품 ₩20,000을 외상매출하였다.
3. 20×2년 1월말이 결산일이다. 대손예상액은 1월말 매출채권 잔액의 15%로 추정된다.

▶▶ **요구사항**

1. 20×1년 12월 31일 매출채권 대손추정에 필요한 회계처리를 하고, 대손충당금과 대손상각비에 대한 계정을 표시하라.
2. 20×2년 1월의 거래에 대해 회계처리를 하라.
3. 20×2년 1월말 결산일에 매출채권 대손추정에 필요한 회계처리를 하라.

해답

1. 20×1년 12월 31일의 대손추정

   1) 20×1년 12월 31일 대손충당금 수정분개

12월 31일	(차) 대손상각비	30,000	(대) 대손충당금	30,000

*수정전시산표상의 대손충당금 ₩27,000은 ₩57,000으로 수정되어야 한다.

   2) 대손상각비와 대손충당금에 대한 계정

대손상각비

차변	대변
12/31 설정 30,000	

대손충당금

차변		대변		
12/31차기이월	57,000	12/31	잔액	27,000
		12/31	설정	30,000
	57,000			57,000

2. 20×2년 1월의 거래에 대한 분개

	차변	금액	대변	금액
1) 1월 10일	(차) 매출채권	50,000	(대) 매 출	50,000
2) 1월 20일	(차) 현 금	30,000	(대) 매출채권	30,000
3) 1월 21일	(차) 대손충당금	15,000	(대) 매출채권	15,000
4) 1월 25일	(차) 현 금	5,000	(대) 대손충당금	5,000
5) 1월 27일	(차) 매출채권	20,000	(대) 매 출	20,000

3. 20×2년 1월말 결산일

	차변	금액	대변	금액
1월 31일	(차) 대손상각비	1,750	(대) 대손충당금	1,750

1) 매출채권 잔액

기초 ₩300,000 + ₩50,000 − ₩30,000 − ₩15,000 + ₩20,000 = ₩325,000

2) 대손충당금 잔액

기초 ₩57,000 − ₩15,000 + ₩5,000 = ₩47,000

3) 대손추정 및 분개

매출채권 잔액 × 15% = ₩325,000 × 15% = ₩48,750

대손상각비 = ₩48,750 − ₩47,000 = ₩1,750

3. 매출채권의 처분

정상적인 거래과정에서 매출채권은 현금으로 회수되고 해당 매출채권은 장부에서 제거된다. 그러나 외상판매의 증가로 매출채권이 누적되어 회사의 유동성이 부족하게 된다면 유동성 확보를 위해 매출채권을 매각하여 현금화시킬 것이다.

회사가 매출채권을 처분하는 이유는 다음과 같다. 첫째, 매출채권 처분이 유일하게 현금을 확보하는 원천일 수 있다. 자금사정이 어려워 금융시장에서 자금을 빌릴 수 없거나 또는 자금사정이 좋은 경우에도 이자비용이 지나치게 높아 차입이 어려울 수도 있다. 둘째, 매출채권은 대금을 청구하고 회수하는 데 많은 시간이 걸리고 비용도 발생한다. 따라서 대금청구 및 회수와 관련하여 전문성을 가지고 있는 금융기관 등에 매출채권을 처분하는 것이 회사가 직접 매출채권의 대금을 청구하고 회수하는 것보다 편리하다.

(1) 매출채권의 양도

일반적으로 팩토링(factoring)이라고 하는 매출채권의 양도는 회사가 팩터인 금융기관에 일정한 수수료를 내고 매출채권을 매각하는 것으로, 수수료는 매출채권처분손실로 회계처리한다. 팩터(factor)란 회사로부터 수취채권을 매입한 후 채무자로부터 직접 대금을 회수하는 금융기관 또는 은행을 말한다.

팩터인 금융기관은 매출채권을 처분하는 회사에게 수수료를 부과하는데, 수수료는 통상 매입한 수취채권 금액의 1~3% 범위이다. 다음의 <예제 8-3>은 매출채권 양도에 대한 회계처리를 보여주고 있다.

예제 8-3

강남㈜는 20×1년 6월 30일 거래처에 물품대금을 지급하기 위해서 한국금융에 ₩1,200,000의 외상매출금을 양도하기로 하였다. 이때 한국금융의 팩토링 수수료는 2%이다.

▶▶ 요구사항

20×1년 6월 30일 강남㈜의 매출채권 양도에 따른 회계처리를 하라.

해답

6월 30일	(차) 현 금	1,176,000	(대) 매출채권	1,200,000
	매출채권처분손실	24,000*		

* ₩1,200,000 × 2%

팩토링의 회계처리는 실질적으로 외상매출금에 대한 위험과 보상이 회사로부터 금융기관인 팩터에게 이전되었는지 여부에 따라 달라진다. 즉, 외상매출금에 대한 위험과 보상이 금융기관으로 이전된 경우 외상매출금에 대한 권리를 매각한 것으로 보아 위의 예제와 같이 매출채권을 장부에서 제거한다. 그러나 외상매출금에 대한 위험과 보상이 금융기관으로 이전되지 않은 경우에는 외상매출금에 대한 권리를 담보로 차입한 것으로 보아 매출채권을 장부에서 제거하지 않고 차입한 금액만큼 단기차입금으로 회계처리한다.[2] 위의 예제에서 위험과 보상이 이전되지 않았다면 다음과 같이 회계처리한다.

6월 30일	(차) 현 금	1,176,000	(대) 단기차입금	1,200,000
	수수료비용	24,000		

수취채권의 처분이 빈번하게 발생하는 경우 발생하는 매출채권처분손실은 판매비와관리비로 보고된다. 그러나 매출채권의 처분이 빈번하지 않고 드물게 발생한다면 포괄손익계산서의 기타비용으로 보고할 수 있다.

(2) 신용카드매출

일상생활에서 물품을 구매할 때 흔히 신용카드를 사용한다. 신용카드가 소매매출에서 사용될 때 관련된 당사자는 신용카드 발행자, 소매업자 그리고 고객이다. 개인이나 기업이 소매업자에게 신용카드를 사용하여 물품을 구매하면 소매업자는 신용카드 발행사에게 일정한 수수료를 내고 신용카드매출에 대한 채권을 매각한다. 이렇게 매입된 채권은 각 신용카드 발행사의 지침에 따라 일정기일 후 물품을 구입한 고객으로부터 현금화된다. 따라서 신용카드매출은 수취채권 양도거래(factoring)의 또 다른 형태이다.

강남㈜는 ₩2,000,000 상당의 음반을 판매하였는데 고객은 판매대금을 신용카드로 결제하였다. 신용카드사는 3%의 서비스수수료를 부과한다. 강남㈜는 이 거래를 기록하기 위해 다음과 같은 회계처리를 한다.

(차) 현 금	1,940,000	(대) 매 출	2,000,000
매출채권처분손실	60,000*		

* ₩2,000,000 × 3%

2) 매출채권에 대한 위험과 보상이 이전된 경우 해당 매출채권에 대해 손상 회계를 적용하지 않으나, 위험과 보상이 이전되지 않은 경우에는 해당 매출채권은 손상 회계 적용대상이다.

제 3 절 어 음

일반적으로 외상으로 상품을 구입하고 추후 대금지급을 약속하는 어음을 제공하면 채무자는 채권자에게 약정한 지급기일에 미리 정한 장소에서 대금을 결제한다. 이처럼 어음이란 일정한 시기에 일정한 장소에서 일정한 금액을 지급하겠다고 약속한 유가증권이다. 어음에는 약속어음과 환어음이 있으나 실무에서는 약속어음이 주로 사용된다.3)

약속어음이란 어음발행인이 일정기일 후에 어음의 소지인에게 그 지급을 약속하는 증서이다. 어음의 발행인은 어음상의 채무자가 되며, 어음의 수취인은 어음상의 채권자가 된다. [그림 8-1]은 20×1년 10월 26일 드림문구가 상품 ₩1,500,000을 강남㈜에게 판매하고 받은 지급일(만기)이 20×1년 12월 25일인 약속어음이다.

약속어음의 발행인 강남㈜는 채무자이고, 약속어음 수취인 드림문구는 채권자가 된다. 따라서 [그림 8-1]의 약속어음은 드림문구 입장에서는 받을어음이 되고,

그림 8-1 약속어음

약 속 어 음

드림문구 귀하 자가 18306678

금 ₩1,500,000

金壹百五拾萬원整

위의 금액을 귀하 또는 귀하의 지시인에게 이 약속어음과 상환하여 지급하겠습니다.

지급기일 20×1년 12월 25일 발행일 20×1년 10월 26일

지급지 / 지급장소 株式會社 서민은행 발행지 株式会社 江 南

발행인 代表理事 金漢陽

18306678

3) 2004년 3월 '전자어음의 발행 및 유통에 관한 법률'이 제정됨에 따라 일반적인 상거래 시 약속어음을 인터넷상에서 전자적으로 발행 · 유통할 수 있는데, 이처럼 전자문서로 작성되고 전자어음관리기관에 등록된 약속어음을 전자어음(electronic bill)이라고 한다. 전자어음제도는 어음거래의 투명성이 확보되고 금융기관과 기업 등의 실물어음 발행, 유통 및 관리비용을 절감할 수 있으며, 분실이나 도난 등의 어음사고를 예방하는 장점이 있다.

강남㈜의 입장에서는 지급어음이 된다.

매출채권과 유사하게 어음도 손쉽게 매각할 수 있다. 어음에 대한 회계처리는 매출채권 회계처리와 동일하게 어음의 인식, 평가와 처분으로 이루어진다. 이때 매출채권에는 적용되지 않았던 만기일과 이자를 추가로 고려해야 한다.

1. 만기일 결정

20×1년 10월 26일 드림문구가 상품 ₩1,500,000을 강남㈜에게 판매하고 받은 지급일이 20×1년 12월 25일인 약속어음을 받았다면, 해당 어음의 만기일은 60일이다. 어음의 만기가 월 단위로 표시되는 경우 발행일로부터 기간을 계산하여 만기를 계산한다. 예를 들어, 6월 1일에 발행된 4개월 만기 어음의 경우 만기일은 10월 1일이 된다. 월의 마지막 날에 발행된 어음의 만기는 도래하는 달의 마지막 날이 그 만기가 되므로 5월 31일 발행된 2개월 만기 어음의 만기일은 7월 31일이 된다.

2. 이자계산

일반적으로 상거래에서 단기지급 목적으로 어음이 발행되는 경우에는 대부분 무이자부어음이다. 그러나 어음에 이자율이 기재되어 있는 경우에는 이자부어음이 되며, 기간에 따른 이자를 계산하여야 한다. 제3장(수정분개)에서 설명한 바와 같이 이자부어음의 이자를 계산하기 위한 기본공식은 다음과 같다.

$$\text{이자} = \text{어음의 액면금액} \times \text{연 이자율} \times \text{기간}$$

어음에 명시된 이자율은 연(年) 이자율이며, 기간은 어음이 발행되어 유통되는 기간을 나타낸다. 일반적으로 만기일이 일 단위로 표시되는 경우 기간은 해당 일수를 365일로 나누어 계산하고, 만기일이 월 단위로 표시되는 경우의 기간계산은 해당 월수를 12개월로 나누어 계산한다. 다음은 다양한 기간에 대한 어음과 그 이자계산을 나타낸다.

어음의 기간			이자계산			
액면금액	이자율	기간	액면금액 ×	이자율 ×	경과기간 =	이자
₩80,000	15%	73일	₩80,000	15%	73/365	₩2,400
120,000	12%	6개월	120,000	12%	6/12	7,200
300,000	10%	1년	300,000	10%	1/1	30,000
			합 계			₩39,600

한 가지 유의한 점은 계산상 편의를 위해 1년을 365일이 아닌 360일로 가정하여 계산하는 경우가 있다는 점이다. 예를 들어, 1년을 360일로 가정할 경우 액면금액 ₩80,000, 연 이자율 15%, 기간 60일의 어음에 대한 이자는 ₩2,000이 된다.

3. 어음의 인식

어음을 발행하거나 수령하는 경우에는 어떤 거래에서 발행 또는 수령하였는지에 따라 매출채권, 매입채무, 미수금, 미지급금, 대여금, 차입금 등으로 기록한다. 예를 들어, 한국㈜가 4월 1일 상품 ₩2,000,000을 외상으로 판매하고 약속어음을 수령하였다면 한국㈜는 다음과 같이 회계처리한다.

4월 1일	(차) 매출채권	2,000,000	(대) 매 출	2,000,000

한국㈜가 상품을 매출하고 수령한 어음은 받을어음에 해당되며 이는 매출채권 계정에 기록된다. 반대로, 한국㈜가 4월 15일 상품 ₩5,000,000을 구입하고 약속어음을 발행하였다면 한국㈜는 다음과 같이 회계처리한다.

4월 15일	(차) 상품(매입)	5,000,000	(대) 매입채무	5,000,000

한국㈜가 상품을 구입하면서 발행한 어음은 지급어음에 해당되며, 이는 매입채무계정에 기록된다. 한편, 한국㈜가 4월 23일 강남㈜에게 현금 ₩3,000,000을 빌려주고 약속어음을 수령하였다면 한국㈜는 다음과 같이 회계처리한다.

4월 23일	(차) 대 여 금	3,000,000	(대) 현 금	3,000,000

한국㈜가 자금을 대여하면서 어음을 수령하였다면 대여한 현금에 해당하는 금

액을 대여금계정 차변과 현금계정의 대변에 기록한다. 비록 어음을 수령하였다 하더라도 상거래로 인한 어음이 아니기 때문에 매출채권으로 회계처리하지 않는다.

예제 8-4

다음은 한국㈜의 거래 중 일부이다.

3월 15일 상품 ₩250,000을 외상으로 판매하고 약속어음을 수령하였다.
4월 25일 상품 ₩400,000을 외상으로 판매하였다.
5월 10일 기계장치 ₩800,000을 구입하고 약속어음을 발행하였다.

▶▶ 요구사항

각 거래에 대한 한국㈜의 회계처리를 보여라.

해답

3월 15일	(차) 매출채권	250,000	(대) 매　　출	250,000
4월 25일	(차) 매출채권	400,000	(대) 매　　출	400,000
5월 10일	(차) 기계장치	800,000	(대) 미지급금	800,000

4. 어음의 평가

만기가 1년 이내인 어음의 평가는 매출채권의 평가와 동일하게 순실현가능가치로 보고한다. 어음에 대해서도 회수불능채권에 대한 대손충당금을 설정한다. 순실현가능가치를 추정하고 대손상각비와 대손충당금을 설정하는 것은 매출채권의 경우와 동일한 절차로 이루어진다.

5. 어음의 처분

어음의 만기일이 도래하면 어음은 현금으로 회수된다. 그러나 만기일이 도래하였다 하더라도 어음 발행인의 자금사정이 좋지 않다면 어음대금이 지급되지 않을 수도 있다. 또한 만기일이 도래하기 전이라 하더라도 어음의 수취인이 자금을 융통하기 위해 어음을 금융기관에 양도할 수도 있다.

(1) 받을어음의 회수

어음의 만기일이 되면 어음의 수취인은 해당 어음을 거래은행에 제시한다. 어음 수취인의 거래은행은 어음 발행인이 정한 지급은행에 현금결제를 요청하고 지급은행은 어음 발행인의 당좌예금계좌를 확인한 후 현금을 지급한다. 이자부어음인 경우에는 만기일에 액면금액과 발생된 이자를 합한 금액을 지급한다.

[그림 8-1]에서 어음의 수취인 드림문구는 약속어음의 만기일인 20×1년 12월 25일에 해당 약속어음을 자신의 거래은행에 제시하고, 거래은행은 강남㈜가 정한 서민은행에 어음을 결제해 줄 것을 요청한다. 서민은행은 강남㈜의 당좌예금계좌를 확인한 후 어음대금 ₩1,500,000을 지급한다. 어음의 만기일인 20×1년 12월 25일 어음 수취인 드림문구의 회계처리는 다음과 같다.

12월 25일	(차) 현　　금	1,500,000	(대) 매출채권	1,500,000

일반적으로 어음 발행인의 당좌예금계좌에서 어음대금이 결제되므로 만기일에 결제되는 어음대금은 당좌예금계정에서 차감된다. 어음의 만기일인 20×1년 12월 25일 어음 발행인 강남㈜의 회계처리는 다음과 같다.

12월 25일	(차) 매입채무	1,500,000	(대) 당좌예금	1,500,000

예제 8-5

다음은 20×1년 한국㈜의 기중 거래 내역 중 일부이다.

1. 3월 10일　강서㈜에게 상품 ₩500,000을 판매하고 만기 3개월인 약속어음을 수령하였다.
2. 4월　5일　강북㈜로부터 상품 ₩250,000을 외상으로 구입하고 만기 3개월인 약속어음을 발행하였다.
3. 6월 10일　3월 10일 수령한 약속어음의 만기일이 되어 현금 ₩500,000을 회수하였다.
4. 7월　5일　4월 5일 발행한 약속어음의 만기일이 도래하여 결제하였으며, 결제대금은 당좌예금계좌에서 인출되었다.

▶▶ 요구사항

1. 한국㈜가 수행해야 할 회계처리를 보여라.

해답

1. 3월 10일	(차) 매출채권	500,000	(대) 매 출	500,000
2. 4월 5일	(차) 매 입	250,000	(대) 매입채무	250,000
3. 6월 10일	(차) 현 금	500,000	(대) 매출채권	500,000
4. 7월 5일	(차) 매입채무	250,000	(대) 당좌예금	250,000

(2) 어음의 부도

그러나 만기일에 어음 발행인의 당좌예금계좌 잔액이 부족한 경우 지급은행은 어음금액을 지급하지 않는데, 만기시 지급요청을 하였으나 지급이 거절된 어음을 흔히 부도어음이라고 부른다.

예를 들어, 4월 15일 한국㈜는 강동㈜에게 상품 ₩2,000,000을 외상으로 판매하고 약속어음(만기 3개월)을 수령하였다. 만기일인 7월 15일 한국㈜는 어음대금 결제를 요청하였으나 결제은행은 강동㈜의 당좌예금잔액 부족을 이유로 지급을 거절하였다. 부도처리된 어음에 대한 한국㈜의 회계처리는 다음과 같다.

7월 15일	(차) 부도어음	2,000,000	(대) 매출채권	2,000,000

지급이 거절된 어음은 더 이상 유통이 불가능하다. 그러나 어음의 수취인은 여전히 어음 발행인에 대한 청구권을 가진다. 기업 입장에서는 부도어음을 일반어음과 구분하여 관리하기 위해 부도처리된 어음을 부도어음계정으로 대체한다. 그러나 부도어음을 재무상태표상 매출채권으로 보고하므로 어음의 부도시 실질적인 재무상태의 변동은 없다. 만일 부도처리된 어음에 대해 소구권을 행사한 결과 한국㈜가 9월 15일 어음대금 ₩2,000,000을 회수하였다면 회계처리는 다음과 같다.

9월 15일	(차) 현 금	2,000,000	(대) 부도어음	2,000,000

한편, 부도처리된 어음에 대해 최종적으로 회수하지 못한다고 판단될 경우 어음의 수취인 한국㈜는 어음의 액면금액을 대손충당금계정의 차변에 기록함으로써 대손처리할 것이다. 위의 예에서 강동㈜가 발행하여 7월 15일에 부도처리된 약속어음에 대해 한국㈜가 12월 15일 대손처리를 결정했다면 회계처리는 다음과 같다.

12월 15일 (차) 대손충당금 2,000,000 (대) 부도어음 2,000,000

(3) 어음의 할인

만기일 전이라도 자금의 융통을 위해 어음의 수취인은 금융기관에 할인료를 지급하고 어음대금을 조기에 지급받을 수도 있다. 상품매매에 대한 결제수단으로 받은 어음을 만기일 전에 은행과 같은 금융기관에 어음을 양도하고 현금을 수령하는 것을 어음의 할인이라고 한다.

어음의 할인도 외상매출금의 처분과 같이 할인조건에 따라 매각거래와 차입거래로 회계처리할 수 있다. 어음을 할인한 경우 어음에 대한 위험과 보상이 대부분 이전되면 매출채권을 매각한 것으로 보아 어음금액과 현금수령액의 차이를 매출채권처분손실로 인식한다. 한편, 어음을 할인하였으나 어음에 대한 위험과 보상이 대부분 보유되면 차입거래로 보아 어음금액과 현금수령액의 차이를 이자비용으로 인식한다.4)

예제 8-6

한국㈜는 20×1년 9월 30일 상품을 외상판매하고 3개월 만기 약속어음 ₩1,000,000을 받아 즉시 은행에서 할인하였다. 어음의 할인율은 연 12%이며, 할인료는 월할계산한다. 단, 동 약속어음은 만기일에 정상적으로 결제가 이루어졌다고 가정한다.

▶▶ 요구사항

1. 한국㈜가 어음을 할인할 경우 수령하는 금액은 얼마인가?
2. 어음할인시 위험과 보상이 대부분 이전될 경우 한국㈜가 20×1년 9월 30일과 20×1년 12월 31일에 수행할 회계처리를 하라.
3. 어음할인시 위험과 보상이 대부분 보유될 경우 한국㈜가 20×1년 9월 30일과 20×1년 12월 31일에 수행할 회계처리를 하라.

해답

1. 현금수령액

4) 어음할인 시 매출채권에 대한 손상 회계는 외상매출금의 양도와 동일하게 적용된다.

어음금액	₩1,000,000
할인료 (₩1,000,000 × 12% × 3/12)	(30,000)
현금수령액	₩970,000

2. 위험과 보상이 대부분 이전되면 매각거래로 회계처리

9월 30일	(차) 현 금	970,000	(대) 매출채권	1,000,000
	매출채권처분손실	30,000		
12월 31일		- 회계처리 없음 -		

3. 위험과 보상이 대부분 보유되면 차입거래로 회계처리

9월 30일	(차) 현 금	970,000	(대) 단기차입금	1,000,000
	이자비용	30,000		
12월 31일	(차) 단기차입금	1,000,000	(대) 매출채권	1,000,000

제 4 절 재무제표 표시와 분석

1. 재무제표 표시

재무제표에 수취채권을 표시할 때에는 그 유형별로 구분하여 표시하여야 한다. 단기 수취채권은 재무상태표의 유동자산으로 표시하고 수취채권 총액과 대손충당금을 함께 보고한다.

포괄손익계산서에는 대손상각비와 수수료비용을 영업비용인 판매비와관리비로 보고한다. 그리고 이자수익(비용) 등은 기타수익(비용)으로 보고한다.

2. 재무제표 분석

투자자나 경영자는 매출채권의 유동성을 평가하기 위해 매출채권회전율을 사용한다. 이 비율은 회사가 일정기간 동안 매출채권을 회수하는 데 걸리는 평균적

인 횟수를 계산한 것이다. 매출채권회전율은 외상매출액(순매출액 - 현금매출액)을 당해 연도의 평균 순매출채권으로 나누어 계산된다. 계절적 요인이 중요하지 않다면, 평균 순매출채권은 순매출채권의 기초와 기말 잔액의 평균으로 계산한다.

예를 들어, 당해 연도에 한국㈜가 연간 ₩3,000,000의 순매출액을 달성했다고 하자. 기초 순매출채권과 기말 순매출채권 잔액은 각각 ₩200,000, ₩300,000이었다. 한국㈜의 매출액이 전액 외상판매에 의한 것이라면, 매출채권회전율은 다음과 같이 계산된다.

$$\begin{aligned}\text{매출채권회전율} &= \text{외상매출액} \div \text{평균 순매출채권} \\ &= ₩3{,}000{,}000 \div \frac{(₩200{,}000 + ₩300{,}000)}{2} \\ &= 12(\text{회})\end{aligned}$$

매출채권회전율이 높다는 것은 회사의 매출채권이 더욱 유동적이고 현금화하기 쉽다는 것을 의미한다.

매출채권회전율을 변형하여 유동성을 보다 명확하게 나타내는 방법은 평균회수기간이다. 평균회수기간은 365일을 매출채권회전율로 나누어 계산한다. 아래에서 보는 바와 같이 365일을 한국㈜의 매출채권회전율 12회로 나누면 평균회수기간 약 30.4일이 계산된다. 이는 한국㈜가 매출채권을 회수하는 데 평균적으로 약 30일이 소요된다는 것을 의미한다. 매출채권 평균회수기간을 계산하는 공식을 한국㈜에 적용하면 다음과 같다.

$$\begin{aligned}\text{매출채권 평균회수기간} &= 365\text{일} \div \text{매출채권회전율} \\ &= 365\text{일} \div 12\text{회} \\ &= 30.4\text{일}\end{aligned}$$

회사는 종종 외상판매정책과 회수정책의 효과를 평가하기 위해서 평균회수기간을 사용하고 있다. 일반적으로 회수기간은 회사의 회수정책에서 정한 외상매출에 허용되는 회수기간을 초과하지 않아야 한다.

요 약

1. 수취채권의 유형

수취채권은 ① 외상매출금, ② 받을어음, 그리고 ③ 기타채권으로 분류된다. 외상매출금과 받을어음은 회사의 중요한 영업활동과 관련되어 발생하는 것으로 매출채권이라고 한다. 기타채권은 미수금, 미수수익, 대여금 등 일반적 상거래 이외의 거래에서 발생한 비매출채권을 포함한다.

2. 매출채권의 인식

매출채권을 인식할 때 매출환입이나 매출에누리, 할인이 있는 경우 해당 금액만큼 매출채권을 감소시킨다. 기일이 도래한 외상매출금에 대해 이자가 부과될 때, 동 이자를 외상매출금 잔액에 가산하고 이자수익으로 인식한다.

3. 매출채권의 평가방법과 기준

매출채권의 회수불능금액을 평가하는 방법은 직접상각법과 충당금설정법이 있다. 직접상각법은 계산이 간편하지만 재무제표상의 유용성을 감소시킨다는 문제가 있다. 충당금설정법은 회수불능채권을 평가할 때 매출채권 비율기준을 사용한다.

4. 매출채권의 처분

외상매출금을 회수하면 외상매출금계정의 대변에 기록한다. (금융기관 등에) 외상매출금을 양도 시 매출채권처분손실은 외상매출금의 현금회수금액을 감소시킨다.

5. 어음의 만기일 및 이자 계산

기간이 월수로 표시된 어음의 경우 만기는 발행월을 포함하여 월수를 계산한다. 그리고 일수로 표시된 어음의 경우 발행일은 제외하고 만기일을 포함하여 일수를 계산한다. 이자는 (액면금액 × 이자율 × 경과기간)으로 계산한다.

6. 어음의 인식

받을어음은 액면금액으로 기록하고 받을어음을 차변에, 매출을 대변에 기록하는 분개를 한다.

7. 어음의 평가

회사는 받을어음을 순실현가능가치로 보고한다. 받을어음에 대한 충당금계정은 대손충당금이라 한다. 받을어음을 순실현가능가치로 평가하고 대손상각비 및 관련 충당금의 적절한 금액을 보고하며 이에 대한 계산과 추정은 외상매출금과 동일하다.

8. 받을어음의 처분

어음을 만기까지 보유하는 경우, 만기시점에서 액면금액과 발생된 이자가 함께 지급되며 어음은 해당 계정에서 제거한다. 한편, 어음 소지인은 해당 어음을 다른 당사자(factor)에게 매각함으로써 조기에 현금으로 전환할 수 있다. 어음 발행인이 어음금액을 만기에 지급하지 않는 경우 어음과 발생된 이자를 부도어음으로 대체하거나 상각한다.

9. 받을어음의 할인

상품매매에 대한 결제수단으로 받은 어음의 만기일 전에 은행과 같은 금융기관에 어음을 양도하고 이에 대한 이자와 수수료를 제외한 잔액을 받는 경우이며 이때 어음의 액면금액에서 일정한 수수료를 제외한 금액을 대금으로 받게 된다. 할인액은 '어음의 액면금액 × 할인율 × 할인기간일수/365일(또는 할인기간월수/12개월)'로 계산한다.

10. 수취채권의 재무제표 표시와 분석

회사는 재무상태표 또는 주석에 주요한 수취채권을 유형별로 각각 표시해야 한다. 단기수취채권은 유동자산으로 분류하고 수취채권의 총액과 대손충당금을 보고한다. 대손상각비와 수수료비용을 포괄손익계산서에 영업비용(판매비와관리비)으로 보고하고, 이자수익(비용)은 기타수익(비용)에 표시한다. 경영자와 투자자들은 매출채권회전율과 매출채권 평균회수기간을 계산함으로써 매출채권의 유동성에 대해 평가한다.

용어정리

기타 수취채권	미수이자, 대여금 등과 같은 다양한 형태의 비영업채권
대손상각비	회계기간 말에 회수불가능한 채권을 추정하여 당기의 비용으로 처리할 때 차변에 분개하는 계정항목
매출채권	고객에게 재화를 인도하거나 용역을 제공함으로써 발생하는 청구권으로서, 일반적인 상거래에서 발생한 외상매출금과 받을어음을 말함
매출채권순실현가능가치	매출채권 총액에서 대손충당금을 차감한 순액
매출채권평균회수기간	매출채권을 회수하는 데 소요되는 기간을 파악하여 외상판매관리의 효율성을 측정하는 방법으로, 1년(365일)을 매출채권회전율로 나누어 계산
매출채권회전율	매출채권이 현금화되는 속도 또는 매출채권에 대한 투자효율성을 나타내는 지표로 외상매출액을 평균 순매출채권으로 나누어 계산된 비율

받을어음	일반적인 상거래에서 판매한 재화 또는 제공한 용역에 대한 대가를 고객이 미래에 지급하겠다고 문서로 약속한 유가증권
발행인	어음의 지급을 약속하는 당사자
부도어음	만기일에 어음 발행인이 어음지급을 거절한 어음
수취인	어음상에 지급을 받기로 기재된 자
수취채권	고객이나 다른 실체에 대해서 보유하고 있는 화폐, 재화 또는 용역에 대한 청구권
약속어음	발행인이 수취인에게 특정 기일에 일정금액을 지급할 것을 약속한 증서
외상매출금	일반적인 상거래에서 판매한 재화 또는 제공한 용역에 대한 대가를 고객이 미래에 지급하겠다고 구두로 약속한 채권
전자어음	전자문서로 작성되고 전자어음관리기관에 등록된 약속어음
직접상각법	매출채권이 회수불가능한 것으로 확정될 때마다 이를 당기의 대손비용으로 처리하고 관련 수취채권계정을 장부에서 직접 제거하는 방법
충당금설정법	매출채권 중 회수가 불가능한 금액을 추산하여 대손상각비와 대손충당금으로 재무제표에 반영하는 방법
팩토링	기업이 금융기관에 일정수수료를 지불하고 외상매출금을 양도하는 행위

EXERCISES

연습문제

[문제 1] 수취채권 〈난이도 : 하〉

다음은 수취채권과 관련된 거래이다.

(1) 고객에게 상품 ₩64,000을 외상으로 판매하였다.

(2) 거래처에 비품을 매각하고 대금 ₩57,000은 1개월 후에 받기로 하였다.

(3) 종업원에게 현금 ₩10,000을 대여하였다.

〈요구사항〉

수취채권의 회계처리와 관련된 계정과목을 제시하라.

[문제 2] 매출, 매출환입 및 에누리, 매출할인 〈난이도 : 중〉

한국㈜의 20×1년 3월 중 거래이다.

(1) 3월 1일 : 상품 ₩200,000을 3/15, *n*/30의 조건으로 외상으로 판매하였다. 판매시 ₩5,000의 운반비를 현금으로 지출하였다.

(2) 3월 4일 : 상품 ₩80,000을 현금으로 판매하였다.

(3) 3월 10일 : 3월 1일 외상판매한 상품에 하자가 있어서 ₩10,000의 상품이 반품되었다.

(4) 3월 14일 : 3월 1일 외상판매분 중 ₩100,000을 조기회수하면서 ₩3,000의 매출할인을 해주었다.

(5) 3월 20일 : 현금판매한 상품 중 일부가 파손되어 판매가격 ₩2,000을 인하하였다.

(6) 3월 30일 : 외상판매대금 잔액을 모두 회수하였다.

〈요구사항〉

1. 20×1년 3월 거래에 대해 회계처리하라.
2. 20×1년 3월의 포괄손익계산서상 매출액을 계산하라.

[문제 3] 대손상각(1) 〈난이도 : 중〉

한국㈜의 20×1년 12월 31일 매출채권 잔액은 ₩2,500,000, 대손충당금 잔액은 ₩50,000이다. 20×2년 중 다음과 같은 거래가 발생하였다.

(1) 3월 10일 : 매출채권 중 ₩60,000이 회수불능으로 판명되었다.
(2) 6월 15일 : 회수불능으로 장부에서 제거한 매출채권 중 ₩35,000을 현금회수하였다.
(3) 12월 31일 현재 매출채권 잔액은 ₩3,000,000이며, 이 중 ₩100,000이 회수불가능한 것으로 추정된다.

〈요구사항〉

1. 3월 10일과 6월 15일의 회계처리를 하고, 결산수정분개 전 대손충당금 잔액을 계산하라.
2. 12월 31일 대손추정과 관련된 회계처리를 하라.

[문제 4] 대손상각(2) 〈난이도 : 중〉

한국㈜는 20×1년도 중에 설립되었고 매출채권과 대손에 관한 자료는 다음과 같다.

(1) 20×1년 말 매출채권은 ₩500,000이고, 이 중 ₩40,000은 회수불가능한 것으로 추정된다.
(2) 20×2년 말 매출채권은 ₩1,000,000이고, 이 중 ₩100,000은 회수불가능한 것으로 추정된다.

〈요구사항〉

독립적인 다음 상황에 대해 20×1년 말 대손추정, 20×2년 대손확정과 기말 대손추정에 필요한 회계처리를 하라.

1. 20×2년 중 매출채권 ₩30,000이 대손확정되었다.
2. 20×2년 중 매출채권 ₩70,000이 대손확정되었다.

[문제 5] 대손상각(3) 〈난이도 : 상〉

강남㈜의 20×1년 초 매출채권은 ₩1,000,000이고, 대손충당금 대변잔액은 ₩50,000이다. 20×1년 중 매출 및 매출채권 관련 자료는 다음과 같다.

(1) 4월 30일 : 매출채권 ₩70,000을 회수불능으로 대손을 확정하였다.
(2) 7월 31일 : 전기에 대손을 확정한 매출채권 ₩20,000을 회수하였다.
(3) 11월 30일 : 4월 30일에 상각처리한 매출채권 중에서 ₩10,000을 회수하였다.

(4) 20×1년의 외상매출액은 ₩5,000,000이다.

(5) 20×1년 말 매출채권 잔액은 ₩1,300,000이며 경과일수별로 미래 회수가능성을 분석한 내용은 다음과 같다.

경과일수	회수가능성	매출채권
60일 이내	98%	₩800,000
120일 이내	90%	300,000
120일 초과	80%	200,000
		₩1,300,000

〈요구사항〉

각각의 물음은 독립적이다.

1. 매출채권 비율기준을 적용하는 경우 20×1년 대손과 관련하여 필요한 회계처리를 하고, 손익계산서에 계상될 대손상각비와 재무상태표에 계상될 매출채권의 순실현가능가치를 계산하라.
2. 매출채권 잔액의 6%로 대손을 추정하는 경우 20×1년 대손과 관련하여 필요한 회계처리를 하고, 손익계산서에 계상될 대손상각비를 계산하라.

[문제 6] **매출채권의 양도** 〈난이도 : 하〉

강동㈜의 20×1년 중 거래는 다음과 같다.

(1) 5월 31일 : 강동㈜는 채무 변제에 필요한 자금을 마련하기 위해 서울팩토링㈜에 매출채권 ₩680,000을 양도하였다. 서울팩토링㈜은 매각 매출채권의 3%를 수수료로 부과한다. 단, 동 매출채권에 대한 위험과 보상이 이전된 것으로 가정한다.

(2) 6월 30일 : 강동㈜는 ₩1,500,000 상당의 노트북을 판매하였는데 고객은 신용카드로 대금을 결제하였다. 신용카드사는 3%의 서비스수수료를 부과한다.

〈요구사항〉

5월 31일과 6월 30일에 필요한 회계처리를 하라.

[문제 7] 어음(1) 〈난이도 : 하〉

한국㈜가 매출채권을 변제받기 위해 수취한 약속어음에 관한 자료이다.

	발행일	기간	만기일	액면금액	이자율/연	이자총액
(1)	4월 1일	60일	①	₩600,000	9%	⑤
(2)	7월 2일	30일	②	90,000	④	₩600
(3)	3월 7일	90일	③	120,000	10%	⑥

〈요구사항〉

빈 칸 ①~⑥번을 모두 채워라. 단, 이자계산 시 1년을 360일로 가정한다.

[문제 8] 어음(2) 〈난이도 : 중〉

한국㈜의 20×1년도 마지막 2개월 거래 자료는 다음과 같다(단, 1년을 360일로 한다).

(1) 11월 1일 : 어음(1년 만기, 연 10%)을 받고 강서㈜에게 현금 ₩150,000을 대여하였다.
(2) 12월 11일 : 강남㈜에 상품을 판매하고 ₩67,500(90일 만기, 연 8%)의 어음을 받았다.
(3) 12월 16일 : 서울㈜에 상품을 판매하고 ₩40,000(6개월 만기, 연 9%)의 어음을 받았다.
(4) 12월 31일 : 모든 어음에서 이자가 발생하였다.

〈요구사항〉

1. 20×1년 거래에 대해 회계처리하라.
2. 강서㈜에 대한 어음 만기일(20×2.11.1)에서의 어음 회수거래를 회계처리하라.

[문제 9] 어음(3) 〈난이도 : 중〉

한국㈜는 매월 장부를 마감한다. 6월 30일, 원장의 일부 계정잔액은 다음과 같다.

매출채권	₩46,000
미수이자	₩300

매출채권은 모두 받을어음으로 각각의 내용은 다음과 같다(이자는 만기에 수취한다).

발행일	발행인	액면금액	만기	연이자율(%)
5월 16일	서울㈜	₩6,000	60일	10%
5월 25일	강남㈜	25,000	60일	9%
6월 30일	강서㈜	15,000	6개월	8%

7월 중 거래는 다음과 같다.

7월 14일 : 신용카드매출 ₩700이 발생하였다. 신용카드 수수료비용은 3%이다.

7월 15일 : 서울㈜로부터 이자를 포함한 만기금액 전액을 수취하였다.

7월 24일 : 강남㈜의 어음이 부도처리되었다(회수가능할 것으로 가정한다).

〈요구사항〉

1. 7월 중 거래에 대해 회계처리하라.
2. 7월 31일 미수이자에 대한 수정분개를 하라(이자는 360일을 이용하여 계산한다).

[문제 10] **어음(4)** 〈난이도 : 중〉

한국㈜의 20×1년 1월 1일 매출채권 잔액은 ₩56,900, 대손충당금 잔액은 ₩4,700이다. 20×1년 중 다음의 거래가 발생하였다.

(1) 2월 2일 : 강남㈜에 상품 ₩6,300을 외상판매하고 액면금액 ₩6,300의 어음(4개월 만기, 연 10%)을 수취하였다.

(2) 4월 5일 : 강서㈜에 상품 ₩4,000을 외상판매하고 액면금액 ₩4,000의 어음(3개월 만기, 연 8%)을 수취하였다.

(3) 6월 2일 : 강남㈜의 어음을 전액 회수하였다.

(4) 7월 5일 : 강서㈜의 4월 5일자 어음이 부도처리되었다. 회수가능할 것으로 예상된다.

(5) 7월 15일 : 강동㈜에 ₩7,000의 상품을 외상으로 판매하고 액면금액 ₩7,000의 어음(3개월 만기, 연 12%)을 수취하였다.

(6) 10월 15일 : 강동㈜의 어음이 부도처리되었다. 강동㈜는 파산되었으며, 미래에 해결될 가능성은 없다.

〈요구사항〉

20×1년 중 거래에 대해 회계처리하라.

[문제 11] **재무제표 분석** 〈난이도 : 하〉

한국㈜의 20×1년 1월 1일의 매출채권 잔액은 ₩100,000이었다. 20×1년도 당기 중에 매출채권에 영향을 미친 거래는 외상판매(순액) ₩1,000,000과 현금 회수액 ₩900,000, 그리고 상각액 ₩50,000이다.

〈요구사항〉

1. 한국㈜의 20×1년도 매출채권 기말잔액을 계산하라.
2. 20×1년도 매출채권회전율을 계산하라.
3. 20×1년도 매출채권 평균회수기간(일)을 계산하라.

09 유형자산과 무형자산

학습목표

기업은 영업활동을 수행하기 위해 유형자산을 취득 · 보유하며, 경우에 따라서는 물리적 실체가 존재하지 않고 장기적인 수명을 가진 무형자산을 소유하기도 한다. 이번 장에서는 유형자산과 무형자산을 중심으로 인식 및 제거, 보유 중 기말에 나타나는 감가상각, 손상 및 재평가에 대한 회계처리를 설명할 것이다.

본 장에서 학습할 주요 내용을 요약하면 다음과 같다.

자산 : 유형자산, 자연자원, 투자부동산, 무형자산

➢ 유형자산
- 원가의 결정
- 감가상각
- 내용연수 중의 지출
- 유형자산의 제거
- 유형자산의 손상
- 유형자산의 재평가

➢ 자연자원과 투자부동산
- 자연자원
- 투자부동산

➢ 무형자산
- 무형자산의 종류와 상각
- 연구개발비

➢ 재무제표 표시와 분석
- 재무제표 표시
- 재무제표 분석

제 1 절 유형자산

유형자산은 물리적 형태가 있는 자산으로 재화의 생산, 용역의 제공 또는 자체적으로 사용할 목적으로 보유하며, 1년을 초과하여 사용할 것으로 예상되는 자산을 말한다. 토지, 건물, 구축물, 기계장치, 차량운반구, 건설중인자산, 비품과 같은 자산이 유형자산으로 분류되는데 일정기간 동안 회사에 경제적 효익을 제공할 것으로 기대되는 자산을 말한다. 토지를 제외하면 내용연수가 경과함에 따라 용역잠재력이 감소한다.

유형자산은 영업활동에 중요한 역할을 하기 때문에 항상 가동하기에 좋은 상태로 유지해야 한다. 회사들은 유형자산에 상당한 금액을 투자하고 있는데, 다음 [그림 9-1]은 특정 연도의 회사별로 총자산 대비 유형자산의 비율을 나타낸다.

그림 9-1 총자산 대비 유형자산 비율

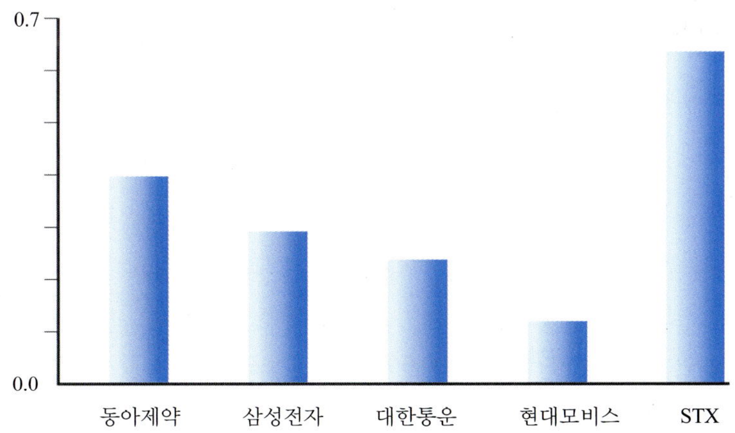

1. 원가의 결정

(1) 유형자산의 인식

유형자산으로 인식하기 위해서는 자산에서 발생하는 미래 경제적 효익이 기업에 유입될 가능성이 높고 자산의 원가를 신뢰성 있게 측정할 수 있어야 한다. 인식기준을 충족하는 유형자산은 원가로 기록하는데, 원가(cost)란 자산을 취득하기 위하여 자산의 취득시점이나 건설시점에서 지급한 현금 또는 현금성자산이나 제공한 기타 대가의 공정가치이다.

취득원가에는 유형자산을 매입하거나 건설할 때 발생하는 원가뿐만 아니라 의도된 목적으로 사용하기 전까지 소요된 부대비용을 가산한다. 외부에 지급한 취득대가뿐만 아니라 유형자산의 매입 또는 건설과 직접적으로 관련되어 발생한 종업원급여, 운송 및 취급관련 원가, 설치원가 및 조립원가, 시험과정에서 발생하는 원가, 전문가에게 지급하는 수수료 등이 취득원가에 포함된다. 취득원가가 결정되면 자산의 내용연수 동안 자산을 상각하는 기초금액으로 사용된다.

유형자산의 취득원가 = 구입가격 + 취득부대비용

1) 토 지

토지는 공장, 판매장, 사무실, 창고 등을 위한 용지로 사용하기 위해 구입한다. 토지의 취득원가는 구입가격, 등기비용, 중개인 수수료, 취득세 및 등록세가 포함된다. 그리고 토지를 사용목적에 적합하도록 만드는 데 필요한 배수 및 정지작업과 관련된 원가도 토지의 취득원가로 기록한다. 예를 들면, 토지의 구입가격이 ₩1,000,000이고 취득세 및 등록세가 ₩100,000이라면 토지의 취득원가는 ₩1,100,000이 된다.

그리고 토지에 건물을 신축하기 전에 철거해야 할 기존의 구건물이 존재하는 경우가 있다. 이 경우 구건물의 철거비용에서 폐기물매각수입을 제외한 금액은 토지의 취득 목적인 건물의 신축 전에 지출한 원가이므로 토지의 증가로 기록한다. 채석장이나 매립지 등을 제외한 토지는 내용연수가 무한하므로 감가상각을 하지 않는다.

예제 9-1

한국㈜는 20×1년 중 토지를 ₩2,000,000에 현금으로 구입하였다. 토지에는 오래된 창고가 있는데 철거비용은 ₩85,000이고 폐기물매각수입은 ₩15,000으로 예상된다. 토지구입에 따른 추가 지출로는 취득세 및 등록세 ₩50,000과 중개수수료 ₩80,000이 있다.

▶▶ **요구사항**

토지의 취득원가를 계산하라.

해답

토지 구입가격	₩2,000,000	
창고 철거 관련 순비용	70,000	(=₩85,000－₩15,000)
취득세 및 등록세	50,000	
중개수수료	80,000	
토지 취득원가	₩2,200,000	

2) 구축물

구축물은 토지 위에 구조물을 추가하는 것으로 도로, 주차장, 울타리, 조명, 스프링클러 설비 등을 추가하는 것을 말한다. 구축물의 원가는 토지를 개량하여 사용목적에 적합하게 만드는 데 들어간 모든 지출을 포함한다. 예를 들어, 주차장의 원가에는 주차장을 만들기 위해 바닥을 포장하고 울타리를 만들고 조명시설을 갖추는 데 소요된 모든 지출을 포함한다. 구축물은 한정된 내용연수를 가지고 있으며 내용연수 동안 감가상각을 통해 비용으로 처리한다.

3) 건 물

건물은 공장, 판매장, 사무실, 창고와 같이 영업활동에 사용되는 시설 및 건물 부속설비를 말한다. 건물의 구입이나 신축과 관련된 지출은 모두 건물의 취득원가로 기록한다. 즉, 건물의 원가는 구입가격뿐만 아니라 등기비용, 중개수수료, 취득세 및 등록세를 포함한다. 건물을 구입한 후 사용목적에 적합하게 만드는 과정에서 발생하는 원가에는 냉난방장치, 리모델링, 지붕·마루·전선의 교체와 개량에 따른 지출이 포함된다. 건물을 신축하는 경우에는 계약가격뿐만 아니라 설계비용,

굴착비용도 건물의 원가에 포함된다. 건물을 사용하기 위해 장기간에 걸친 건설이 필요한 경우 건물구입과 관련된 차입금의 이자비용도 건설에 필요한 원가가 된다. 그러나 이자비용을 건물원가에 포함하는 것은 건설기간으로 한정한다.

4) 기계장치와 비품

기계장치 및 사무용가구, 책상과 같은 비품의 원가에는 구입가격뿐만 아니라 구입시 부담하는 운송비 및 보험료가 포함된다. 그리고 장치를 조립 · 설치 · 시험하는 데 필요한 지출도 원가에 포함된다. 그러나 구입 후에 발생하는 보험료와 같이 매년 반복되고 미래기간의 경제적 효익이 없는 지출은 원가에 포함하지 않고 발생하는 시점에 비용으로 처리한다. 예비부품과 수선용구는 대부분의 경우 재고자산으로 분류하고 사용시점에 당기 비용으로 인식한다. 그러나 중요한 예비부품과 대기성 장비로서 1년 이상 사용할 것으로 예상되는 경우에는 유형자산으로 분류한다.

예제 9-2

한국㈜는 20×1년 중 기계장치를 ₩1,000,000에 현금으로 구입하였다. 구입과 관련된 지출로는 운송비 ₩100,000과 운송보험료 ₩40,000, 그리고 설치 및 시험비용 ₩30,000이 있다.

▶▶ **요구사항**

기계장치의 취득원가를 계산하라.

해답

기계장치 구입가격	₩1,000,000
운 송 비	100,000
운송보험료	40,000
설치 및 시험비용	30,000
기계장치 취득원가	₩1,170,000

2. 감가상각

감가상각(depreciation)은 유형자산의 원가를 합리적이고 체계적인 방법으로 자산의 내용연수에 걸쳐 비용으로 배분하는 과정이다. 원가의 배분은 수익 · 비용대응의 원칙에 따라 원가를 관련 수익에 적절하게 대응하도록 만든다. 감가상각은 자산을 평가하는 과정이 아니라 원가를 배분하는 과정이다. 따라서 유형자산의 장부금액(취득원가에서 감가상각누계액을 차감한 금액)은 시장가치와는 다를 수 있다.

유형자산의 감가상각은 자산이 사용가능한 때부터 시작한다. 즉, 경영진이 의도하는 방식으로 자산을 가동하는 데 필요한 장소와 상태에 이른 때부터 시작한다. 한편, 감가상각은 자산이 매각예정자산으로 분류되는 날과 자산이 제거되는 날 중 이른 날에 중지한다. 따라서 유형자산이 운휴 중이거나 적극적인 사용상태가 아니어도 감가상각이 완전히 이루어지기 전까지는 감가상각을 중단하지 않는다.

감가상각은 구축물, 건물, 기계장치와 비품에는 적용되는 반면 토지에는 일반적으로 적용되지 않는다. 감가상각자산의 수익창출능력은 내용연수가 경과함에 따라 감소하지만, 토지의 수익창출능력은 시간의 경과에도 불구하고 감소하지 않기 때문이다. 감가상각자산의 수익창출능력은 내용연수 동안 마모와 훼손으로 인해 감소한다. 제품 운반용 차량의 예를 들면, 100,000㎞를 주행한 차량은 1,000㎞를 주행한 차량에 비해 수익창출능력이 떨어지게 된다. 수익창출능력은 기능적 진부화로 인해 감소하기도 하는데 새로운 컴퓨터의 개발로 인해 기존 컴퓨터가 진부화되어 당초 예상보다 빨리 교체되는 경우가 이에 속한다.

유형자산에 대해 감가상각을 인식하는 것은 해당 자산을 대체하기 위한 현금을 적립한다는 것을 의미하지는 않는다. 즉, 감가상각누계액은 회사가 비용으로 배분한 유형자산의 총원가를 의미하며 현금으로 적립된 금액을 의미하지는 않는다.

감가상각은 계속기업의 가정과 관련된다. 계속기업의 가정은 회사가 예측 가능한 미래에 계속해서 영업활동을 영위할 것이라는 가정으로 계속기업을 가정하지 않는다면 유형자산은 시장가치로 기록되어야 하고 감가상각은 불필요하다.

내용연수에 걸쳐 체계적인 방법으로 계산한 감가상각비와 감가상각누계액을 기록하기 위한 회계처리는 다음과 같다.

(차) 감가상각비	×××	(대) 감가상각누계액	×××

차변항목인 감가상각비는 다른 자산의 장부금액에 포함해야 하는 경우가 아니라면 당기손익으로 포괄손익계산서의 판매비와관리비 항목으로 인식되고, 대변항목인 감가상각누계액은 자산 차감계정으로 감가상각자산의 취득원가에서 간접 차감시키는 방법으로 재무상태표에 인식된다.

예를 들어, 영업용 차량을 20×1년 1월 1일에 ₩260,000의 현금을 지급하고 구입하였다고 하면, 취득원가는 ₩260,000이다. 이 차량은 향후 5년간 사용할 것으로 예상하고, 5년말에 ₩20,000에 처분될 것으로 예상된다고 가정하자. 회사는 매년말 ₩48,000씩 감가상각비를 계상한다고 하면, 취득원가, 장부금액, 감가상각비 및 감가상각누계액의 관계는 아래와 같다.

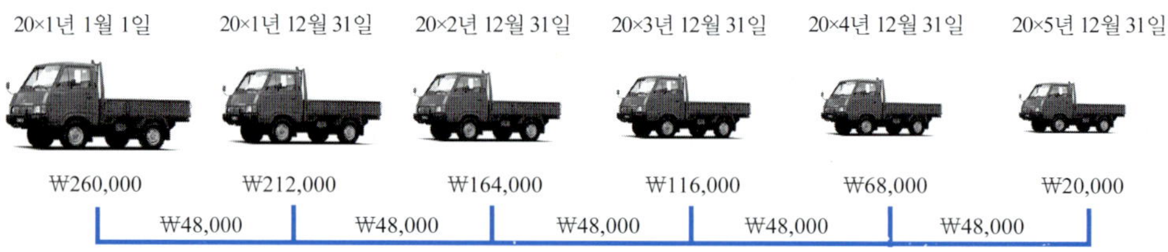

구 분	20×1.1.1.	20×1.12.31.	20×2.12.31.	20×3.12.31.	20×4.12.31.	20×5.12.31.
[재무상태표]						
취득원가	₩260,000	₩260,000	₩260,000	₩260,000	₩260,000	₩260,000
감가상각누계액	0	₩48,000	₩96,000	₩144,000	₩192,000	₩240,000
장부금액	₩260,000	₩212,000	₩164,000	₩116,000	₩68,000	₩20,000
[포괄손익계산서]						
감가상각비	0	₩48,000	₩48,000	₩48,000	₩48,000	₩48,000

(1) 감가상각비의 계산 요소

감가상각비의 계산에는 취득원가, 잔존가치, 내용연수, 그리고 감가상각방법이 영향을 미친다. 감가상각대상금액은 유형자산의 취득원가에서 잔존가치를 차감한 금액이다. 잔존가치(residual value)란 내용연수가 종료되는 시점의 자산가치에 대한 추정치로 예상처분가액에서 예상처분비용을 차감한 금액을 말한다. 잔존가치의 추정은 자산 처분계획과 유사한 자산에 대한 과거의 경험을 고려하여 이루어진다.

내용연수(useful life)는 자산이 사용가능할 것으로 기대되는 기간 또는 자산에서 얻을 것으로 기대되는 생산량과 같은 단위 수량의 추정치이다. 유형자산의 감가상각은 자산이 사용가능한 시점부터 시작하여 내용연수 동안 상각된다. 내용연수를 추정할 때는 자산의 용도, 수선 및 유지 계획, 진부화 가능성 등을 고려해야 한다. 유형자산의 잔존가치와 내용연수는 적어도 매 회계연도 말에 재검토하고, 재검토 결과 추정치가 종전 추정치와 다르다면 회계추정의 변경으로 회계처리한다.

(2) 감가상각방법

유형자산의 감가상각방법은 감가상각대상금액을 내용연수 동안 배부하기 위한 합리적인 방법이어야 한다. 감가상각은 일반적으로 정액법, 생산량비례법, 체감잔액법과 같은 방법을 사용하여 계산하며, 내용연수 동안 자산이 수익창출에 공헌한 정도를 적절하게 측정하는 방법을 선택한다. 자산이 가진 미래 경제적 효익의 사용형태를 적절하게 반영하는 방법을 선택하고, 예상 사용형태가 변하지 않는 한 매 회계기간에 일관성 있게 적용한다. 감가상각방법을 일관성 있게 적용하는 경우 재무제표의 비교가능성을 향상시킬 수 있다. 유형자산의 감가상각방법은 적어도 매 회계연도 말에 재검토한다. 자산에 내재된 미래 경제적 효익의 예상되는 소비형태가 유의적으로 달라졌다면, 달라진 소비형태를 반영하기 위하여 감가상각방법을 변경한다. 감가상각방법의 변경 또한 회계추정의 변경으로 회계처리한다.

감가상각은 감가상각누계액을 통해 재무상태표에 영향을 미치고 감가상각비를 통해 포괄손익계산서에도 영향을 미치게 된다.

한국㈜가 20×1년 1월 1일 구입한 차량의 자료를 이용하여 3가지 상각방법을 비교해 보자.

• 취득원가	₩260,000
• 잔존가치	₩20,000
• 내용연수(기간)	5년
• 내용연수(주행거리)	100,000㎞

1) 정액법

정액법(straight-line method)은 내용연수 동안 매 기간 동일한 금액을 감가상각하는 방법이다. 정액법에서 감가상각대상금액은 자산의 취득원가에서 잔존가치를 차감한 금액이고, 연간 감가상각비는 감가상각대상금액을 내용연수로 나누어 계산한다. 한국㈜의 1차 연도 감가상각비는 다음과 같이 계산한다.

감가상각비 = 감가상각대상금액 ÷ 내용연수
= (취득원가 − 잔존가치) ÷ 내용연수
= (₩260,000 − ₩20,000) ÷ 5년
= ₩48,000

감가상각비를 계산하는 다른 방법으로는 연간 상각률을 이용하는 방법이 있다. 이 경우 상각률은 20%(100% ÷ 5년)가 된다. 상각률을 이용하는 경우에는 자산의 감가상각대상금액에 상각률을 적용한다.

다음은 정액법을 사용하는 경우 연간 상각률을 이용한 감가상각 일정표이다. 감가상각비는 매 기간 ₩48,000으로 일정하게 유지되고 내용연수가 경과한 시점의 장부금액은 잔존가치인 ₩20,000과 동일하게 된다.

	계 산			연도 말	
연도	감가상각대상금액 ×	상각률	= 감가상각비	감가상각누계액	장부금액
20×1	₩240,000	20%	₩48,000	₩48,000	₩212,000
20×2	240,000	20%	48,000	96,000	164,000
20×3	240,000	20%	48,000	144,000	116,000
20×4	240,000	20%	48,000	192,000	68,000
20×5	240,000	20%	48,000	240,000	20,000

자산을 회계기간 중에 취득하는 경우에는 연간 감가상각비를 취득 이후의 기간에 배분하여 계산하면 된다. 한국㈜가 차량을 20×1년 7월 1일에 취득한 경우, 첫 해의 감가상각비는 6개월에 해당하는 ₩24,000($₩240,000 \times 20\% \times \frac{6}{12}$)이 된다.

정액법은 적용하기 간단하다는 장점이 있고 자산에서 발생하는 효익이 자산의 내용연수 동안 균등하게 유지되는 경우 수익과 비용을 적절하게 대응하는 방법이 된다.

2) 생산량비례법

생산량비례법(units of production method)은 내용연수가 기간이 아니라 자산에서 기대되는 총생산량이나 총사용량으로 표현된다. 생산량비례법은 차량(운송거리)이나 비행기(운항시간)와 같은 자산에도 적용할 수 있다. 반면에 건물이나 비품과 같은 자산의 감가상각에는 생산량비례법이 적합하지 않은데 이와 같은 자산의 감가상각은 생산이나 사용보다 기간의 경과에 따라 발생하기 때문이다.

생산량비례법을 적용하여 감가상각비를 계산하기 위해서는 내용연수 동안의 총생산량이나 총사용량을 추정하고 감가상각대상금액을 총생산(사용)량으로 나누어 단위당 감가상각비를 계산한다. 매년 감가상각비는 단위당 감가상각비에 당해 연도 실제 생산(사용)량을 곱하여 계산한다. 한국㈜의 차량이 첫 해 10,000㎞를 주행한 경우 1차 연도 감가상각비는 다음과 같이 계산된다.

$$\text{감가상각비} = \text{단위당 감가상각비} \times \text{당기 생산(사용)량}$$

$$= \frac{\text{감가상각대상금액}}{\text{총생산(사용)량}} \times \text{당기 생산(사용)량}$$

$$= \frac{(₩260,000 - ₩20,000)}{100,000\text{km}} \times 10,000\text{km}$$

$$= ₩2.4/\text{km} \times 10,000\text{km}$$

$$= ₩24,000$$

다음은 생산량비례법을 사용하는 경우 연도별 생산량에 따른 감가상각 일정표이다.

계산						연도 말	
연도	생산량	×	단위당 감가상각비*	=	감가상각비	감가상각 누계액	장부금액
20×1	10,000㎞		₩2.4		₩24,000	₩ 24,000	₩236,000**
20×2	20,000		2.4		48,000	72,000	188,000
20×3	30,000		2.4		72,000	144,000	116,000
20×4	25,000		2.4		60,000	204,000	56,000
20×5	15,000		2.4		36,000	240,000	20,000

* $\frac{(₩260,000 - ₩20,000)}{100,000\text{km}} = ₩2.4/\text{km}$ ** ₩260,000 − ₩24,000 = ₩236,000

생산량비례법은 회계기간 중에 취득한 자산에도 간단하게 적용할 수 있다. 생산량비례법은 정액법보다는 자주 사용되지 않는 방법인데 총생산량이나 총사용량을 합리적으로 추정하기 어렵기 때문이다. 자산의 실제 생산(사용)량이 매 기간 크게 변동하는 경우 생산량비례법은 수익과 비용을 적절하게 대응하는 방법이다.

3) 체감잔액법

체감잔액법(declining balance method)은 자산의 내용연수 동안 초기에는 많은 금액이 상각되고 기간이 경과함에 따라 상각금액이 감소하는 방법으로 정률법, 연수합계법 등이 있다.

① 정률법

정률법(fixed percentage of declining balance method)은 기초의 장부금액에 상각률을 곱하여 매 기간의 감가상각비를 계산하는 방법이다. 기초의 장부금액은 상각을 하지 않은 잔액이다. 이런 이유로 정률법을 미상각잔액법이라고도 한다. 상각률은 매 연도 일정하게 유지되지만 상각률이 적용되는 장부금액(미상각액)은 감소한다. 정률법을 사용하는 경우 상각률은 다음과 같이 계산된다.[1]

$$\text{상각률} = 1 - \sqrt[n]{\frac{\text{잔존가치}}{\text{취득원가}}} \qquad (n\text{은 내용연수})$$

$$= 1 - \sqrt[5]{\frac{20,000}{260,000}} = 0.4$$

1차 연도의 기초에는 자산의 취득원가가 장부금액이 되나 이후 연도는 취득원가에서 감가상각누계액을 차감한 수치가 장부금액이 된다. 1차 연도의 감가상각비는 다음과 같이 계산된다.

$$\text{감가상각비} = \text{기초장부금액} \times \text{상각률}$$
$$= ₩260,000 \times 40\%$$
$$= ₩104,000$$

1) 잔존가치가 0이면 상각률을 계산할 수 없으므로, 정률법의 상각률 계산 시에는 잔존가치가 0보다 크다는 가정이 필요하다.

다음은 정률법을 사용하는 경우 연간 상각률을 이용한 감가상각 일정표이다.

계 산						연도 말	
연도	기초장부금액	×	상각률	=	감가상각비	감가상각누계액	장부금액
20×1	₩260,000		40%		₩104,000	₩104,000	₩156,000
20×2	156,000		40%		62,400	166,400	93,600
20×3	93,600		40%		37,440	203,840	56,160
20×4	56,160		40%		22,464	226,304	33,696
20×5	33,696		40%		13,696*	240,000	20,000

* 잔존가치에 맞도록 13,478을 13,696으로 조정

정률법의 경우 2차 연도 말에 차량이 약 69%(₩166,400 ÷ ₩240,000) 상각되는 반면, 정액법에서는 40%(₩96,000 ÷ ₩240,000)만 상각된다. 정률법은 사용 초기에 감가상각비가 더 많이 계상되도록 가속상각하는 방법으로 자산을 사용하는 초기에 효익이 큰 경우 수익과 비용을 적절하게 대응하는 방법이 된다. 일부 자산의 경우 진부화로 인해 자산의 유용성이 조기에 소멸되는 경우에 정률법은 적절한 감가상각방법이다.

자산을 회계기간 중에 취득하는 경우 1차 연도의 감가상각비는 취득 이후의 기간에 배분된다. 예를 들어, 한국㈜가 차량을 20×1년 7월 1일에 취득한 경우 1차 연도의 감가상각비는 6개월에 해당하는 ₩52,000(₩260,000 × 40% × $\frac{6}{12}$)이 된다. 20×2년 기초 장부금액은 ₩208,000(₩260,000 − ₩52,000)이고, 2차 연도의 감가상각비는 ₩83,200(₩208,000 × 40%)이 된다.[2)]

② 연수합계법

연수합계법(sum-of-years' digits method)은 자산의 내용연수 동안 감가상각비가 매 기간 감소하는 체감잔액법이다. 연수합계법은 감가상각대상금액에 해당 연도의 상각률을 곱하여 감가상각비를 계산하지만 정률법과 달리 상각률이 매 기간 감소함으로써 감가상각비가 체감하게 된다. 다음은 연수합계법으로 계산한 한국㈜의 차량에 대한 1차 연도 감가상각비이다.

2) 회계기간 중에 자산을 취득한 경우에는 첫해 연도와 마지막 연도가 1년이 아니라는 것을 고려하여 상각률을 재계산하는 것이 좀 더 정확한 방법이다. 정률법에서 상각률은 마지막 연도의 미상각잔액(잔존가치)이 취득원가에서 감가상각누계액을 차감한 것과 일치되는 상각률로 계산하기 때문이다.

$$감가상각비 = 감가상각대상금액 \times 상각률\left(\frac{내용연수의\ 역순}{내용연수의\ 합계}\right)$$

$$= ₩240,000 \times \frac{5}{15}\ (=1+2+3+4+5)$$

$$= ₩80,000$$

다음은 연수합계법을 사용하는 경우 연간 상각률을 이용한 감가상각 일정표이다.

계 산				연도 말	
연도	감가상각대상금액	× 상각률 =	감가상각비	감가상각누계액	장부금액
20×1	₩240,000	$\frac{5}{15}$	₩80,000	₩ 80,000	₩180,000
20×2	240,000	$\frac{4}{15}$	64,000	144,000	116,000
20×3	240,000	$\frac{3}{15}$	48,000	192,000	68,000
20×4	240,000	$\frac{2}{15}$	32,000	224,000	36,000
20×5	240,000	$\frac{1}{15}$	16,000	240,000	20,000

상각률의 분모는 내용연수 5년간의 합계인 15(=1+2+3+4+5)가 되고 분자는 각 내용연수의 역순이다. 내용연수가 경과함에 따라 연도별 상각률은 $\frac{5}{15}$, $\frac{4}{15}$, $\frac{3}{15}$, $\frac{2}{15}$, $\frac{1}{15}$이 적용되므로 감가상각비는 점차 감소한다.

4) 감가상각방법 간의 비교

다음 표는 감가상각 방법별로 연도별 감가상각비를 비교한 결과이다.

연도	정액법	생산량비례법	정률법	연수합계법
20×1	₩48,000	₩24,000	₩104,000	₩80,000
20×2	48,000	48,000	62,400	64,000
20×3	48,000	72,000	37,440	48,000
20×4	48,000	60,000	22,464	32,000
20×5	48,000	36,000	13,696	16,000
합계	₩240,000	₩240,000	₩240,000	₩240,000

그림 9-2 감가상각방법에 따른 연도별 감가상각비

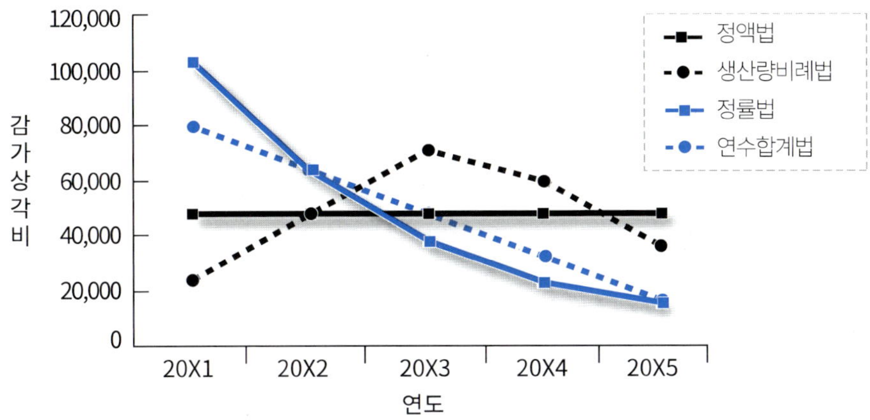

연도별 감가상각비는 상각방법 간에 차이를 나타내고 있으나, 5년간의 총 감가상각비는 동일하다. 다음 [그림 9-2]는 각 방법별 감가상각비를 나타낸 것이다.

3. 내용연수 중의 지출

유형자산의 내용연수 동안 일상적인 수선, 증축이나 개량이 이루어질 수 있다. 일상적인 수선 · 유지와 관련하여 발생하는 지출은 해당 유형자산의 원가로 인식하지 않으므로 장부금액에 포함하지 않는다. 일상적인 수선은 금액이 적고 빈번하게 발생하는 경향이 있는데 차량의 오일 교환, 건물 외벽의 도장, 기계부품의 교체가 그 예이다. 수익에 대응하여 바로 비용으로 계상하므로 수익적 지출이라고도 한다. 일상적 수선은 발생시점에 비용계정인 수선유지비로 기록된다.

(차) 수선유지비	×××	(대) 현 금	×××

그러나 증축과 개량은 생산능력이나 내용연수를 증가시키는 활동으로 일반적으로 금액이 크고 비정기적으로 발생한다. 유형자산의 일부를 증축하거나 개량할 때 발생하는 원가가 인식기준을 충족하는 경우에는 자본적 지출로 처리하여 유형

자산의 장부금액에 포함한다. 자본적 지출이 발생하는 경우 다음과 같이 회계처리한다.

(차) 유형자산 ××× (대) 현 금 ×××

자본적 지출이 유형자산의 원가에 가산되었으므로, 이후의 감가상각은 이를 포함하여 계산한다. 정액법의 예를 들면, 잔존기간 동안 자본적 지출 금액을 균등하게 배분하여 감가상각비로 인식하면 될 것이다.

수익적 지출과 자본적 지출을 구분할 때는 적절한 판단이 필요하다. 예를 들어 휴지통을 구입한 경우 휴지통 자체로만 판단하면 장기간 사용이 가능하므로 자산으로 처리하고 내용연수 동안 감가상각하는 것이 타당하지만, 휴지통의 금액이 중요하지 않으므로 일반적으로 구입하는 즉시 비용으로 인식한다. 이와 같이 비용으로 처리하는 이유는 중요성의 관점에서 보면 관련 항목의 금액이 재무제표에 미치는 영향이 작기 때문이다.

예제 9-3

한국㈜는 20×1년 초에 사용하던 트럭을 수리하였다. 다음은 각 일자별 수리내용이다.

1월 5일 냉동운반차로 만들기 위해 트럭을 개조하는 데 현금 ₩500,000을 지출하였다.

1월 17일 트럭을 새롭게 도장하고 현금 ₩100,000을 지급하였다.

▶▶ 요구사항

일자별로 회계처리하라.

해답

1월 5일 (차) 트 럭 500,000 (대) 현 금 500,000

냉동운반차로 개조하여 유형자산의 미래효익이 증가하므로 자본적 지출로 회계처리한다.

1월 17일 (차) 수선유지비 100,000 (대) 현 금 100,000

트럭에 도장을 새로 하는 것은 일상적인 수선이므로 수익적 지출로 회계처리한다.

4. 유형자산의 제거

유형자산은 처분, 폐기 또는 교환으로 인해 제거되는데 제거시점에 자산의 장부금액을 결정해야 한다. 자산을 제거하는 경우 장부금액을 결정하기 위해 제거시점까지의 기간에 대한 감가상각비를 계상하여야 수익과 적절한 대응이 이루어진다.

(1) 유형자산의 처분

자산을 처분하는 경우에는 매각에 따른 현금유입액을 장부금액과 비교해야 한다. 현금유입액이 장부금액보다 크면 처분이익이 발생하고, 반대로 현금유입액이 장부금액보다 작으면 처분손실이 발생한다.

한국㈜는 20×1년 6월 30일 기계장치를 ₩32,000에 매각하였다. 기계장치의 취득원가는 ₩120,000, 20×1년 1월 1일의 감가상각누계액은 ₩82,000이고 20×1년 첫 6개월간의 감가상각비는 ₩16,000이라고 가정하자. 한국㈜가 처분시점(6월 30일)까지의 감가상각비와 감가상각누계액을 기록하기 위한 회계처리는 다음과 같다.

(차) 감가상각비	16,000	(대) 감가상각누계액	16,000

처분시점까지의 감가상각누계액을 계산한 후 처분손익을 계산한다. 다음은 한국㈜의 기계장치 매각에 따른 처분손익을 계산한 내용이다.

기계장치의 취득원가	₩120,000
차감 : 감가상각누계액(82,000 + 16,000)	(98,000)
처분시점의 장부금액	₩22,000
매각에 따른 현금유입액	₩32,000
처분시점의 장부금액	(22,000)
처분이익	₩10,000

한국㈜가 기계장치를 ₩32,000에 매각하는 데 따른 회계처리는 다음과 같다.

(차) 현 금	32,000	(대) 기계장치	120,000
감가상각누계액(기계장치)	98,000	유형자산처분이익	10,000

위의 예제에서, 만일 한국㈜가 기계장치를 ₩18,000에 매각하였다면 다음과 같이 ₩4,000의 처분손실이 발생한다.

기계장치의 원가	₩120,000
차감 : 감가상각누계액(82,000+16,000)	(98,000)
처분시점의 장부금액	₩22,000

매각에 따른 현금유입액	₩18,000
처분시점의 장부금액	(22,000)
처분손실	₩(4,000)

한국㈜가 기계장치를 ₩18,000에 매각하는 데 따른 회계처리는 다음과 같다.

(차) 현　　금	18,000	(대) 기계장치	120,000
감가상각누계액(기계장치)	98,000		
유형자산처분손실	4,000		

예제 9-4

한국㈜는 20×1년 4월 1일 구입가격 ₩500,000인 기계장치를 외상으로 구입하고 설치비용 ₩50,000을 현금으로 지급하였다. 기계장치의 내용연수는 4년, 잔존가치는 ₩50,000으로 추정된다. 한국㈜는 12월말 결산법인으로 정액법을 적용하여 감가상각을 수행한다.

▶▶ **요구사항**

1. 20×1년 4월 1일 기계장치 취득시점의 회계처리를 하라.
2. 20×1년 말과 20×2년 말의 감가상각비를 인식하는 회계처리를 하라.
3. 20×3년 6월 30일 기계장치를 현금 ₩300,000에 처분하는 경우 처분손익을 계산하라.

해답

1. 20×1년 4월 1일	(차) 기계장치	550,000	(대) 미지급금	500,000
			현　　금	50,000

2. 20×1년 12월 31일	(차) 감가상각비	93,750*	(대) 감가상각누계액	93,750

$*(₩550,000 - ₩50,000) \times \frac{1}{4} \times \frac{9}{12} = ₩93,750$

20×2년 12월 31일 (차) 감가상각비 125,000*(대) 감가상각누계액 125,0000

$*(₩550,000-₩50,000)\times\frac{1}{4}=₩125,000$

3. 유형자산처분이익 ₩31,250

(1) 20×3년 6월 30일까지의 감가상각비 인식 분개

(차) 감가상각비	62,500*	(대) 감가상각누계액	62,500

$*(₩550,000-₩50,000)\times\frac{1}{4}\times\frac{6}{12}=₩62,500$

(2) 20×3년 6월 30일 기계장치 처분손익 인식 분개

(차) 현 금	300,000	(대) 기계장치	550,000
감가상각누계액(기계장치)	281,250	유형자산처분이익	31,250

기계장치의 취득원가	₩550,000
차감 : 감가상각누계액	(281,250)*
처분시점의 장부금액	268,750

매각에 따른 현금유입액	₩300,000
처분시점의 장부금액	(268,750)
처분이익	₩31,250**

* 20×1년 ₩93,750+20×2년 ₩125,000+20×3년 ₩62,500 = ₩281,250

** 위의 기계장치에 대해 20×3년 6월 30일까지 인식한 감가상각누계액은 ₩281,250이다. 그러므로 이 기계장치의 처분시점의 장부금액은 취득원가 ₩550,000에서 ₩281,250을 차감한 ₩268,750이 된다. 이 기계장치를 현금 ₩300,000에 처분하는 것이므로 유형자산처분이익은 ₩31,250이 된다.

(2) 유형자산의 폐기

한국㈜가 취득원가 ₩16,000인 기계장치를 폐기한다고 하자. 기계장치에 대한 감가상각누계액은 ₩16,000으로 상각이 완료되었다면 폐기에 따른 분개는 다음과 같다.

(차) 감가상각누계액(기계장치)	16,000	(대) 기계장치	16,000

상각이 완료된 이후에도 자산을 계속해서 영업활동에 사용하는 경우 폐기되기 전까지 자산의 취득원가와 감가상각누계액은 재무상태표에 보고된다. 상각이 완료된 이후에는 자산을 계속해서 사용해도 추가적인 감가상각은 발생하지 않는다.

유형자산에 대한 상각이 완료되기 전에 처분하고 폐물이나 잔존가치를 통한 현금유입이 없다면 폐기손실이 발생한다.

예제 9-5

한국㈜가 취득원가 ₩16,000, 감가상각누계액 ₩12,000인 기계장치를 폐기하였다.

▶▶ **요구사항**

유형자산 폐기와 관련한 회계처리를 하라.

해답

(차) 감가상각누계액(기계장치)	12,000	(대) 기계장치	16,000
유형자산폐기손실	4,000		

5. 유형자산의 손상

유형자산의 손상이란 장부금액이 회수가능액을 초과하는 것을 말한다. 예를 들어, 한국㈜가 20×1년 말에 소유하고 있는 토지의 장부금액이 ₩1,000,000이라고 가정해보자. 20×1년 말에 토지로부터 회수가능할 것으로 판단되는 금액(회수가능액)이 ₩700,000이라면 재무상태표에서 토지의 장부금액을 ₩700,000으로 수정해야 한다. 따라서 자산의 장부금액을 ₩300,000만큼 감소시키는 회계처리를 수행하고 이를 포괄손익계산서에 비용으로 인식해야 한다. 위와 같이 자산의 장부금액을 감소시키고 이를 비용으로 인식하는 절차를 손상 회계라 한다.

유형자산의 손상차손으로 인식하는 금액은 다음과 같이 계산된다.

손상차손 = 장부금액 − Max[처분부대원가를 뺀 공정가치, 사용가치]

그림 9-3 손상차손의 인식

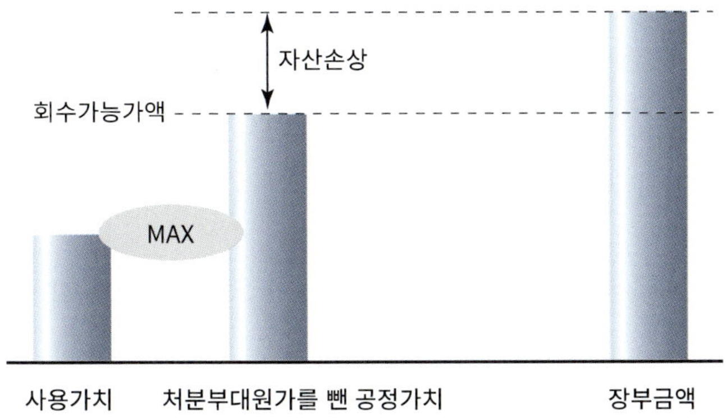

처분부대원가를 뺀 공정가치는 회계기간 말 현재 자산을 처분했을 때 회수할 수 있는 금액을 의미한다. 즉, 자산의 매각대금에서 처분에 따라 발생하는 부대비용을 제외한 금액이다. 사용가치는 자산을 사용하여 얻을 수 있는 미래 현금흐름의 순유입액을 현재가치로 할인한 금액이다. 유형자산은 기업이 장기간 사용할 목적으로 보유하는 자산이므로 자산의 사용에 따른 미래 효익을 현재가치로 할인한 금액이 중요한 의미를 갖는다. 따라서 장부금액이 처분부대원가를 뺀 공정가치와 사용가치 중 큰 금액을 초과할 경우 장부금액을 감소시킬 필요가 있다. 이에 대한 회계처리는 다음과 같다.

(차) 손상차손 ××× (대) 손상차손누계액 ×××

손상차손은 포괄손익계산서에 당기비용으로 인식한다. 손상차손누계액은 감가상각누계액과 같이 자산의 차감적 평가계정이다. 이때 주의해야 할 점은 해당 유형자산의 감가상각비를 인식한 후에 손상차손을 인식한다는 것이다.

한편, 손상차손 인식 후에는 과거에 인식한 손상차손이 더 이상 존재하지 않거나 감소된 것을 시사하는 징후가 있는지를 매 보고기간 말에 검토해야 한다. 만일 손상회복에 대한 징후가 있는 경우 당해 자산의 회수가능액을 추정하고, 과거 손상차손을 환입한다. 또한 원가모형을 적용하는 유형자산의 경우에 환입한도 규정이 있다는 점을 유의해야 한다. 즉, 과거에 손상차손을 인식하기 전 장부금액을 초과할 수 없다. 해당 유형자산이 감가상각대상 자산이라면 환입한도는 과거에 손상차손을 인식하기 전 장부금액의 감가상각 후 남은 금액이 된다.

손상차손환입에 대한 회계처리는 다음과 같으며, 손상차손환입은 포괄손익계산서에 당기수익으로 인식한다.

(차) 손상차손누계액 ××× (대) 손상차손환입 ×××

다음 예제를 통해 손상차손 및 손상차손환입에 대한 회계처리를 연습해보자.

예제 9-6

한국㈜는 20×1년 초에 토지와 기계장치를 각각 ₩100,000과 ₩60,000에 취득하였다. 기계장치의 내용연수는 3년, 잔존가치는 ₩0으로 추정되며 정액법으로 감가상각을 수행한다. 한국㈜는 모든 유형자산에 대해 원가모형을 적용하고 있으며, 20×1년 및 20×2년 말 회수가능액은 다음과 같다. 단, 자산의 회수가능액 변동은 토지와 기계장치의 손상 혹은 그 회복에 따른 것이라고 가정한다.

구 분	회수가능액	
	20×1년 말	20×2년 말
토 지	₩85,000	₩110,000
기계장치	36,000	19,000

▶▶ 요구사항

1. 토지에 대한 손상 회계처리를 하라.
2. 기계장치에 대한 감가상각 및 손상 회계처리를 하라.
3. 기말 재무상태표에 기계장치의 장부금액이 어떻게 표시되는지 연도별로 제시하라.

해답

1. 토지

20×1년 말: (차) 손상차손 15,000 (대) 손상차손누계액(토지) 15,000

20×2년 말: (차) 손상차손누계액(토지) 15,000 (대) 손상차손환입* 15,000

* 환입절차는 다음과 같다.

- 손상환입 적용 전 장부금액: ₩85,000

- 환입한도: 손상차손을 인식하기 전 장부금액 ₩100,000
- 손상환입액: 회수가능액 ₩110,000이 환입환도 ₩100,000을 초과하기 때문에 환입한도 ₩100,000까지만 환입함. 따라서 ₩15,000(=₩100,000−₩85,000)이 됨.

2. 기계장치

20×1년 말:

(1) 감가상각 회계처리

(차) 감가상각비 20,000* (대) 감가상각누계액(기계장치) 20,000

$*(₩60,000 - ₩0) \times \frac{1}{3} = ₩20,000$

(2) 자산손상 회계처리

(차) 손상차손 4,000** (대) 손상차손누계액(기계장치) 4,000

** 감가상각 후 장부금액 ₩40,000 − 회수가능액 ₩36,000

20×2년 말:

(1) 감가상각 회계처리

(차) 감가상각비 18,000* (대) 감가상각누계액(기계장치) 18,000

$*(₩36,000 - ₩0) \times \frac{1}{2} = ₩18,000$

(2) 자산손상 회계처리

(차) 손상차손누계액(기계장치) 1,000 (대) 손상차손환입** 1,000

** 환입절차는 다음과 같다.

- 손상환입 적용 전 감가상각 후 장부금액: ₩18,000
- 환입한도: 손상차손을 인식하지 않았다고 가정할 경우 장부금액 ₩20,000. 즉, 취득원가 ₩60,000을 근거로 2년간 정액법으로 감가상각한 결과임.
- 손상환입액: 환입환도 ₩20,000이 될 때까지 장부금액을 회복시킬 수 있으나, 회수가능액은 ₩19,000이기 때문에 회수가능액까지만 환입. 따라서 환입액은 ₩1,000(=₩19,000−₩18,000)이 됨.

3. 20×1년 말과 20×2년 말 기계장치 장부금액

계정과목	20×1년 말	20×2년 말
기계장치	₩60,000	₩60,000
차감: 감가상각누계액	(20,000)	(38,000)
차감 : 손상차손누계액	(4,000)	(3,000)
장부금액*	₩36,000	₩19,000

* 매 회계연도 말 기계장치의 장부금액은 회수가능액과 일치함.

6. 유형자산의 재평가

유형자산을 인식하는 시점에서는 원가로 측정한다. 한국채택국제회계기준에서는 유형자산의 최초 인식 후에는 유형자산을 원가모형이나 재평가모형 중 하나를 회계정책으로 선택하여 유형자산의 유형별로 동일하게 적용하도록 규정하고 있다.

원가모형을 선택하는 경우 유형자산은 원가에서 감가상각누계액과 손상차손누계액을 차감한 금액으로 평가한다. 반면에 재평가모형은 공정가치를 신뢰성 있게 측정할 수 있는 유형자산을 대상으로 하며 유형자산은 재평가금액, 즉 재평가일의 공정가치에서 재평가일 이후의 감가상각누계액과 손상차손누계액을 차감한 금액으로 평가한다. 재평가는 보고기간 말에 자산의 장부금액이 공정가치와 중요하게 차이가 나지 않도록 주기적으로 수행한다.

재평가모형 적용 시 재평가에 따른 증가액 또는 감소액에 대한 회계처리는 다음과 같다. 자산의 장부금액이 재평가로 인하여 증가된 경우에 그 증가액(재평가이익)은 기타포괄손익으로 인식하고, 재평가잉여금의 과목으로 자본항목 중 기타포괄손익누계액에 가산한다. 그러나 동일한 자산에 대하여 이전에 당기손익으로 인식한 재평가감소액(재평가손실)이 있다면, 그 금액을 한도로 재평가증가액만큼 당기손익으로 인식한다. 즉, 동일 자산에 대한 재평가손실이 누적되어 있다면 그 누적금액을 초과하지 않는 범위에서 재평가이익을 당기이익으로 인식하고, 누적금액을 초과하는 금액에 대해서만 기타포괄이익으로 인식한다. 한편, 자산의 장부금액이 재평가로 인하여 감소된 경우에 그 감소액(재평가손실)은 당기손익으로 인식한다. 그러나 동일한 자산에 대한 재평가잉여금의 잔액이 있다면, 그 금액을 한도로 재평가감소액(재평가손실)을 기타포괄손익으로 인식한다. 즉, 동일 자산에 대한 재평가잉여금 잔액이 존재한다면 그 금액을 초과하지 않는 범위에서 재평가손실을 기타포괄손실로 인식하고, 재평가잉여금 잔액을 초과하는 금액에 대해서만 당기손실로 인식한다.

표 9-1 | 유형자산의 재평가

구 분	회계정책
원가모형	장부금액 = 원가 - 감가상각누계액 - 손상차손누계액
재평가모형*	장부금액 = 재평가일 공정가치 - 이후 감가상각누계액 - 이후 손상차손누계액**

* 재평가는 보고기간말에 자산의 장부금액이 공정가치와 중요하게 차이가 나지 않도록 주기적으로 수행함.
** 유형자산의 손상은 제1036호에 따라 인식·측정되어야 함.

다음 예제를 통해 감가상각대상이 아닌 유형자산의 재평가에 대해서 연습해 보자.3)

예제 9-7

한국㈜는 20×1년 초에 토지 ₩100,000을 최초 취득하여 재평가모형을 적용하기로 결정하였다. 연도별 토지의 공정가치 변동은 다음과 같다.

20×1년 말	20×2년 말	20×3년 말
₩110,000	₩85,000	₩120,000

▶▶ 요구사항

1. 한국㈜가 매 연도 말에 수행할 재평가 회계처리를 하라.
2. 재평가가 각 연도 포괄손익계산서에 미치는 영향을 분석하라.
3. 각 연도 말 재무상태표에 보고되는 재평가잉여금을 보여라.

해답

1. 20×1년 말

(차) 토　지	10,000	(대) 재평가이익(기타포괄손익)*	10,000

* 최초 재평가이기에 증가액은 전액 기타포괄이익으로 인식하고, 재평가잉여금에 누적

20×2년 말

(차) 재평가손실(기타포괄손익)*	10,000	(대) 토　지	25,000
재평가손실(당기손익)*	15,000		

* 동일 자산에 대한 재평가감소액 중 과거에 인식한 재평가잉여금 잔액 ₩10,000만큼은 기타포괄손실로 인식하고, 과거에 인식한 재평가잉여금 잔액을 초과하는 ₩15,000은 당기손실로 인식함.

20×3년 말

(차) 토　지	35,000	(대) 재평가이익(당기손익)*	15,000
		재평가이익(기타포괄손익)*	20,000

* 동일 자산에 대한 재평가증가액 중 과거에 인식한 재평가손실 누적금액 ₩15,000만큼은 당기이익으로 인식하고, 과거에 인식한 재평가손실 누적금액을 초과하는 ₩20,000은 기타포괄이익으로 인식함.

3) 감가상각대상 유형자산의 재평가에 대한 학습은 (중급)재무회계 교과서를 참조하기 바란다.

2. 재평가가 각 연도 포괄손익계산서에 미치는 영향

	20×1년도	20×2년도	20×3년도
당기순이익	₩0	₩(15,000)	₩15,000
기타포괄이익	10,000	(10,000)	20,000
총포괄이익	₩10,000	₩(25,000)	₩35,000

3. 재평가에 따른 보고기간 말 재평가잉여금의 변동

	20×1년 말	20×2년 말	20×3년 말
기타포괄손익누계액			
재평가잉여금	₩10,000	₩0	₩20,000

제 2 절 자연자원과 투자부동산

1. 자연자원

자연자원은 입목, 석유, 가스 및 광물자원으로 구성된다. 자연자원은 수명이 긴 생산자원으로 채광, 시추와 같은 활동을 통해 물리적으로 추출해야 한다.

자연자원의 취득원가는 자원을 획득하는 데 소요된 가격과 사용이 가능하도록 만드는 데 들어간 금액이다. 자연자원의 원가를 합리적이고 체계적인 방법으로 내용연수에 걸쳐 비용으로 배분하는 과정을 감모상각(depletion)이라고 한다. 감모상각을 계산하기 위한 방법은 일반적으로 생산량비례법을 사용하는데 자원의 감모는 해당 연도에 추출한 생산량에 비례하기 때문이다.

생산량비례법에서는 자원자연의 총원가에서 잔존가치를 차감한 금액을 추정 총생산량으로 나누어 생산량 단위당 감모상각원가를 계산한다. 여기에 생산·판매한 수량을 곱한 것이 연간 감모상각비이다.

$$\text{감모상각비} = \frac{(\text{총원가} - \text{잔존가치})}{\text{추정 총생산량}} \times \text{생산(판매)량}$$
$$= \text{단위당 감모상각원가} \times \text{생산(판매)량}$$

예제 9-8

한국㈜는 20×1년 중 100만 톤의 석탄을 채굴할 수 있는 탄광을 ₩1,000,000에 취득하였다. 잔존가치는 ₩0이고, 20×1년 중 80,000톤의 석탄을 채굴하여 판매하였다.

▶▶ 요구사항

20×1년의 감모상각비를 계산하라.

해답

$$감모상각비 = \frac{(₩1,000,000 - ₩0)}{1,000,000톤} \times 80,000톤 = ₩1/톤 \times 80,000톤 = ₩80,000$$

채굴에 따른 감모상각비에 대해 감가상각누계액과 동일하게 감모상각누계액을 설정할 수 있으나 일반적으로 감모상각을 자연자원의 원가에서 직접 차감하는 방법을 사용한다.

2. 투자부동산

투자부동산은 임대수익이나 시세차익을 위하여 보유하는 토지, 건물 등의 부동산을 말한다. 기업이 보유하고 있는 다른 자산과 별도의 현금흐름을 창출하기 때문에 자가사용부동산과 구별된다. 투자부동산에서 발생하는 미래 경제적 효익의 유입가능성이 높고 원가를 신뢰성 있게 측정할 수 있을 때 자산으로 인식하며 최초 인식시점에 거래원가를 포함하여 원가로 인식한다. 거래원가에 포함되는 지출은 법률용역의 대가로 전문가에게 지급하는 수수료, 부동산 구입과 관련된 세금 및 그 밖의 거래원가가 있다.

투자부동산은 원가모형과 공정가치모형 중 하나를 선택하여 모든 투자부동산에 적용한다. 최초 인식 이후 투자부동산의 평가방법을 원가모형으로 선택한 경우에는 모든 투자부동산에 대하여 원가모형으로 측정한다. 그러나 투자부동산의 공정가치는 주석으로 공시해야 한다. 투자부동산에 대하여 공정가치모형을 선택한 경우에는 최초 인식시점에 원가로 측정한 후 모든 투자부동산을 공정가치로 측정한다. 투자부동산의 공정가치 변동으로 발생하는 손익은 발생한 기간의 당기손익에 반영한다. 공정가치모형에 의하여 측정하는 투자부동산은 감가상각 및 손상회계를 적용하지 않는다. 감가상각 또는 손상 후 공정가치를 평가한 것과 감가상각 회계 또는 손상 회계를 적용하지 않고 공정가치를 평가한 것이 당기손익에 미치는 영향이 동일하기 때문이다.

다음 예제를 통해 투자부동산에 관한 회계처리를 연습해보자.

예제 9-9

한국㈜는 20×1년 초에 임대수익을 얻을 목적으로 건물을 ₩1,000,000에 취득하였다. 건물의 내용연수는 10년, 잔존가치는 ₩50,000으로 추정되며, 한국㈜는 보유하고 있는 건물에 대해 통상적으로 정액법을 적용하여 감가상각을 수행한다. 20×1년 말과 20×2년 말 건물의 공정가치는 다음과 같다.

20×1년 말	20×2년 말
₩1,200,000	₩950,000

▶▶ 요구사항

1. 한국㈜는 동 투자부동산에 대해 원가모형을 적용하기로 선택하였다면, 20×1년 말과 20×2년 말에 수행할 회계처리를 하라.
2. 한국㈜는 동 투자부동산에 대해 공정가치모형을 적용하기로 선택하였다면, 20×1년 말과 20×2년 말에 수행할 회계처리를 하라.

해답

1. 원가모형 선택 시
   - 20×1년 말

     (차) 감가상각비 95,000* (대) 감가상각누계액(건물) 95,000

     $*(₩1,000,000 - ₩50,000) \times \frac{1}{10} = ₩95,000$

   - 20×2년 말

     (차) 감가상각비 95,000 (대) 감가상각누계액(건물) 95,000

2. 공정가치모형 선택 시
   - 20×1년 말

     (차) 건 물 200,000 (대) 투자부동산평가이익 200,000*

     * 공정가치 ₩1,200,000 − 취득원가 ₩1,000,000

   - 20×2년 말

     (차) 투자부동산평가손실 250,000* (대) 건 물 250,000

* 공정가치 ₩950,000 – 장부금액 ₩1,200,000

참고로, 공정가치모형 선택 시 투자부동산에 대한 감가상각 및 손상 회계는 수행하지 않음.

제 3 절 무형자산

무형자산은 물리적 실체가 존재하지 않으나 장기적인 수명을 가진 자산을 소유함에 따라 나타나는 권리나 경쟁상의 이점으로 식별가능한 비화폐성자산을 말한다. 무형자산에 대한 증거는 계약이나 특허와 같은 형태로 존재하며 특허권, 저작권, 상표권과 같이 정부가 부여한 권리, 타 회사를 취득함에 따라 발생한 영업권, 프랜차이즈와 같은 독점적 계약에서 발생한다.

무형자산은 식별 가능하고, 자원에 대해 통제 가능하며, 미래 경제적 효익이 있어야 자산으로 인식한다. 해당 자산이 무형자산의 정의를 충족하지 않는다면 그것을 취득하거나 내부적으로 창출하기 위하여 발생한 지출은 발생시점에 즉시 비용으로 인식한다. 식별가능성은 무형자산이 다른 자산과 분리가능하거나 계약상 권리 또는 기타 법적권리로부터 발생한다. 통제가능성이란 기초가 되는 자원에서 유입되는 미래 경제적 효익을 확보할 수 있고 그 효익에 대한 제3자의 접근을 제한할 수 있는 것을 의미한다. 일반적으로 통제가능성은 법적권리에서 나온다. 무형자산의 미래 경제적 효익은 제품의 매출, 용역수익, 원가절감 또는 자산의 사용에 따른 기타 효익의 형태로 발생할 수 있다.

1. 무형자산의 종류와 상각

(1) 무형자산의 종류

무형자산은 무형자산의 정의를 충족하고 미래 경제적 효익이 기업에 유입될 가능성이 높으며 자산의 원가를 신뢰성 있게 측정할 수 있는 경우에만 인식한다. 최초로 인식할 때에는 원가로 측정하고 회계처리는 내용연수가 유한한가 아니면 비한정인가의 여부에 따라 다르다. 내용연수가 유한한 무형자산은 유형자산의 감가상각과 동일하게 자산의 원가를 내용연수 동안 배분하며, 내용연수가 비한정인 무형자산은 상각하지 않는다. 다만, 손상 회계는 내용연수가 유한하든 비한정이든 간에 상관없이 모두 적용한다.

1) 특허권

특허권(patent)은 발명품을 제조, 판매, 또는 통제할 수 있도록 정부가 부여한 독점적 권리이다. 특허권은 갱신되지 않지만 기본 설계의 변경이나 개량을 통해 새로운 특허를 취득함으로써 법률적 내용연수를 연장할 수 있다. 특허권의 최초 원가는 특허권의 취득에 지출된 금액이다. 특허권에 대해서는 소송이 빈번하게 발생하는데 성공적인 방어를 위한 법률비용은 특허권의 효력을 유지하는데 필요한 지출로 인정된다. 이와 같은 지출은 특허권의 원가에 가산되어 남아 있는 내용연수에 걸쳐 상각된다.

특허권은 법률상 내용연수와 실제사용가능연수 중 짧은 기간 동안 상각된다. 진부화로 인해 특허권의 효력이 조기에 소멸될 수 있으므로 내용연수를 결정할 때는 이와 같은 요인을 고려해야 한다.

2) 저작권

예술품이나 출판물을 재생산하고 판매할 수 있도록 정부가 독점적인 권리를 부여한 것이 저작권(copyright)이다. 저작권은 창작자의 생애에 일정기간을 가산한 기간 동안 지속된다. 저작권의 원가는 취득원가와 방어에 소요된 지출이다. 저작권의 내용연수는 일반적으로 법률상 내용연수보다 상당히 짧아 단기간 내에 상각된다.

3) 상표권

상표권(trademark) 또는 상표는 특정 회사나 제품을 나타내는 단어, 문구, 노래 또는 표시이다. 애니콜, 그랜저, 아래한글, 칠성사이다와 같은 상표는 제품을 즉시 인지하게 하고 일반적으로 제품 매출을 증대시킨다. 상표의 창작자나 최초 사용자는 특허청에 등록함으로써 상표에 대한 독점적이고 법률적인 권리를 취득한다. 상표권은 상표가 사용되는 동안에는 기간 제한 없이 갱신이 가능하다.

상표권을 구입하는 경우 상표권의 원가는 취득대가이다. 상표권을 유지 · 개발하기 위해 지출되는 비용은 발생하는 즉시 비용으로 처리되며, 상표권의 내용연수는 비한정인 것으로 회계처리한다.

4) 프랜차이즈

프랜차이즈(franchise)는 사용권을 부여하는 자와 사용권을 부여받는 자 간의 계약관계이다. 사용권을 부여하는 자는 부여받은 자에게 특정 지역 내에서 특정제품의 판매나 특정 용역의 제공 또는 특정 상표를 사용할 수 있는 권리를 부여한다. 프랜차이즈의 취득에 따른 원가를 식별할 수 있는 경우 무형자산으로 기록된다. 프랜차이즈의 원가는 프랜차이즈 기간 동안 상각된다. 프랜차이즈 계약에 따라 매기 지출되는 금액은 발생시점에 판매비와관리비로 처리된다.

5) 영업권

영업권(goodwill)은 개별적으로 식별하여 별도로 인식할 수 없으나, 사업결합에서 획득한 그 밖의 자산에서 발생하는 미래 경제적 효익을 나타내는 자산이다. 일반적으로 영업권은 무형자산 중 재무상태표에 가장 큰 금액으로 기록된다. 영업권은 회사와 관련된 모든 호의적인 속성들의 가치를 말한다. 여기에는 특별한 영업 방법, 사업장 위치, 고객관계, 숙련된 종업원, 제품의 높은 품질 그리고 합리적인 노사관계 등이 포함된다. 투자자산이나 유형자산과 같이 개별적으로 판매가능한 다른 자산과 달리 영업권은 영업 전체와 관련하여 인식된다.

영업 전체와 관련하여 인식된다면 영업권의 금액을 결정할 때 호의적인 속성들의 가치를 모두 계산하려고 할 수 있으나 이 결과는 매우 주관적이며 재무제표의 신뢰성에 도움이 되지 않는다. 그러므로 사업결합을 통해 영업 전체를 취득하는 경우에만 영업권을 기록한다. 영업권은 취득한 순자산의 공정가치를 초과하여 지출한 금액이다. 사업결합으로 취득한 영업권은 상각하지 않고 최소한 매 회계연도마다 손상검사를 실시한다. 또한 손상이 발생하였다고 판단할 만한 사건이나 그 밖의 상황 등의 변화가 있는 경우에도 그 시점에 손상검사를 해야 한다.

한편, 내부적으로 창출한 영업권은 원가를 신뢰성 있게 측정할 수 없고 기업이 통제하고 있는 식별가능한 자원이 아니기 때문에 자산으로 인식하지 않는다.

(2) 무형자산의 상각

무형자산의 상각은 유형자산과 같이 상각누계액 계정을 사용하는 방법과 해당 무형자산의 원가를 직접 차감하는 방법이 모두 사용가능하다. 그러나 유형자산의 감가상각과 달리 상각누계액 계정을 사용하지 않고 다음과 같이 직접 차감하는 방법이 일반적이다.

(차) 무형자산상각비 ××× (대) 무형자산 ×××

내용연수는 경제적 요인과 법적 요인의 영향을 받는다. 경제적 요인이란 자산의 미래 경제적 효익이 획득되는 기간을 결정하는 것이며, 법적 요인이란 기업이 효익에 대한 접근을 통제할 수 있는 기간을 제한하는 것이다. 내용연수 결정 시 경제적 요인으로 인한 내용연수와 법적 요인으로 결정된 기간 중 짧은 기간으로 한다.

내용연수가 유한한 무형자산의 상각대상금액은 내용연수 동안 체계적인 방법으로 배분해야 한다. 상각은 자산이 사용가능한 시점부터 시작한다. 즉, 자산이 경영자가 의도하는 방식으로 운영될 수 있는 위치와 상태에 이르렀을 때부터 시작한다. 무형자산의 상각방법은 자산의 경제적 효익이 소비되는 형태를 반영한 방법으로 한다. 다만 소비되는 형태를 신뢰성 있게 결정할 수 없는 경우에는 정액법을 사용한다. 내용연수가 유한한 무형자산의 상각기간과 상각방법은 적어도 매 회계연도 말에 검토하고 변경사항이 있으면 회계추정의 변경으로 회계처리한다.

예를 들어, 특허권에 대한 법률상 내용연수가 20년인 경우 특허권은 20년 또는 실제내용연수 중 단기간에 해당하는 기간 동안 상각된다.

예제 9-10

한국㈜는 20×1년 초 특허권을 ₩120,000에 취득하였다. 특허권의 내용연수는 8년으로 추정된다.

▶▶ 요구사항

정액법으로 상각하는 경우 20×1년 특허권의 상각을 회계처리하라.

해답

(차) 무형자산상각비(특허권) 15,000 (대) 특허권 15,000*

* ₩120,000 ÷ 8년 = ₩15,000

2. 연구개발비

연구개발비는 특허권, 저작권, 신공정이나 신제품으로 연결되는 지출이다. 회사들은 치열한 경쟁에서 살아남기 위해 많은 금액을 연구개발비로 사용한다.

연구개발비는 때때로 특정 프로젝트에 배분하기 어렵고 미래 발생할 효익의 정도와 시기를 식별하는 것도 어렵다. 이 때문에 무형자산의 창출과정을 연구단계와 개발단계로 구분한다. 무형자산을 창출하기 위한 내부 프로젝트를 연구단계와 개발단계로 구분할 수 없는 경우에는 그 프로젝트에서 발생한 지출은 모두 연구단계에서 발생한 것으로 보고 발생시점에 연구비 계정을 사용하여 비용으로 인식한다.

연구단계의 활동은 새로운 지식을 얻고자 하는 활동, 연구결과나 기타 지식의 탐색, 평가, 최종 선택, 응용하는 활동, 재료, 장치, 제품, 공정, 시스템이나 용역에 대한 여러 가지 대체안을 탐색하는 활동 등을 말하며 연구단계에서 발생한 지출은 미래 경제적 효익을 입증할 수 없기 때문에 발생시점에 비용으로 처리하고 무형자산으로 인식하지 않는다.

개발단계의 활동은 사용 전의 시제품과 모형을 설계, 제작, 시험하는 활동, 상업적 생산 목적으로 실현가능한 경제적 규모가 아닌 시험공장을 설계, 건설, 가동하는 활동, 신규 또는 개선된 재료, 장치, 제품, 공정, 시스템이나 용역에 대하여 최종적으로 선정된 안을 설계, 제작, 시험하는 활동 등을 말한다. 개발단계에서 발생한 지출은 무형자산을 사용하거나 판매하기 위해 그 자산을 완성할 수 있는 기술적 실현가능성, 무형자산을 사용하거나 판매할 수 있는 기업의 능력 등과 같은 조건을 충족하는 경우 무형자산(개발비)으로 인식한다. 그러나 이와 같은 조건을 충족시키지 못한 지출은 발생시점에 비용(경상개발비)으로 인식한다.

제 4 절 재무제표 표시와 분석

1. 재무제표 표시

유형자산과 무형자산은 비유동자산으로 분류하여 재무제표에 표시된다. 토지, 건물, 기계장치, 비품과 같은 주요 항목별로 취득원가, 감가상각누계액 및 장부금액이 보고되고 사용한 감가상각방법뿐만 아니라 당기의 감가상각비도 보고된다.

<표 9-2>는 유형자산과 무형자산에 대한 한국㈜의 20×1년 재무상태표에 표시된 내용의 일부를 발췌한 것이다.

표 9-2 | 한국㈜의 20×1년 재무상태표

부분재무상태표

20×1년 12월 31일 현재

한국㈜ (단위: 원)

	20×1년		20×0년	
자 산				
유동자산		₩271,000		₩200,000
비유동자산				
유형자산				
토 지	₩70,000		₩70,000	
건 물	65,000		54,000	
감가상각누계액	(17,000)		(14,000)	
기계장치	48,000		48,000	
감가상각누계액	(14,000)		(12,000)	
기타유형자산	44,000	196,000	2,000	148,000
무형자산				
특허권	42,000		30,000	
개발비	25,000		27,000	
기타 무형자산	15,000	82,000	20,000	77,000
자산총계		₩549,000		₩425,000

2. 재무제표 분석

자산이 매출을 창출하는 데 얼마나 효율적으로 사용되었는지를 비율을 이용하여 분석할 수 있다. 총자산회전율(asset turnover ratio)은 자산의 생산성을 분석하는 데 자산이 평균적으로 몇 번이나 활용되었는지 알려준다. 총자산회전율은 매출액을 평균총자산으로 나누어 계산한다. 한국㈜의 20×1년 기말총자산과 기초총자산은 재무상태표에 표시된 바와 같이 각각 ₩549,000원, ₩425,000원이고 20×1년 매출액은 ₩516,220원인 경우 총자산회전율은 다음과 같다.

$$\begin{aligned} \text{총자산회전율} &= \text{매출액} \div \text{평균총자산} \\ &= ₩516{,}220 \div \frac{(₩549{,}000 + ₩425{,}000)}{2} \\ &= 1.06\text{회} \end{aligned}$$

자산에 투자된 단위금액당 한국㈜의 매출액은 1.06회이다. 이는 평균총자산의 1.06배의 매출이 발생하였다는 것이다. 회사가 자산을 효율적으로 사용한다면 자산에 투자된 금액은 높은 매출액을 창출할 것이다. 총자산회전율은 자산집약도에 따라 산업 간에 큰 차이를 보인다.

요 약

1. 유형자산의 원가

유형자산의 원가에는 자산을 사용할 수 있도록 하는데 필요한 모든 비용을 포함하며, 현금 또는 현금성자산으로 측정한다.

2. 감가상각방법

정액법, 생산량비례법, 체감잔액법과 같은 방법을 사용하여 계산한다. 정액법은 내용연수 동안 매 기간 동일한 금액을 감가상각하는 방법이며, 생산량비례법은 자산에서 기대되는 총생산량이나 총사용량을 추정하여 상각한다. 체감잔액법은 자산의 내용연수 동안 초기에는 많은 금액이 상각되고 기간이 경과함에 따라 상각액이 감소하는 방법이다.

3. 자본적 지출과 수익적 지출

증축과 개량의 경우는 내용연수를 증가시키는 활동으로 자본적 지출로 처리하며 해당 유형자산의 장부금액에 포함하여 인식한다. 일상적 수선은 발생시점에 수선유지비 계정에 비용으로 기록하여 수익적 지출로 처리된다.

4. 유형자산의 제거

유형자산에 대한 상각이 완료되기 전에 폐기하거나 자산을 매각하는 경우, 또는 유형자산 간의 교환이 있을 경우 자산의 제거로 인식하며, 이에 따른 처분(폐기)손익을 계상한다.

5. 유형자산 손상

유형자산의 장부금액이 회수가능액을 초과하는 경우 손상차손을 인식하며, 후속 회계연도에 회수가능액이 회복되는 경우에는 환입한도 범위 내에서 과거 손상차손을 환입한다.

6. 유형자산 재평가

유형자산의 최초인식 후에 원가모형과 재평가모형 중 하나를 회계정책으로 선택하여 유형자산의 유형별로 적용해야 한다. 재평가모형의 기본적인 개념은 재평가이익을 기타포괄이익으로 인식하고, 재평가손실은 당기손실로 인식한다는 점이다.

7. 자연자원

자연자원은 감모상각을 통해 원가를 배분한다. 감모상각을 계산하기 위해 생산량비례법을 사용하는데 이는 해당 연도에 추출한 생산량에 비례하기 때문이다.

8. 투자부동산

투자부동산은 최초인식시점에 원가로 측정하며, 원가모형이나 공정가치모형 중 하나를 회계정책으로 선택하여 모든 투자부동산에 적용한다.

9. 무형자산

무형자산의 내용연수가 유한한 경우 유형자산의 감가상각과 동일하게 자산의 원가를 내용연수 동안 배분한다. 무형자산의 내용연수가 비한정인 경우에는 상각하지 않는다.

용어정리

가속상각	감가상각시 사용 초기에 감가상각비가 더 많이 계상되는 방법
감가상각	자산의 감가상각대상금액(취득원가－잔존가치)을 그 자산의 내용연수에 걸쳐 체계적으로 배분하는 것
감모상각	자연자원의 원가를 합리적이고 체계적인 방법으로 내용연수에 걸쳐 비용화하는 배분과정
개발비	일정조건을 충족하는 경우 자산으로 처리되는 개발단계에서 발생한 지출
내용연수	자산이 사용가능할 것으로 기대되는 기간
무형자산	물리적 실체가 존재하지 않으나 미래 경제적 효익을 창출할 것으로 기대되는 자산
상표권	특정 회사나 제품을 나타내는 단어, 문구, 노래 또는 표시
생산량비례법	자산에서 기대되는 총생산량이나 총사용량을 기준으로 상각하는 방법
손상차손	자산의 장부금액이 회수가능액을 초과하는 금액
수익적 지출	일상적인 수선·유지와 관련하여 발생하는 원가
연구비	연구단계에서 지출한 비용
연수합계법	내용연수 동안 감가상각비가 매 기간 감소하는 체감잔액법
영업권	개별적으로 식별하여 별도로 인식할 수 없으나, 사업결합에서 획득한 그 밖의 자산에서 발생하는 미래 경제적 효익을 나타내는 자산
유형자산	생산이나 제공, 임대 또는 관리활동에 사용할 목적으로 보유하는 물리적 형태가 있는 자산
자본적 지출	유형자산의 일부를 증축하거나 개량할 때 발생하는 원가
자연자원	입목, 석유, 가스 및 광물자원으로 채광, 시추와 같은 활동을 통해 물리적으로 추출하게 됨.

잔존가치	내용연수가 경과되는 시점의 자산가치에 대한 추정치
저작권	예술품이나 출판물을 재생산하고 판매할 수 있도록 정부가 부여한 독점적인 권리
정률법	기초 장부금액에 상각률을 곱하여 매 기간의 감가상각비를 계산하는 방법
정액법	내용연수 동안 매 기간 동일한 금액을 감가상각하는 방법
체감잔액법	자산의 내용연수 동안 초기에는 많은 금액이 상각되고 기간이 경과에 따라 상각금액이 감소하는 방법
총자산회전율	자산으로 투자된 단위금액 대비 창출된 매출의 비율
투자부동산	임대수익이나 시세차익 또는 둘 다를 얻기 위하여 소유자가 보유하거나 리스이용자가 사용권자산으로 보유하고 있는 부동산
특허권	발명품을 제조, 판매, 또는 통제할 수 있도록 정부가 부여한 독점적 권리
프랜차이즈	사용권 부여자와 부여받은 자 간의 계약관계
회수가능액	자산의 처부부대원가를 뺀 공정가치와 자산의 사용가치 중 더 많은 금액

EXERCISES

연습문제

[문제 1] 유형자산의 취득원가(1) 〈난이도 : 하〉

20×1년 1월 1일 한국㈜는 사무용 건물을 신축하기 위한 목적으로 토지를 ₩100,000에 취득하였다. 토지 위에 세워진 옛 건물을 제거하는 데 ₩3,500이 지출되었고 폐자재는 ₩1,000에 판매되었다. 건물이 신축되기 전에 토지구입과 관련된 법무사 수수료 ₩1,500, 부동산 중개수수료 ₩5,500, 그리고 주차장 건설 지출액 ₩22,000이 추가로 발생하였다.

〈요구사항〉

20×1년 1월 1일 한국㈜의 토지 취득원가를 계산하라.

[문제 2] 유형자산의 취득원가(2) 〈난이도 : 중〉

한국㈜는 기존 건물이 있는 토지를 일괄구입하여 즉시 철거하고, 공장건물을 신축하였다. 이와 관련된 지출은 다음과 같다.

(1) 토지 구입시 지급한 취득세	₩10,000
(2) 토지를 취득한 이후 지급한 재산세	15,000
(3) 공장건물 신축을 위한 공사비	1,000,000
(4) 공장건물 신축을 위한 토지정지비용	30,000
(5) 기존 건물이 있는 토지의 일괄구입원가(토지 375,000, 건물 125,000)	500,000
(6) 공장 진입로 포장공사비와 상 · 하수도 공사비(내용연수 - 제한적)	18,000
(7) 공장건물 설계비	9,000
(8) 신축된 공장 주변 울타리 및 주차장 공사비(내용연수 - 제한적)	12,000
(9) 공장건물 신축을 위해 기존 건물을 해체하는 데 소요된 비용	27,000
(10) 기존 건물을 해체하는 과정에서 발생한 폐자재 매각수입	3,000

〈요구사항〉

위의 거래를 다음과 같은 형식에 따라 분석하라. 토지와 건물 란에 적절한 금액을 기록하고, 그 외 항목은 기타계정에 금액과 계정과목을 함께 표시하라.

번호	토지	건물	기타 계정

[문제 3] **감가상각(1)** 〈난이도 : 하〉

한국㈜는 20×1년 1월 1일 운반용 트럭을 ₩100,000에 구입하였다. 내용연수 8년, 잔존가치 ₩8,000, 그리고 주행가능거리는 200,000㎞로 추정된다. 20×1년과 20×2년 실제 주행거리는 각각 30,000㎞와 24,000㎞이다.

〈요구사항〉

1. 정액법을 적용하여 20×1년과 20×2년의 감가상각비를 계산하고 관련 회계처리를 하라.
2. 생산량비례법을 적용하여 20×1년과 20×2년의 감가상각비를 계산하고 관련 회계처리를 하라.
3. 정률법(상각률: 0.271)을 적용하여 20×1년과 20×2년의 감가상각비를 계산하고 관련 회계처리를 하라.
4. 연수합계법을 적용하여 20×1년과 20×2년의 감가상각비를 계산하고 관련 회계처리를 하라(단, 소수점 첫째자리에서 반올림할 것).

[문제 4] **감가상각(2)** 〈난이도 : 중〉

20×1년 7월 1일 한국㈜는 다음과 같은 2대의 기계를 구입하였다.

(1) A기계 : 기계의 현금가격은 ₩97,400이다. 구입관련 지출로는 운송비 ₩350, 운송보험료 ₩150, 설치 및 시험비용 ₩100이 지출되었다. 20×1년 중 기계사용에 필요한 윤활유 비용은 ₩180이다. 기계의 내용연수는 8년, 잔존가치는 ₩10,000으로 추정된다.

(2) B기계 : 기계의 취득원가는 ₩240,000이다. 기계의 내용연수는 4년, 잔존가치는 ₩16,000으로 추정된다.

〈요구사항〉

1. A기계
   (1) 20×1년 7월 1일 구입에 대한 회계처리를 하라.
   (2) 감가상각방법으로 정액법을 사용한다고 할 때, 20×1년 12월 31일 감가상각비를 기록하는 회계처리를 하라.

2. B기계 : 감가상각방법이 다음과 같다고 가정하고 내용연수 동안 매 연도 감가상각비를 계산하라.
   (1) 정액법
   (2) 정률법(상각률 : 0.492). 단, 소수점 이하는 절사할 것.
   (3) 생산량비례법. 기계의 총생산가능량은 25,000단위이고 20×1년부터 20×5년까지 실제생산량은 각각 4,000단위, 7,500단위, 6,000단위, 5,000단위, 2,500단위이다.

[문제 5] 자본적 지출과 수익적 지출 〈난이도 : 하〉

한국㈜는 20×1년 중 다음과 같은 거래가 발생하였다.

(1) 3월 9일 : 사용하고 있는 건물의 엘리베이터와 냉난방시설을 위한 공사비 ₩2,000,000을 수표를 발행하여 지급하였다.

(2) 6월 7일 : 공장건물의 외벽 도장공사비와 파손된 유리를 대체하기 위하여 ₩300,000을 현금으로 지급하였다.

(3) 9월 5일 : 기계장치에 대한 부품(취득원가 ₩600,000, 감가상각누계액 ₩400,000)을 교체하였는데, 새 부품의 교체로 기계장치의 능률이 크게 증가되었다. 부품대금 ₩700,000을 현금으로 지급하였다.

〈요구사항〉

위의 거래에 대해 관련 회계처리를 하라.

[문제 6] 유형자산의 제거(1) 〈난이도 : 하〉

한국㈜는 20×1년 1월 1일 취득원가 ₩531,000, 내용연수 8년, 잔존가치 ₩63,000의 기계장치를 취득하였고 정액법으로 감가상각하고 있다.

〈요구사항〉

1. 20×1년, 20×2년, 20×3년의 감가상각비를 계산하라.
2. 20×3년 12월 31일 기계장치의 장부금액을 계산하라.
3. 20×4년 3월 31일 ₩337,000에 기계장치를 매각한 경우 회계처리를 하라.
4. 만일, 20×4년 3월 31일에 기계장치를 ₩337,000이 아닌 ₩360,000에 매각한 경우 회계처리를 하라.

[문제 7] 유형자산의 제거(2) 〈난이도: 중〉

한국㈜는 20×1년 1월 1일 취득원가 ₩288,000, 내용연수 4년, 잔존가치 ₩21,600의 기계장치를 취득하였다. 20×4년 1월 1일 기계장치는 ₩39,500에 판매되었다.

〈요구사항〉

1. 20×1년, 20×2년, 20×3년, 20×4년의 감가상각비, 감가상각누계액, 장부금액을 정액법과 정률법(상각률: 0.5)을 적용하여 다음과 같은 형식에 따라 계산하라.

연도	감가상각비	감가상각누계액	기말 장부금액

2. 감가상각방법으로 정률법(상각률: 0.5)을 적용할 때 20×4년 12월 31일 기계장치를 ₩39,500에 매각한 경우 회계처리를 하라.
3. 만일, 20×4년 12월 31일에 기계장치를 ₩39,500이 아닌 ₩29,800에 매각한 경우 회계처리를 하라. 감가상각방법은 정률법(상각률: 0.5)을 적용한다.

[문제 8] 유형자산의 제거(3) 〈난이도: 상〉

20×3년 1월 1일 한국㈜가 보고한 유형자산의 내역은 다음과 같다.

토 지		₩ 3,000,000
건 물	26,500,000	
감가상각누계액(건물)	(12,100,000)	14,400,000
기계장치	40,000,000	
감가상각누계액(기계장치)	(5,000,000)	35,000,000
유형자산 계		₩52,400,000

20×3년 중 다음과 같은 현금거래가 발생하였다.

(1) 2월 12일 토지를 ₩4,400,000에 취득하였다.

(2) 5월 1일 20×0년 1월 1일 ₩1,200,000에 취득한 기계장치를 ₩320,000에 매각하였다.

(3) 7월 5일 20×1년 6월 1일 ₩1,200,000에 취득한 토지를 ₩3,600,000에 매각하였다.

(4) 9월 1일 기계장치를 ₩3,600,000에 취득하였다.

(5) 12월 31일 20×1년 1월 1일 ₩1,000,000에 취득한 기계장치를 폐기하였다.

〈요구사항〉

1. 위의 거래를 회계처리하라. 한국㈜는 건물과 기계장치의 감가상각방법으로 정액법을 사용한다. 모든 건물의 내용연수는 20년이고 잔존가치는 없다. 모든 기계장치의 내용연수는 5년이고 잔존가치는 없다.
2. 한국㈜가 20×3년도에 인식할 기계장치와 건물의 감가상각비를 계산하라.

[문제 9] 유형자산의 손상 〈난이도 : 상〉

한국㈜는 20×1년 초에 기계장치를 ₩300,000에 취득하였다. 기계장치의 내용연수는 5년, 잔존가치는 ₩0으로 추정된다. 한국㈜는 기계장치에 대해 원가모형을 적용하며, 정액법으로 감가상각한다. 20×1년 말과 20×2년 말의 처분부대원가를 뺀 공정가치와 사용가치는 다음과 같다. 단, 자산의 회수가능액 변동은 기계장치의 손상 혹은 그 회복에 따른 것이라고 가정한다.

연 도	처분부대원가를 뺀 공정가치	사용가치
20×1년 말	₩205,000	₩216,000
20×2년 말	₩170,000	₩165,000

〈요구사항〉

1. 한국㈜가 20×1년 말에 인식할 기계장치의 손상차손을 계산하라.
2. 한국㈜가 20×2년도에 인식할 기계장치의 감가상각비를 계산하라.
3. 한국㈜가 20×2년 말 기계장치 손상회복과 관련하여 수행해야 할 회계처리를 하라.

[문제 10] 유형자산의 재평가 〈난이도 : 상〉

한국㈜는 20×1년 초에 토지 ₩100,000을 최초 취득하여 재평가모형을 적용하기로 결정하였다. 연도별 토지의 공정가치 변동은 다음과 같다.

20×1년 말	20×2년 말	20×3년 말
₩90,000	₩120,000	₩105,000

〈요구사항〉

1. 한국㈜가 매 연도 말에 수행할 재평가 회계처리를 하라.
2. 재평가가 각 연도 포괄손익계산서에 미치는 영향을 분석하라.
3. 각 연도 말 재무상태표에 보고되는 재평가잉여금을 보여라.

[문제 11] 자연자원과 투자부동산 〈난이도 : 중〉

<사례 1>

한국㈜는 20×1년 7월 1일 탄광에 ₩520,000을 투자하여 400,000톤에 해당하는 석탄 매장량을 확보하였다. 20×1년 하반기 중 50,000톤을 채탄하여 판매하였다.

<사례 2>

한국㈜는 시세차익을 얻을 목적으로 토지를 취득하였다. 한국㈜의 결산일은 매년 12월 31일이며, 관련 자료는 다음과 같다.

(1) 한국㈜는 동 토지를 20×1년 초에 ₩1,000,000에 취득하였다.

(2) 한국㈜는 투자부동산을 공정가치모형으로 평가하고 있으며, 20×1년 말과 20×2년 말 토지의 공정가치는 각각 ₩900,000과 ₩1,100,000이었다.

〈요구사항〉

1. 〈사례 1〉과 관련하여 감모상각비를 기록하는 회계처리를 하라.
2. 〈사례 1〉과 관련하여 50,000톤이 채탄되었으나 40,000톤만 판매하였다면, 남은 10,000톤의 원가는 재무제표에 어떻게 보고되는지 설명하라.
3. 〈사례 2〉와 관련하여 한국㈜가 20×1년과 20×2년에 인식할 평가손익을 계산하라.

[문제 12] 무형자산 〈난이도 : 중〉

<사례 1>

다음은 한국㈜의 20×1년에 발생한 거래내용의 일부이다.

(1) 3월 1일 : 소규모 회사를 합병하고 영업권 ₩500,000을 기록하였다. 영업권의 내용연수는 비한정이다.

(2) 9월 1일 : 특허권을 ₩300,000에 취득하였다. 법률상 특허권의 내용연수는 20년이나 실제 사용가능연수는 5년이다.

<사례 2>

한국㈜의 20×2년도 무형자산과 관련된 자료는 다음과 같다.

(1) 20×2년 12월 31일 ₩40,000,000의 영업권 손상을 인식하였다.

(2) 20×2년 6월 30일 ₩1,350,000에 특허권을 취득하였다. 경제적 내용연수는 10년으로 추정된다.

(3) 20×2년 2월 16일 ₩3,330,000에 벌목권을 구매하였다. 총 9,000,000재의 목재를 생산가능하며 20×2년에 2,400,000재의 목재를 벌목하여 판매하였다.

〈요구사항〉

1. 〈사례 1〉과 관련하여 한국㈜가 20×1년 12월 31일에 무형자산상각비를 기록하는 회계처리를 하라.
2. 〈사례 2〉와 관련하여 한국㈜가 20×2년 12월 31일에 인식해야 할 영업권 손상, 특허권 상각비, 벌목권 감모상각비를 계산하라.

[문제 13] **재무제표 분석** 〈난이도: 하〉

다음은 유사 제품을 생산·판매하는 한국㈜와 강남㈜의 재무제표에서 발췌한 자료이다.

	한국㈜	강남㈜
당기순이익	₩800,000	₩820,000
매 출 액	2,600,000	2,280,000
평균총자산	4,000,000	3,000,000

〈요구사항〉

1. 각 회사에 대한 총자산회전율을 계산하라.
2. 총자산회전율에 대한 답을 근거로 두 회사가 매출액과 당기순이익을 창출하는 데 사용된 총자산의 상대적인 효율성에 대해 설명하라.

10

부 채

학습목표

부채란 과거사건의 결과로 기업이 경제적 자원을 이전해야 하는 현재의무이다. 부채를 재무상태표에 인식하기 위해서는 현재 시점에 의무의 이행에 따라 경제적 효익을 갖는 자원의 유출 가능성이 높고 결제될 금액을 신뢰성 있게 측정할 수 있어야 한다. 기업의 영업활동 과정에서는 부채가 불가피하게 발생하게 되는데, 이번 장에서는 부채의 일반적 내용과 사채 등의 자금조달과 관련한 회계처리를 살펴보기로 한다.

본 장에서 학습할 주요 내용을 요약하면 다음과 같다.

부채 : 금융부채, 비금융부채

➢ 금융부채
- 금융부채의 유형

➢ 사 채
- 사채의 종류
- 화폐의 시간가치
- 사채의 발행
- 사채발행차금의 상각
- 사채의 상환

➢ 비금융부채
- 비금융부채의 유형

➢ 재무제표 표시와 분석
- 재무제표 표시
- 재무제표 분석

제 1 절 금융부채

한국채택국제회계기준에서는 원칙적으로 상환기간에 따라 유동부채와 비유동부채로 구분하고 있다. 유동부채란 보고기간 후 12개월 이내 또는 정상영업주기 내에 결제될 것으로 예상되는 부채이다. 이와 같은 기준에 해당하지 않는 부채는 비유동부채로 분류된다. 유동부채는 정상영업주기 내에 결제될 것으로 예상되는 매입채무, 단기차입금, 미지급금, 단기충당부채, 선수금, 선수수익 등을 포함한다. 그리고 보고기간 후 12개월 이내에 상환을 통하여 소멸될 미지급법인세, 미지급급여, 미지급이자 등에 대한 미지급비용도 포함한다.

비유동부채는 보고기간 후 12개월 이후 또는 정상적인 영업주기 이후 상환될 것으로 예상되는 부채이다. 비유동부채의 대표적인 계정으로 사채, 장기차입금, 퇴직급여부채, 이연법인세부채 등이 있다. 유동부채와 유동자산은 회사의 단기 부채 상환능력을 평가하는 데 중요하므로 경영자는 주의 깊게 관찰해야 한다. 유동자산보다 유동부채가 많은 회사는 만기가 도래한 유동부채를 상환하지 못할 가능성이 높기 때문이다.

부채의 분류는 상환기간에 따라 유동부채와 비유동부채로 분류하지만, 부채의 성격 · 금액과 시기의 확실성에 따라 금융부채와 비금융부채, 확정부채와 충당부채 · 우발부채로 구분하기도 한다. 한국채택국제회계기준서 제1001호 '재무제표 표시'에서는 부채를 유동성을 기준으로 분류할 수 있을 뿐만 아니라, 금융부채와 비금융부채로 분류할 수 있다고 명시하고 있다.

금융부채는 매입채무, 장단기차입금, 미지급금, 사채 등 계약상 의무로서 거래상대방에게 현금 등 금융자산을 인도하기로 한 의무이거나 잠재적으로 불리한 조건으로 거래상대방과 금융자산이나 금융부채를 교환하기로 한 의무이다. 비금융부채는 금융부채로 분류되지 않는 부채를 말한다. 예를 들어, 선수수익, 선수금 등이 이에 해당한다.

1. 금융부채의 유형

(1) 매입채무

매입채무는 상품이나 원재료 등의 재고자산을 외상으로 매입하는 경우와 같이 일반적인 상거래에서 발생한 외상매입금과 지급어음을 말한다. 일반적으로 매입채무 중 순수하게 신용으로만 재고자산을 매입하는 경우 외상매입금 계정을 사용하고, 어음을 발행하여 문서화된 약속증서로 기록하여 외상매입하는 경우 지급어음 계정을 사용한다. 지급어음은 대여자가 부채를 회수하는 데 필요한 법적 절차는 채권에 대한 공적 증거가 되기 때문에 회수가능성이 높다.

매입채무는 재무상태표일로부터 1년 이내에 상환할 의무가 있는 것은 유동부채로 분류하고, 1년 이후에 상환할 의무가 있는 것은 비유동부채인 장기성매입채무로 분류한다. 참고로 경상적인 영업활동을 위해 필요한 재고자산이 아니라 비품, 건물 등의 자산을 외상으로 구입할 때 발생한 채무는 매입채무에 포함되지 않고 미지급금으로 분류한다.

(2) 차입금

차입금은 일반적으로 상거래 이외의 자금조달 목적에 의해 발생하는데 금융기관 등 타인으로부터 금전대차계약에 의해 현금을 차입한 경우에 발생하는 부채를 말한다. 금융기관 차입금, 주주·임원·종업원차입금, 어음차입금, 당좌차월 등의 차입금이 여기에 속하며 재무상태표일로부터 1년 이내에 상환해야 하는 차입금은 단기차입금으로, 1년 이후에 상환할 예정인 차입금은 장기차입금으로 분류한다.

예를 들어, 강남㈜는 20×1년 7월 1일 ₩200,000을 한국㈜로부터 차입하고 액면가 ₩200,000, 표시이자율 10%, 시장이자율 10%, 만기 6개월인 지급어음을 발행하였다고 하자. 단기 이자부어음의 경우 일반적으로 시장이자율과 표시이자율이 같기 때문에 어음을 발행하고 받는 현금은 자산의 액면금액과 일치한다. 그러므로 강남㈜는 ₩200,000을 수령하고 다음과 같이 회계처리한다.

(차) 현 금	200,000	(대) 단기차입금	200,000

강남㈜가 20×1년 12월 31일에 차입금을 상환하면, 차입금 원금과 기간 경과에 따른 이자를 한국㈜에게 지급하며 다음과 같이 회계처리한다.

(차) 단기차입금	200,000	(대) 현 금	210,000
이자비용	10,000*		

* (₩200,000 × 10% × 6/12) = ₩10,000

(3) 미지급금과 미지급비용

미지급금은 일반적인 상거래 이외의 거래에서 발생하는 부채이며 비품을 구입하고 대금을 지급하지 않은 경우의 예를 들 수 있다. 일반적으로 미지급금은 기업이 사용할 목적으로 구입하는 자산의 구입대금을 지급하지 않았을 때 사용되는 계정이다.

미지급비용은 이자와 같이 비용은 발생하였으나 지급기일이 아직 도래하지 않아 발생주의에 따라 기간손익을 인식하기 위해 부채로 인식되는 것이다. 미지급비용의 예로는 미지급이자, 미지급임차료, 미지급급여, 미지급보험료 등을 들 수 있다.

예제 10-1

다음은 한국㈜의 20×1년 각 일자별 거래 내용이다.

12월 1일	제품 운반용 자동차 1대를 ₩10,000,000에 구입하고 대금은 2개월 후인 20×2년 1월 31일에 지급하기로 하였다.
12월 1일	₩1,000,000을 차입하고 이자율 12%, 만기 2개월인 어음을 발행하였다.

▶▶ 요구사항

한국㈜가 각 일자에 수행해야 하는 회계처리를 하라.

1. 20×1년 12월 1일
2. 20×1년 12월 31일(결산시점)
3. 20×2년 1월 31일

해답

1. 12월 1일	(차) 차량운반구	10,000,000	(대) 미지급금	10,000,000
	(차) 현 금	1,000,000	(대) 단기차입금*	1,000,000

* 상품 매입 거래로 인한 어음 발행이 아니라 자금 차입 목적으로 인한 어음 발행이기 때문에 지급어음이 아닌 단기차입금으로 회계처리한다.

2. 한국㈜가 12월 31일에 재무제표를 작성한다면 어음의 발행기간 동안에 발생한 이자비용(12월 한 달분)과 미지급이자 ₩10,000을 인식하기 위한 수정분개를 해야 한다. 다음은 한국㈜가 인식할 이자비용을 계산한 내용이다.

$$\text{이자비용} = \text{어음의 액면금액} \times \text{연간이자율} \times \text{경과기간}$$
$$= ₩1,000,000 \times 12\% \times \frac{1}{12}$$
$$= ₩10,000$$

한국㈜는 12월 31일에 다음과 같은 수정분개를 한다.

12월 31일	(차) 이자비용	10,000	(대) 미지급이자	10,000

3. 만기인 20×2년 1월 31일 한국㈜는 미지급금 ₩10,000,000과 어음의 액면금액 ₩1,000,000, 이자 ₩20,000을 더한 금액을 지급해야 한다. 만기일의 지급에 따른 회계처리는 다음과 같다.

1월 31일	(차) 미지급금	10,000,000	(대) 현 금	10,000,000
	(차) 단기차입금	1,000,000	(대) 현 금	1,020,000
	미지급이자	10,000		
	이자비용	10,000*		

* 1월 이자비용 : $₩1,000,000 \times 12\% \times \frac{1}{12} = ₩10,000$

제 2 절 사 채

사채는 금융부채로 분류되며 일반적으로 보고기간(재무상태표일) 후 1년 또는 정상적인 영업주기 이후에 상환할 것으로 예상되는 비유동부채이다. 금융부채 중 사채의 회계처리에 대해 알아보자.

1. 사채의 종류

사채(bonds)는 회사에 필요한 자금을 확보하기 위해 발행하는 약속증서이다. 거액의 장기자본을 얻기 위해 경영자는 보통주를 발행할 것인지 사채를 발행할 것인지를 선택할 수 있다. 경영자가 사채를 발행하는 이유는 주주의 지배력에 영향을 미치지 않기 때문이다. 채권자는 경영의사결정에 대한 의결권을 가지고 있지 않으므로, 회사는 주주의 지배력 변동 없이 필요한 자금을 확보할 수 있다. 또한 사채를 발행할 경우 사채이자는 배당과 달리 비용으로 공제가 가능하여, 이자비용에 대한 세금효과로 인해 자금조달에 따른 자본비용을 낮출 수 있다. 반면, 정기적으로 이자를 지급해야 하고 만기일에 원금을 상환해야 하므로 상대적으로 현금보유량이 적은 기업에서는 이자지급 부담으로 인한 재무위험이 증가할 수 있다.

(1) 담보부사채와 무담보사채

담보부사채(secured bonds)는 발행자가 원금 지급에 대비하여 구체적인 자산을 담보물로 제공하는 사채이다. 부동산 담보가 제공된 경우의 사채를 모기지채권(mortgage bonds)이라 하고 사채를 상환하기 위해 별도자산을 적립한 경우의 사채를 감채기금채권(sinking fund bonds)이라 한다. 무담보사채(unsecured bonds)는 차입자의 신용에 의해 발행되는데, 신용등급이 양호한 회사들이 무담보사채를 발행한다.

(2) 전환사채와 신주인수권부사채

전환사채(convertible bonds)는 채권보유자의 선택에 따라 보통주로 전환할 수 있는 사채를 말한다. 전환요건은 일반적으로 채권 구입자에게 매력적이다. 전환사채는 투자자와 발행회사 모두에게 이점이 있다. 투자자는 발행회사의 주가가 상승하게 되면 주식으로 전환하여 자본이득을 실현할 수 있고, 주가가 하락하더라도 사채로부터 이자수익을 얻을 수 있어 안정적인 투자수단이 된다. 발행회사는 전환사채가 주식으로 전환되면 부채가 감소하고 자본이 증가하게 되어 재무구조가 건전해진다. 또한 전환권가치의 이점으로 인해 발행회사는 저렴한 자본비용으로 자본을 조달할 수 있다. 일반적으로 전환사채는 동일조건으로 일반사채를 발행하는 경우와 비교하면 일반사채의 표시이자율보다 낮게 발행된다.

신주인수권부사채는 사채 발행회사의 주식을 일정금액으로 매입할 수 있는 권리가 부여된 사채이다. 신주인수권부사채도 전환사채와 비슷하게 투자자는 주가가 상승하면 주식으로 전환하여 자본이득을 얻을 수 있고, 발행회사는 낮은 이자율로 자금을 조달할 수 있는 수단이 된다. 그러나 전환사채와 달리 신주인수권부사채는 투자자가 권리를 행사하여 주식으로 전환할 때 현금으로 주식을 매입하고 사채는 그대로 남아 있어서 만기가 도래할 때까지 이자와 원금을 지급받는다.

(3) 상환사채

상환사채(callable bonds)는 발행회사가 만기일 이전이라도 일정금액으로 상환할 수 있는 사채를 말한다. 상환사채는 상환방법에 따라 일시상환사채, 수의상환사채, 연속상환사채가 있다. 일시상환사채는 만기에 일시불로 상환하는 것으로 대부분의 사채가 여기에 해당한다. 수의상환사채는 만기일 이전에 발행회사가 자유롭게 정해진 가격으로 상환을 할 수 있는 사채이다. 발행회사는 이자율이 하락하거나 사채의 가격이 급등할 때 정해진 가격으로 사채를 상환할 수 있기 때문에 이점이 있다. 그러나 투자자는 그만큼 불리한 입장에 놓이게 된다. 그러므로 일반적으로 일반사채에 비해 낮은 가격으로 발행된다. 연속상환사채는 액면금액을 분할하여 상환하는 사채이다. 연속상환사채는 만기가 다른 여러 개의 사채가 하나의 사채로 구성되어 있어, 각 만기 시마다 각 사채가 상환되는 효과가 있다.

2. 화폐의 시간가치

사채를 구입하려는 투자자라면 구입가격을 결정해야 한다. 한국㈜가 액면 ₩1,000,000, 만기 10년인 무이자부채권을 발행한다고 하자. 이 채권에 대해 투자자가 받는 현금은 만기시점의 액면금액 ₩1,000,000뿐이다. 10년 후의 현금은 현재 보유하는 현금과 가치가 다르므로 만기 10년 무이자부채권에 대한 투자금액은 ₩1,000,000보다 작을 것이다.

한국㈜의 채권에 대해 ₩1,000,000을 투자하지 않는 이유는 화폐의 시간가치(time value of money) 개념과 연결된다. 현재 시점에 ₩1,000,000을 투자한다면 투자에 따른 이자수익을 얻을 수 있고 10년 후에는 ₩1,000,000보다 더 많은 현금을 보유하게 될 것이다. 10년 만기시점의 액면금액 ₩1,000,000에 대한 현재 시점의 투자금액을 파악하기 위해서는 투자기간 동안 이자율을 가정하고 미래에 수취하게 될 현금의 현재가치 계산을 통해 현재시점에서 투자할 금액을 계산할 수 있다.

사채의 현재가치는 시장에서 매매될 가격을 말하며, 가격은 현재가치를 결정하는 세 가지 요인인 액면금액, 투자기간, 시장이자율의 함수이다. 시장이자율은 시장의 투자자들이 자금을 대여할 때 요구하는 요구수익률이며 투자 기대수익률이다. 시장이자율은 무위험이자율에 각 회사의 위험프리미엄을 반영해서 결정되므로 발행회사의 신용위험에 따라 다르게 된다.

화폐의 시간가치를 이해하기 위해 다음과 같이 복권 당첨금을 받는 방법이 세 가지가 있는 경우, 어느 방법을 선택하는 것이 유리한지를 파악해 보자. 첫 번째 방법은 3년 후에 ₩100,000,000을 지급받는 방법이고, 두 번째 방법은 지금 즉시 ₩75,000,000을 지급받는 방법이며, 세 번째 방법은 3년간 매 연도말에 ₩32,000,000을 지급받는 방법이다.

이와 같이 대안을 비교하는 문제에서 보상을 최대화하는 방법을 선택하기 위해서는 대안에 대한 현재가치를 계산해야 하는데, 현재가치의 계산은 화폐의 시간가치 개념에 기초하고 있다.

(1) 액면금액의 현재가치

현재가치를 설명하기 위해 1년 후에 ₩10,000을 받게 되는 투자안을 고려해 보자. 1년 후에 ₩10,000을 받는 경우 현재 시점에 투자해야 할 금액은 얼마인가? 투자안에서 10%의 수익을 기대한다면 현재 시점의 투자액은 다음과 같이 계산될 것이다.

$$
\begin{aligned}
\text{현재가치} \times (1 + \text{이자율}) &= \text{미래금액} \\
\text{현재가치} \times (1 + 0.1) &= ₩10,000 \\
\text{현재가치} &= ₩10,000 \div 1.1 \\
&= ₩9,091
\end{aligned}
$$

미래금액 ₩10,000, 이자율 10%, 그리고 기간이 1년인 경우 이와 같은 상황은 다음 그림과 같이 나타낼 수 있다.

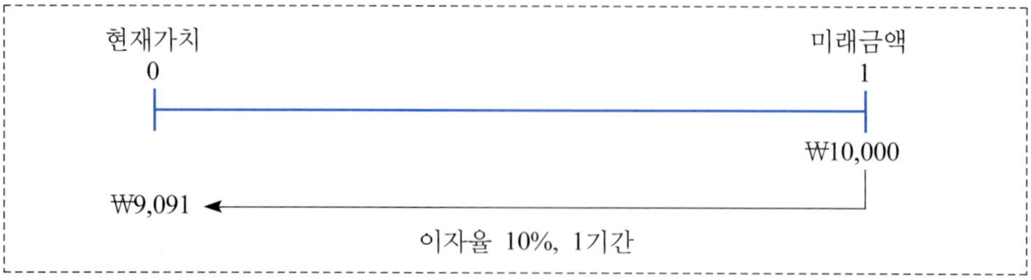

만약에 2년 후에 ₩10,000을 받고 이자율이 10%인 상황이라면 현재가치는 ₩8,265[(₩10,000 ÷ 1.1) ÷ 1.1]이 된다.

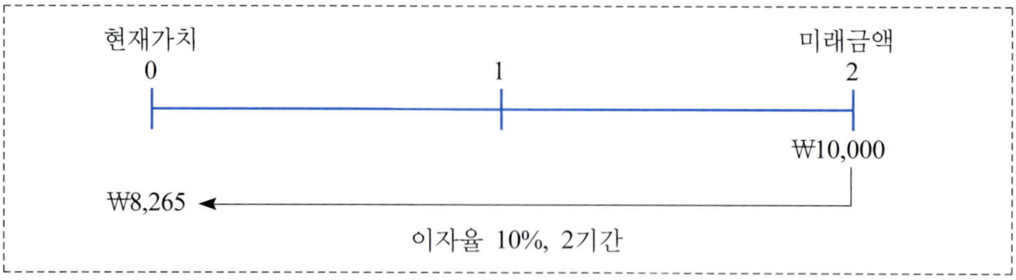

*n*기간, 1원의 현재가치는 현재가치표를 통해 결정할 수 있다. <표 10-1>의 현재가치표에서 해당되는 할인기간과 매기의 이자율이 교차하는 값이 1원에 대한 현재가치계수가 된다. 표를 사용할 때 현재가치의 계산은 기간과 이자율이 교차하는 점에 제시된 현재가치계수를 미래금액에 곱하여 계산한다. 이자율 10%, 1기간의 현재가치계수가 0.9091이므로 투자액은 위에 계산된 ₩9,091(₩10,000 × 0.9091)과 일치하게 된다. 이자율 10%, 2기간의 현재가치계수는 0.8265이므로 투자액은

표 10-1 | 현재가치표

기간	4%	5%	6%	8%	9%	10%	11%	12%	15%
1	.9615	.9524	.9434	.9259	.9174	.9091	.9009	.8929	.8696
2	.9246	.9070	.8900	.8573	.8417	.8264	.8116	.7972	.7561
3	.8890	.8638	.8396	.7938	.7722	.7513	.7312	.7118	.6575
4	.8548	.8227	.7921	.7350	.7084	.6830	.6587	.6355	.5718
5	.8218	.7835	.7473	.6806	.6499	.6209	.5935	.5674	.4972
6	.7903	.7462	.7050	.6302	.5963	.5645	.5346	.5066	.4323
7	.7599	.7107	.6651	.5835	.5470	.5132	.4817	.4524	.3759
8	.7307	.6768	.6274	.5403	.5019	.4665	.4339	.4039	.3269
9	.7026	.6446	.5919	.5003	.4604	.4241	.3909	.3606	.2843
10	.6756	.6139	.5584	.4632	.4224	.3855	.3522	.3220	.2472

위에 계산된 ₩8,265(₩10,000 × 0.8265)와 일치한다.

복권 당첨금의 예에서 현재가치 개념을 이용하고 이자율이 8%라고 가정하면 3년 후에 받는 당첨금 ₩100,000,000이 지금 즉시 받는 당첨금 ₩75,000,000보다 나은지를 다음과 같이 비교할 수 있다.

₩100,000,000 × (8%, 3년 후 단일금액의 현재가치계수)		
₩100,000,000 × 0.7938	=	₩79,380,000
즉시 받는 경우의 현금		₩75,000,000
차이		₩ 4,380,000

두 가지 경우를 비교한 계산 결과는 3년 후에 받는 당첨금 ₩100,000,000의 현재가치는 ₩79,380,000이므로, 지금 즉시 당첨금 ₩75,000,000을 받는 방법보다 3년 후에 당첨금 ₩100,000,000을 받는 방법이 ₩4,380,000만큼 유리하다는 것을 알 수 있다.

(2) 이자비용의 현재가치(연금)

채권보유자는 채권 만기에 원금을 회수할 뿐만 아니라 채권 발행기간에 걸쳐 정기적으로 이자를 지급받는다. 이와 같이 정기적으로 지급되는 금액을 연금(annuities)이라고 한다.

연금의 현재가치를 계산하기 위해서는 이자율, 이자지급횟수, 그리고 이자지급액을 알아야 한다. 연금의 현재가치를 계산하기 위해 ₩10,000을 3년간 지급받고 이자율은 10%인 경우를 보자. 다음의 그림은 이와 같은 상황을 나타낸 것이다.

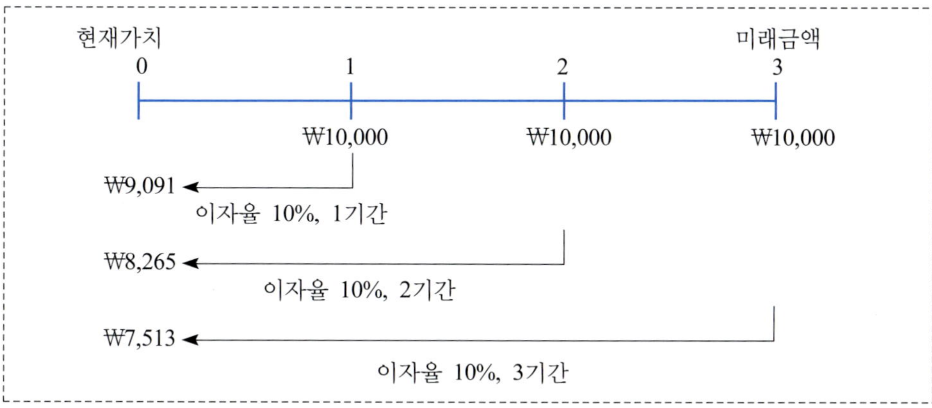

이와 같은 상황에서 현재가치를 계산하면 다음과 같다.

미래금액	× 단일금액의 현재가치계수(이자율 10%)	= 현재가치
₩10,000 (1년 후)	0.9091	₩9,091
10,000 (2년 후)	0.8265	8,265
10,000 (3년 후)	0.7513	7,513
	2.4869	₩24,869

연금의 현재가치를 계산하기 위해서는 <표 10-2>의 연금현가표를 사용할 수 있다. 아래 표와 같이 연금현가표는 일정기간 동안 정기적으로 1원을 받는다고 가정하는 경우의 현재가치를 나타낸다.

표 10-2 | 연금현가표

기간	4%	5%	6%	8%	9%	10%	11%	12%	15%
1	.9615	.9524	.9434	.9259	.9174	.9091	.9009	.8929	.8696
2	1.8861	1.8594	1.8334	1.7833	1.7591	1.7355	1.7125	1.6901	1.6257
3	2.7751	2.7233	2.6730	2.5771	2.5313	2.4869	2.4437	2.4018	2.2832
4	3.6299	3.5460	3.4651	3.3121	3.2397	3.1699	3.1025	3.0374	2.8550
5	4.4518	4.3295	4.2124	3.9927	3.8897	3.7908	3.6959	3.6048	3.3522
6	5.2421	5.0757	4.9173	4.6229	4.4859	4.3553	4.2305	4.1114	3.7845
7	6.0021	5.7864	5.5824	5.2064	5.0330	4.8684	4.7122	4.5638	4.1604
8	6.7327	6.4632	6.2098	5.7466	5.5348	5.3349	5.1461	4.9676	4.4873
9	7.4353	7.1078	6.8017	6.2469	5.9953	5.7590	5.5371	5.3283	4.7716
10	8.1109	7.7217	7.3601	6.7101	6.4177	6.1446	5.8892	5.6502	5.0188

<표 10-2>에서 3년간 연도말에 1원씩을 지급받는 경우 이자율이 10%라면 정상연금의 현재가치계수는 2.4869라는 것을 알 수 있다. 이 값을 연간현금흐름 ₩10,000에 곱하면 현재가치는 ₩24,869가 된다.

복권당첨금의 예에서 3년 후에 당첨금 ₩100,000,000을 받는 것이 지금 즉시 ₩75,000,000을 받는 것보다 유리하다는 것은 이미 알고 있다. 추가적인 방법인 3년간 매 연도말에 당첨금 ₩32,000,000을 받는 경우의 현재가치를 비교 평가하기 위한 계산은 다음과 같다(이자율은 8%로 가정한다).

₩32,000,000 × (8%, 3년간 정상연금의 현재가치계수)		
₩32,000,000 × 2.5771	=	₩82,467,200
3년 후 ₩100,000,000을 받는 경우의 현재가치		79,380,000
차이		₩3,087,200

따라서 3년간 매 연도말에 당첨금 ₩32,000,000을 받는 방법의 현재가치가 ₩82,467,200이므로, 3년 후에 당첨금 ₩100,000,000을 일시에 받는 방법보다 현재가치로 보면 ₩3,087,200만큼 유리하다는 것을 알 수 있다.

(3) 기간과 할인

지금까지는 현재가치를 결정하기 위해 연간이자율을 사용하였다. 현재가치의 계산은 연간 단위가 아니라 월별, 분기별, 반년 단위로도 적용할 수 있다. 시간 단위가 1년보다 단기인 경우 연간이자율은 시간 단위에 맞춰 조정할 필요가 있다.

예를 들어, 매년 ₩10,000씩 3년간 지급받는 것이 아니라 반년마다 ₩5,000씩 3년간 지급받는다고 가정하자. 이 경우 기간은 6이 되고, 이자율은 5%(10% ÷ 2)가 된다. <표 10-2>에서 연금의 현재가치계수는 5.0757이고 미래현금흐름의 현가는 ₩25,378.5(5.0757 × ₩5,000)가 된다. 이 금액이 매년 ₩10,000씩 3년간 지급받는 경우의 현재가치 ₩24,869보다 큰 이유는 동일 연도에 이자지급이 2회에 걸쳐 이루어지기 때문이다.

(4) 사채의 현재가치 계산

사채의 현재가치(또는 시장가치)는 지급금액과 지급기간의 횟수, 이자율(할인율)에 따라 결정된다. 지급금액은 다시 이자지급액의 현금흐름과 원금(액면금액)의 상환으로 구분된다. 따라서 사채의 현재가치를 계산하기 위해서는 이자지급액과 원금(액면금액)을 각각 할인해야 한다.

투자자의 이자율(할인율)이 사채의 표시이자율과 동일하다면 사채의 현재가치는 사채의 액면금액과 동일하다. 예를 들면, 한국㈜가 20×1년 1월 1일에 액면금액 ₩100,000, 표시이자율과 시장이자율이 10%, 만기 3년이고 이자는 12월 31일에 지급되는 사채를 발행한다고 하자. 할인율이 표시이자율과 동일하다면 사채는 액면금액으로 발행될 것이다. 이 경우 투자자는 만기에 ₩100,000을 수령하고 이자

지급액 ₩10,000(₩100,000 × 10%)은 사채발행기간 동안 매 연도말에 수령하게 될 것이다. 이자지급의 기간 수는 3이 되고 기간별 할인율은 10%가 된다. 다음의 그림은 이와 같은 상황을 나타낸 것이다.

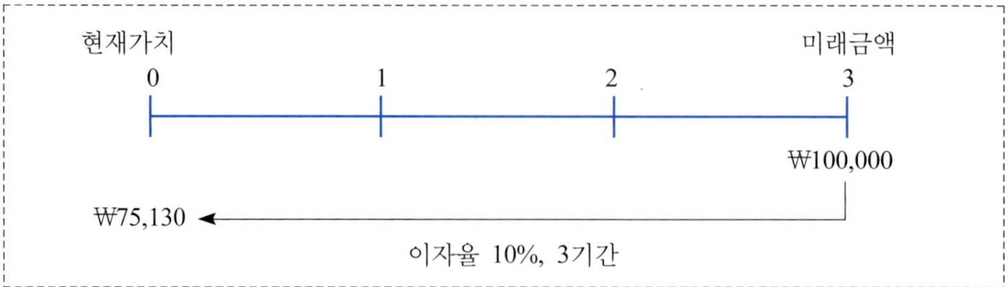

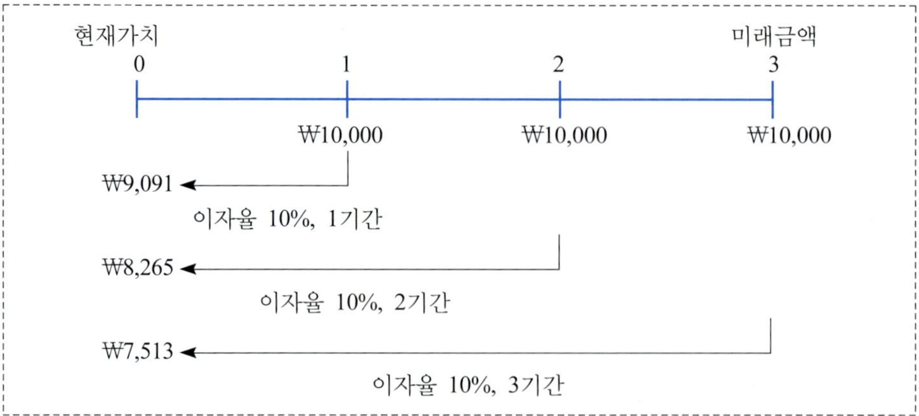

한국㈜가 발행한 사채에 대한 현재가치는 다음과 같이 계산된다.

10% 표시이자율, 10% 할인율		
만기에 지급할 원금의 현재가치		
₩100,000 × (10%, 3기간 단일금액의 현재가치계수)		
100,000 × 0.7513	=	₩75,130
사채발행기간 동안 매기 지급될 이자의 현재가치		
₩10,000 × (10%, 3기간 정상연금의 현재가치계수)		
10,000 × 2.4868	=	24,870*
사채의 현재가치		₩100,000

* 단수차이 조정

지금까지는 투자자의 할인율이 10%라고 가정하였는데 12%가 되면 현재가치는 어떻게 되는지 살펴보자. 이 경우 할인율은 12%가 되고 사채의 현재가치는 ₩95,198이 되어 사채는 액면금액보다 낮은 가액으로 할인발행된다.

10% 표시이자율, 12% 할인율		
만기에 지급할 원금의 현재가치		
₩100,000 × (12%, 3기간 단일금액의 현재가치계수)		
100,000 × 0.7118	=	₩71,180
사채발행기간 동안 매기 지급될 이자의 현재가치		
₩10,000 × (12%, 3기간 정상연금의 현재가치계수)		
10,000 × 2.4018	=	24,018
사채의 현재가치		₩95,198

표시이자율은 여전히 10%이나 투자자의 요구수익률(할인율)이 8%인 경우 사채의 현재가치는 ₩105,151으로 사채는 액면금액보다 높은 가액으로 할증발행된다.

10% 표시이자율, 8% 할인율		
만기에 지급할 원금의 현재가치		
₩100,000 × (8%, 3기간 단일금액의 현재가치계수)		
100,000 × 0.7938	=	₩79,380
사채발행기간 동안 매기 지급될 이자의 현재가치		
₩10,000 × (8%, 3기간 정상연금의 현재가치계수)		
10,000 × 2.5771	=	25,771
사채의 현재가치		₩105,151

3. 사채의 발행

회사는 자금조달을 위해 사채를 발행할 수 있는데 이사회와 주주가 사채의 발행을 승인해야 한다. 사채 발행과정에서 이사회는 발행할 사채의 수량과 총 액면금액 그리고 액면이자율을 명시해야 한다.

액면금액(face value)은 발행회사가 만기일에 지급할 원금이다. 액면이자율은 표시이자율이라고도 하는데 발행회사가 채권보유자에게 지급해야 할 이자금액을 결정하는데 사용된다. 사채발행의 조건은 사채증서(bond indenture)에 기술되는데 사채증서에는 이 외에도 채권자의 권리, 발행회사의 의무 등이 기술된다. 그리고 발행회사는 채권(bond certificates)을 발행하는데 채권에는 발행회사, 액면금액, 액면이자율, 만기일과 같은 정보가 표시된다. 일반적으로 증권판매를 전문으로 하는 투자회사들이 발행회사의 사채를 판매한다. 채권보유자들은 증권거래소나 증권회사의 영업점을 통해 시장가격으로 채권을 판매할 수 있다. 채권가격은 액면금액의 비율로 호가가 결정된다. 100만원의 채권에 대해 호가가 92라면 채권의 판매가는 액면금액의 92%라는 의미이다.

사채는 표시이자율과 할인율에 따라 액면금액으로 발행할 수도 있지만 액면금액보다 낮게 할인하거나 액면금액보다 높게 할증하여 발행할 수도 있다.

(1) 사채의 액면발행

한국㈜가 20×1년 1월 1일에 액면금액 ₩100,000, 표시이자율 10%, 만기 3년인 사채를 액면금액으로 발행한다면 사채 발행에 대한 회계처리는 다음과 같다.

(차) 현　금	100,000	(대) 사　채	100,000

한국㈜는 사채를 비유동자산으로 분류하는데, 이는 만기일이 1년 이후에 도래하는 부채이기 때문이다. 사채발행기간 동안 회사는 사채의 이자지급을 기록하기 위한 회계처리를 한다. 사채의 이자는 지급어음의 이자와 같은 방법으로 계산된다.

한국㈜가 발행한 사채의 이자가 12월 31일에 지급된다고 하자. 이 경우 한국㈜는 12월 31일에 이자 ₩10,000(₩100,000×10%)을 지급해야 한다. 12월 31일의 이자지급에 대한 회계처리는 다음과 같다.

(차) 이자비용	10,000	(대) 현　금	10,000

(2) 사채의 할인발행과 할증발행

사채를 액면금액으로 발행하는 것은 사채에 대한 표시이자율과 시장(유효)이자율이 동일하다고 가정했기 때문이다. 표시이자율은 매기 이자지급액을 계산하기 위해 액면금액에 적용되는 이자율인 반면 시장이자율은 투자자들이 회사에 자금을 대여할 때 요구하는 이자율이다. 표시이자율과 시장이자율이 동일하면 사채의 현재가치는 액면금액과 동일하므로 사채는 액면금액으로 발행된다. 그러나 발행사채의 종류, 경제상황, 산업환경, 회사의 신용 등이 시장이자율에 영향을 미치므로 시장이자율은 수시로 변한다. 이에 따라 표시이자율과 시장이자율은 다르게 되고 채권은 액면금액보다 높거나 낮게 발행된다.

회사가 표시이자율 10%로 사채를 발행하였으나 위험이 유사한 다른 사채의 이자율이 12%라고 하자. 이 경우 투자자들은 표시이자율 10% 사채에 대해서는 관심을 갖지 않을 것이고, 이 사채는 액면금액으로 발행이 어려워진다. 따라서 투자자에게 위험이 유사한 다른 사채에 투자하는 경우와 동일한 수익률이 되게 하려면, 표시이자율 10%인 사채는 액면금액보다 할인하여 발행되어야 한다. 사채의 판매가격이 낮아지므로 회사의 실제이자율은 시장이자율 수준으로 오르게 된다.

반대로 시장이자율이 표시이자율보다 낮다면, 투자자들은 사채의 액면금액보다 더 많은 금액을 지불해야 할 것이다. 예를 들어, 시장이자율이 8%이고 표시이자율이 10%라면 사채를 발행하는 회사는 투자자로부터 액면금액보다 더 많은 금액을 요구하게 되고 사채는 할증하여 발행된다. 다음 [그림 10-1]은 이와 같은 관계를 나타낸 것이다.

사채는 액면금액으로 발행되지 않는 것이 일반적이다. 따라서 사채를 발행할 때 표시이자율과 시장이자율이 일치하는 것은 우연일 뿐이다. 사채를 할인발행한다는 것이 발행회사의 재무건전성이 나쁘고 할증발행하는 것이 발행회사의 재무건전성이 좋다는 것을 의미하지는 않는다.

그림 10-1 사채발행

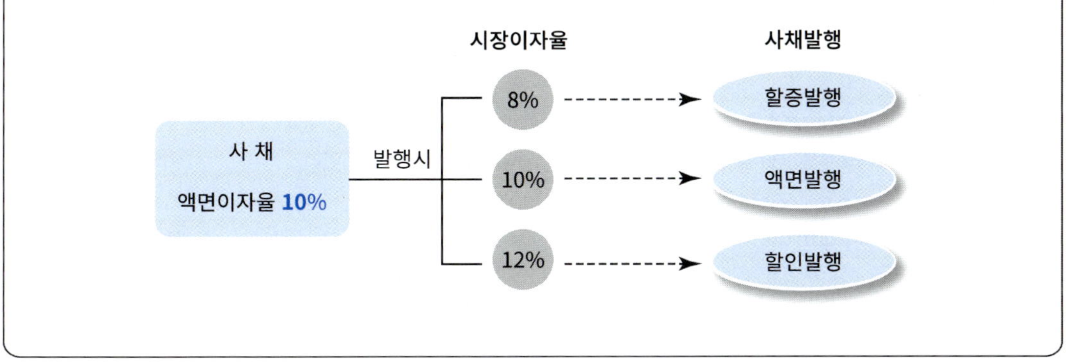

한국㈜가 20×1년 1월 1일에 액면금액 ₩100,000, 이자율 10%, 만기 3년인 사채를 ₩95,198에 할인발행하는 경우를 보자. 이자는 12월 31일에 지급된다면 1월 1일 사채발행에 따른 회사의 회계처리는 다음과 같다.

(차) 현　　금	95,198	(대) 사　　채	100,000
사채할인발행차금	4,802		

사채할인발행차금은 차변에 기록하고 있으나 자산 계정이 아니다. 사채할인발행차금은 재무상태표 보고 시 사채 계정에서 차감되어 표시되는 부채의 차감계정이다. 이는 시장이자율보다 표시이자율이 낮은 데 대한 보상으로 할인차금에 해당하는 만큼 현금수취액을 감액하는 것이므로 사채의 이자에 가산할 성격의 금액이다.

부분재무상태표

20×1년 1월 1일 현재

한국㈜		(단위 : 원)
비유동부채		
사　　채	₩100,000	
사채할인발행차금	(4,802)	₩95,198

사채의 장부금액은 ₩95,198이고, 이 금액은 사채발행 시점의 사채의 시장가치와 일치한다. 사채의 할인발행은 사채발행에 따른 총비용이 사채에 대해 지급하는 이자지급액과 다르게 되는 원인이 된다. 발행회사는 발행기간 동안에는 표시이자율에 따른 이자를 지급해야 하고, 만기에는 사채의 발행가액이 아니라 액면금액을 지급해야 한다. 그러므로 사채의 액면금액과 발행가격의 차이는 추가적인 차입비용이 된다. 발행회사는 추가적인 차입비용을 사채발행기간에 걸쳐 이자비용으로 인식해야 한다. 한국㈜가 ₩95,198에 자금을 차입하게 되는 총비용은 다음과 같이 계산된다.

사채의 할인발행	
매기말 지급하는 이자비용(₩100,000 × 10% × 3년)	₩30,000
가산 : 사채할인발행차금(₩100,000 − ₩95,198)	4,802
사채의 총차입비용	₩34,802

자금 차입에 따른 총차입비용은 다음과 같이 계산할 수도 있다.

사채의 할인발행	
만기일의 액면금액	₩100,000
매기말 지급하는 이자비용(₩10,000 × 3년)	30,000
채권자에게 지급하는 현금	₩130,000
채권자로부터 수령한 현금	(95,198)
사채의 총차입비용	₩34,802

한국㈜가 20×1년 1월 1일에 액면금액 ₩100,000, 이자율 10%, 만기 3년인 사채를 ₩105,151에 할증발행한다고 하자. 이자는 12월 31일에 지급된다면 1월 1일 사채발행에 따른 회사의 회계처리는 다음과 같다.

(차) 현 금	105,151	(대) 사 채	100,000
		사채할증발행차금	5,151

회사는 사채할증발행차금을 사채계정에 가산하는 형태로 재무상태표에 보고한다. 이는 시장이자율보다 표시이자율이 높은 데 대한 대가로 할증차금에 해당하는 만큼 현금수취액을 증액하는 것이므로 사채의 이자에서 차감할 성격의 금액이다.

부분재무상태표

20×1년 1월 1일 현재

한국㈜		(단위 : 원)
비유동부채		
사 채	₩100,000	
사채할증발행차금	5,151	₩105,151

사채를 할증발행하는 경우 사채발행 총비용이 사채에 대해 지급하는 이자비용보다 작게 된다. 사채할증발행차금으로 차입비용은 감소하는데 발행회사는 사채할증발행차금을 사채발행기간에 걸쳐 이자비용의 감소로 대변에 기록한다. 한국㈜가 ₩105,151에 자금을 차입하게 되는 총비용은 다음과 같이 계산된다.

사채의 할증발행	
매기말 지급하는 이자비용(₩100,000 × 10% × 3년)	₩30,000
차감 : 사채할증발행차금(₩105,151 − ₩100,000)	(5,151)
사채의 총차입비용	₩24,849

자금 차입에 따른 총차입비용은 다음과 같이 계산할 수도 있다.

사채의 할증발행	
만기일의 액면금액	₩100,000
매기말 지급하는 이자비용(₩10,000 × 3년)	30,000
채권자에게 지급하는 현금	₩130,000
채권자로부터 수령한 현금	(105,151)
사채의 총차입비용	₩24,849

사채가 액면발행, 할인발행 또는 할증발행이 되더라도 회사가 현금으로 지급하는 이자는 액면금액에 표시이자율을 곱하여 계산한다. 사채를 할인발행한 경우는 사채 발행기간의 총액면이자 금액(₩30,000)에서 사채할인발행차금(₩4,802)을 가산한 것이 총이자비용(₩30,000 + ₩4,802 = ₩34,802)이 된다. 그리고 사채를 할증발행한 경우는 사채 발행기간의 총액면이자 금액(₩30,000)에서 사채할증발행차금(₩5,151)을 차감한 것이 총이자비용(₩30,000 − ₩5,151 = ₩24,849)이 된다. 이러한 관계는 사채 할인발행은 액면금액보다 발행가액이 낮으므로 회사의 비용이 증가한 것이고, 사채 할증발행은 액면금액보다 발행가액이 높으므로 회사의 비용이 감소한 것으로 생각할 수 있다.

예제 10-2

한국㈜는 20×1년 1월 1일에 액면금액 ₩100,000, 표시이자율 8%, 만기 3년인 사채를 발행하였다. 이자지급은 매년 12월 31일에 이루어진다.

▶▶ 요구사항

시장이자율이 다음과 같을 때 사채의 발행가격을 계산하라.

1. 시장이자율이 6%일 경우
2. 시장이자율이 8%일 경우
3. 시장이자율이 10%일 경우

해답

위의 사채의 경우 매년 12월 31일 ₩8,000(₩100,000 × 8%)의 이자가 지급되고 만기일인 20×3년 12월 31일에 액면금액인 ₩100,000이 지급된다.

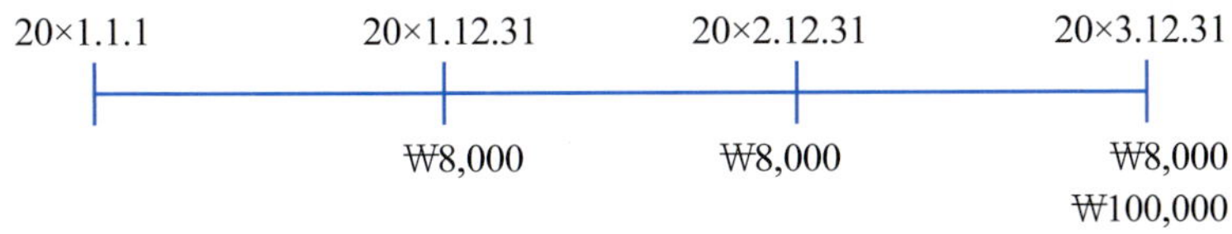

1. 이자의 현재가치 : ₩8,000 × 2.6730(3년, 6% 연금현가) = ₩21,384
   원금의 현재가치 : ₩100,000 × 0.8396(3년, 6% 현재가치) = 83,960
   사채의 발행금액 : ₩105,344

2. 이자의 현재가치 : ₩8,000 × 2.5771(3년, 8% 연금현가) = ₩20,617
   원금의 현재가치 : ₩100,000 × 0.7938(3년, 8% 현재가치) = 79,383*
   사채의 발행금액 : ₩100,000
   *단수차이 조정

3. 이자의 현재가치 : ₩8,000 × 2.4869(3년, 10% 연금현가) = ₩19,895
   원금의 현재가치 : ₩100,000 × 0.7513(3년, 10% 현재가치) = 75,130
   사채의 발행금액 : ₩95,025

4. 사채발행차금의 상각

사채할인발행차금과 사채할증발행차금은 사채발행기간에 걸쳐 상각되며 이자비용의 증가 또는 이자비용의 감소로 회계처리된다. 사채발행차금을 상각하는 방법으로는 유효이자율법이 일반적으로 이용된다.[1] 유효이자율(effective interest rate)이란 사채를 통한 현금수취액과 미래에 발생할 총지급액의 현재가치를 일치시켜주는 할인율이다.

예를 들어, 한국㈜가 20×1년 1월 1일에 액면금액 ₩100,000, 표시이자율과 시장이자율이 10%, 만기 3년이고 이자는 12월 31일에 지급되는 사채를 발행한다고 가정해보자. 이때 한국㈜가 사채를 발행하는 과정에서 인쇄비, 수수료 등과 같은 사채발행비로 ₩2,444을 지급했다고 한다면, 한국㈜는 사채를 통해 ₩97,556의 현금을 수취하게 된다. 사채의 현재가치인 ₩97,556과 사채를 통해 지급되는 이자 및 원금의 현재가치를 일치시켜주는 이자율이 유효이자율이다. 사채발행비가 발생할 경우 시장이자율과 유효이자율은 달라지게 된다.[2]

유효이자율법에 따라 사채할인발행차금이나 사채할증발행차금을 상각하면 매기 상각되는 금액은 다르나 사채의 장부금액에 대해 매기 균등한 비율로 이자비용을 인식하게 된다. 이자비용은 사채의 크기에 따라 달라져야 하므로 유효이자율법에 의한 이자액 결정방법이 정액법보다 더 타당하다. 유효이자율법에서 사채발행차금의 상각액은 다음과 같은 순서로 계산된다. (1) 사채의 기초 장부금액에 유효이자율을 곱하여 이자비용을 계산하고, (2) 사채의 액면금액에 표시이자율을 곱하여 실제 지급이자를 계산한다. (3) 앞의 (1)에서 계산한 금액과 (2)에서 계산한 금액의 차이를 상각액으로 계산한다. 다음은 이와 같은 계산과정을 나타낸 것이다.

1) 다른 방법으로 정액법이 있다. 정액법은 매기 일정한 이자비용을 인식하기 때문에 계산이 간편하다는 장점이 있으나, 실질이자비용을 정확하게 반영하지 못하는 단점이 있어서 한국채택국제회계기준에서 유효이자율법만 인정하고 있다.

2) 이때 사채의 유효이자율은 11%가 된다. 이를 식으로 표현하면 $₩97,556 = ₩100,000 \div (1+x)^3 + ₩10,000 \div (1+x) + ₩10,000 \div (1+x)^2 + ₩10,000 \div (1+x)^3$이다. 여기서 x는 11%가 된다.

(1)		(2)		(3)
이자비용		실제지급이자		
(사채의 기초 장부금액 × 유효이자율)	−	(액면금액 × 표시이자율)		= 상각액

(1) 사채할인발행차금의 상각

사채할인발행차금을 상각하는 예를 들기 위해 한국㈜가 20×1년 1월 1일에 액면금액 ₩100,000, 이자율 10%, 만기 3년이고 이자는 매년 말에 지급되는 사채를 발행한다고 하자. 사채는 ₩95,198에 발행되어 사채할인발행차금은 ₩4,802이고 유효이자율은 12%이다. 다음과 같이 사채할인발행차금을 상각하기 위한 사채상각표는 이자비용의 기록과 사채할인발행차금의 상각을 용이하게 한다.

표 10-3 | 사채할인발행차금 상각표

기간	(1) 이자비용 (유효이자)	(2) 현금이자 (액면이자)	(3) 할인차금 상각액	(4) 할인차금 미상각액	(5) 장부금액
20×1. 1. 1				₩4,802	₩95,198
20×1.12.31	₩11,424	₩10,000	₩1,424	3,378	96,622
20×2.12.31	11,595	10,000	1,595	1,783	98,217
20×3.12.31	11,783*	10,000	1,783	0	100,000
합계	₩34,802	₩30,000	₩4,802		

* 단수차이 조정
(1) 이자비용(유효이자) = (5) 기초 장부금액 × 유효이자율(12%)
(2) 현금이자(액면이자) = 사채액면금액(₩100,000) × 액면이자율(10%)
(3) 할인차금상각액 = (1) 이자비용 − (2) 현금이자
(4) 할인차금미상각액 = 기초 사채할인발행차금미상각액 − (3) 당기 사채할인발행차금상각액
(5) 장부금액 = 기초장부금액 + 당기 사채할인발행차금상각액

<표 10-3>의 사채할인발행차금 상각표의 숫자 도출 과정을 알아보자. 사채발행회사인 한국㈜는 사채발행시점에 액면금액 ₩100,000이 아니라 ₩95,198을 받는다. 1년이 경과하여 20×1년 말에 사채의 이자비용을 계산할 때는 사채발행시점의 유효이자율을 기준으로 이자비용을 계산한다. 회사는 실제 ₩95,198을 차입하였으므로 1년간 이자비용은 ₩11,424(₩95,198 × 12%)이다. 그러나 회사가 현금으로 지급하는 사채이자는 액면금액 ₩100,000에 표시이자율 10%를 적용한 ₩10,000이

다. 실제 이자비용 ₩11,424과 현금지급이자 ₩10,000의 차이인 ₩1,424은 사채발행시점에 선급하고 사채할인발행차금으로 회계처리하였으므로 이를 이자비용에 가산한다. 따라서 사채발행시점에 선급이자 성격인 사채할인발행차금은 20×1년 말에 ₩3,378(₩4,802 - ₩1,424)으로 감소한다. 사채발행시점인 20×1년 초에 장부금액은 ₩95,198이었지만, 20×1년 말에는 사채할인발행차금상각액인 ₩1,424만큼 증가한 ₩96,622이 된다. 이는 사채할인발행차금상각액이 상각되어 감소한 만큼 사채의 장부금액이 증가하기 때문이다.

사채할인발행차금이 있는 경우는 액면금액보다 발행금액이 낮지만, 회사는 만기시 액면금액으로 투자자에게 사채를 상환해야 한다. 유효이자율법에 의한 사채할인발행차금의 상각은 비용인 이자비용의 발생과 부채인 사채의 장부금액을 증가시켜 사채의 장부금액을 만기금액인 액면금액으로 일치시키는 것이다.

이자를 지급하는 첫 해인 20×1년 말에 이자의 지급과 사채할인발행차금상각액을 기록하기 위한 회계처리는 다음과 같다. 20×1년의 총 이자비용은 ₩11,424 (₩10,000 + ₩1,424)이다.

(차) 이자비용	11,424	(대) 현　　금	10,000
		사채할인발행차금	1,424

이 분개는 이자비용이 ₩11,424이지만 지급한 현금은 ₩10,000이다. 사채할인발행차금이 없다면 그 차이는 미지급비용이 되어 부채의 증가가 된다. 미지급비용을 증가시키는 대신에 사채할인발행차금을 감소시켜, 부채인 사채의 장부금액이 커지도록 하여 사채의 액면금액이 되도록 하는 것이다.

(2) 사채할증발행차금의 상각

유효이자율법을 이용하여 사채할증발행차금을 상각하기 위한 방법도 할인차금의 경우와 유사하다. 예를 들어, 한국㈜가 20×1년 1월 1일에 액면금액 ₩100,000, 이자율 10%, 만기 3년이고 이자는 12월 31일에 지급되는 사채를 발행한다고 하자. 사채는 ₩105,151에 발행되어 사채할증발행차금은 ₩5,151이고 유효이자율은 8%이다. 사채할증발행차금을 상각하기 위한 상각표는 다음과 같다.

표 10-4 | **사채할증발행차금 상각표**

기간	(1) 이자비용 (유효이자)	(2) 현금이자 (액면이자)	(3) 할증차금 상각액	(4) 할증차금 미상각액	(5) 장부금액
20×1. 1. 1				₩5,151	₩105,151
20×1.12.31	₩8,412	₩10,000	₩1,588	3,563	103,563
20×2.12.31	8,285	10,000	1,715	1,848	101,848
20×3.12.31	8,152*	10,000	1,848	0	100,000
합 계	₩24,849	₩30,000	₩5,151		

* 단수차이 조정
(1) 이자비용(유효이자) = (5) 기초 장부금액 × 유효이자율(8%)
(2) 현금이자(액면이자) = 사채액면금액(₩100,000) × 액면이자율(10%)
(3) 할증차금상각액 = (2) 현금이자 - (1) 이자비용
(4) 할증차금미상각액 = 기초 사채할증발행차금미상각액 - (3) 당기 사채할증발행차금상각액
(5) 장부금액 = 기초장부금액 - 당기 사채할증발행차금상각액

<표 10-4>의 사채할증발행차금 상각표의 숫자 도출 과정을 알아보자. 사채발행회사인 한국㈜는 사채발행시점에 액면금액 ₩100,000이 아니라 ₩105,151을 받는다. 액면금액과 발행가액의 차이인 ₩5,151의 의미를 생각해보자. 액면금액보다 발행가액을 더 받았으나 회사는 만기시에 액면금액을 상환하면 된다. 그러므로 사채할증발행차금은 투자자로부터 이자를 선수한 것이 된다. 1년이 경과하여 20×1년 말에 사채의 이자비용을 계산할 때는 사채발행시점의 유효이자율을 기준으로 이자비용을 계산한다. 회사는 ₩105,151을 차입하였으므로 1년간 이자비용은 ₩8,412(₩105,151 × 8%)이고, 현금으로 지급하는 사채이자는 액면금액 ₩100,000에 표시이자율 10%를 적용한 ₩10,000이다. 실제 이자비용 ₩8,412과 현금지급이자 ₩10,000의 차이인 ₩1,588은 사채발행시점에 선수하고 사채할증발행차금으로 회계처리하였으므로 이를 이자비용에서 차감하여 계산한다. 사채발행시점에 선수이자 성격인 사채할증발행차금은 20×1년 말에 ₩3,563(₩5,151 - ₩1,588)으로 감소한다. 사채발행시점인 20×1년 초에 장부금액은 ₩105,151이었지만 20×1년 말에는 사채할증발행차금상각액인 ₩1,588만큼 감소한 ₩103,563이 된다. 이는 사채할증발행차금상각액이 상각되어 감소한 만큼 사채의 장부금액이 감소하기 때문이다.

이자를 지급하는 첫 해인 20×1년 12월 31일에 이자지급과 상각액을 기록하기

위한 회계처리는 다음과 같다. 20×1년의 총이자비용은 ₩8,412(₩10,000 - ₩1,588)이다.

(차) 이자비용	8,412	(대) 현　　금	10,000
사채할증발행차금	1,588		

이 분개는 이자비용이 ₩8,412이지만 지급한 현금은 ₩10,000이다. 사채할증발행차금이 없다면 그 차이는 선급비용이 되어 자산의 증가가 된다. 선급비용을 증가시키는 대신에 사채할증발행차금을 감소시켜, 부채인 사채의 장부금액을 작아지도록 하여 사채의 액면금액이 되도록 하는 것이다.

예제 10-3

한국㈜는 액면금액 ₩1,000,000, 표시이자율 8%, 만기 3년인 사채를 20×1년 1월 1일에 발행하였다. 유효이자율은 10%이고 이자지급일은 매년 12월 31일이다.

▶▶ 요구사항

한국㈜가 각 일자에 수행해야 하는 회계처리를 하라.

1. 20×1년 1월 1일
2. 20×1년 12월 31일
3. 20×3년 12월 31일

해답

1. 사채의 발행금액

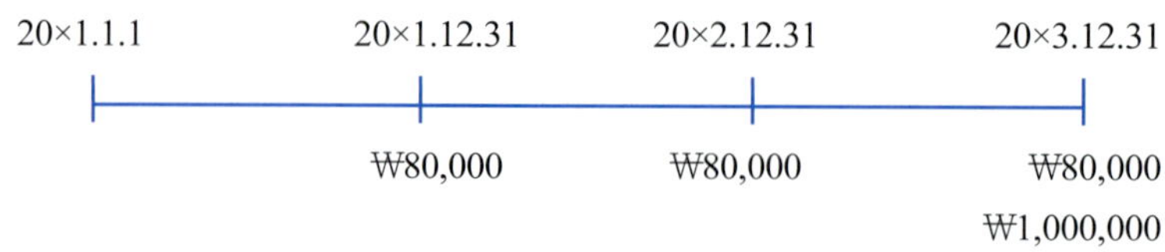

이자의 현재가치 : ₩80,000 × 2.4869(3년, 10% 연금현가)	=	₩198,952
원금의 현재가치 : ₩1,000,000 × 0.7513(3년, 10% 현재가치)	=	751,300
사채의 발행금액 :		₩950,252

20×1년 1월 1일 회계처리

(차) 현　　금	950,252	(대) 사　　채	1,000,000
사채할인발행차금	49,748*		

* 개념상 시장이자율과 표시이자율에 따른 매기말 이자비용의 차이인 ₩20,000(₩100,000 −₩80,000)에 대한 현재가치와 같다.

$$\frac{₩20,000}{1.1} + \frac{₩20,000}{(1.1)^2} + \frac{₩20,000}{(1.1)^3} = ₩49,478$$

2. 유효이자율법에 의한 상각표

기간	이자비용 (유효이자)	현금이자 (액면이자)	할인차금 상각액	장부금액
20×1. 1. 1				₩950,252
20×1.12.31	₩95,025	₩80,000	₩15,025	965,277
20×2.12.31	96,528	80,000	16,528	981,805
20×3.12.31	98,195*	80,000	18,195	1,000,000
합계	₩289,748	₩240,000	₩49,748	

*단수차이 조정

20×1년 12월 31일 회계처리

(차) 이자비용	95,025	(대) 현 금	80,000
		사채할인발행차금	15,025

3. 20×3년 12월 31일 회계처리

(차) 이자비용	98,195	(대) 현 금	80,000
		사채할인발행차금	18,195
(차) 사 채	1,000,000	(대) 현 금	1,000,000

5. 사채의 상환

사채의 발행가격에 관계없이 만기일의 사채 장부금액은 액면금액과 일치한다. 마지막으로 지급하는 이자를 별도로 회계처리한다고 가정하면 한국㈜가 만기일에 사채를 상환하는데 따른 회계처리는 다음과 같다.

(차) 사 채	100,000	(대) 현 금	100,000

사채는 만기가 도래하기 전에도 상환할 수 있다. 회사는 현금을 충분히 보유한 경우 이자비용과 부채를 줄이기 위해 사채의 조기상환을 고려할 수 있다.

사채를 조기상환하는 경우 상환일에 사채의 장부금액 제거와 현금지급액을 기록하고, 상환이익이나 손실을 기록해야 한다. 상환시점에서 사채의 장부금액보다 상환금액이 크면 상환손실이 기록되고, 사채의 장부금액보다 상환금액이 작으면 상환이익이 기록된다. 사채 상환시 장부금액은 상환시점의 사채의 액면금액에서 남아 있는 사채할인발행차금을 차감하거나 사채할증발행차금을 가산하여 계산하여야 하므로, 상환시점까지 사채의 이자비용을 계산한 후에 사채의 상환손익을 계산한다.

다음의 예제를 통하여 사채가 할인발행된 경우, 발행시점, 이자지급시점 및 조기상환시점의 회계처리를 연습해보자.

예제 10-4

한국㈜는 20×1년 1월 1일에 액면금액 ₩1,000,000, 이자율 10%, 만기 3년이고 이자는 매년 말에 지급되는 사채를 발행하였다. 발행시점의 시장이자율과 유효이자율은 일치하며 12%라고 가정하다. 계산에 필요한 현재가치 자료는 다음과 같다.

2.4018(3년, 12% 연금현가) 0.7118(3년, 12% 현재가치)

▶▶ 요구사항

1. 20×1년 1월 1일 발행시점의 발행가액을 계산하고 회계처리하라.
2. 20×1년 12월 31일 이자지급에 대해 회계처리하라.
3. 20×2년 7월 1일에 미지급이자를 포함하여 사채를 ₩1,030,000에 상환하였다고 가정하고 회계처리하라. 단 이자는 월할 계산한다.

해답

1. 20×1년 1월 1일

이자의 현재가치 : ₩100,000 × 2.4018(3년, 12% 연금현가)	=	₩240,180
원금의 현재가치 : ₩1,000,000 × 0.7118(3년, 12% 현재가치)	=	711,800
사채의 발행금액 :		₩951,980

20×1년 1월 1일 회계처리

(차) 현 금	951,980	(대) 사 채	1,000,000
사채할인발행차금	48,020		

2. 20×1년 12월 31일

<유효이자율법에 의한 상각표>

기간	이자비용 (유효이자 12%)	현금이자 (액면이자 10%)	할인차금 상각액	장부금액
20×1. 1. 1				₩951,980
20×1.12.31	₩114,238	₩100,000	₩14,238	966,218
20×2.12.31	115,946	100,000	15,946	982,164
20×3.12.31	117,836*	100,000	17,836	1,000,000
합계	₩348,020	₩300,000	₩48,020	

*단수차이 조정

20×1년 12월 31일 회계처리

(차) 이자비용	114,238	(대) 현　　금	100,000
		사채할인발행차금	14,238

3. 20×2년 7월 1일 회계처리

(1) 20×2년 7월 1일까지 이자비용 계산

(차) 이자비용	57,973*	(대) 미지급이자	50,000
		사채할인발행차금	7,973

* ₩966,218 × 12% × (6개월 ÷ 12개월) = ₩57,973

(2) 사채상환손익

(차) 사　　채	1,000,000	(대) 현　　금	1,030,000
미지급이자	50,000	사채할인발행차금	25,809*
사채상환손실	5,809***		

* (₩48,020 − ₩14,238(20×1년 12월 31일 상각액) − ₩7,973(20×2년 7월 1일 상각액)) = ₩25,809

** 사채의 장부금액 = ₩966,218 + ₩7,973 = ₩974,191(또는 ₩1,000,000 − ₩25,809)

*** 사채상환손익 = 상환금액 ₩1,030,000 − (장부금액 ₩974,191 + 미지급이자 ₩50,000) = ₩5,809(상환손실)

제 3 절 비금융부채

비금융부채에는 금융부채의 인식조건을 충족하지 못한 부채로서 선수금, 선수수익, 미지급법인세, 이연법인세부채, 퇴직급여부채, 제품보증충당부채 등이 있다. 금융부채는 부채의 정의를 충족하는 계약상 의무로서 현금 등 금융자산으로 상환되는 부채를 말하는 반면, 비금융부채는 법률상 의무로서 발생되거나 또는 재화나 용역으로 상환되는 부채를 말한다.

1. 비금융부채의 유형

(1) 선수금과 선수수익

선수금(advances received from customers)은 상품, 제품, 용역 등을 제공하기 전에 미리 판매대가의 전부 또는 일부를 수취한 금액을 말한다. 선수금은 일반적인 상거래에서 재화나 용역에 대한 수요에 비해 공급이 부족한 경우에 계약의 이행을 보증하는 역할을 한다. 상거래가 진행되고 약속한 상품이나 용역을 제공하게 되면 선수금은 소멸된다. 보험회사는 보험서비스를 제공하기 전에 보험료를 현금으로 받고 항공사는 항공권 예약을 통해 서비스를 제공하기 이전에 고객으로부터 현금을 받는다. 이와 같은 과정을 통해서 두 회사가 제품이나 용역을 제공하기 전에 현금을 수령한 경우 선수금 계정이 사용된다.

선수수익(unearned revenue)이란 대가의 수취는 이루어졌으나 손익의 귀속시기가 차기 이후에 속하는 금액을 말한다. 이는 선급비용에 대응하는 개념으로 일정기간 계속하여 용역을 제공하기로 하고 수취한 수익 중 용역의 제공이 완료되지 않아 차기 이후의 수익으로 이연하여 인식해야 할 금액이다. 이자, 수수료, 임대료, 보험료 등을 미리 받은 것 중에서 차기 이후에 수익을 인식해야 하는 것이 선수수익의 예가 된다. 선수수익에 대한 회계처리 과정은 다음과 같다. 먼저 현금 수령액은 차변에 기록하고 동시에 선수수익의 증가는 부채로 대변에 기록한다. 이후에 용역을 제공하고 수익이 실현되면 선수수익(부채)의 감소는 차변에, 관련된 수익의 증가는 대변에 기록한다. 다음의 예제를 통해 선수금과 선수수익의 차이를 알아보자.

선수금은 주된 영업활동에 대한 대금을 미리 수취한 것이고 선수수익은 부수적 영업활동에 대한 대금을 미리 수취한 성격을 가진다는 점에서 차이가 있다.

예제 10-5

한국㈜는 상품매매를 주된 영업활동으로 영위하는 기업이고, 계속기록법을 사용하며 12월말 결산법인이다. 다음은 한국㈜의 거래 일부이다.

1. 20×1년 5월 31일에 한국㈜는 강동㈜에 상품을 인도하기로 약속하고 현금 ₩500,000을 수취하였으며, 20×1년 6월 15일에 강동㈜에게 제공하기로 한 상품(취득원가 ₩400,000)을 인도하였다.
2. 20×1년 8월 31일에 한국㈜는 강남㈜에게 사무실을 임대하였다. 동일자에 강남㈜로부터 3개월분(9월~11월)에 해당하는 임대료 ₩900,000을 수령하였다.

▶▶ 요구사항

한국㈜가 각 일자에 수행해야 하는 회계처리를 하라.

1. 20×1년 5월 31일
2. 20×1년 6월 15일
3. 20×1년 8월 31일
4. 20×1년 11월 30일

해답

1. 한국㈜의 입장에서 강동㈜로부터 수취한 현금 ₩500,000은 주된 영업활동에 대한 수취액으로 선수금에 해당한다. 따라서 한국㈜가 20×1년 5월 31일에 수행해야 하는 회계처리는 다음과 같다.

(차) 현 금	500,000	(대) 선 수 금	500,000

2. 한국㈜의 입장에서 20×1년 6월 15일에 상품을 인도하였으므로 20×1년 5월 31일에 인식한 선수금(부채)를 감소시키고 매출(수익)을 인식해야 한다. 따라서 한국㈜가 20×1년 6월 15일에 수행해야 하는 회계처리는 다음과 같다.

(차) 선 수 금	500,000	(대) 매 출	500,000
(차) 매출원가	400,000	(대) 상 품	400,000

3. 강남㈜로부터 수취한 현금 ₩900,000은 주된 영업활동 이외의 활동으로 인한 수익으로 선수수익에 해당한다. 따라서 한국㈜가 20×1년 8월 31일에 수행해야 하는 회계처리는 다음과 같다.

(차) 현　　금	900,000	(대) 선수임대료	900,000

4. 한국㈜의 입장에서 20×1년 11월 30일이 되면, 강남㈜에 사무실을 임대하고 받은 선수임대료가 소멸된다. 따라서 선수임대료를 감소시키고 이를 임대수익으로 인식해주는 회계처리를 수행해야 한다.

(차) 선수임대료	900,000	(대) 임대료수익	900,000

(2) 예수금

예수금(deposits)은 일반적 상거래 이외에서 발생한 일시적 예수금액을 말한다. 예수금에는 보험료예수금, 소득세예수금, 연금예수금과 같이 종업원의 급여로부터 징수한 예수금이 있는데 법령에 의해 관계기관에 납부하면 소멸하는 비금융부채이다.

보증금, 전세금, 입찰담보금과 같이 거래처로부터 받은 예수금도 있는데 이 경우는 계약이행의 보증금으로 받은 것으로 거래가 완료되거나 상대방이 의무를 수행하면 반환하는 의무이므로 금융부채로 분류된다.

할인점이나 백화점에서 발행하는 영수증을 주의 깊게 살펴보면 구입하는 상품에는 부가가치세가 면세되는 경우도 있지만 대부분은 부가가치세가 부과되는 점을 알게 될 것이다. 부가가치세는 일반적으로 판매가격의 일정비율로 표시된다. 도매상은 상품의 매출액과 부가가치세를 별도로 기록하고 소비자로부터 받은 세금은 정기적으로 세무서에 납부한다. 예를 들어, 한 할인점이 3월 25일 기록한 매출액이 ₩1,000,000, 부가가치세가 ₩100,000이라면 다음과 같이 회계처리한다.

(차) 현　　금	1,100,000	(대) 매출액	1,000,000
		부가가치세예수금	100,000

부가가치세예수금은 비용으로 기록되지 않고 부채로 기록되는데 소비자가 정부에 납부할 세금을 미리 수령하였다가 대신 납부하는 것에 불과하기 때문이다. 회사가 세금을 세무서에 납부할 때 부채가 감소하므로 부가세예수금을 차변에 기록하고 현금 지급액은 대변에 기록한다.[3)]

3) 부가가치세를 납부하는 사업자는 부가가치세 매출세액에서 매입세액을 차감한 순액을 납부한다. 매출시의 부가가치세예수금(부채)과 매입시의 부가가치세대급금(자산)을 제거하고 차액을 납부한다.

종업원의 급여 지급과 관련하여 발생하는 부채는 종업원들에게 지급할 급여로 미지급급여 계정으로 기록한다. 그리고 소득세법에 따라 종업원의 급여에서 근로소득세로 원천징수하는 세금이 있는데 원천징수된 세금은 세무서에 납부하기 전에는 소득세예수금과 같은 부채계정으로 기록된다.

3월 25일 종업원에게 지급하는 급여총액 ₩1,000,000에서 ₩80,000을 근로소득세로 원천징수하고 4월 10일 세무서에 소득세를 납부한다면 다음과 같이 회계처리한다.

3월 25일	(차) 급 여	1,000,000	(대) 현 금	920,000
			소득세예수금	80,000
4월 10일	(차) 소득세예수금	80,000	(대) 현 금	80,000

(3) 미지급법인세

미지급법인세는 회계연도 말 현재 법인세 등의 미지급액을 의미하는 비금융부채이다. 회계연도 말 현재 당해 회계연도에 부담하여야 할 법인세와 지방소득세로서 미지급된 금액을 말한다. 그리고 기 납부한 중간예납세액이나 원천징수세액은 실무상 선급법인세나 법인세비용으로 처리한다.

(4) 충당부채와 우발부채

충당부채란 재무상태표일 현재 지출의 시기 또는 금액이 불확실한 부채를 말한다. 충당부채는 과거사건의 결과로 현재의 의무가 존재하고 이를 이행하기 위하여 미래에 경제적 효익을 갖는 자원이 유출될 가능성이 높으며 이행에 소요되는 금액을 신뢰성 있게 추정할 수 있을 때 부채로 인식한다. 충당부채로 인식되는 사례에는 제품보증충당부채나 소송관련 충당부채, 환불정책에 따른 충당부채 등이 있다.

우발부채는 경제적 효익을 갖는 자원의 유출을 초래할 현재의무가 있는지의 여부가 확인되지 않은 잠재적인 의무이거나, 현재의무이지만 의무를 이행하기 위해 경제적 효익을 갖는 자원의 유출가능성이 높지 않거나 금액을 신뢰성 있게 측정할 수 없는 부채이다. 우발부채는 충당부채와 달리 부채로 인식하지 않으나 의무를 이행하기 위해 경제적 효익을 갖는 자원의 유출가능성이 아주 낮지 않다면 이를 주석으로 공시한다.

제 4 절 재무제표 표시와 분석

1. 재무제표 표시

한국채택국제회계기준에서는 원칙적으로 부채를 유동부채와 비유동부채로 구분하여 재무상태표에 표시하도록 하고 있다. 유동부채는 보고기간 후 12개월 이내에 결제될 것으로 예상되는 부채이며 그 이외의 경우에는 비유동부채로 표시한다. 유동부채는 유동성 순서로 기록되지는 않는다. 지급어음과 같이 개별 부채에도 다양한 만기가 존재하기 때문이다. 유동부채를 표시하는 일반적인 방법은 금액의 크기가 큰 계정부터 기록하는 것이다. 또는 관습적으로 금액에 관계없이 대부분 회사들이 지급어음과 외상매입금을 매입채무 계정으로 먼저 기록하고 다른 유동부채는 금액의 크기를 고려하여 기록한다. 아울러 지급어음 만기를 비롯한 어음의 개별항목에 대한 주요 정보를 주석으로 기록해야 한다.

다음은 20×1년 한국화학㈜의 재무제표를 발췌한 것이다.

재무상태표

20×1년 12월 31일 현재

한국화학㈜ (단위: 원)

자 산		부 채		
유동자산	₩300,500	유동부채		
비유동자산	2,155,000	매입채무	₩105,700	
		단기차입금	119,000	
		미지급금	30,300	₩255,000
		비유동부채		
		사채	500,000	
		사채할인발행차금	(17,362)	
		장기차입금	192,997	675,635
		부채총계		₩930,635
		자 본		
		자본금		750,000
		이익잉여금		774,865
		자본총계		₩1,524,865
자산총계	₩2,455,500	부채와자본총계		₩2,455,500

사채나 장기성지급어음과 같은 비유동부채는 일반적으로 재무상태표에는 유동부채 다음에 보고된다. 장기부채의 일부가 보고기간 후 1년 이내에 만기가 도래하는 경우 이 부채는 유동성장기부채 계정으로 하여 유동부채로 분류된다. 예를 들어, 한국화학㈜가 5년 만기 이자부어음 ₩500,000을 20×1년 1월 1일 발행하였다. 20×2년 1월 1일부터 매 연도 1월 1일에 ₩100,000이 만기가 도래하여 지급해야 하는 경우 한국화학㈜는 20×1년 12월 31일 재무상태표를 작성할 때 ₩100,000은 유동부채로 기록하고 잔액 ₩400,000은 비유동부채로 기록해야 한다.

유동성장기부채를 인식하기 위한 수정분개는 필요하지 않고 재무제표를 작성할 때 각 계정잔액에 대해 적절하게 유동성부채로 재분류한다.

2. 재무제표 분석

유동과 비유동 계정으로 구분함으로써 회사의 유동성을 분석할 수 있다. 유동성(liquidity)이란 만기가 도래하는 부채를 상환하고 예기치 못한 현금 수요를 충족할 수 있는 능력을 말한다. 유동자산 대 유동부채의 관계는 유동성을 분석하는 데 중요하며, 이 관계는 금액(운전자본)과 비율(유동비율)로 표시할 수 있다.

유동자산이 유동부채를 초과하는 부분을 순운전자본(net working capital)이라고 한다. 다음은 한국화학㈜의 순운전자본을 나타낸다.

$$
\begin{aligned}
\text{순운전자본} &= \text{유동자산} - \text{유동부채} \\
&= ₩300,500 - ₩255,000 \\
&= ₩45,500
\end{aligned}
$$

순운전자본은 금액의 크기만을 나타낸다. 예를 들면, 순운전자본 10억원은 중소기업에게는 큰 금액이지만 대기업에게는 불충분한 금액이다. 아울러 특정 시점에는 적절한 금액이나 다른 시점에는 적절하지 않은 금액일 수도 있다.

유동비율(current ratio)은 유동자산을 유동부채로 나누어 계산한다. 이는 규모가 다른 기업간 또는 동일 기업의 서로 다른 시점간의 유동성을 비교할 수 있게 한다. 한국화학㈜의 20×1년 유동비율은 다음과 같다.

$$
\begin{aligned}
\text{유동비율} &= \text{유동자산} \div \text{유동부채} \\
&= ₩300{,}500 \div ₩255{,}000 \\
&= 1.18
\end{aligned}
$$

과거의 경험에 비추어 유동비율은 2 이상이 좋은 신용등급을 유지할 수 있는 기준이라고 한다. 그러나 최근에는 많은 기업들이 유동자산과 유동부채를 관리함으로써 유동비율을 2 이하로 유지하고 있다.

장기채권의 보유자와 주주들은 회사의 장기 지불능력에 관심을 갖고 있는데, 특히 이자지급일에 이자를 지급할 수 있는 능력과 만기일에 채권의 액면금액을 상환할 수 있는 능력에 관심이 있다. 부채비율과 이자보상비율은 부채상환능력과 장기지불능력에 대한 정보를 제공한다.

부채비율(debt ratio)은 총부채를 총자산으로 나누어 계산한 비율로 부채비율이 높을수록 만기일에 의무를 이행하지 못할 가능성이 높아진다.[4] 이자보상비율(interest coverage ratio)은 이자지급일이 도래할 때 이자를 지급할 수 있는 능력을 나타내며 이자 및 법인세차감전 순이익을 이자비용으로 나누어 계산한다. 예를 들어, 한국화학㈜의 재무상태표에 기록된 회사의 총부채는 930,635원, 총자산은 2,455,500원, 이자비용은 6,443원, 법인세비용은 60,863원, 당기순이익은 141,815원이라고 가정하자. 한국화학㈜의 부채비율과 이자보상비율을 계산하면 다음과 같다.

$$
\begin{aligned}
\text{부채비율} &= \text{총부채} \div \text{총자산} \\
&= ₩930{,}635 \div ₩2{,}455{,}500 \\
&= 37.9\%
\end{aligned}
$$

$$
\begin{aligned}
\text{이자보상비율} &= \text{이자 및 법인세차감전 순이익} \div \text{이자비용} \\
&= (₩141{,}815 + ₩6{,}443 + ₩60{,}863) \div ₩6{,}443 \\
&= 32.45
\end{aligned}
$$

한국화학㈜의 부채비율은 37.9%로 낮은 편이고 이자보상비율은 32.45배로 매우 높게 나타나 안전한 것으로 판단된다.

4) 부채비율은 총부채를 자기자본으로 나누어 계산하기도 한다.

요 약

1. 금융부채의 유형

상환기간에 따라 유동부채와 비유동부채로 구분한다. 유동부채란 보고기간 후 12개월 이내 또는 정상영업주기 내에 결제될 것으로 예상되는 부채이며, 이에 해당하지 않는 부채는 비유동부채로 분류된다.

2. 사채의 종류

발행자가 원금 지급에 대비하여 구체적인 자산을 담보물로 제공하는 경우 담보부사채로 발행되며, 차입자의 신용에 의해 발행하는 경우 비담보부사채로 발행된다. 한편, 보통주로 전환할 수 있는 경우 전환사채로 분류되며, 만기일 이전이라도 상환할 수 있는 경우 상환사채로 분류된다.

3. 사채의 발행

회사는 자금조달을 위해 사채를 발행할 수 있는데 이사회와 주주가 사채의 발행을 승인해야 한다. 사채 발행과정에서 이사회는 발행할 사채의 수량과 총 액면금액 그리고 액면이자율(표시이자율)을 명시해야 한다.

4. 사채의 발행가액

사채는 표시이자율과 할인율에 따라 액면금액으로 발행할 수도 있지만 액면금액보다 낮게 할인하거나 액면금액보다 높게 할증하여 발행할 수도 있다.

5. 이자지급

채권보유자는 채권 만기에 원금을 회수할 뿐만 아니라 채권 발행기간에 걸쳐 정기적으로 이자를 지급받는다.

6. 사채발행차금의 상각

사채할인발행차금과 사채할증발행차금은 사채발행기간에 걸쳐 상각되며 이자비용의 증가 또는 이자비용의 감소로 회계처리된다. 사채발행차금을 상각하는 방법으로는 유효이자율법이 일반적으로 이용된다.

7. 사채상환과 전환

사채의 발행가격에 관계없이 만기일의 사채 장부금액은 액면금액과 일치한다. 사채는 만기가 도래하기 전에도 상환할 수 있다. 회사는 현금을 충분히 보유한 경우 이자비용과 부채를 줄이기 위해 사채의 조기상환을 고려할 수 있다.

8. 비금융부채

금융부채의 인식조건을 충족하지 못한 부채로서 선수금, 선수수익, 미지급법인세, 이연법인세부채, 퇴직급여부채, 제품보증충당부채 등이 있다.

용어정리

금융부채	거래상대방에게 현금 등 금융자산을 인도하기로 하거나 잠재적으로 불리한 조건으로 거래상대방과 금융자산이나 금융부채를 교환하기로 한 계약상의 의무 담보부사채 발행자가 원금 지급에 대비하여 구체적인 자산을 담보물로 제공하고 있는 사채
무담보사채	담보가 없이 발행되는 사채
미지급법인세	당기 및 과거기간에 대한 당기법인세 중 납부되지 않는 부분
미지급비용	영업기간중에 발생한 비용으로 지급하지 않은 채무
미지급금	일반적인 상거래 이외에서 발생하는 채무로 상품 이외의 자산을 구입하고 대금을 아직 지불하지 않는 경우에 발생하는 채무
부채비율	기업의 지급능력을 나타내는 지표로 총부채를 총자산으로 나누어 계산
비금융부채	법률상 의무로써 발생되거나 또는 재화나 용역으로 상환되는 부채
비유동부채	보고기간 후 1년 이내 또는 정상영업주기 내에 상환되지 않을 것으로 예상되는 부채
사채	기업이 장기간 사용할 자금을 조달하기 위해 일반 대중들로부터 자금을 빌리고 그 증거로 발행하는 만기가 장기인 채무증서
상환사채	발행회사가 만기일 이전이라도 일정금액으로 상환할 수 있는 사채
선수금	미래에 재화나 서비스를 제공하기로 하고 대금의 전부 또는 일부를 미리 받은 금액으로 부채로 분류함
선수수익	일반적인 상거래에서 재화나 서비스를 제공하기로 하고 받은 판매대금 중에서 차기 이후의 수익에 해당되는 금액으로 부채계정임
순운전자본	일상적인 영업활동을 수행하는 데 필요한 자금으로 유동자산에서 유동부채를 차감한 금액
시장이자율	이자와 원금의 현재가치를 계산하는 데 사용되는 할인율

예수금	일반적인 상거래 이외에서 발생하는 것으로 계약이행의 보증금이나 미래의 채무지급을 이행한다는 보증금으로 부채로 분류
우발부채	과거사건에 의하여 발생하였으나, 기업이 전적으로 통제할 수 없는 하나 이상의 불확실한 미래사건의 발생 여부에 의해서만 그 존재가 확인되는 잠재적 의무
유동부채	보고기간 후 12개월 이내 또는 정상영업주기 내에 결제될 것으로 예상되는 부채
유동성	만기가 도래하는 부채를 상환하고 예기치 못한 현금 수요를 충족할 수 있는 능력
이자보상비율	채권자에게 지급해야 할 고정비용인 이자비용의 안전도를 측정하는 지표로 이자비용과 법인세차감전순이익의 합을 이자비용으로 나눈 값
전환사채	사채가 발행된 후 사채보유자의 선택에 따라 일정한 가격으로 보통주로 전환될 수 있는 권리를 부여한 사채
충당부채	지출의 시기 또는 금액이 불확실한 부채
차입금	정상적인 신용조건상의 단기 매입채무를 제외한 금융부채
표시이자율	사채권면에 표시된 이자율

EXERCISES

연습문제

[문제 1] **금융부채(1)** 〈난이도: 하〉

한국㈜는 20×1년 7월 1일 행당은행으로부터 연 이자율 8%, 만기 6개월 조건으로 현금 ₩120,000을 차입하였다.

〈요구사항〉

1. 한국㈜의 20×1년 7월 1일 거래에 대한 회계처리를 하라.
2. 매월 수정분개가 이루어진다고 가정하고 20×1년 7월 31일의 이자비용에 대한 수정분개를 하라.
3. 20×1년 12월 31일까지 매월 수정분개가 이루어졌다고 가정하고 만기일(12월 31일)의 회계처리를 하라.
4. 총 차입비용(이자비용)을 계산하라.

[문제 2] **금융부채(2)** 〈난이도: 상〉

20×1년 1월 1일 한국㈜의 원장에는 다음과 같은 부채계정이 포함되어 있다.

매입채무	₩60,000
부가가치세예수금(미지급부가가치세)	10,000
선수수익	24,000

1월 중 다음과 같은 거래가 발생하였다.

(1) 1월 1일 연 이자율 6%, 만기 4개월 조건으로 경기은행에서 현금 ₩50,000을 차입하였다.

(2) 1월 7일 상품을 판매하고 현금 ₩1,100,000(매출부가가치세 10% 포함)을 받았다.

(3) 1월 10일 용역대금을 미리 지급하였던 고객에게 ₩16,000의 용역을 제공하였다.

(4) 1월 16일 20×0년 12월에 수령한 매출부가가치세 ₩10,000을 세무서에 납부하였다.

(5) 1월 22일 제품 1,000개를 개당 ₩48에 외상으로 판매하였다. 매출부가가치세

10%는 별도로 계산한다.

(6) 1월 27일 상품을 판매하고 현금 ₩264,000(매출부가가치세 10% 포함)을 받았다.

〈요구사항〉

1. 한국㈜의 1월 중 거래에 대해 회계처리를 하라.
2. 매월 수정분개가 이루어진다고 가정하고 20×1년 1월 31일의 이자비용에 대한 수정분개를 하라.
3. 20×1년 1월 31일 재무상태표상의 유동부채 총액을 계산하라.

[문제 3] 금융부채(3) 〈난이도 : 중〉

다음은 20×1년 중 한국㈜의 거래를 나타낸 것이다.

(1) 2월 20일 강남㈜로부터 상품 ₩120,000을 외상매입하였다.

(2) 3월 1일 강남㈜로부터 2월 20일에 외상매입한 상품 대금으로 액면금액 ₩120,000(액면이자율 8%, 만기 2개월)인 어음을 발행하였다.

(3) 3월 31일 강남㈜에게 발행한 어음에 대해 1개월분 이자가 발생하였다.

(4) 4월 30일 강남㈜에게 발행한 어음에 대해 1개월분 이자가 발생하였다.

(5) 5월 1일 강남㈜에게 액면금액 ₩120,000(액면이자율 8%, 만기 2개월) 어음의 원금과 이자를 상환하였다.

(6) 6월 1일 강서㈜로부터 공작기계 ₩45,000을 현금 ₩15,000과 액면금액 ₩30,000(액면이자율 10%, 만기 2개월) 어음을 발행하고 구입하였다.

(7) 6월 30일 강서㈜에게 제공한 어음에 대해 1개월분 이자가 발생하였다.

(8) 7월 31일 강서㈜에게 제공한 어음에 대해 1개월분 이자가 발생하였다.

(9) 8월 1일 강서㈜에게 액면금액 ₩30,000(액면이자율 10%, 만기 2개월) 어음의 원금과 이자를 상환하였다.

(10) 12월 1일 연 이자율 9%, 만기 3개월 조건의 어음을 서울은행에게 발행하고 현금 ₩60,000을 차입하였다.

(11) 12월 31일 서울은행에 제공한 어음에 1개월 이자비용이 발생하였다.

〈요구사항〉

1. 위의 모든 거래에 대해 회계처리를 하라.
2. 한국㈜의 20×1년 12월 31일 재무상태표에 나타나는 어음과 이자비용을 계산하라.
3. 한국㈜의 20×1년 총이자비용을 계산하라.

[문제 4] 사채의 발행(액면발행)과 만기상환 〈난이도 : 하〉

한국㈜는 20×1년 1월 1일 액면금액 ₩1,000,000, 액면이자율 10%, 만기 3년인 사채를 액면가로 발행하였다. 발행일의 시장이자율은 10%이다. 이자는 매년 말에 지급한다.

〈요구사항〉

1. 20×1년 초 사채발행 시 회계처리를 하라.
2. 20×1년 12월 31일 이자지급 시 회계처리를 하라.
3. 20×3년 12월 31일 이자지급과 사채상환 시 회계처리를 하라.

[문제 5] 사채의 발행(액면발행)과 조기상환 〈난이도 : 중〉

강남㈜는 20×1년 6월 1일 액면금액 ₩3,000,000, 액면이자율 8%, 만기 3년인 사채를 액면가로 발행하였다. 이자는 6월 1일과 12월 1일에 6개월 단위로 지급된다. 발행일의 시장이자율은 8%이다. 재무제표는 매년 12월 31일에 작성된다.

〈요구사항〉

1. 강남㈜의 사채발행일에 대한 회계처리를 하라.
2. 20×1년 12월 31일의 발생이자를 기록하는 수정분개를 하라.
3. 20×2년 6월 1일 이자지급에 대한 회계처리를 하라.
4. 20×3년 12월 31일 회사는 사채를 ₩3,060,000의 가격으로 조기상환하였다. 상환에 따른 회계처리를 하라.

[문제 6] 사채의 발행(할인발행)과 조기상환 〈난이도 : 중〉

강서㈜는 20×1년 1월 1일 액면금액 ₩1,000,000, 액면이자율 9%, 만기 3년인 사채를 ₩975,132에 할인발행하였다. 이 발행가액은 유효이자율 10%로 계산한 것이다. 이자는 매년 말에 1년 단위로 지급되고 사채할인발행차금은 유효이자율법으로 상각된다.

〈요구사항〉

1. 20×1년 1월 1일 사채발행에 대한 회계처리를 하라.
2. 20×3년 12월 31일까지 사채발행차금을 상각하기 위한 상각표를 작성하라.
3. 20×1년 12월 31일 발생이자와 할인발행차금의 상각을 기록하는 회계처리를 하라.
4. 20×3년 1월 1일에 사채를 ₩970,000에 조기상환하였다. 사채 조기상환에 따른 회계처리를 하라.

[문제 7] 사채의 발행(할증발행)과 조기상환 〈난이도: 상〉

강남㈜는 20×1년 1월 1일 액면금액 ₩1,000,000, 액면이자율 12%, 만기 3년인 사채를 ₩1,049,728의 가격으로 할증발행하였다. 유효이자율은 10%이고, 이자는 매년 말에 한 번씩 지급된다.

〈요구사항〉

1. 20×1년 1월 1일 사채발행에 대한 회계처리를 하라.
2. 20×3년 12월 31일까지 사채발행차금을 상각하기 위한 상각표를 작성하라.
3. 20×1년 12월 31일 이자지급에 대한 회계처리를 하라.
4. 20×3년 1월 1일에 사채를 ₩1,030,000에 조기상환하였다. 사채 조기상환에 따른 회계를 처리하라.

[문제 8] 예수금과 선수금 〈난이도: 중〉

<사례 1>

중소기업에 대한 회계용역을 제공하는 과정에서 다음과 같은 사실을 발견하였다.

한국㈜는 매출과 부가가치세를 장부에 별도로 기록하였다. 20×1년 5월 20일 장부에 기록된 매출액은 ₩40,000, 부가가치세는 ₩4,000이다. 매출액과 부가가치세는 현금으로 지급받았다.

<사례 2>

한국㈜는 월간 패션잡지를 발행한다. 잡지 구독신청료는 1개당 연간 ₩40,000이다. 20×1년 10월 31일에 11월호부터 제공하는 조건으로 600개의 구독신청을 받았다. 회사는 구독신청을 받으면서 동시에 구독신청료를 수령하였다. 회사는 분기별로 재무제표를 작성하고 매분기 말에 구독료수익을 인식한다. 회사는 선수금과 구독료수익 계정을 사용한다.

〈요구사항〉

1. 〈사례 1〉과 관련하여 한국㈜가 장부에 기록한 회계처리를 나타내라.
2. 〈사례 2〉와 관련하여 10월 31일 구독신청 접수에 따른 회계처리를 하라.
3. 〈사례 2〉와 관련하여 20×1년 12월 31일에 실현된 구독료수익을 기록하는 수정분개를 하라.

[문제 9] **재무제표 분석** 〈난이도 : 중〉

다음은 한국㈜가 20×1년에 보고한 재무제표의 일부 내용이다.

	20×1년	20×0년
유동자산		
현 금	₩8,300	₩19,000
매출채권(순액)	25,400	20,000
재고자산	15,000	13,000
기타유동자산	3,000	7,000
합 계	₩51,700	₩59,000
유동부채	₩37,400	₩43,000

〈요구사항〉

1. 한국㈜의 20×0년과 20×1년의 유동비율과 순운전자본을 계산하라.
2. 20×0년 말에 회사가 유동부채 ₩3,000을 상환하기 위해 현금 ₩3,000을 지급한다면 유동비율과 순운전자본은 어떻게 변하는지 계산하라.

11

금융자산 및 관계기업투자

학습목표

회사는 금융기관이 취급하는 정형화된 금융상품 이외에도 주식과 같은 지분상품 또는 다른 회사나 정부 등이 발행한 채권과 같은 채무상품에 투자한다. 회사는 배당이나 이자, 시세차익 등을 목적으로 단기 또는 장기간 동안 금융자산에 투자할 수도 있으며, 다른 회사를 통제할 의도를 가지고 금융자산에 투자할 수도 있다.

이번 장에서는 금융자산 및 관계기업투자에 대한 회계처리를 학습하게 되는데, 그 주요 학습내용을 요약하면 다음과 같다.

금융자산 및 관계기업투자 : 금융자산, 지분상품, 채무상품, 지분법

➢ 금융자산의 개념과 회계상 분류
- 금융자산의 개념
- 금융자산의 분류

➢ 금융자산의 취득 및 보유
- 지분투자 회계처리
- 채권투자 회계처리

➢ 금융자산의 기말평가 및 제거
- 금융자산의 기말평가
- 금융자산의 제거

➢ 관계기업투자와 지분법
- 관계기업투자
- 지분법 회계

➢ 재무제표의 표시
- 재무상태표 표시
- 포괄손익계산서 표시

제 1 절 금융자산의 개념과 회계상 분류

1. 금융자산의 개념

금융자산은 현금및현금성자산과 금융상품으로 구성된다. 금융상품이란 광의의 개념으로 금융기관이 취급하는 투자대상 상품뿐만 아니라 대여금과 수취채권, 유가증권 등을 말한다.[1)]

금융자산 중 현금은 제7장에서, 그리고 대여금과 수취채권은 제8장에서 이미 다루었다. 따라서 본 장에서는 금융자산 중 유가증권을 중심으로 설명한다. 유가증권의 취득이란 기업이 영업활동으로 창출한 여유자금을 다른 회사가 발행한 주식(지분상품)에 투자하거나 다른 회사, 국가 및 지방자치단체 등이 발행한 사채, 국·공채(채무상품)에 투자하는 것을 말한다.

2. 금융자산의 측정을 위한 분류

지분상품 및 채무상품 보유자는 해당 금융상품을 최초 인식시점에 공정가치로 측정하여 금융자산으로 인식하며, 인식 이후의 측정(즉, 후속측정)을 위해서는 다음 세 가지 중 하나의 모형을 적용한다.

① **상각후원가(amortized cost : AC)모형** : 취득시점의 공정가치를 최초 장부금액(즉, 취득원가)으로 인식한 후, 최초 인식시점에서 산정한 유효이자율에 따라 이자수익을 인식하는 모형으로서 취득원가에 근거한 측정모형이다. 따라서 최초 인식시점 이후 발생하는 공정가치의 변동에 따라 해당 금융자산의 장부금액을 조정하지 않는다. 다만, 최초 인식시점에서 산정한 유효이자율과 표시이자율이 달라서 최초 장부금액이 액면금액과 상이하고, 이 둘의 차액을 이자수익 인식시점에서 상각함에 따라 장부금액을 조정할 뿐이다.[2)]

1) 따라서 금융기관이 투자대상 상품으로서 취급하는 금융상품은 협의의 개념이다.

2) 이러한 회계절차를 유효이자율법에 의한 상각이라고 부른다.

② **당기손익-공정가치(fair value through profit or loss : FVPL)모형** : 최초 인식시점 이후 금융자산의 공정가치가 변동함에 따라 그 장부금액을 조정하는 모형이다. 또한 공정가치 변동으로 인한 평가손익을 당기손익으로 인식한다.

③ **기타포괄손익-공정가치(fair value through other comprehensive income : FVOCI)모형** : FVPL모형과 동일하게 최초 인식시점 이후 금융자산의 공정가치가 변동함에 따라 그 장부금액을 조정하는 모형이다. 다만, 공정가치 변동으로 인한 평가손익을 기타포괄손익으로 인식한다는 점에서 FVPL모형과 차이가 있다.

다른 회사가 발행한 주식, 즉 지분상품에 대한 투자는 원칙적으로 당기손익-공정가치(FVPL)모형으로 분류한다. 다만, 그 주식이 단기매매항목이 아닌 경우에는 기타포괄손익-공정가치(FVOCI)모형으로 분류한다.[3] 한편, 다른 회사가 발행한 사채나 국가 및 지방자치단체가 발행한 국·공채와 같은 채무상품에 대한 투자는 상각후원가(AC)모형, 당기손익-공정가치(FVPL)모형, 기타포괄손익-공정가치(FVOCI)모형 중 하나를 적용해야 한다.

이상의 내용을 요약하면 <표 11-1>과 같이 정리할 수 있다.

표 11-1 | 지분상품 및 채무상품 투자에 따른 금융자산의 분류

구 분	포함 범위		후속측정 (보고기간 말 평가)
	지분상품	채무상품	
금융자산(AC)	-	○	상각후원가
금융자산(FVPL)	○	○	공정가치
금융자산(FVOCI)	○	○	공정가치

이하에서는 상각후원가모형이 적용되는 금융자산을 금융자산(AC), 당기손익-공정가치모형이 적용되는 금융자산을 금융자산(FVPL), 기타포괄손익-공정가치모형이 적용되는 금융자산을 금융자산(FVOCI)으로 나타낸다.

3) 참고로, FVOCI모형으로의 분류는 최초 인식시점에서만 가능하고 추후 취소할 수는 없다. 또한 FVOCI모형으로 분류될 경우 재순환(재분류조정)이 금지되는데, 보다 구체적인 내용은 중급회계 교과서를 참조하기 바란다.

제 2 절 금융자산의 취득 및 보유

1. 지분투자 회계처리

회사는 투자수익(예: 시세차익, 배당수익 등)을 얻기 위하여 다른 회사가 발행한 주식에 여유자금을 투자하게 되는데, 이를 지분(증권)투자라 한다.

회사가 다른 회사의 주식을 취득하게 되는 경우 취득시점에서의 공정가치로 측정하게 되고, 이 금액이 취득원가가 된다. 공정가치(fair value)란 합리적인 판단력과 거래의사가 있는 독립된 당사자 간에 거래될 수 있는 교환가격을 의미하고, 시장가격이 있는 상황에서는 시장가격을 공정가치로 본다. 이때 취득원가에는 지불한 가격과 수수료 등 지분증권 취득을 위한 모든 지출을 포함한다. 다만, 취득한 지분상품이 금융자산(FVPL)으로 분류되는 경우에는 취득과 직접 관련되는 부대비용(예: 수수료, 거래세 등)을 당기비용으로 인식한다.

예를 들어, 20×1년 1월 1일 한국㈜는 강남㈜의 보통주 1,000주(지분율: 10%)를 주당 ₩4,000에 취득하면서 수수료 ₩50,000을 지급하였다면, 취득을 위한 회계처리는 한국㈜가 지분상품을 금융자산(FVPL)으로 분류하느냐 아니면 금융자산(FVOCI)으로 분류하느냐에 따라 다음과 같이 달라진다.

분 류	회계처리			
	(차)		(대)	
금융자산(FVPL)	금융자산(FVPL) 수수료비용	4,000,000 50,000	현 금	4,050,000
금융자산(FVOCI)	금융자산(FVOCI)	4,050,000	현 금	4,050,000

한국㈜는 주식을 보유하고 있는 중에 배당금을 받을 수도 있다. 현금배당을 받은 경우 지분상품이 금융자산(FVPL)으로 분류되든 금융자산(FVOCI)으로 분류되든 회계처리는 동일하다. 예를 들어, 한국㈜가 20×1년 12월 31일에 주당 ₩200의 배당금을 수취하게 된다면 분개는 다음과 같다.

12월 31일 (차) 현 금 200,000 (대) 배당금수익 200,000

여기서 배당금수익은 포괄손익계산서상 당기손익(기타수익)으로 보고한다.

2. 채권투자 회계처리

회사는 투자수익(예: 시세차익, 이자수익 등)을 얻기 위하여 다른 회사나 실체(예: 정부, 지방자치단체, 금융기관 등)가 발행한 채권에 여유자금을 투자하게 되고, 이를 채권투자라 한다.

채무상품에 대한 투자는 <표 11-1>에서 살펴본 바와 같이 금융자산(AC), 금융자산(FVPL) 및 금융자산(FVOCI) 중 하나로 분류되며, 지분상품과는 달리 이자수익을 얻게 된다는 점을 제외하면 취득 및 보유에 따른 회계처리는 기본적으로 지분상품 투자와 동일하게 나타난다. 다음 예제를 통해 채무상품의 취득 및 보유에 따른 회계처리를 살펴보자.

한국㈜는 20×1년 1월 1일에 강남㈜가 발행한 회사채(1구좌당 액면금액 ₩10,000, 액면이자율 연 8%, 매년 말 이자지급, 3년 만기) 50구좌를 수수료 ₩10,000을 포함하여 ₩510,000에 취득하였다고 가정하자. 이 투자를 기록하기 위한 회계처리는 한국㈜가 채무상품을 어떻게 분류하느냐에 따라 다음과 같이 다른 모습으로 나타난다.

분 류	회계처리			
	(차)		(대)	
금융자산(FVPL)	금융자산(FVPL) 수수료비용	500,000 10,000	현 금	510,000
금융자산(FVOCI)	금융자산(FVOCI)	510,000	현 금	510,000
금융자산(AC)	금융자산(AC)	510,000	현 금	510,000

한편, 한국㈜가 12월 31일에 강남㈜로부터 현금 ₩40,000(=₩500,000 × 8%)을 이자로 수취하였다면, 한국㈜는 금융자산(FVPL모형 · FVOCI모형 · AC모형)의 분류와 관계없이 수취한 이자를 포괄손익계산서에 당기손익(기타수익)으로 인식하며 다음과 같이 회계처리한다.

12월 31일 (차) 현 금 40,000 (대) 이자수익 40,000

제 3 절 금융자산의 기말평가 및 제거

1. 금융자산의 기말평가

지분상품 및 채무상품의 가치는 보유기간 동안 변동한다. 예를 들어, 앞선 예제에서 강남㈜의 주가가 20×1년 1년 동안 최저 ₩4,000에서 최고 ₩6,500까지 크게 변동하였다고 하자. 이러한 주가의 변동을 고려한다면, 한국㈜는 보고기간 말에 지분상품을 재무제표에 어떻게 평가·보고해야 하는지는 중요한 문제가 된다.

금융자산은 취득시점뿐만 아니라 보고기간 말 시점에서도 공정가치로 평가한다. 공정가치법에 의한 회계처리에 의하면, 보고기간 말에 지분상품이나 채무상품의 공정가치가 회사의 장부금액[4]보다 증가 또는 감소하면 그 공정가치를 새로운 장부금액으로 기록하며 동시에 평가손익을 기록한다. 그러나 이러한 공정가치법은 금융자산(FVPL)과 금융자산(FVOCI)에 대해서만 적용할 뿐 금융자산(AC)에 대해서는 적용하지 않는다.

(1) 금융자산(FVPL)

회사는 보고기간 말에 금융자산(FVPL)을 공정가치로 평가하여 장부금액(혹은 취득원가)과의 차이를 평가손익으로 인식한다. 그리고 가까운 미래에 매도할 예정이라는 점에서 금융자산(FVPL)의 평가손익은 실현된 것으로 보아 포괄손익계산서상 당기손익으로 보고한다.

다음 예제를 통해 금융자산(FVPL)의 기말평가에 대해 살펴보자. <표 11-2>는 20×1년 12월 31일, 한국㈜가 보고기간 말 현재 보유하고 있는 금융자산(FVPL)으로 분류된 채무상품과 지분상품에 대한 취득원가와 공정가치 자료이다.

4) 만일 당해 연도에 지분상품 혹은 채무상품을 최초 취득하였다면, 장부상 금액이라 함은 곧 취득원가를 의미한다.

표 11-2 | 금융자산(FVPL)의 평가

종 목	취득원가	공정가치	평가손익
강남㈜ 사채	₩500,000	₩480,000	₩(20,000)
강동㈜ 보통주	900,000	990,000	90,000
총 계	₩1,400,000	₩1,470,000	₩70,000

자료에 의하면, 공정가치가 취득원가(₩1,400,000)보다 ₩70,000 증가해서 한국㈜는 ₩70,000의 평가이익을 보고하게 되는데, 회계처리는 다음과 같다.

12월 31일 (차) 금융자산(FVPL) 70,000 (대) 금융자산(FVPL)평가이익 70,000

위의 분개에서 알 수 있는 바와 같이, 금융자산(FVPL)의 공정가치는 회사가 재무상태표에 보고하는 금액이 된다. 그리고 보고기간 말에 취득원가와 공정가치의 차액을 포괄손익계산서의 당기손익(기타수익)으로 보고한다. 이때 금융자산(FVPL)의 공정가치가 취득원가보다 작다면 그 차액은 평가손실로 인식되며 차변에 금융자산(FVPL)평가손실을 기입하고, 대변에는 금융자산(FVPL)을 기입하여 금융자산(FVPL)을 감소시키는 회계처리를 한다. 금융자산(FVPL)평가손실은 포괄손익계산서의 기타비용으로 보고된다.5)

(2) 금융자산(FVOCI)

만일 회사가 보고기간 말 현재 보유하고 있는 지분상품 혹은 채무상품이 금융자산(FVOCI)으로 분류된 경우에도 회사는 공정가치로 평가한다. 따라서 금융자산(FVOCI)에 대한 평가손익 인식절차는 금융자산(FVPL)과 유사하다. 설명을 위해 한국㈜는 금융자산(FVOCI)으로 분류되는 채무증권과 지분증권을 <표 11-3>과 같이 보유하고 있다고 가정하자.

5) 금융자산(FVPL)에서 발생하는 평가손익은 당기손익 항목으로 분류되기 때문에 장부마감을 통해 재무상태표의 자본 중 이익잉여금(또는 이월결손금)으로 집계된다.

표 11-3 | 금융자산(FVOCI)의 평가

종 목	취득원가	공정가치	평가손익
서울㈜ 사채	₩93,000	₩103,000	₩10,000
강서㈜ 보통주	200,000	180,000	(20,000)
총 계	₩293,000	₩283,000	₩(10,000)

자료에서 공정가치 총액(₩283,000)은 취득원가 총액(₩293,000)보다 ₩10,000 감소하였기 때문에 평가손실 ₩10,000을 인식하게 되며, 회계처리는 다음과 같다.[6)]

12월 31일 (차) 금융자산(FVOCI)평가손실 10,000 (대) 금융자산(FVOCI) 10,000

한국㈜의 금융자산(FVOCI)에 대한 평가손익 회계처리는 금융자산(FVPL)과 차이가 있다. 즉, 금융자산(FVPL)과는 달리 한국㈜가 보유하고 있는 금융자산(FVOCI)으로 분류된 지분상품 및 채무상품에 대해서 회사는 가까운 장래에 매도할 것으로 예상하지 않는다. 따라서 금융자산(FVOCI)의 경우, 평가손익은 미실현손익으로서 기타포괄손익항목으로 보고한다. 그리고 기타포괄손익으로 인식한 금융자산(FVOCI)평가손익은 장부마감을 통해 재무상태표의 자본에 속하는 기타포괄손익누계액으로 반영된다.

금융자산(FVPL)과 금융자산(FVOCI)의 기말평가에 대한 비교를 요약하면 <표 11-4>와 같다.

표 11-4 | 금융자산(FVPL)과 금융자산(FVOCI)의 비교

구 분	금융자산(FVPL)	금융자산(FVOCI)
평가방법	공정가치법	공정가치법
포괄손익계산서 표시	당기손익 (실현손익으로 인식)	기타포괄손익 (미실현손익으로 인식)
재무상태표 표시	이익잉여금으로 집계	기타포괄손익누계액으로 집계

6) 반대의 논리로 공정가치가 취득원가를 초과한다면 그 차액을 금융자산(FVOCI) 계정의 차변에 기입하는 동시에 금융자산(FVOCI)평가이익 계정의 대변에 기입하면 된다.

(3) 금융자산(AC)

앞서 설명한 금융자산(FVPL)이나 금융자산(FVOCI)과는 달리 금융자산(AC)에 대해서는 공정가치로 평가하지 않는다. 금융자산(AC)은 유효이자율법을 적용하여 상각후원가로 측정한다.[7] 보고기간 말에 공정가치로 평가하지 않는 이유는 만기까지 장기간 보유할 예정이기 때문에 매 보고기간 말 시점에서의 가격변동을 재무제표에 보고할 실익이 없기 때문이다. 따라서 금융자산(AC)은 금융자산(FVPL) 및 금융자산(FVOCI)의 기말평가와는 달리 평가손익이 발생하지 않는다.

여기서 상각후원가(amortized cost)란 당해 금융자산의 최초 인식금액과 만기금액의 차액에 유효이자율법을 적용하여 계산한 상각누계액을 최초 인식금액에 가감한 금액을 말한다. 취득시점의 유효이자율은 채권투자에 따른 미래현금흐름의 현재가치와 취득원가를 일치시키는 이자율을 말한다.

한국㈜는 20×1년 1월 1일에 강동㈜가 발행한 사채에 투자하였다고 가정하자. 강동㈜의 사채는 액면금액 ₩100,000, 액면이자율 연 10%, 만기 3년이고 이자는 매년 말에 지급된다. 한국㈜가 이 사채를 ₩95,198에 구입하였다고 하면, 액면금액보다 ₩4,802만큼 저렴하게 구입한 것이고, 미래 현금흐름과 사채의 구입가격이 일치하는 유효이자율은 12%가 된다. 한국㈜가 강동㈜의 사채를 금융자산(AC)으로 분류한다면, 다음과 같이 회계처리한다. 금융자산(AC)은 자산이므로 구입한 대가인 ₩95,198으로 회계처리한다.

20×1년 1월 1일

(차) 금융자산(AC)	95,198	(대) 현 금	95,198

한국㈜는 강동㈜의 사채를 만기까지 보유하게 되면, 보유기간 동안 이자를 수령하게 된다. 이자는 투자금액인 ₩95,198에 대해 수령하는 것이 아니라 액면금액의 10%(액면이자율)를 매년 말에 수령하게 된다. 또한 만기 시에는 사채의 액면금액인 ₩100,000을 수령하게 되므로, ₩95,198의 금액을 기간의 경과에 따라 ₩100,000이 되도록 상각하여야 한다. 사채할인발행차금과 동일한 논리로 금융자산(AC)의 상각표를 작성하면 다음과 같다.

---

7) 다만 금융자산(AC)이라도 보고기간 말에 공정가치가 중대하게 하락한 경우에는 금융자산(AC)손상차손을 인식한다.

표 11-5 | 금융자산(AC) 상각표

기간	(1) 이자수익 (유효이자)	(2) 현금이자 (액면이자)	(3) 할인액 상각금액	(4) 할인액 미상각금액	(5) 장부금액
20×1. 1. 1				₩4,802	₩95,198
20×1.12.31	₩11,424	₩10,000	₩1,424	3,378	96,622
20×2.12.31	11,595	10,000	1,595	1,783	98,217
20×3.12.31	11,783*	10,000	1,783	0	100,000
합계	₩34,802	₩30,000	₩4,802		

* 단수차이 조정
(1) 이자수익(유효이자) = (5) 기초 장부금액 × 유효이자율(12%)
(2) 현금이자(액면이자) = 금융자산(AC) 액면금액(₩100,000) × 액면이자율(10%)
(3) 할인액 상각금액 = (1) 이자수익 − (2) 현금이자
(4) 할인액 미상각금액 = 기초 금융자산(AC) 할인액 미상각금액 − (3) 당기 금융자산(AC) 할인액 상각금액
(5) 장부금액 = 기초장부금액 + 당기 금융자산(AC) 할인액 상각금액

한국㈜는 20×1년 12월 31일에 강동㈜로부터 이자를 수령한 경우, 다음과 같이 회계처리한다.

20×1년 12월 31일

(차) 현 금	10,000	(대) 이자수익	11,424
금융자산(AC)	1,424		

위의 회계처리와 같은 요령으로 20×2년 12월 31일과 20×3년 12월 31일의 이자 수령시 회계처리는 다음과 같다.

20×2년 12월 31일

(차) 현 금	10,000	(대) 이자수익	11,595
금융자산(AC)	1,595		

20×3년 12월 31일

(차) 현 금	10,000	(대) 이자수익	11,784
금융자산(AC)	1,784		

금융자산(AC)은 20×1년 12월 31일에 ₩1,424, 20×2년 12월 31일에 ₩1,595, 20×3년 12월 31일에 ₩1,784가 증가되어 20×3년 12월 31일에는 액면금액과 동일한 ₩100,000이 된다. 따라서 한국㈜는 만기 시에 강동㈜로부터 ₩100,000을 받게 된다. 이에 대한 회계처리는 다음과 같다.

20×3년 12월 31일

(차) 현 금	100,000	(대) 금융자산(AC)	100,000

2. 금융자산의 제거

금융자산(FVPL)으로 분류된 지분상품과 채무상품, 그리고 금융자산(FVOCI)으로 분류된 지분상품을 처분하는 경우, 처분손익(당기손익)은 ① 수취한 대가에서 ② 제거일에 측정한 금융자산의 장부금액을 차감하여 인식한다. 이때 수취한 대가란 매수자로부터 받은 금액에서 처분과 직접 관련되는 거래원가(예: 증권회사 수수료)를 차감한 금액을 의미한다. 유의할 점은, 처분 직전에도 공정가치 평가를 수행해야 하며 이로 인해 처분시점의 금융자산 장부금액은 공정가치와 동일하게 된다. 따라서 처분시점에서의 수취한 대가는 공정가치에서 거래원가를 차감한 금액이 되기에 일반적으로 거래원가 만큼의 처분손실을 인식하게 된다.

한편, 채무상품 중 금융자산(FVOCI)으로 분류된 경우, 처분 시 기타포괄손익누계액에 포함된 관련 누적평가손익을 당기손익으로 재분류하는 회계처리를 한다.[8)] 금융자산(AC)은 투자자가 일반적으로 계약상의 만기일까지 보유할 것으로 기대하는 자산이다. 금융자산(AC)을 만기까지 보유할 경우, 만기일에 금융자산(AC) 발행자가 액면금액을 지급하게 되면 해당 금융자산(AC)을 제거하는 회계처리를 한다.

금융자산(FVPL)의 제거에 관한 회계처리를 학습하기 위해 <표 11-2>의 자료에 다음의 사항을 추가한다. 즉, 20×2년 2월 10일, 한국㈜는 20×1년 12월 말에 보유하고 있던 강동㈜의 보통주 전량을 처분하고 처분부대원가를 차감한 ₩1,095,000을 수취

8) 그러나 지분상품이 금융자산(FVOCI)으로 분류된 경우에는 재분류조정 회계의 적용이 금지되며, 회사의 선택에 따라 기타포괄손익누계액에 포함된 누적평가손익을 '이익잉여금' 등으로 대체할 수 있다. 재분류조정을 포함한 보다 자세한 내용은 (중급)재무회계 수업에서 학습하기 바란다.

하였다고 가정하자. 20×2년 2월 10일 강동㈜ 보통주의 공정가치가 ₩1,100,000이었다면, 한국㈜는 ₩110,000의 금융자산(FVPL)평가이익과 ₩5,000의 처분손실을 인식하게 된다. 따라서 금융자산 처분을 기록하기 위한 회계처리는 다음과 같다.

2월 10일	(차) 금융자산(FVPL)	110,000	(대) 금융자산(FVPL)평가이익	110,000
	(차) 현 금	1,095,000	(대) 금융자산(FVPL)	1,100,000
	금융자산(FVPL)처분손실	5,000		

다음의 예제를 통해 금융자산의 취득, 보유, 기말평가 및 처분 등 일련의 회계처리를 복습해 보도록 하자.

예제 11-1

다음은 한국㈜의 20×1년도에 발생한 거래들이다.

(1) 1월 1일 액면금액 ₩100,000(액면이자율 연 10%)인 강남㈜의 회사채 30구좌를 ₩3,000,000에 취득하면서 수수료 ₩90,000을 추가하여 지급하였다. 이자는 매년 6월 30일과 12월 31일 지급조건이다.

(2) 3월 1일 강동㈜의 보통주 600주(지분율 : 5%)를 주당 ₩2,000에 취득하면서 수수료 ₩60,000을 포함하여 현금으로 지급하였다.

(3) 6월 30일 강남㈜로부터 6개월분 이자를 수취하였다.

(4) 7월 1일 강남㈜의 회사채 15구좌를 ₩1,500,000에 매각하였으며, 수수료 ₩40,000을 차감한 잔액을 수취하였다.

(5) 9월 30일 강동㈜로부터 주당 ₩100의 현금배당금을 수령하였다.

(6) 11월 1일 강동㈜의 보통주 200주를 주당 ₩2,500에 매도하였으며, 중개수수료로 ₩15,000을 차감한 잔액을 수취하였다.

(7) 12월 31일 강남㈜로부터 6개월분 이자를 수취하였으며, 12월 31일 채무상품 및 지분상품의 공정가치는 다음과 같다.
- 강남㈜의 회사채 15구좌의 공정가치 : ₩1,420,000
- 강동㈜의 보통주 1주당 공정가치 : ₩2,600

▶▶ 요구사항

한국㈜는 20×1년도의 채무상품 및 지분상품에 대한 투자를 모두 금융자산(FVPL)으로 분류했다고 가정하고, 기말 공정가치 평가를 포함하여 모든 거래를 회계처리하라.

해답

일자	차변	금액	대변	금액
1월 1일	(차) 금융자산(FVPL)	3,000,000	(대) 현 금	3,090,000
	수수료비용	90,000		
3월 1일	(차) 금융자산(FVPL)	1,200,000	(대) 현 금	1,260,000
	수수료비용	60,000		
6월 30일	(차) 현 금	150,000*	(대) 이자수익	150,000
7월 1일	(차) 현 금	1,460,000	(대) 금융자산(FVPL)	1,500,000
	금융자산(FVPL)처분손실	40,000		
9월 30일	(차) 현 금	60,000	(대) 배당금수익	60,000
11월 1일	(차) 금융자산(FVPL)	100,000	(대) 금융자산(FVPL)평가이익	100,000*
	(차) 현 금	485,000***	(대) 금융자산(FVPL)	500,000**
	금융자산(FVPL)처분손실	15,000		
12월 31일	(차) 금융자산(FVPL)	160,000	(대) 금융자산(FVPL)평가이익	160,000

6월 30일: * ₩3,000,000 × 10% × $\frac{6}{12}$

11월 1일:
* 200주 × (₩2,500 − ₩2,000)
** 200주 × ₩2,500
*** 200주 × ₩2,500 − ₩15,000

투 자	취득원가	공정가치	평가손익
강남㈜ 사 채	₩1,500,000	₩1,420,000	₩(80,000)
강동㈜ 보통주	800,000*	1,040,000**	240,000
합 계	₩2,300,000	₩2,460,000	₩160,000

* 400주 × ₩2,000 ** 400주 × ₩2,600

예제 11-2

<예제 11-2>는 앞선 <예제 11-1>의 자료를 일부 변형한 것이다. (즉, 회계처리의 간편성을 위해 채무상품 및 지분상품의 취득 시 수수료는 없으며, 기중 처분도 없는 것으로 가정하였다.)

(1) 1월 1일 액면금액 ₩100,000(액면이자율 연 10%)인 강남㈜의 회사채 30구좌를 ₩3,000,000에 취득하였다. 이자는 매년 6월 30일과 12월 31일 지급조건이다.

(2) 3월 1일 강동㈜의 보통주 600주(지분율 : 5%)를 주당 ₩2,000에 취득하였다.

(3) 6월 30일 강남㈜로부터 6개월분 이자를 수취하였다.

(4) 9월 30일 강동㈜로부터 주당 ₩100의 현금배당을 수령하였다.

(5) 12월 31일 강남㈜로부터 6개월분 이자를 수취하였으며, 12월 31일 채무상품 및 지분상품의 공정가치는 다음과 같다.
- 강남㈜의 회사채 30구좌의 공정가치 : ₩2,950,000
- 강동㈜의 보통주 1주당 공정가치 : ₩2,200

▶▶ 요구사항

한국㈜가 20×1년도의 채무상품 및 지분상품에 대한 투자를 모두 금융자산(FVOCI)으로 분류했다고 가정하고, 기말 공정가치 평가를 포함하여 모든 거래를 회계처리하라.

해답

1월 1일 (차) 금융자산(FVOCI) 3,000,000 (대) 현 금 3,000,000

3월 1일 (차) 금융자산(FVOCI) 1,200,000 (대) 현 금 1,200,000

6월 30일 (차) 현 금 150,000* (대) 이자수익 150,000

$* ₩3,000,000 \times 10\% \times \frac{6}{12}$

(사채의 취득원가가 ₩3,000,000이기에 유효이자율은 연 10%임)

9월 30일 (차) 현 금 60,000 (대) 배당금수익 60,000

12월 31일 (차) 현 금 150,000* (대) 이자수익 150,000

$* ₩3,000,000 \times 10\% \times \frac{6}{12}$

12월 31일 (차) 금융자산(FVOCI) 70,000 (대) 금융자산(FVOCI)평가이익 70,000

투 자	취득원가	공정가치	평가손익
강남㈜ 사 채	₩3,000,000	₩2,950,000	₩(50,000)
강동㈜ 보통주	1,200,000	1,320,000	120,000
합 계	₩4,200,000	₩4,270,000	₩70,000

제 4 절 관계기업투자와 지분법

1. 관계기업투자

회사가 다른 회사의 주식에 투자하는 이유는 회사가 보유한 여유자금을 일시적으로 운용하기 위한 것이지만, 전략적인 이유에서 지분상품에 투자하기도 한다. 즉, 보통주식을 보유하면 의결권을 가지기 때문에 다른 회사가 발행한 보통주식을 많이 보유하면 당해 기업의 재무정책과 영업정책에 관한 의사결정에 유의적인 영향력을 행사할 수 있게 된다. 이와 같이 지분투자의 결과 투자회사가 유의적인 영향력을 행사할 수 있게 된 피투자회사를 관계기업이라고 한다. 일반적으로 투자회사가 직·간접으로 피투자회사의 의결권 있는 주식을 20% 이상 보유하고 있는 경우에는 피투자회사에 대하여 유의적인 영향력을 행사할 수 있는 것으로 본다.[9] 또한 관계기업투자의 회계처리는 지분법을 적용한다.

한편, 투자회사가 직·간접으로 피투자회사의 의결권 있는 주식의 50% 이상을 보유하면 지배력을 갖게 되는데, 지배력은 유의적인 영향력보다 강한 개념이다. 이와 같이 지분투자의 결과 투자회사가 지배력을 행사할 수 있게 된 경우를 종속기업투자라 하며, 투자회사를 지배기업(또는 모회사)이라 하고 피투자회사를 종속기업(또는 자회사)이라고 부른다. 또한 지배-종속관계가 성립된 경우 투자회사는

9) 기업회계기준서에 의하면 유의적인 영향력이란 다음과 같이 피투자회사의 재무정책과 영업정책에 관한 의사결정에 참여할 수 있는 능력을 말한다.

1. 투자회사가 다음 중 하나 이상에 해당하는 경우 일반적으로 유의적인 영향력이 있다고 본다.
   (1) 피투자회사의 이사회나 이에 준하는 의사결정기구에 참여
   (2) 피투자회사의 배당이나 다른 분배에 관한 의사결정에 참여하는 것을 포함한 정책결정과정에 참여
   (3) 투자회사와 피투자회사 사이의 중요한 거래
   (4) 경영진의 상호 교류
   (5) 필수적 기술정보의 제공
2. 투자회사가 직접 또는 간접(종속기업을 통하여)으로 피투자회사에 대한 의결권의 20% 이상을 소유한다면 반증을 명백하게 제시할 수 있는 경우를 제외하고는 유의적인 영향력이 있는 것으로 본다.

피투자회사에 지배력뿐만 아니라 유의적인 영향력도 행사할 수 있으므로 지분법을 사용하여 회계처리함과 동시에 투자회사와 피투자회사의 재무제표를 합하여 연결재무제표(consolidated financial statements)를 작성해야 한다.[10)]

지금까지 살펴본 금융자산과 관계기업투자 및 종속기업투자를 요약하면, 지분상품에의 투자에 관한 회계처리방법을 다음과 같이 정리할 수 있다.

표 11-6 | 지분투자에 대한 회계처리 요약

피투자회사에 대한 투자회사의 지분율[11)]	피투자회사에 대한 유의적인 영향력	회계상 분류	회계처리
20% 미만	중요하지 않음	금융자산 • 금융자산(FVPL) • 금융자산(FVOCI)	공정가치법 적용[주1)]
20% 이상~50% 미만	중요함	관계기업투자	지분법 적용
50% 이상	지배력 행사	종속기업투자[주2)]	연결 적용

주1) 공정가치를 신뢰성 있게 추정할 수 없는 금융자산(FVOCI)의 경우 원가법 적용.
주2) 연결분개시 종속기업 자본과 상계처리되어 연결재무상태표에는 표시되지 않음.

2. 지분법 회계

투자회사가 피투자회사의 보통주를 20% 이상 소유할 때, 투자회사는 피투자회사의 재무정책과 영업정책에 유의적인 영향력을 행사한다고 볼 수 있다. 이와 같이 투자회사의 지분율이 높아지는 경우 피투자회사의 경영의사결정이 투자회사에게 유리하도록 영향력을 행사할 수 있으므로 회계정보 이용자들에게 왜곡된 정보를 제공할 수 있다. 따라서 피투자회사에 행사할 수 있는 영향력을 회계장부에 반영할 수 있도록 하는 방법이 바로 지분법(equity method) 회계처리이다.

지분법에 대한 구체적인 적용절차에 대해서 알아보자. 먼저, 투자회사가 피투자회사의 보통주식 20% 이상을 취득하는 시점에 취득원가로 투자계정에 기록한

10) 연결재무제표에는 연결재무상태표, 연결포괄손익계산서, 연결자본변동표 및 연결현금흐름표 등이 있다. 그 작성방법은 회계원리 수준을 벗어나기에 고급회계를 참조하기 바란다.

11) 지분율이란 유통되고 있는 피투자회사의 보통주식 중에서 투자회사가 소유하고 있는 주식의 비율이다.

다. 설명의 편의를 위해 투자계정을 관계기업투자주식으로 일관되게 설명한다.

취득 후 관계기업의 순자산변동액 중 투자회사의 지분만큼을 관계기업투자주식계정에 가감한다. 구체적으로, 투자회사는 매년 다음의 절차를 수행하게 된다. 첫째, 피투자회사의 당기순이익 중 투자회사 지분에 대해서 관계기업투자주식계정을 증가시키고, 이와 동시에 지분법이익을 증가시킨다.[12] 둘째, 투자회사는 수취한 배당금에 대해 관계기업투자주식계정을 감소시킨다. 즉, 배당금의 지급은 피투자회사의 순자산을 감소시키기 때문에 수취한 배당으로 인하여 관계기업투자주식계정은 감소하게 된다. 이제 회계 사건별로 회계처리를 살펴보자.

(1) 취 득

20×1년 1월 1일, 서울㈜가 강동㈜의 유통보통주식 30%를 ₩1,200,000에 취득했다면, 다음과 같이 기록한다.

1월 1일	(차) 관계기업투자주식	1,200,000	(대) 현 금	1,200,000

(2) 수익인식 및 배당금 수취

20×1년 말에 강동㈜는 ₩1,000,000의 당기순이익을 보고하였으며, ₩200,000의 현금배당을 선언하고 지급하였다. 서울㈜는 ① 강동㈜의 당기순이익에 대한 지분 ₩300,000(=30% × ₩1,000,000)을 인식하고, ② 수취한 배당금에 대한 투자계정의 감소 ₩60,000(=₩200,000 × 30%)을 기록한다.

① 12월 31일 :

(차) 관계기업투자주식	300,000	(대) 지분법이익	300,000

② 12월 31일 :

(차) 현 금	60,000	(대) 관계기업투자주식	60,000

동 거래를 관련 계정에 전기한 후의 서울㈜ 투자주식계정과 수익계정은 다음과 같다.

12) 반대의 논리로 피투자회사가 당기순손실을 보고한 경우, 투자회사는 자신의 지분에 해당하는 만큼 손실(지분법손실)계정을 증가시키고, 이와 동시에 관계기업투자주식을 감소시킨다.

관계기업투자주식			
1/1	1,200,000	12/31	60,000
12/31	300,000		
12/31잔액	1,440,000		

지분법이익			
		12/31	300,000

20×1년 한 해 동안 투자계정의 순증가는 ₩240,000이다. 이는 강동㈜ 당기순이익에 대한 서울㈜의 지분 때문에 ₩300,000이 증가했고, 강동㈜로부터 수취한 배당금 때문에 ₩60,000이 감소한 결과이다. 그리고 서울㈜는 ₩300,000의 지분법이익을 보고하게 되는데, 이는 강동㈜ 당기순이익 ₩1,000,000의 30%에 해당하는 금액과 일치한다.

(3) 적용중단과 처분

투자회사는 관계기업에 대하여 유의적인 영향력을 상실한 시점부터 지분법 적용을 중단하고 해당 지분증권에 대한 투자는 금융자산 회계처리를 적용한다. 또한 관계기업투자주식을 처분할 때 처분금액과 장부금액 간의 차액을 관계기업투자주식처분손익(당기손익)으로 보고한다.

예제 11-3

20×1년 1월 1일에 서울㈜는 강동㈜의 유통보통주식 2,400주(지분율 : 40%)를 주당 ₩1,000에 취득함으로써 강동㈜에 유의적인 영향력을 행사하게 되었다. 6월 30일, 강동㈜는 ₩400,000의 현금배당을 선언하고 지급하였다. 그리고 12월 31일에 강동㈜는 20×1년도의 당기순이익으로 ₩1,200,000을 보고하였다.

▶▶ 요구사항

1. 서울㈜ 입장에서 20×1년도에 필요한 모든 분개를 하라.
2. 12월 31일 시점에서의 투자주식계정 잔액은 얼마인가?

해답

1.

1월 1일	(차) 관계기업투자주식	2,400,000	(대) 현 금	2,400,000

6월 30일	(차) 현　　금	160,000	(대) 관계기업투자주식	160,000*
			* ₩400,000 × 40%	
12월 31일	(차) 관계기업투자주식	480,000	(대) 지분법이익	480,000*
			* ₩1,200,000 × 40%	

2. ₩2,400,000 + ₩320,000(순증가*) = ₩2,720,000
   * (₩160,000) + ₩480,000

제 5 절 재무제표의 표시

금융자산은 현금과 금융상품으로 구성된다. 즉, 현금및현금성자산, 대여금과 수취채권, 금융자산(FVPL / FVOCI / AC), 관계기업투자주식 및 금융기관이 취급하는 금융상품 등이 포함된다. 따라서 이하에서는 이들 금융자산이 재무제표에 어떻게 표시되는지를 살펴보자.

1. 재무상태표 표시

현금및현금성자산은 회사가 보유한 자산 가운데 가장 유동성이 높은 자산이다. 대여금과 수취채권의 경우 단기이면 유동자산 부분에, 장기이면 비유동자산 부분에 각각 표시된다.

지분투자 및 채권투자에 따른 금융자산은 단기금융자산과 장기금융자산으로 분류된다. 즉, 단기금융자산은 회사가 보유한 ① 시장성이 높고 ② 다음 회계연도 또는 영업주기 중 보다 긴 기간 내에 현금으로 전환할 의도를 가지고 있는 금융자산(예: 단기매매항목)을 말한다. 반면에 두 가지 기준이 충족되지 않는 금융자산은 장기금융자산으로 분류된다. 따라서 금융자산(FVPL)은 본질적으로 그 보유기간이 단기이므로 단기금융자산으로 유동자산 부분에 표시된다. 그러나 금융자산(FVOCI)과 금융자산(AC)의 경우에는 원칙적으로 장기금융자산으로 분류하되, 재무상태표일로부터 1년 내에 만기가 도래하거나 처분할 것이 확실한 경우에는 유동자산으로 분류되는 단기금융자산에 표시한다.

한편, 지분법이 적용되는 관계기업투자주식은 비유동자산 부분에 관계기업투자로 표시된다. 그리고 금융기관이 취급하는 금융상품 중 현금성자산으로 분류되지 않는 것은 기타금융자산으로 분류되며, 만기가 1년 이내에 도래하는 금융상품은 유동자산으로, 만기가 1년 이후에 도래하는 금융상품은 비유동자산으로 표시한다.

다음 <표 11-7>은 금융자산이 재무상태표에 표시되는 사례를 보여준다.

표 11-7 | 재무상태표 표시 사례 : 한국㈜

(부분)연결재무상태표
제42기 20×1년 12월 31일 현재
제41기 20×0년 12월 31일 현재

한국㈜ (단위 : 백만원)

과 목	제42기 말	제41기 말
자 산		
Ⅰ. 유동자산	₩61,402,589	₩54,211,297
1. 현금및현금성자산	9,791,419	10,149,930
2. 단기금융상품	11,529,392	8,629,113
3. 금융자산(FVPL)	1,159,152	2,104,420
4. 매출채권	19,153,114	17,818,740
⋮		
Ⅱ. 비유동자산		
1. 금융자산(FVOCI)	3,040,206	1,489,138
2. 관계기업투자	8,335,290	7,334,705
⋮		
자산총계	₩134,288,744	₩112,179,789
부채총계	₩44,939,653	₩39,134,587
자 본		
지배회사 소유주지분	₩85,589,559	₩69,565,053
Ⅰ. 자본금	897,514	897,514
1. 우선주자본금	119,467	119,467
2. 보통주자본금	778,047	778,047
Ⅱ. 주식발행초과금	4,403,893	4,403,893
Ⅲ. 기타자본항목	(4,726,398)	(6,801,601)
Ⅳ. 이익잉여금	85,014,550	71,065,247
비지배지분	3,759,532	3,480,149
자본총계	₩89,349,091	₩73,045,202
부채와자본총계	₩134,288,744	₩112,179,789

2. 포괄손익계산서 표시

회사는 금융자산 투자에 대한 손익이 실현되었거나 아니면 미실현되었거나 관계없이 재무제표에 표시해야 한다. <표 11-8>은 금융자산과 관련하여 나타날 수 있는 손익항목들을 보여주고 있다.

표 11-8 | 금융자산 관련 발생 손익항목

수익(이익)	비용(손실)	재무제표 표시
이자수익 배당금수익 금융자산처분이익 금융자산(FVPL)평가이익 지분법이익	금융자산처분손실 금융자산(FVPL)평가손실 지분법손실	당기손익 부분
금융자산(FVOCI)평가이익	금융자산(FVOCI)평가손실	기타포괄손익 부분

이자수익, 배당금수익, 금융자산처분손익, 금융자산(FVPL)평가손익 및 지분법손익은 포괄손익계산서의 당기손익 부분에 표시된다. 그러나 금융자산(FVOCI)에 대한 미실현손익, 즉 금융자산(FVOCI)평가손익은 포괄손익계산서의 기타포괄손익 부분에 표시되며 자본의 기타자본항목 중 기타포괄손익누계액으로 반영된다. 여기서 금융자산(FVOCI)평가손실은 자본의 감소항목이 되며 금융자산(FVOCI)평가이익은 자본의 가산항목이 됨을 유의해야 한다.

<표 11-9>는 금융자산 관련 손익이 포괄손익계산서에 어떻게 표시되는지에 대한 사례를 보여준다.

표 11-9 | 포괄손익계산서 표시 사례 : 한국㈜

(부분)연결포괄손익계산서

제42기 20×1년 01월 01일부터 20×1년 12월 31일까지
제41기 20×0년 01월 01일부터 20×0년 12월 31일까지

한국㈜ (단위 : 백만원)

과 목	제42기	제41기
Ⅰ. 매 출 액	₩154,630,628	₩136,323,670
Ⅱ. 매출원가	102,666,824	94,594,863
Ⅲ. 매출총이익	51,963,504	41,728,807
Ⅳ. 영업이익	17,296,536	10,925,259
Ⅴ. 지분법이익	2,267,091	1,713,299
Ⅵ. 금융수익	3,732,564	3,242,419
⋮		
Ⅶ. 법인세비용차감전순이익	19,328,656	12,191,596
법인세비용	3,182,131	2,431,046
Ⅷ. 당기순이익	16,146,525	9,760,550
지배기업 소유주지분	15,799,035	9,571,598
비지배지분	347,490	188,952
Ⅸ. 기타포괄손익	1,141,484	(661,706)
1. 금융자산(FVOCI)평가이익	932,384	108,217
⋮		
Ⅹ. 총포괄손익	₩17,288,009	₩9,098,844
지배기업 소유주지분	16,901,117	9,060,689
비지배지분	386,892	38,155

요 약

1. 지분상품 및 채무상품에 투자하는 이유

회사는 크게 두 가지 이유에서 다른 회사의 지분상품 혹은 다른 회사나 정부 등이 발행하는 채무상품에 투자한다. 즉, 여유현금을 투자하여 투자수익(예 : 시세차익, 배당수익 등)을 얻기 위해서, 혹은 경쟁회사의 통제권을 획득하거나 새로운 업종으로 전환하기 위한 전략적 목표를 수행하기 위함이다.

2. 금융자산의 분류

지분투자나 채권투자에 따른 금융자산은 최초인식 시 공정가치로 측정하며, 보고기간 말 평가(후속측정)를 위해 세 가지 범주, 즉 금융자산(AC), 금융자산(FVPL) 및 금융자산(FVOCI)으로 분류된다. 즉, 금융자산(FVPL)과 금융자산(FVOCI)은 공정가치로 후속측정하며, 금융자산(AC)은 상각후원가로 후속측정한다.

3. 지분투자의 회계처리

지분투자의 주요한 회계처리는 지분상품을 취득할 때, 배당금을 수취할 때, 그리고 지분상품을 처분할 때 나타난다. 또한 회계처리방법과 관련해서는 지분율이 20% 미만일 때 원칙적으로 공정가치법이 사용되며, 20% 이상일 때는 지분법이 사용된다. 추가하여 지분율이 50% 이상일 때 회사는 연결재무제표를 작성해야 한다.

4. 채권투자의 회계처리

채권투자의 주요한 회계처리는 채무상품을 취득할 때, 이자를 수취하거나 또는 이자가 발생할 때, 그리고 채무상품을 처분할 때 나타난다. 채무상품 처분 시 발생하는 손익은 포괄손익계산서의 당기손익 부분에 "기타수익" 또는 "기타비용"으로 보고한다.

5. 지분투자 및 채권투자에 따른 금융자산의 보고기간 말 평가 및 재무제표 표시

금융자산(FVPL)은 공정가치로 평가하며, 공정가치의 변동액은 당기손익으로 보고한다. 반면, 금융자산(FVOCI)은 공정가치의 변동을 기타포괄손익으로 보고한다. 그러나 금융자산(AC)은 보고기간 말에 평가를 수행하지 않는다.

6. 관계기업투자와 지분법

피투자회사 유통보통주식에 대한 투자회사의 지분율이 20% 이상일 경우 관계기업투자로 분류하고, 피투자회사에 행사할 수 있는 영향력을 회계장부에 반영할 수 있도록 지분법을 적용한다.

7. 종속기업투자와 연결재무제표 작성

투자회사가 피투자회사의 유통보통주식을 50% 이상 보유하면 지배력을 행사할 수 있게 되는데, 이를 종속기업투자라 하고 투자회사와 피투자회사를 각각 지배기업(또는 모회사)과 종속기업(또는 자회사)이라고 부른다. 또한 회계처리방법으로 연결재무제표를 작성한다.

8. 단기금융자산과 장기금융자산의 구분

단기금융자산은 ① 시장성이 높고, ② 다음 연도 또는 영업주기 중 보다 더 긴 기간 내에 현금으로 전환할 의도가 있는 금융자산을 말한다. 두 가지 기준을 충족시키지 못하는 금융자산은 장기금융자산으로 분류된다.

용어정리

공정가치	합리적인 판단력과 거래의사가 있는 독립된 당사자 간에 거래될 수 있는 교환가격
관계기업	투자자가 유의적인 영향력을 보유하는 기업
기타포괄손익-공정가치모형	최초 인식시점 이후 금융자산의 공정가치가 변동함에 따라 그 장부금액을 조정하는 모형으로, 공정가치 변동으로 인한 평가손익은 기타포괄손익으로 인식
단기금융자산	주로 시장성이 있거나 다음 연도 또는 영업주기 중 보다 더 긴 기간 내에 현금으로 전환할 의도가 있는 금융자산
당기손익-공정가치모형	최초 인식시점 이후 금융자산의 공정가치가 변동함에 따라 그 장부금액을 조정하는 모형으로, 공정가치 변동으로 인한 평가손익은 당기손익으로 인식
상각후원가모형	취득시점의 공정가치를 최초 장부금액으로 인식한 후, 최초 인식시점에서 산정한 유효이자율에 따라 이자수익을 인식하는 모형으로서 취득원가에 근거한 측정모형
연결재무제표	지배기업과 그 종속기업의 자산, 부채, 자본, 수익, 비용, 현금흐름을 하나의 경제적 실체로 표시하는 연결실체의 재무제표
유의적인 영향력	피투자자의 재무정책과 영업정책에 관한 의사결정에 참여할 수 있는 능력
장기금융자산	주로 시장성이 없거나 경영진이 다음 연도 또는 영업주기 중 보다 더 긴 기간 내에 현금으로 전환할 의도를 가지고 있지 않은 금융자산

종속기업	투자회사가 당해 회사에 대하여 지배력을 행사할 수 있는 기업
지배기업	하나 이상의 종속기업을 가지고 있는 기업
지배력	피투자회사의 재무정책과 영업정책을 결정할 수 있는 능력
지분법	투자자산을 최초에 원가로 인식하고, 취득시점 이후 발생한 피투자자의 순자산 변동액 중 투자자의 몫을 해당 투자자산에 가감하여 보고하는 회계처리방법. 투자자의 당기순손익에는 피투자자의 당기순손익 중 투자자의 몫에 해당하는 금액을 포함하고, 투자자의 기타포괄손익에는 피투자자의 기타포괄손익 중 투자자의 몫에 해당하는 금액을 포함

EXERCISES

연습문제

[문제 1] 금융자산(FVPL)(1) 〈난이도: 중〉

<사례 1>

한국㈜는 일시적인 유휴자금을 활용하기 위하여 다음과 같은 채무상품에 투자하였다. 한국㈜의 결산일은 매년 12월 31일이다.

(1) 1월 1일 강남㈜가 발행한 액면금액 ₩400,000, 액면이자율 연 8%인 사채를 현금 ₩400,000에 취득하면서 ₩5,000의 수수료를 지급하였다. 이자는 년 2회(6월 30일과 12월 31일) 지급된다.

(2) 6월 30일 강남㈜의 사채에 대한 6개월 이자를 수취하였다.

(3) 6월 30일 강남㈜의 사채 60%를 ₩263,000에 처분하였으며, 수수료 ₩3,000를 차감한 잔액을 수취하였다.

(4) 12월 31일 강남㈜의 사채 40%의 공정가치는 ₩150,000이며, 6개월 이자를 수취하였다.

<사례 2>

20×1년 1월 1일, 한국㈜는 강남㈜의 보통주 1,000주(지분율 : 5%)를 주당 ₩3,000에 취득하면서 수수료 ₩4,000을 지급하였다. 한국㈜는 동 지분투자를 금융자산(FVPL)으로 분류하였다. 2월 15일, 한국㈜는 강남㈜의 보통주 200주를 처분하고 ₩580,000(공정가치는 ₩585,000이며 수수료는 ₩5,000임)을 수취하였다. 한국㈜는 4월 5일에 강남㈜로부터 주당 ₩100의 현금배당을 수령하였다. 5월 15일, 한국㈜는 강남㈜의 보통주 400주를 처분하고 ₩1,340,000(공정가치는 ₩1,355,000이며 수수료는 ₩15,000임)을 수취하였다.

〈요구사항〉

1. 〈사례 1〉과 관련하여 한국㈜가 채권투자를 금융자산(FVPL)으로 분류하였다고 가정하고 각 일자별 회계처리를 하라.
2. 〈사례 2〉와 관련하여 각 일자별 회계처리를 하라.

[문제 2] 금융자산(FVPL)(2) 〈난이도: 중〉

<사례 1>

한국㈜는 20×1년 12월 초에 지분상품을 ₩122,000에 취득하여 금융자산(FVPL)으로 분류하였다. 20×1년 12월 31일 동 지분상품의 공정가치는 ₩108,000이었다.

<사례 2>

20×2년 12월 31일, 한국㈜가 보유한 금융자산(FVPL)의 구성내역은 다음과 같다.

종 목	원 가	공정가치
A	₩35,000	₩32,000
B	25,000	28,000
C	46,000	38,000
	₩106,000	₩98,000

〈요구사항〉

1. 〈사례 1〉과 관련하여 20×1년 말 공정가치 평가를 회계처리하라.
2. 〈사례 2〉와 관련하여 20×2년 말 공정가치 평가를 회계처리하라.
3. 〈사례 2〉와 관련하여 20×2년 12월 31일 부분재무상태표와 20×2년도 부분포괄손익계산서를 작성하라.

[문제 3] 금융자산(FVOCI)(1) 〈난이도: 중〉

<사례 1>

20×1년 3월 18일, 한국㈜는 강남㈜의 보통주 10,000주(지분율: 10%)를 주당 ₩110에 취득하여 금융자산(FVOCI)으로 분류하였다. 또한 동 지분상품을 취득하면서 ₩5,000의 수수료를 지급하였다. 6월 30일, 강남㈜는 ₩8,000의 배당을 선언하고 한국㈜에게 10%인 ₩800을 지급하였다. 12월 31일, 강남㈜는 20×1년도 당기순이익 ₩364,000을 보고하였다. 12월 31일 강남㈜의 보통주 주가는 주당 ₩160이었다.

<사례 2>

한국㈜는 금융자산(FVOCI)과 관련하여 20×2년도에 다음의 거래가 있었다.

(1) 2월 1일 강남㈜의 보통주 300주(지분율: 2%)를 ₩6,000에 취득하면서 ₩200의 수수료를 추가 지급하였다.

(2) 7월 1일 강남㈜의 보통주에 대해 주당 ₩1의 현금배당을 수취하였다.

(3) 9월 1일 강남㈜의 보통주 150주를 처분하고 ₩4,400(공정가치는 ₩4,450이며

수수료는 ₩50임)을 수취하였다.

(4) 12월 31일 강남㈜의 보통주 주가는 주당 ₩25이었다.

〈요구사항〉

1. 〈사례 1〉과 관련하여 한국㈜의 입장에서 20×1년도에 필요한 모든 회계처리를 하라.
2. 〈사례 2〉와 관련하여 20×2년 말 공정가치 평가를 회계처리하라.
3. 〈사례 2〉와 관련하여 20×2년 12월 31일 부분재무상태표와 20×2년도 부분포괄손익계산서를 작성하라.

[문제 4] 금융자산(FVOCI)(2) 〈난이도: 중〉

다음은 20×1년 12월 31일 한국㈜가 보유한 금융자산(FVOCI) 포트폴리오이다.

	취득원가
기아㈜ 보통주 500주	₩2,800,000
삼성㈜ 보통주 800주	4,000,000
한화㈜ 우선주 300주	840,000

20×1년 12월 31일, 포트폴리오의 총취득원가는 공정가치 총액과 동일하였다. 한편, 20×2년 1년 동안 한국㈜의 금융자산(FVOCI)과 관련된 거래내역은 다음과 같았다.

(1) 1월 7일 기아㈜의 보통주 500주를 처분하고 주당 ₩6,400(주당 공정가치는 ₩6,450이며 주당 수수료는 ₩50임)을 수취하였다.

(2) 1월 10일 넥센㈜의 보통주 200주를 주당 ₩6,800에 취득하고 ₩24,000의 수수료를 지급하였다.

(3) 1월 26일 삼성㈜의 보통주에 대해서 주당 ₩105의 현금배당을 수취하였다.

(4) 2월 2일 한화㈜의 우선주에 대해서 주당 ₩30의 현금배당을 수취하였다.

(5) 2월 10일 한화㈜의 우선주 300주를 처분하고 주당 ₩3,100(주당 공정가치는 ₩3,130이며 주당 수수료는 ₩30임)을 수취하였다.

(6) 9월 1일 넥센㈜의 보통주 600주를 주당 ₩7,500에 추가 취득하고 ₩90,000의 수수료를 지급하였다.

20×2년 12월 31일, 금융자산(FVOCI)의 공정가치는 다음과 같았다.

삼성㈜ 보통주: 주당 ₩6,300

넥센㈜ 보통주: 주당 ₩7,200

〈요구사항〉

1. 한국㈜의 20×2년도 일자별 회계처리를 하라.
2. 20×2년 말 공정가치 평가를 회계처리하라.
3. 한국㈜의 20×2년 12월 31일 부분재무상태표를 작성하라.

[문제 5] **금융자산(FVOCI)(3)** 〈난이도: 중〉

강남㈜는 20×1년 1월 1일에 다음과 같은 조건으로 서울㈜가 발행한 채무상품을 취득하였다.

(1) 발　행　일 : 20×1년 1월 1일
(2) 액 면 금 액 : ₩2,000,000
(3) 액면이자율 : 연 10%
(4) 이자지급일 : 매년 12월 31일
(5) 만　기　일 : 20×3년 12월 31일에 일시 상환

채무상품 발행일의 시장이자율(유효이자율)은 연 10%이다. 강남㈜는 동 채무상품을 금융자산(FVOCI)으로 분류하였다. 기간이자율 10%, 기간 3년의 현가요소는 0.75131, 연금현가요소는 2.48685이다.

〈요구사항〉

1. 금융자산(FVOCI)의 취득원가를 계산하라.
2. 20×1년 말 동 채무상품의 공정가치가 ₩1,800,000일 때, 공정가치 평가를 회계처리하라.
3. 20×2년 말 동 채무상품의 공정가치가 ₩1,900,000일 때, 공정가치 평가를 회계처리하라.

[문제 6] **금융자산(AC)(1)** 〈난이도: 중〉

한국㈜는 20×1년 1월 1일에 다음과 같은 조건으로 서울㈜가 발행한 채무상품을 취득하였다.

(1) 발　행　일 : 20×1년 1월 1일
(2) 액 면 금 액 : ₩5,000,000
(3) 액면이자율 : 연 8%
(4) 이자지급일 : 매년 12월 31일

(5) 만 기 일 : 20×3년 12월 31일에 일시 상환

채무상품 발행일의 시장이자율(유효이자율)은 연 10%이다. 한국㈜는 동 채무상품을 금융자산(AC)으로 분류하였다. 기간이자율 10%, 기간 3년의 현가요소는 0.75131, 연금현가요소는 2.48685이다.

〈요구사항〉

1. 금융자산(AC)의 취득원가를 계산하라.
2. 유효이자율법을 적용하여 발행일부터 20×3년 12월 31일까지 금융자산(AC)의 장부금액 조정표를 작성하라.
3. 20×1년 말 이자수익 인식을 회계처리하라.
4. 20×2년 말 이자수익 인식을 회계처리하라.

[문제 7] **금융자산(AC)(2)** 〈난이도 : 상〉

한국㈜는 20×1년 1월 1일에 다음과 같은 조건으로 서울㈜가 발행한 채무상품을 취득하였다.

(1) 발 행 일 : 20×1년 1월 1일
(2) 액 면 금 액 : ₩3,000,000
(3) 액면이자율 : 연 10%
(4) 이자지급일 : 매년 6월 30일, 12월 31일(연 2회)
(5) 만 기 일 : 20×2년 12월 31일에 일시 상환

채무상품 발행일의 시장이자율(유효이자율)은 연 12%이다. 한국㈜는 동 채무상품을 금융자산(AC)으로 분류하였다. 기간이자율 6%, 기간 4년의 현가요소는 0.79209, 연금현가요소는 3.46511이다.

〈요구사항〉

1. 금융자산(AC)의 취득원가를 계산하라.
2. 유효이자율법을 적용하여 발행일부터 20×2년 12월 31일까지 금융자산(AC)의 장부금액 조정표를 작성하라.
3. 20×1년 6월 30일 이자수익 인식을 회계처리하라.
4. 20×1년 12월 31일 이자수익 인식을 회계처리하라.

[문제 8] 관계기업투자(1) 〈난이도 : 중〉

<사례 1>

20×1년 1월 1일	서울㈜는 강동㈜의 유통보통주식 100,000주 중 20%를 주당 ₩11에 매입함으로써 강동㈜에 대한 유의적인 영향력을 획득하였다.
6월 15일	강동㈜는 ₩50,000의 현금배당을 선언하고 지급하였다.
12월 31일	강동㈜는 20×1년도 당기순이익 ₩320,000을 보고하였다.

<사례 2>

20×1년 1월 1일	한국㈜는 강남㈜의 유통보통주식 50,000주(지분율: 30%)를 ₩1,800,000에 취득하였다.
6월 30일	강남㈜는 보통주 1주당 ₩1의 현금배당을 선언하고 지급하였다.
12월 31일	강남㈜는 20×1년도 당기순이익 ₩600,000을 보고하였으며, 강남㈜의 보통주 주가는 주당 ₩30이었다.

〈요구사항〉

1. 〈사례 1〉과 관련하여 서울㈜의 입장에서 20×1년도에 필요한 모든 거래를 회계처리하라.
2. 〈사례 2〉와 관련하여 한국㈜의 입장에서 20×1년도에 필요한 모든 거래를 회계처리하라.

[문제 9] 관계기업투자(2) 〈난이도 : 중〉

20×1년 1월 1일	한국㈜는 강남㈜의 유통보통주식 25%를 ₩560,000에 취득하였다.
4월 30일	강남㈜는 ₩220,000의 현금배당을 선언하고 지급하였다.
12월 31일	강남㈜는 20×1년도 당기순이익 ₩200,000을 보고하였다.

〈요구사항〉

1. 한국㈜의 입장에서 20×1년도에 필요한 모든 거래를 회계처리하라.
2. 20×1년 말 재무상태표에 보고되는 관계기업투자주식 장부금액을 계산하라.

12

자 본

학습목표

오늘날 대부분의 기업은 주식회사의 형태로 운영되고 있는데 주식회사의 경우 투자자와 채권자를 보호하기 위하여 상법과 기타 법률에 따라 많은 제약을 받고 있다. 본 장에서는 주식회사의 구성과 특징을 간단히 살펴보고, 주식의 발행, 주주와의 자본거래, 배당과 이익잉여금에 대한 회계처리를 살펴볼 것이다.

본 장에서 학습할 주요 내용을 요약하면 다음과 같다.

주식회사 : 조직, 주식거래, 배당과 이익잉여금

- ➢ 주식회사와 주식발행
  - 주식회사
  - 주식의 발행
- ➢ 자본의 의의와 분류
  - 자본의 의의
  - 자본의 분류
- ➢ 자본의 회계처리
  - 주식 유상발행
  - 주식 무상발행
  - 기타자본요소
- ➢ 이익잉여금
  - 이익잉여금의 처분 제한
  - 배당과 이익잉여금의 변동
  - 이익잉여금의 변동과 처분의 표시
- ➢ 자본변동표
- ➢ 재무제표 표시와 분석
  - 재무제표 표시
  - 재무제표 분석

제 1 절 주식회사와 주식발행

1. 주식회사

상법에서는 회사를 상행위 기타 영리를 목적으로 설립한 사단법인이라고 정의하고 있다.[1] 회사의 3가지 구성요소는 사단성, 법인성, 영리성이다. 사단성이란 동일한 목적을 지닌 두 사람 이상의 단체를 의미하고, 법인성이란 사람처럼 법으로부터 권리와 능력을 부여받은 단체를 말한다. 그리고 영리성이란 이익을 내고 그 이익을 구성원들에게 배분하는 것을 말한다.

회사의 종류는 주식회사, 유한회사, 유한책임회사, 합자회사, 합명회사 등 다섯 종류로 나눌 수 있다. 다섯 종류의 회사 중 가장 대표적인 형태는 주식회사이다. 주식회사는 유한책임을 지는 주주로 구성되어 있는 사단성과 법인성이 뚜렷한 회사로서 일정한 자본을 가지며, 주주는 보유한 주식금액에 한하여 출자 의무를 부담할 뿐, 회사의 채무에 대해서는 투자액에 한정하여 책임을 지는 회사를 말한다.

회사의 소유권이 다수에게 분산되어 있으면 공개기업이라 하고, 소유권이 소수의 특정인에게 집중되어 있으면 비공개기업이라 한다. 공개기업의 소유권은 다수에게 분산되어 있으며 증권시장 등을 통해 주식이 거래되는 반면, 비공개기업은 몇몇 특정인들이 주식을 소유하고 있으며 증권시장 등을 통해 주식이 거래되지 않는다.[2]

(1) 주식회사의 특징

주식회사는 다른 유형의 회사에 비하여 구별되는 많은 특징이 있다. 주식회사의 특징을 요약하면, 첫째, 주식회사는 소유와 경영이 분리되어 있다. 주식회사는 주주가 회사의 대리인이 아닌 이상 주주의 행위가 주식회사의 행위가 되지 않는다. 주식회사는 회사의 소유주인 주주와 구분되어, 자신의 이름으로 행동한다. 예

1) 사단법인의 하나인 회사와 대비되는 단체는 재단법인이다. 재단법인은 특정한 목적을 가진 재산에 법률적인 인격을 준 것을 의미하는데, 재단법인은 영리를 추구하는 활동은 할 수 없다. 이러한 재단법인을 비영리법인이라고 하는데 자선, 교육, 의료를 목적으로 하는 단체들이 여기에 속한다.

2) 회사와 기업은 같은 의미이므로 문장의 뜻에 따라 병행하여 사용한다.

를 들어, 회사는 스스로 자산을 사고 소유하거나 판매할 수 있다. 그리고 자신의 이름으로 자금을 차입하거나 법적 효력이 있는 계약을 체결하기도 한다.

둘째, 주식회사의 주주는 유한책임을 진다. 주식회사는 별도의 법적 실체이므로 채권자들이 요구할 수 있는 권리는 회사의 자산에 국한되고, 주주는 모든 채무에 대해 책임을 지는 것이 아니라 투자액에 한정하여 책임을 진다. 파산의 경우라도 주주의 손실은 대개 회사에 대한 투자액으로 한정된다.

셋째, 주식회사의 주주가 소유하고 있는 주식은 쉽게 이전이 가능하다. 주주들은 자신의 주식을 매각함으로써 회사 지분의 일부나 전부를 간단하게 처분할 수 있다. 주식의 이전은 개인 소유주들 간의 거래이기 때문에 주주들 간의 주식 이전은 회사의 자산이나 부채, 자본에도 영향이 없다.

넷째, 주식회사의 경우 자본을 조달하기 위해서 주식을 발행하는 것은 다른 회사의 형태보다 용이하기 때문에 대규모의 자본을 조달하기가 쉽다. 주식을 취득한 주주들은 유한책임을 지며 주식 이전이 자유롭고, 시장가격의 변동으로 주가 차익을 얻을 수 있기 때문이다.

(2) 주식회사의 경영과 법적규제

주주들은 주식회사를 소유하지만 직접 경영하지는 않고, 주식회사는 주주총회, 이사회, 감사 세 기관에 의해 경영된다. 주주총회는 자본을 투자하여 주식을 가지고 있는 주주로 구성되며, 상법과 정관에서 정한 사항을 의결하는 기관이다. 집행기관으로는 이사회와 대표이사가 있다. 이사회는 주주총회에서 선출된 3명 이상의 이사로 구성되며, 회사 업무에 관한 의사를 결정하는 기관이다. 이사회에서 선출되는 대표이사(사장)는 회사의 업무를 집행한다. 감사는 주식회사의 회계감사기관으로서 주주총회에서 선출된다.

주식회사는 상법에 의해 주식발행의 요건과 주주들에 대한 이익의 분배 그리고 주식 소각 등에 대해 규제를 받는다. 그리고 「자본시장과 금융투자업에 관한 법률」에 의해 일반 대중에게 주식을 발행하는 것도 규제를 받는다. 또한 대부분의 공개기업들은 재무상태에 대해 상세한 보고서를 증권거래위원회에 분기와 반기별로 제출하도록 요구되고, 주식시장에 상장할 때 거래소에서 요구하는 기준에 부합되어야 한다. 이러한 정부의 규제는 회사의 소유주들을 보호하기 위한 것이다.

(3) 주주의 권리

주식회사의 보통주식에는 자익권과 공익권이 부여된다. 자익권은 주주가 회사로부터 경제적 이익 기타 편익을 받는 것을 목적으로 하는 권리로 이익배당청구권, 신주인수권, 잔여재산분배권 등이 있다. 이익배당청구권은 회사의 이익에 대한 배당을 청구할 수 있는 권리이며, 신주인수권(preemptive right)은 신주가 발행되었을 때 지분율의 유지를 위하여 우선적으로 신주를 인수할 수 있는 권리를 말한다. 그리고 잔여재산청구권은 모든 채권자들의 청구를 이행한 후 남아 있는 재산을 지급받을 수 있는 권리를 말한다.

공익권은 회사의 운영에 참가하는 것을 목적으로 하거나 이와 관련하여 행사하는 인격권적 내용의 의결권과 지배권 등을 말한다. 예를 들어, 이사의 선임권, 주주총회 의결권 등이 있다.

2. 주식의 발행

주식 소유권의 증명은 주권의 형태로 이루어진다. 주권에는 회사의 상호, 회사의 설립연월일, 회사가 발행할 주식의 총수, 1주의 금액, 주식의 종류, 수종의 주식이 있는 때에는 그 주식의 종류와 내용 등을 기재하고 대표이사가 기명날인 또는 서명하여야 한다.

회사가 주식을 발행할 때는 발행할 주식의 총액, 주식의 유형, 발행가액 등을 결정하여야 하는데, 주식의 발행을 위하여 고려할 사항들을 살펴보자.

(1) 수권주식수

수권주식수는 회사가 정관에 발행할 수 있는 주식의 수를 정해 놓은 것을 말한다. 수권주식의 총수는 설립 초기와 이후의 추가적인 자금수요를 고려하여 결정한다. 그 결과 수권주식수는 설립 당시에 발행한 주식수보다 많은 것이 보통이다. 수권주식을 모두 발행한 경우라면 추가적인 주식을 발행하기 전에 주주총회를 통해 정관을 수정해야 한다.

예를 들어, 20×1년 12월말 회사의 재무제표 주석에 수권주식은 600,000주, 발행주식은 200,000주로 표시되어 있다면, 정관의 수정 없이 추가로 발행할 수 있는 주식은 400,000주가 된다.

(2) 주식의 발행 방법

주식회사는 주주들에게 직접 보통주를 발행하거나 투자은행을 통해 시장에 간접적으로 발행할 수 있다. 직접발행은 발행주체인 회사가 스스로 발행위험을 부담하고 발행모집업무를 직접 행하여 주식을 발행하는 방법으로 비공개기업에서 자주 볼 수 있다. 공개기업들은 인수기관 또는 발행사무대행기관 등 중개인(전문적인 지식과 조직을 갖춘 증권회사 등)의 도움으로 간접적으로 주식을 발행하는 방법을 선호한다.

(3) 주식의 시장가치

공개기업의 주식은 거래소에서 매도자와 매수자 간의 거래에 의해서 시장가격이 결정된다. 일반적으로 시장에서 결정되는 가격은 회사의 이익과 배당의 영향을 받는다. 그러나 환율 변동, 이자율 변화, 유가의 변동 등과 같이 회사가 통제할 수 없는 사회적·경제적 요소들로 인해 주가가 변동하기도 한다.

증권시장에서 거래되는 주식은 이미 발행된 주식을 보유한 주주가 다른 투자자에게 자신의 권리를 이전하는 것이므로 이러한 거래는 회사의 주주지분에는 영향을 미치지 않는다.

(4) 액면주식과 무액면주식

주권에 금액이 기재되어 있는지의 여부에 따라 액면주식과 무액면주식으로 구분된다. 액면주식은 주권에 금액이 정해져 있는 주식이다. 상법에서는 액면주식은 1주당 ₩100 이상으로 균일하여야 한다고 규정하고 있다. 무액면주식은 주권에 금액이 기재되어 있지 않은 주식이다.

상법에서는 액면주식과 무액면주식을 모두 허용하고 있으며, 회사는 정관으로 정하는 바에 따라 발행된 액면주식을 무액면주식으로 전환하거나 무액면주식을 액면주식으로 전환할 수 있다.

제 2 절 자본의 의의와 분류

1. 자본의 의의

자본을 광의로 해석할 때 타인자본인 채권자지분과 자기자본인 소유주지분으로 구분하나, 협의로 자본이라고 할 때는 소유주지분만을 가리킨다. 일반적으로 주식회사의 자본이라고 할 때는 회사의 소유주지분인 주주지분을 의미한다.

자본은 기업의 자산에서 모든 부채를 차감한 후의 잔여지분이다. 자본청구권은 기업의 자산에서 모든 부채를 차감한 후의 잔여지분에 대한 청구권이다.

2. 자본의 분류

재무상태표의 자본은 크게 ① 납입자본 ② 이익잉여금 ③ 기타자본요소로 구성된다. 납입자본은 발행주식수에 액면금액을 곱한 법정자본금과 법정자본금 이외의 주주가 납입한 자본잉여금으로 구성된다. 납입자본과 이익잉여금의 구분은 법적·재무적 관점에서 중요하다. 법적으로 주식회사는 이익잉여금을 처분하여 이익을 분배할 수 있으나(배당의 선언), 납입자본으로 배당을 선언할 수는 없다. 자본을 보다 세부적으로 살펴보자.

(1) 납입자본

납입자본(paid-in capital)은 주주와의 자본거래에서 발생한 것으로 주식의 대가로 주주에 의해 회사에 불입한 현금과 기타자산의 합계액이다. 납입자본은 법정자본금인 자본금과 주주가 법정자본금 이외로 납입한 자본인 자본잉여금의 합계액을 말한다. 납입자본의 변동은 유상증가(감자), 무상증자(감자)와 주식배당에 의하여 발생한다.

1) 자본금

자본금은 보통주와 우선주의 자본금으로 구성된다. 자본금은 발행한 주식의 총수에 액면가액을 곱한 금액이다. 보통주는 주식회사 자본의 대부분을 구성하며, 이익의 배당이나 청산시점의 잔여 재산 분배에 관한 권리의 순위 등에 제한이나 우선권이 부여되어 있지 않은 주식이다. 우선주는 특정 사항에 관해 우선적인 권리를 가진 주식을 말한다. 우선주는 배당이나 청산시점에 보통주보다 우선적 지위를 가지지만 일반적으로 주주총회에서 의결권이 없는 것이 일반적이다. 재무상태표에 보통주자본금, 우선주자본금의 순서로 표시된다. 각 주식별 액면금액, 수권주식수, 발행주식수, 유통주식수의 보고는 주석사항으로 표시한다.

2) 자본잉여금

자본잉여금은 증자나 감자, 주주와의 기타거래에서 발생한 잉여금이다. 주식을 발행할 때 주식의 발행금액이 액면금액을 초과하는 경우 초과하는 금액인 주식발행초과금은 자본잉여금이며, 주식 발행금액의 결정시에는 신주발행비를 차감하여야 한다. 자본이 감소하는 경우, 감자대가보다 자본금 감소액이 더 큰 경우에는 그 차액을 감자차익이라 하며 자본잉여금을 구성한다. 또한 자기주식 처분으로 인한 이익인 자기주식처분이익과 전환권대가 또는 신주인수권대가도 자본잉여금이다.[3)]

(2) 이익잉여금

이익잉여금(retained earnings)은 회사의 영업활동을 통하여 발생한 이익으로써 배당금 등을 통해 주주 등에게 지급되거나 자본금 계정으로 대체시키지 않고 기업내부에 남아 있는 부분을 말한다. 이익잉여금은 법정적립금, 임의적립금, 미처분이익잉여금(미처리결손금)으로 구분된다.

법정적립금은 법에 따라 적립이 강제되어 있는 적립금이며, 현금 배당시 상법에 따라 일정 금액을 적립해야 하는 이익준비금이 그 예이다. 임의적립금은 정관 또는 주주총회의 결의에 따라 회사가 정한 목적을 위해 적립하는 것을 말한다. 미처분이익잉여금(미처리결손금)은 이익잉여금 중 법정적립금이나 임의적립금처럼 목적이 특정되지 않은 것을 의미한다. 미처분이익잉여금은 잉여금이 남아 있다는

3) 전환권대가나 신주인수권대가는 전환사채나 신주인수권부사채와 관련하여 발생하는 자본잉여금이다. 자세한 것은 중급회계를 참조하기 바란다.

의미이며, 미처리결손금은 결손으로 인해 과거 잉여금에서 결손을 차감한 잔액이 음(-)의 값을 갖는 경우이다.

(3) 기타자본요소

기타자본요소는 당기순이익에 포함되지 않는 항목을 말하는데, 자본조정과 기타포괄손익누계액으로 구분할 수 있다.

자본조정은 당해 항목이 주주와의 거래이나 최종 납입된 자본으로 볼 수 없는 일시적인 성격인 것과 자본의 차감 성격으로 자본금이나 자본잉여금으로 분류가 곤란한 항목이다. 회사가 발행한 주식을 회사가 취득한 자기주식은 자본의 차감계정으로 자본조정으로 분류한다. 자본감소 시 감자대가가 자본금의 감소보다 커서 발생하는 감자차손과 자기주식의 처분대가가 취득가액보다 작아서 발생하는 자기주식처분손실 등은 차감계정으로 자본조정에 해당한다. 이 외에 향후 자본으로 전입될 가능성이 높은 주식선택권, 출자전환채무, 신주청약증거금 등이 자본조정으로 분류된다.

기타포괄손익누계액은 미실현 손익거래로 포괄손익계산서에 포함되지 않아 자본 전체에서 차감하거나 가산할 성질을 갖는다. 기타포괄손익누계액에는 유형자산 등의 재평가에 따른 재평가잉여금, 금융자산(FVOCI)의 기말 평가에 따른 금융자산(FVOCI)평가손익 및 해외사업장의 재무제표를 원화로 환산함에 따라 발생하는 해외사업장환산손익 등이 있다.

재무상태표의 자본은 일반적으로 자본금, 자본잉여금, 자본조정, 기타포괄손익누계액, 이익잉여금의 순서대로 표시한다. 자본의 분류와 구성요소는 <표 12-1>과 같다.

표 12-1 | 자본의 분류와 구성요소

<table>
<tr><th>자본의 분류</th><th colspan="2">항 목</th></tr>
<tr><td rowspan="2">납입자본</td><td>자본금</td><td>보통주자본금, 우선주자본금</td></tr>
<tr><td>자본잉여금</td><td>주식발행초과금, 감자차익, 자기주식처분이익</td></tr>
<tr><td rowspan="2">기타
자본요소</td><td>자본조정</td><td>자기주식, 주식할인발행차금, 미교부주식배당금, 주식선택권, 출자전환채무, 신주청약증거금, 감자차손, 자기주식처분손실, 전환권대가, 신주인수권대가</td></tr>
<tr><td>기타포괄손익
누계액</td><td>금융자산(FVOCI)평가손익, 현금흐름위험회피 파생상품평가손익, 해외사업장환산손익, 재평가잉여금, 지분법자본변동</td></tr>
<tr><td rowspan="3">이익잉여금</td><td>법정적립금</td><td>이익준비금 등</td></tr>
<tr><td>임의적립금</td><td>사업확장적립금, 감채기금적립금 등</td></tr>
<tr><td>미처분이익잉여금
(미처리결손금)</td><td>처분되지 않고 차기로 이월되는 이익잉여금</td></tr>
</table>

제 3 절 자본의 회계처리

1. 주식 유상발행

납입자본은 회사가 주주에게 주식을 발행함으로써 이루어진다. 주식발행으로 인한 회계처리는 자본금과 자본잉여금 또는 자본조정이 관련된다. 자본금은 영업활동을 위하여 필요한 현금이나 현물을 주주로부터 출자를 받고 그 대가로 주주에게 발행·교부한 주식의 액면금액을 말한다.

(1) 현금 수령에 의한 주식발행

주식 발행 회계처리는 납입자본의 원천을 확인하고, 발행금액과 액면금액의 차액에 대한 회계처리를 하는 것이다. 회사가 주식 발행으로 유입된 현금을 기록할 때는 주식의 액면금액을 자본금이라는 계정과목으로 대변에 기록하고, 발행가액이 액면금액을 초과하는 금액은 자본잉여금인 주식발행초과금으로, 미달하는 금액은 자본조정인 주식할인발행차금으로 기록한다.

1) 액면발행

액면발행은 발행가액이 액면가액과 동일한 경우를 말한다. 한국㈜가 보통주와 우선주를 액면발행하는 경우를 아래의 예제를 통해 학습하기로 한다.

❑ 주식의 액면발행

> 한국㈜가 20×1년 1월에 회사를 설립하면서 보통주와 우선주를 발행하였다. 액면금액 ₩100의 보통주 주식을 주당 ₩100에 1,000주를 현금 발행하였고, 액면금액 ₩100의 우선주 주식을 주당 ₩100에 500주를 발행하였다. 이 경우 다음과 같이 회계처리한다.
>
> | | | | |
> |---|---|---|---|
> | (차) 현 금 | 150,000 | (대) 보통주자본금 | 100,000 |
> | | | 우선주자본금 | 50,000 |

액면발행은 발행가액이 액면가액과 동일하므로 자본금으로 기록하고, 주식발행초과금이나 주식할인발행차금은 기록되지 않는다.

할증발행은 발행가액이 액면가액보다 큰 경우이다. 액면가액보다 큰 금액은 주식발행초과금으로 기록된다. 다음은 한국㈜가 보통주를 할증발행한 사례이다. 보통주를 추가 발행하였으므로 기존의 자본금보다 증가하는데, 이를 증자라고 한다.

❑ 주식의 할증발행

> 한국㈜가 액면금액 ₩100의 보통주를 주당 ₩120에 250주를 20×1년 중에 추가 발행하였다.
>
> | | | | |
> |---|---|---|---|
> | (차) 현 금 | 30,000* | (대) 보통주자본금 | 25,000** |
> | | | 주식발행초과금 | 5,000 |
>
> * ₩120 × 250주 = ₩30,000 ** ₩100 × 250주 = ₩25,000

두 거래로 인한 납입자본은 ₩180,000이고, 이 중 법정자본금인 보통주자본금은 ₩125,000이고 우선주자본금은 ₩5,000이다. 그리고 보통주 주식발행초과금은 ₩5,000이다. 한국㈜의 이익잉여금이 ₩20,000이라 가정할 경우, 회사의 자본은 다음과 같다.[4)]

표 12-2 | 한국㈜의 부분재무상태표

부분재무상태표
제1기 20×1년 12월 31일 현재

한국㈜ (단위 : 원)

자본금	
보통주자본금	₩ 125,000
우선주자본금	50,000
자본잉여금	
보통주 주식발행초과금	5,000
이익잉여금	20,000
자본총계	₩200,000

할인발행은 회사가 액면금액에 미달하여 주식을 발행하는 것이다. 미달 금액은 주식발행초과금이 충분히 남아 있으면 주식발행초과금을 차변에 기록하여 주식발행초과금을 감소시키고, 금액이 충분치 않거나 없는 경우에는 주식할인발행차금 계정을 사용하여 차변에 기록한다. 주식할인발행차금은 자본조정으로 회계처리하며, 이익잉여금과 상계한다.

❑ 주식의 할인발행

한국㈜가 액면금액 ₩100의 보통주를 주당 ₩70에 300주를 20×1년 말에 추가 발행한다면 회계처리는 다음과 같다.

(차) 현　　금	21,000*	(대) 보통주자본금	30,000**
주식발행초과금	5,000***		
주식할인발행차금	4,000***		

* ₩70 × 300주 = ₩21,000
** ₩100 × 300주 = ₩30,000
*** 먼저 자본잉여금인 주식발행초과금을 상계하고, 나머지 금액은 주식할인발행차금으로 회계처리한다.

4) 한국채택국제회계기준에 의하면 자본은 납입자본, 이익잉여금, 기타자본요소로 구성되어 있으나 자본의 표시는 기업마다 상이할 수 있다. 본서에서는 설명의 편의상 자본을 재무상태표에 보고할 때 납입자본을 자본금과 자본잉여금, 기타자본요소를 자본조정과 기타포괄손익누계액 그리고 이익잉여금으로 분류하여 설명한다.

2) 현물출자에 의한 주식 발행

주식을 발행하고 현금 대신 비유동자산을 받는 경우가 있다. 취득원가주의에 따르면 비현금거래는 현금등가액으로 기록된다. 따라서 원가는 현물출자 시 취득한 자산의 공정가치와 발행한 주식의 공정가치 중에서 명확한 것을 기준으로 회계처리한다.

❑ 현물출자에 의한 주식 발행

상장기업인 한국㈜의 주당 액면금액은 ₩500이고 시장에서 ₩800의 금액으로 거래가 이루어지고 있다고 하자. 회사는 토지를 취득하기 위해 1,000주의 주식을 발행하였고 토지의 공정가치는 알 수 없는 경우, 이러한 비현금 거래에서 가장 명확한 금액은 제공한 주식의 시가인 ₩800,000이다. 회사는 이 거래를 다음과 같이 회계처리한다.

(차) 토 지	800,000	(대) 보통주자본금	500,000
		주식발행초과금	300,000

3) 주식발행비의 회계처리

주식을 발행할 때에는 증권회사의 수수료, 광고비, 회계사 수수료, 주권 인쇄비 등이 발행하는데, 이를 주식발행비 혹은 신주발행비라고 한다. 주식발행비와 신주발행비가 발생하는 경우에는 그 만큼 주식발행으로 인한 실제 수령금이 감소하게 되어, 주식발행초과금을 감소시키거나 주식할인발행차금을 증가시키는 회계처리를 하여야 한다.

예제 12-1

비상장회사인 강남㈜는 3월 1일 액면금액 ₩100의 보통주 10,000주를 주당 ₩120에 발행하고 영업을 개시하였다. 3월 15일에 회사는 공정가치가 ₩750,000인 토지를 취득하면서 5,000주의 보통주를 발행하였다.

▶▶ 요구사항

강남㈜의 주식발행 시 회계처리하라.

해답

3월 1일	(차) 현 금	1,200,000	(대) 보통주자본금	1,000,000
			주식발행초과금	200,000
3월 15일	(차) 토 지*	750,000	(대) 보통주자본금	500,000
			주식발행초과금	250,000

* 한국채택국제회계기준 제1102호 주식기준보상에 의하면, 현물을 제공받고 주식을 발행한 경우 제공받은 현물의 공정가치가 더 명확하면 제공받은 현물의 공정가치를 주식의 발행금액으로 한다.

2. 주식 무상발행

주식회사는 설립이후 필요에 따라 수권주식의 범위 내에서 신주를 발행하여 자본금을 증가시킬 수 있다. 이와 같이 자본금을 증가시키는 것을 증자라 한다. 증자는 신주발행의 결과가 자산과 자본이 실질적으로 증가하는지의 여부에 따라 실질적 증자와 형식적 증자로 구별된다.

실질적 증가는 앞의 주식의 할증발행의 경우와 같이 주식의 발행으로 자산이 증가하고 자본이 증가하는 경우로 유상증자라고도 한다. 이에 반하여 형식적 증자는 신주발행의 대가를 실질적으로 받지 않아 형식적으로 자본금이 증가되는 것을 의미하는데, 자본금이 증가하더라도 자산이 증가하지 않는 경우이다. 형식적 증자를 무상증자라 한다.

(1) 잉여금의 자본전입

주식회사는 주식발행초과금이나 이익잉여금 등을 재원으로 신주를 발행할 수 있다. 이와 같이 신주를 발행하면 주식발행초과금이나 이익잉여금은 감소하고 자본금이 증가한다. 이처럼 잉여금을 감소시키고 자본금이 증가하는 것을 잉여금의 자본전입이라고 한다.

회사는 주식을 추가로 발행하여 교부하지만 대가의 납입이 없으므로 회사의 순자산 총액에는 변화가 없다. 주주들은 주식을 받았지만 대가를 지불하지 않게 된다. 이처럼 대가 없이 수령하는 주식을 무상주라고 한다.

❑ 잉여금 자본전입으로 인한 무상주 발행

> 상장기업인 한국㈜의 보통주 주당 액면금액은 ₩500이다. 20×1년 10월 1일 현재 회사의 자본금은 ₩500,000이고, 주식발행초과금은 ₩250,000, 이익잉여금이 ₩150,000이다. 20×1년 10월 15일 주주총회에서 주식발행초과금 ₩100,000과 이익잉여금 ₩100,000을 자본전입하기로 결의하고 주식을 발행하여 주주에게 교부하였다. 이에 대한 회계처리는 다음과 같다.
>
> | | | | | |
> |---|---|---|---|---|
> | (차) | 주식발행초과금 | 100,000 | (대) 보통주자본금 | 200,000 |
> | | 이 익 잉 여 금 | 100,000 | | |

위의 거래를 분석하여 하면 주식발행초과금과 이익잉여금이 감소하면서 보통주자본금이 증가하여 자본 계정 내에서 변동이며, 이 거래로 인하여 자산의 증가를 가져오지 않고 있다.

(2) 주식배당

배당을 현금으로 하지 않고 주식으로 배당하는 것을 주식배당이라고 하는데, 이익잉여금이 감소하고 자본금이 증가하므로 그 효과는 이익잉여금의 자본전입과 동일하다. 다만, 주주총회에서 배당선언과 주식의 발행과 교부 간의 시차가 있으므로 배당선언 시 미처분이익잉여금을 감소시키고 미교부주식배당금을 증가시킨다. 주식을 발행하여 교부하는 시점에서 미교부주식배당금을 감소시키고 자본금을 증가시킨다. 주식배당에 대해서는 뒤에서 세부적으로 설명한다.

(3) 주식분할

주식분할은 주식배당과 마찬가지로 지분율에 따라 주주들에게 추가적인 주식을 발행하는 것과 관련되어 있다. 주식분할은 주당 액면금액 또는 발행금액의 감소를 가져오는데, 주식분할의 목적은 주당 시가를 낮춤으로써 주식의 유통성을 늘리는 데 있다.

주식분할은 주당 액면금액 또는 발행금액이 감소하는 것과 동일한 비율로 주식수가 증가한다. 예를 들어, 1 : 2 분할에서 주당 액면금액이 ₩100인 주식은 주당 액면금액 ₩50인 주식 2주와 교환된다. 주식분할은 자본금과 이익잉여금, 자본합계액에 영향을 미치지 않으나 유통주식수는 증가하여 주당 장부금액은 감소한다. 주식분할은 주주지분에는 영향을 미치지 않으므로 주식분할은 별도의 회계처리가 필요없다. <표 12-3>은 주식분할과 주식배당의 주요 차이점을 요약한 것이다.

표 12-3 | 주식분할과 주식배당의 주요 차이점

항 목	주식분할	주식배당
자 본 금	변화 없음	증가
이익잉여금	변화 없음	감소
보통주자본금	변화 없음	증가
주당 액면금액	감소	변화 없음

3. 기타자본요소

(1) 자기주식

회사는 자기가 발행한 주식을 취득할 수 있다. 자기주식은 주식을 발행한 후 주주로부터 다시 취득한 주식회사 자신의 주식이다. 회사는 자기주식을 주식을 소각할 목적, 경영자들과 종업원의 상여나 주식매수선택권 행사에 자기주식을 교부하기 위한 목적으로 취득한다. 또한 경영진들이 자기회사 주식의 시장가치를 높이기 위하여 취득한다.

자기주식의 취득은 유가증권의 취득과 달리 자본 란에서 차감하는 형식으로 표시한다. 차감하는 형식으로 표시한다는 것은 확정되지 않았지만 자본의 감소로 간주한다는 것이다. 본서에는 기타자본요소 중 자본조정으로 분류하기로 한다. 자기주식의 회계처리는 원가법에 의한다.

자기주식의 취득, 처분, 소각의 경우로 구분하여 20×1년 1월 1일 한국㈜의 자본 자료를 이용하여 설명하기로 한다. 20×1년 한국㈜의 기초 재무상태표에는 보통주자본금이 ₩1,000,000, 이익잉여금이 ₩200,000있다.

부분재무상태표
20×1년 1월 1일 현재

한국㈜	(단위 : 원)
자본금	
보통주자본금(2,000주)	₩1,000,000
이익잉여금	200,000
자본총계	₩1,200,000

자기주식을 취득할 때 지급한 대가를 자기주식의 취득원가로 기록한다.

❑ 자기주식 취득 회계처리

20×1년 2월 1일에 한국㈜가 주당 ₩800의 가격으로 자기주식 400주을 취득했다면 회계처리는 다음과 같다.

2월 1일	(차) 자기주식	320,000	(대) 현　금	320,000

한국㈜는 자기주식 취득시 지불한 금액을 자기주식의 원가로 기록하였다. 이러한 회계처리가 자본금에는 영향을 주지 않는다. 한국㈜는 재무상태표의 자본에서 기타자본요소인 자본조정으로 자기주식을 차감하므로 자기주식의 취득은 주주지분을 감소시킨다. 자기주식 구입 후의 한국㈜의 자본은 다음과 같다.

부분재무상태표
20×1년 2월 1일 현재

한국㈜	(단위 : 원)
자본금	
보통주자본금(2,000주)	₩1,000,000
자본조정	
자기주식(400주)	(320,000)
이익잉여금	200,000
자본총계	₩880,000

한국㈜는 발행주식수와 자기주식수를 모두 주석으로 공시한다. 이 두 숫자의 차이가 유통주식수로 현재 유통되고 있는 주식은 1,600주다.

자기주식을 처분하는데, 처분시점의 회계처리는 처분대가가 취득원가와 같지 않으면 처분손익이 발생한다. 자기주식 거래는 주주와 회사 간의 거래이므로 자본거래로 분류된다. 자기주식의 처분손익은 자본거래로 인한 손익이므로 포괄손익계산서에 계상하지 않는다.

자기주식의 처분금액은 차변에 현금을 기록하고 대변에 자기주식을 기록한다. 처분금액이 취득원가보다 크면 자기주식처분이익이 기록되며, 처분금액이 취득원가보다 작으면 자기주식처분손실이 기록된다.

❑ 자기주식 처분 회계처리(처분가액>취득원가인 경우)

20×1년 7월 1일에 한국㈜가 주당 ₩800에 취득했던 자기주식 100주를 ₩1,000에 처분하였다면 회계처리는 다음과 같다.

7월 1일	(차) 현 금	100,000	(대)	자기주식	80,000
				자기주식처분이익	20,000

한국㈜는 자기주식처분이익을 수익으로 기록하지 않는데, 처분이익은 자산을 처분할 때 나타나는 것인데 자기주식은 자산이 아니기 때문이다. 주주와의 자본거래에서는 손익이 실현되지 않는다. 자기주식처분이익은 재무상태표 자본잉여금에 자기주식처분이익 계정으로 별도 표시한다.

자기주식을 취득원가보다 낮은 가액으로 처분하면 먼저 차변에 이미 인식하였던 자기주식처분이익을 상계하고, 부족분은 자기주식처분손실로 인식한다.

❑ 자기주식 처분 회계처리(처분가액<취득원가인 경우)

한국㈜가 추가로 자기주식 200주를 20×1년 10월 1일에 주당 ₩600에 처분한다면 다음과 같이 회계처리한다.

10월 1일	(차) 현 금	120,000	(대)	자기주식	160,000
	자기주식처분이익	20,000			
	자기주식처분손실	20,000			

자기주식 처분으로 자기주식처분이익이 모두 상계되면, 처분금액을 초과하는 원가에 대해서는 자본조정 항목에 자기주식처분손실을 기록한 후에 이익잉여금 처분시에 이익잉여금과 이를 상계한다. 상계하지 못한 자기주식처분손실은 재무상태표에 자본조정으로 남아 있게 된다.

예제 12-2

강북㈜는 주당 액면금액 ₩500의 자기주식을 20×1년 7월 1일 현금 ₩240,000에 300주를 취득하였다. 20×1년 11월 1일 회사는 주당 ₩900에 자기주식 100주를 처분하였다.

▶▶ 요구사항

자기주식에 관한 회계처리를 하라.

해답

7월 1일	(차) 자기주식	240,000	(대) 현　　금	240,000
11월 1일	(차) 현　　금	90,000	(대) 자기주식	80,000
			자기주식처분이익	10,000

자기주식을 소각하게 되면 주식이 소멸되는 것이므로 해당 주식만큼 자본금이 감소하게 된다. 자기주식 취득가액과 해당 주식에 해당하는 자본금 금액이 일치하지 않으면 감자차익(자기주식소각이익)이나 감자차손(자기주식소각손실)이 발생한다. 자기주식을 취득한 한국㈜의 20×1년 10월 1일의 재무상태표가 아래와 같다고 하자.

부분재무상태표

20×1년 10월 1일 현재

한국㈜ (단위 : 원)

자본금	
보통주자본금(2,000주)	₩1,000,000
자본조정	
자기주식(100주)	(80,000)
자기주식처분손실	(20,000)
이익잉여금	200,000
자본총계	₩1,100,000

회사가 소유하고 있던 자기주식을 소각한 경우에는 자기주식의 취득원가가 해당 주식의 액면금액 총액보다 크면(작으면) 감자차손(감자차익)이 발생한다. 감자차익은 납입자본의 자본잉여금으로 분류하며, 감자차손은 자본조정으로 처리한 후에 이익잉여금과 상계한다.

❑ 자기주식 소각 회계처리(액면가액<취득원가인 경우)

한국㈜은 소유하고 있던 자기주식 100주를 20×1년 10월 5일에 모두 소각하였다면, 다음과 같이 회계처리한다.

10월 1일	(차) 자 본 금	50,000*	(대) 자기주식	80,000**
	감자차손	30,000		

*100주 × ₩500(액면금액) = ₩50,000
**100주 × ₩800(취득금액) = ₩80,000

위 예제에서는 과거의 감자차익이 없는 상황에서 자기주식의 소각으로 감자차손이 발생하였으나, 과거에 감자차익이 있다면 먼저 감자차익을 상계하고 나머지는 감자차손으로 회계처리한다. 감자차손은 주식할인발행차금, 자기주식처분손실과 같이 이익잉여금의 처분에 의해 상각한다.

제 4 절 이익잉여금

이익잉여금은 회사가 영업활동에 사용하기 위해 유보한 당기순이익을 의미하는데, 이러한 의미에서 유보이익이라고도 한다. 이익잉여금 잔액은 주주의 몫이다. 그러나 이익잉여금은 특정 자산에 대한 권리를 나타내거나 특정 자산 계정과 연관되지는 않는다. 예를 들어, ₩100,000의 이익잉여금은 현금으로 ₩100,000이 있어야 된다는 것을 의미하지는 않는다.

마감분개에서 당기순이익은 이익잉여금으로 대체하는데, 집합손익을 차변에 기록하고 이익잉여금을 대변에 기록한다. 당기순손실이 발생한 경우에는 이익잉여금을 차변에 기록하고 집합손익을 대변에 기록한다. 당기순이익에 의해 이익잉여금은 증가하고, 당기순손실에 의해 이익잉여금은 감소한다.

앞에서 주식배당, 잉여금의 자본전입으로 이익잉여금이 감소하고 자본금이 증가한다는 것을 공부한 바 있다. 자기주식처분손실, 감자차손, 주식할인발행차금 등은 결산시 이익잉여금과 상계한다는 것을 이미 학습하였다. 따라서 이익잉여금의 증감을 요약하면 <표 12-4>와 같다.

표 12-4 | 이익잉여금의 증가와 감소 항목

이익잉여금 감소	이익잉여금 증가
당기순손실 배 당 주식할인발행차금 상각 감자차손 전기오류수정	당기순이익 결손금보전에 의한 이입액 등 전기오류수정

1. 이익잉여금의 처분 제한

이익잉여금 잔액은 배당하는 것이 가능하나 이에 대한 규제가 존재한다. 이익잉여금에 대한 규제는 이익잉여금의 일부를 배당으로 처분하지 못하게 하는 것인데, 상법은 자본금의 2분의 1에 달할 때까지 매 결산기의 금전에 의한 이익배당액의 10분의 1 이상의 금액을 이익준비금으로 적립하도록 규정하고 있다. 법에 의해 적립되는 것을 법정적립금이라 하며 이익준비금이 대표적이다.

또한 장기 부채계약에서 대출조건으로 이익잉여금을 일정수준으로 유지하도록 규제하는 경우가 있다. 이 규제는 배당금 지급을 위한 회사의 자산 사용에 제한을 두기 때문에 대출금의 상환가능성을 증가시킨다.

이사회에서 특정 목적을 위해서 자발적으로 이익잉여금을 적립하도록 할 수 있다. 이러한 적립금을 임의적립금이라고 한다. 예를 들어, 이사회는 미래 설비 확장을 위해 잉여금의 규제를 승인할 수 있다. 배당가능한 이익잉여금을 줄임으로써 회사는 확장계획을 실행하는 데 더 많은 현금을 확보할 수 있게 된다. 회사들은 이익잉여금에 대한 규제의 내용을 재무제표 주석으로 공시한다.

2. 배당과 이익잉여금의 변동

배당은 현금이나 주식을 회사가 일정 비율에 따라 주주들에게 배분하는 것이다. 배당에는 현금배당과 주식배당이 있다. 배당은 주식의 액면금액이나 표시금액의 비율과 주당 금액의 두 가지 방식으로 표현할 수 있다. 언론에서는 일반적으로 주당 금액으로 배당을 발표한다. 예를 들어, 강남㈜는 1주당 ₩500, 한국㈜는

1주당 ₩1,000, 강북㈜는 1주당 ₩3,000 등으로 발표한다.

(1) 현금배당

현금배당은 주주들에게 일정 비율로 현금을 지급하는 분배이다. 현금배당의 재원은 이익잉여금이다. 일반적으로 납입자본인 보통주자본금을 재원으로 하는 현금배당은 납입자본을 반환하는 것이므로 법에서 허용하지 않는다. 납입자본을 재원으로 하는 배당은 청산배당이라고 한다. 이러한 배당은 주주들이 납입한 자본을 감소시키거나 또는 청산하기 때문에 금지한다.

배당은 이사회의 결의를 거쳐 주주총회에서 확정된다. 배당을 확정하기 전까지, 즉 배당을 선언하기 전까진 배당금액을 지급하지 않는다. 이사회는 당기순이익 중 배당의 형태로 분배할 것과 사업을 위해 유보할 금액을 결정할 권한이 있으며, 주주총회를 통해 확정한다. 그러나 중간배당의 경우는 정관에 규정이 있는 경우에 한하여 이사회의 결의로 배당을 결정할 수 있다.

배당과 관련하여 ① 배당기준일, ② 배당선언일, ③ 배당지급일이라는 세 가지 시점이 중요한 의미를 갖는다. 보통 각 날짜 사이에 2주에서 4주 정도의 기간이 있는데 회사는 배당선언일과 배당지급일에 배당과 관련된 회계처리를 한다.

배당기준일에 회사는 주주명부에 기초하여 배당을 위한 유통주식에 대한 소유주가 누구인지를 확정한다. 한국㈜의 경우 배당기준일을 20×1년 12월 31일이라고 가정하면, 배당선언일에 인식한 회사의 부채는 변화가 없으므로 회계처리는 필요 없다.

배당선언일은 주주총회(이사회)가 공식적으로 현금배당을 결의하고 주주들에게 통보한 날이고, 현금배당의 선언은 회사에 법적인 의무를 지게 만드는 사건이다. 이 의무는 구속력을 가지며 철회할 수 없다. 따라서 회사는 이익잉여금의 감소

그림 12-1 배당기준일, 선언일 및 지급일

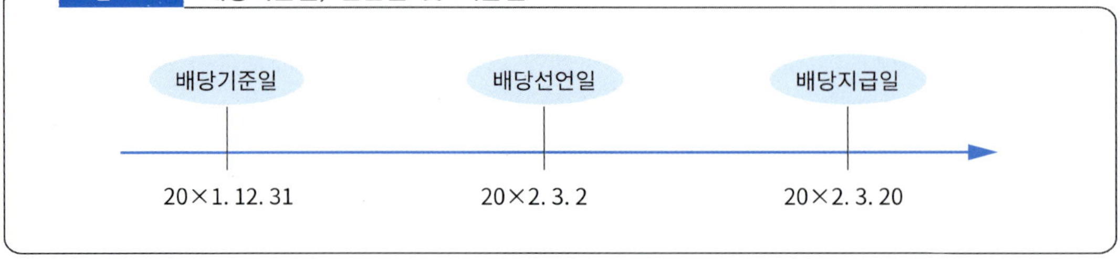

와 미지급배당금이라는 부채의 증가를 인식한다.

❑ 배당선언일 회계처리

20×2년 3월 2일 한국㈜의 주주총회에서 액면금액 ₩5,000인 보통주식 10,000주에 대해 주당 ₩500의 배당을 결의하였다면, 배당액은 ₩5,000,000(10,000주 × ₩500/주)이다. 배당선언일의 회계처리는 다음과 같다.

3월 2일	(차) 이익잉여금	5,000,000	(대) 미지급배당금	5,000,000

배당지급일에는 회사가 배당금통지서를 주주들에게 발송하고 배당지급을 기록한다.

❑ 배당지급일 회계처리

한국㈜의 배당지급일이 20×2년 3월 20일이라면 지급일의 회계처리는 다음과 같다.

3월 20일	(차) 미지급배당금	5,000,000	(대) 현 금	5,000,000

배당의 지급은 유동자산과 유동부채를 동시에 감소시키지만 주주지분에는 아무런 영향이 없다. 현금배당의 선언과 지급의 누적 효과는 주주지분과 자산합계를 모두 감소시킨다.

우선주에 대한 배당은 보통주에 대한 배당과 다를 수 있다. 우선주는 배당에 관해 보통주보다 우선권이 있다. 누적적우선주의 소유자들은 보통주 주주들이 배당을 받기 전에 연체배당금을 받아야 한다. 우선주가 보통주의 기본 배당을 한 후 남은 잔여이익에 대해 보통주와 함께 이익배당에 참가할 수 있는지 여부에 따라 참가적우선주와 비참가적우선주로 구분된다.

(2) 주식배당

주식배당은 주주들에게 일정비율로 회사 주식을 분배하는 것이다. 현금배당은 회사가 현금을 지급하는 반면에 주식배당은 이익잉여금을 감소시키고 자본금을 증가시키는 결과를 가져오므로, 자산이나 자본에 영향을 미치지 않는다. 상법에서는 주식배당을 이익배당 총액의 2분의 1을 초과하지 못하도록 하고 있으며, 주식배당은 주식의 권면액(액면가)으로 하여야 한다고 규정하고 있어, 우리나라는 주식배당에 대해서 액면가액법을 채택하고 있다.

현금을 지급하거나 부채가 변화하지도 않지만 회사가 주식배당을 하는 이유는 현금 지출 없이 배당에 대한 주주의 기대를 만족시키기 위해서 한다. 주식배당으로 유통주식수가 증가하면 주당 시장가치는 감소하고, 소액투자자들도 주식을 취득할 수 있기 때문에 주식의 유통성을 높인다.

❑ 주식배당에 의한 무상주 발행

상장기업인 한국㈜의 보통주 주당 액면금액은 ₩500이다. 20×1년 12월 31일 현재 회사의 자본금은 ₩500,000이고, 주식발행초과금은 ₩250,000, 이익잉여금이 ₩150,000이다. 20×2년 2월 10일 주주총회에서 주식배당 ₩100,000을 선언하고, 동년 2월 25일에 주식을 발행하여 주주에게 교부하였다. 이에 대한 회계처리는 다음과 같다.

2월 10일	(차) 이익잉여금	100,000	(대) 미교부주식배당금	100,000
2월 25일	(차) 미교부주식배당금	100,000	(대) 보통주자본금	100,000

위의 사례에서 2월 10일과 2월 25일 분개를 동시에 고려하면 이익잉여금이 감소하고 보통주자본금이 증가한 것이므로 자산의 증가를 수반하지 않는다. 재무제표에 미치는 영향은 자본 내에서만 변동하므로 잉여금 자본전입과 동일하다.

예제 12-3

강남㈜는 5년째 이익을 기록하고 있다. 이러한 경영성과로 주당 시가는 ₩150에서 ₩450으로 3배가 되었다(액면금액 ₩100, 500,000주). 또한 이 기간 동안에 자본금은 ₩50,000,000으로 동일하게 유지되었고, 이익잉여금은 ₩1,500,000에서 ₩10,000,000으로 증가하였다. CEO인 김한국은 (1) 10%의 주식배당과 (2) 1 : 2의 주식분할 중 하나를 고려하고 있다.

▶▶ **요구사항**

두 가지 대안별로 전후의 효과를 (a) 이익잉여금과 (b) 주당 장부금액 측면에서 보여라.

해답

(a) (1) 주식배당 금액은 ₩5,000,000[(500,000주 × 10%) × ₩100]이다. 이익잉여금의 잔액은 ₩5,000,000(₩10,000,000 − ₩5,000,000)이다.

(2) 주식분할 후의 이익잉여금은 전과 동일한 ₩10,000,000이다.

(b) 주당 장부금액 변화는 다음과 같다.

	기존 금액	주식배당 후	주식분할 후
자본금	₩50,000,000	₩55,000,000	₩50,000,000
이익잉여금	10,000,000	5,000,000	10,000,000
자본총계	₩60,000,000	₩60,000,000	₩60,000,000
유통주식수	50,000	55,000	100,000
주당 장부금액	₩1,200	₩1,091	₩600

(3) 전기오류수정

회사가 장부를 마감하고 재무제표 공표로 순이익을 보고한다. 회사가 재무제표를 공표한 후에 전기에 발생한 오류를 수정하는데 이를 전기오류수정이라고 한다. 오류로 인한 효과는 이익잉여금에 반영되어 있기 때문에 회사는 이익잉여금을 직접 수정하게 된다.

❑ 전기오류 수정에 의한 잉여금 조정

20×1년에 한국㈜는 20×0년의 감가상각비 ₩300,000이 계산 실수로 과소계상된 것을 발견하였다. 이것은 중대한 오류에 해당되며, 20×0년의 이익잉여금은 ₩800,000으로 보고하였다. 법인세효과를 무시하고 전기오류수정을 위한 회계처리는 다음과 같다.

(차) 전기오류수정손실 (이익잉여금)	300,000	(대) 감가상각누계액	300,000

전기오류수정손실(이익잉여금)은 기초 이익잉여금의 감소이므로 회사는 자본변동표(이익잉여금 부분)에 전기오류수정을 보고한다. 회사는 기초이익잉여금 잔액에서 전기오류에 해당하는 항목들을 가감하고 그 결과 수정 후 잔액이 남게 된다. 한국㈜의 기초 이익잉여금 ₩800,000은 수정되어 ₩500,000으로 보고한다.

자본변동표(이익잉여금 부분)

한국㈜	20×1년 1월 1일부터 20×1년 12월 31일까지	(단위 : 원)
기초잔액		₩800,000
전기오류수정손실(감가상각비 오류)		(300,000)
수정후 기초잔액		₩500,000

3. 이익잉여금의 변동과 처분의 표시

당기 중 이익잉여금의 변화는 자본변동표(이익잉여금 부분)에 나타낸다. 회계기준에서는 일정기간 동안 개별 자본 구성항목과 자본합계의 변화를 보여주는 자본변동표를 재무제표로 규정하고 있다. 한국채택국제회계기준에 의한 자본변동표(이익잉여금 부분)의 양식은 다음과 같다.

자본변동표(이익잉여금 부분)

XX회사	20×1년 1월 1일부터 20×1년 12월 31일까지	(단위 : 원)
20×1년 1월 1일 이익잉여금		₩×××
회계정책변경누적효과		×××
전기오류수정		×××
수정후 기초잔액		×××
전기 이익처분		
임의적립금의 이입		×××
연차배당		(×××)
기타 이익잉여금처분		(×××)
기타 변동사항		
중간배당		(×××)
기타포괄손익 등의 대체		×××
당기순손익		×××
20×1년 12월 31일 이익잉여금		₩×××

위의 자본변동표(이익잉여금 부분)에 표시된 각 항목에 대해서 살펴보면, 우선 수정후 기초잔액은 기초이익잉여금에 회계정책변경누적효과와 전기오류수정을 소급적용하여 수정된 이익잉여금을 의미한다. 다음으로 전기 이익처분은 임의적립금 이입, 연차배당 및 기타 이익잉여금처분으로 구성되어 있다. 여기서 임의적립금 이입은 이익잉여금이 부족하여 배당이나 그 밖의 처분이 곤란한 경우에 전기

이전에 적립한 임의적립금으로 그 부족분을 보충하는 것을 의미하며, 연차배당은 현금배당과 주식배당을 의미한다. 그리고 기타 이익잉여금처분은 법정적립금과 임의적립금의 적립 및 주식할인발행차금, 감자차손, 자기주식처분손실과 상계된 금액을 의미한다.

끝으로 기타 변동사항으로 중간배당, 기타포괄손익 등의 대체 및 당기순손익 항목이 있다. 중간배당은 회계연도 중간에 이사회의 결의로 지급되는 배당을 의미하며, 기타포괄손익 등의 대체는 재평가잉여금 등의 기타포괄손익을 이익잉여금으로 대체한 금액을 의미한다. 그리고 당기순손익 항목은 보고기간 말에 당기순손익을 이익잉여금으로 대체한 것을 의미한다.

우리나라는 주주총회를 통해 이익잉여금 처분이 이루어지므로, 주주총회의 결의가 있기 전까지 이익잉여금 처분에 대한 회계처리를 장부에 반영할 수 없다. 예를 들어, 결산일이 20×2년 12월 31일인 경우 20×2년도 주주총회는 20×3년 2월이나 3월 중에 개최되므로 20×2년도 이익잉여금 처분에 대한 회계처리는 20×3년 2월이나 3월 중 주주총회 결의일에 이루어진다. 이처럼 이익잉여금의 처분에 대한 장부기록을 주주총회 결의일에 하기 때문에 당기말 현재 재무상태표에 계상되는 이익잉여금은 처분 전의 금액이 된다.

예제 12-4

20×3년 2월 26일에 개최된 강남㈜의 20×2년도 주주총회에서 결의된 내용을 반영한 직후 강남㈜의 재무상태표상 자본은 다음과 같다.

보통주자본금	₩11,000,000
주식발행초과금	1,100,000
이익준비금	2,200,000
임의적립금	440,000
차기이월미처분이익잉여금	110,000

강남㈜의 20×3년도 당기순이익은 ₩3,300,000이며, 20×3년도 이익잉여금의 처분은 20×4년 2월 24일에 개최된 주주총회일에 다음과 같이 결의되었다

현금배당	₩2,200,000
이익준비금 적립	440,000
임의적립금 적립	330,000

▶▶ 요구사항

20×3년도 결산일 및 주주총회일에 강남㈜가 해야 할 분개를 하고, 주주총회일에 재무상태표를 작성한다면 표시될 이익준비금, 임의적립금 및 차기이월미처분이익잉여금 잔액을 각각 계산하시오.

해답

• 결산일 분개 : 당기순이익의 이익잉여금 대체

(차) 집합손익	3,300,000	(대) 이익잉여금	3,300,000

• 주주총회일 분개 : 이익잉여금의 처분

(차) 이익잉여금	2,970,000	(대) 미지급배당금	2,200,000
		이익준비금	440,000
		임의적립금	330,000

20×3년 2월 24일 현재 이익잉여금 잔액 :

• 이익준비금 = ₩2,200,000 + ₩440,000 = ₩2,640,000
• 임의적립금 = ₩440,000 + ₩330,000 = ₩770,000
• 차기이월미처분이익잉여금 = ₩110,000 + ₩3,300,000 − ₩2,970,000 = ₩440,000

제 5 절 자본변동표

회사가 재무상태표와 포괄손익계산서를 공표할 때, 주주지분의 구성요소들의 변화도 함께 공시하는데, 이는 정보이용자들에게 충분한 정보를 제공하기 위해 필요한 것이다. 이러한 주주지분의 구성요소들의 변화를 나타내는 자본변동표는 당기의 개별 자본 구성항목과 자본합계의 변화를 보여준다. 아래와 같이 자본변동표는 다위식(columnar form)으로 작성되는데, 각 계정항목과 자본합계의 열로 구성되고 거래와 거래의 효과들이 적합한 열에 표시된다.

표 12-5 | 자본변동표 양식

자본변동표

제×기 20×1년 1월 1일부터 20×1년 12월 31일까지

회사명 (단위: 원)

구 분	자본금	자본 잉여금	자본 조정	기타포괄 손익누계액	이익 잉여금	총 계
20×1.1.1(보고금액)					×××	×××
전기분 배당					(×××)	(×××)
기타 이익잉여금처분액	×××	×××	×××	×××	(×××)	(×××)
처분후 이월이익잉여금					×××	×××
회계정책변경 누적효과					×××	×××
전기오류수정손익					×××	×××
수정후 이월이익잉여금					×××	×××
중간배당					(×××)	(×××)
유상증자(감자)	×××	×××				×××
당기순이익(손실)					×××	×××
자기주식 취득			(×××)			(×××)
해외사업환산차손				(×××)		(×××)
20×1.12.31	×××	×××	×××	×××	×××	×××

자본변동표의 기본요소는 ① 소유주의 투자, ② 소유주에 대한 분배, 그리고 ③ 소유주와의 거래 이외의 모든 원천에서 인식된 자본의 변동(포괄이익)이다. 소유주의 투자는 현금, 재화 또는 용역의 유입, 부채의 전환 등에 의해 이루어지며, 그에 따라 자본이 증가하게 된다. 소유주에 대한 분배는 현금배당 또는 자기주식 취득의 형태로 이루어지며, 그에 따라 자본이 감소하게 된다. 포괄이익은 일정기간 동안 소유주와의 거래 이외의 모든 거래 및 사건에서 인식된 자본의 변동을 말한다.

자본변동표의 이익잉여금 열이 이익잉여금계정의 변화를 보여주기 때문에 자본변동표가 보고되면 이익잉여금처분계산서가 필요하지 않다.

제 6 절 재무제표 표시와 분석

1. 재무제표 표시

한국㈜ 재무상태표의 자본 항목이 아래의 표에 제시되어 있다. 이 부분 재무상태표에 의해 한국㈜의 자본금은 ₩820,000이며 자본총계는 ₩12,864,000이다. 재무상태표에서 자본은 전체적으로 자본금, 자본잉여금, 이익잉여금, 기타자본요소로 이루어져 있는 것을 알 수 있다.

표 12-6 | 한국㈜ 부분재무상태표

부분재무상태표

20×1년 12월 31일 현재

한국㈜		(단위 : 원)
자 본		
자본금		
보통주자본금	₩820,000	₩820,000
자본잉여금		
주식발행초과금	2,200,000	2,200,000
자본조정		
자기주식	(55,000)	(55,000)
기타포괄손익누계액		
금융자산(FVOCI)평가손실	(209,000)	(209,000)
이익잉여금		10,108,000
자본총계		₩12,864,000

2. 재무제표 분석

보통주주 관점에서의 수익은 자기자본이익률(return on equity, ROE)로 측정할 수 있다. 이 비율은 주주가 투자한 자금 ₩1당 회사가 당기순이익이 얼마인지를 보여주는데, 당기순이익(당기순이익에서 우선주배당금을 차감)을 평균보통주자본으로 나누어서 계산한다.

예를 들어, 한국㈜의 기초와 기말 보통주자본이 각각 ₩5,400,000과 ₩5,600,000

이라고 가정하자. 그리고 당기순이익은 ₩1,100,000이고 유통되고 있는 우선주는 없다면, 자기자본이익률은 다음과 같이 계산된다.

당기순이익에서 우선주배당 차감 ÷	평균보통주자본	= 자기자본이익률

$$(₩1,100,000 - ₩0) \div \frac{(₩5,400,000 + ₩5,600,000)}{2} = 20\%$$

위에서 보듯이 회사가 우선주를 발행했다면 보통주주들에게 귀속되는 이익을 계산하기 위해 우선주배당금이 당기순이익에서 차감된다. 또한 우선주의 액면금액을 평균자본합계에서 차감하여 보통주자본을 계산한다.

예제 12-5

강남㈜의 수권주식수는 100,000주이고 주당 액면금액은 ₩500이다. 첫해연도인 20×1년 회사는 다음과 같은 주식거래가 있었다.

(1) 1월 10일 주당 ₩800에 40,000주를 발행하였다.

(2) 7월 1일 토지 취득을 위해 10,000주 발행. 토지의 매각자가 요구한 가격은 ₩9,000,000이었다. 회사 주식은 현재 주식시장에서 주당 ₩825에 거래되고 있다.

(3) 9월 1일 자기주식 1,000주를 주당 ₩900에 구입하였다.

(4) 12월 1일 주당 ₩1,000에 자기주식 400주를 처분하였다.

▶▶ 요구사항

1. 위의 거래를 회계처리하라.
2. 12월 31일에 이익잉여금은 ₩2,000,000이라고 가정하고 자본을 나타내는 부분재무상태표를 작성하라.

해답

	차변	금액	대변	금액
1. 1월 10일	(차) 현 금	32,000,000	(대) 보통주자본금	20,000,000
			주식발행초과금	12,000,000
7월 1일	(차) 토 지	8,250,000	(대) 보통주자본금	5,000,000
			주식발행초과금	3,250,000

9월 1일	(차) 자기주식	900,000	(대) 현 금	900,000
12월 1일	(차) 현 금	400,000	(대) 자기주식	360,000
			자기주식처분이익	40,000

2. 부분재무상태표 작성

부분재무상태표

20×1년 12월 31일 현재

강남(주) (단위 : 원)

자 본		
자본금		
보통주자본금	₩25,000,000	₩25,000,000
자본잉여금		
주식발행초과금	15,250,000	
자기주식처분이익	40,000	15,290,000
자본조정		
자기주식	(540,000)	(540,000)
이익잉여금	2,000,000	2,000,000
자본총계		₩41,750,000

요 약

1. 주식회사의 주요 특성

주식회사의 주요 특징은 개별 법적 실체, 주주의 유한책임, 소유권의 양도, 자본조달 능력, 계속기업가정, 기업경영, 정부규제, 세금 등이 있다.

2. 보통주 발행 회계처리

보통주 발행으로 현금이 기록되면, 액면금액은 보통주자본금 계정으로 대변에 기록한다. 액면금액을 초과하거나 미달되는 금액은 자본잉여금과 자본조정 계정에 각각 기록된다.

3. 자기주식 회계처리

자기주식 계정에는 보통 원가법이 쓰인다. 이 방법에서는 자기주식의 취득금액을 차변에 기록한다. 자기주식이 처분될 때 동 금액을 대변에 기록한다. 처분금액과 원가의 차이는 자본 항목에 표시되고 포괄손익계산서에 표시되지는 않는다.

4. 보통주와 우선주의 차이

우선주는 특정 부분에서 보통주에 대한 우선권이 주어진다. 전형적으로 우선주 주주들은 ① 배당과 ② 자산처분에 있어서 우선권이 있다.

5. 현금배당과 주식배당의 회계처리

현금배당과 주식배당 모두 배당선언일과 지급일에 회계처리가 요구된다.

배당선언일의 분개 :	현금배당－차) 이익잉여금	대) 미지급배당금
	주식배당－차) 이익잉여금	대) 미교부주식배당금
배당지급일의 분개 :	현금배당－차) 미지급배당금	대) 현 금
	주식배당－차) 미교부주식배당금	대) 보통주자본금

6. 자본변동표(이익잉여금 부분)

이익잉여금계정의 차변과 대변 항목들은 자본변동표(이익잉여금 부분)에 보고되어야 한다. 가산항목은 당기순이익과 전기오류수정이익으로 구성된다. 차감계정은 당기순손실과 전기오류수정손실, 현금과 주식배당, 자기주식처분 등으로 구성된다.

7. 자본변동표

주주지분 항목에는 납입자본과 이익잉여금이 보고되고 자본잉여금의 개별 원천이 표시된다. 납입자본 항목에는 자본금과 자본잉여금으로 구분된다. 회사가 자기주식을 보유하고 있으면, 자기주식의 취득원가를 자본조정으로 기록하며 이를 차감하여 총주주지분을 계산한다.

용어정리

결손금	기말 결산일 현재 기초자본계정보다 기말자본계정 잔고가 감소하였을 때의 감소액
납입자본	주주들이 주식과 교환하여 회사에 지급한 현금이나 기타 자산의 금액
누적배당	우선주가 당기 배당뿐만 아니라 전기에 지급받지 못한 배당에 대해서도 보통주 주주들이 배당을 받기 전에 지급받을 수 있는 몫
무액면주식	회사의 정관에 주식의 액면금액이 명시되어 있지 않는 주식
배당금	기업이 이익을 발생시켜 기업 내에 누적하여 온 이익잉여금의 일부를 주주에게 분배하는 것
배당기준일	배당을 받을 권리가 부여되는 주주를 확정하는 날
배당선언일	배당액과 지급일을 결정하여 선포하게 되는 날로 우리나라의 경우 주주총회일이 배당선언일이 됨
배당지급일	실제로 배당을 지급하는 날
수권주식수	정관에 기재되어 있는 기업이 발행할 수 있는 주식의 총수
액면주식	정관과 주식의 권면에 액면금액이 명시된 주식
우선주	의결권은 없지만 보통주에 비하여 이익배당이나 잔여재산의 분배 등에 관하여 우선적인 지위를 가지는 주식
유통주식	발행되어 주주들에 의해 소유되는 주식
이익잉여금	기업의 활동에 의해 획득된 이익 중에서 기업외부로 유출되지 않고 기업내부에 유보된 금액
자기자본이익률	주주의 관점에서 측정한 수익성 지표로서 당기순이익을 평균보통주자본으로 나누어서 계산
자기주식	기업이나 연결실체 내의 다른 기업이 보유하고 있는 자기지분상품
자본변동표	일정기간 동안 발생한 자본의 변동을 표시하는 재무제표
전기오류수정	당기에 발견된 전기 이전에 발생한 회계오류를 수정하는 것
주식배당	주주들에게 일정비율로 회사 주식을 분배하는 것으로 현금배당과는 달리 자본합계나 자산합계를 감소시키지 않음

주식분할	회사의 자산과 자본에 대한 변화 없이 기존의 주식을 분할하여 발행주식의 수를 증가시키는 것
주식회사	주식회사 법에 의해 소유주와 분리되어 단일 법률 실체로 인식되는 경제조직
현금배당	주주들에게 일정한 비율로 지급하는 현금의 분배

보론

장부금액 – 또 다른 주당 금액

(1) 주당 장부금액

이 장에서 여러 가지 주당 금액에 대해 공부하였다. 또 다른 주당 금액으로 중요한 것이 **주당 장부금액**이다. 이는 회사의 **순자산에 대한 보통주주들의 지분**을 나타낸다. 순자산(자산합계 - 부채합계)은 자본합계액과 일치해야 한다. 따라서 한 종류의 유통주식만 있는 회사의 주당 장부금액을 계산하는 공식은 다음과 같다.

주당 장부금액 = 주주지분합계 ÷ 유통보통주식수

한국㈜의 자본합계가 ₩1,500,000(보통주자본금 ₩1,000,000, 이익잉여금 ₩500,000)이고 유통보통주식이 50,000주가 있다면 주당 장부금액은 ₩30(₩1,500,000 ÷ 50,000주)이다.

회사가 우선주와 보통주를 가지고 있다면 장부금액을 계산하는 식은 더 복잡해진다. 우선주 주주들은 순자산에 대해 보통주 주주들보다 우선권을 가지므로, 그들의 지분은 자본합계에서 차감되어야 한다. 그러면 보통주에 적용되는 지분액을 결정할 수 있다. 주당 장부금액의 계산은 다음의 단계를 따른다.

1. 우선주지분을 계산한다. 이것은 우선주들의 상환가액과 연체된 누적배당금의 합계와 동일하다. 우선주의 상환가격이 존재하지 않는다면 액면금액이 사용된다.
2. 보통주주지분을 측정한다. 총주주지분에서 우선주지분을 차감한다.
3. 주당 장부금액을 측정한다. 보통주지분을 유통보통주식수로 나눈다.

사 례

다음의 강남㈜의 부분재무상태표를 이용하여, 우선주 자본금이 있는 경우의 주당 장부금액을 계산하여 보기로 한다.

부분재무상태표

20×1년 12월 31일 현재

강남㈜ (단위 : 원)

자 본		
자본금		₩26,000,000
보통주자본금	₩20,000,000	
우선주자본금	6,000,000	
자본잉여금		10,800,000
보통주주식발행초과금	10,500,000	
우선주주식발행초과금	300,000	
자본조정		(800,000)
자기주식(1,000주)	(800,000)	
이익잉여금	11,600,000	11,600,000
자본총계		₩47,600,000

주석 1 : 보통주 액면금액 ₩500, 수권주식수 50,000주, 발행주식수 40,000주, 유통주식수 39,000주
주석 2 : 우선주 액면금액 ₩1,000, 수권주식수 10,000주, 발행유통주식수 6,000주, 배당률은 9%이며, 지난해의 배당이 지급되지 않았다. 누적적우선주로 상환금액은 존재하지 않는다.

강남㈜의 우선주는 상환금액이 존재하지 않으므로 액면금액 ₩1,000으로 우선주금액은 계산하며, 연체배당금을 계산한다. 1단계 우선주지분의 계산은 아래와 같다.

우선주가액(6,000주 × ₩1,000/주)	₩6,000,000
연체배당금(6,000주 × ₩90/주)	540,000
우선주지분액	**₩6,540,000**

장부금액의 계산(단계 2와 3)은 다음과 같다.

총주주지분	₩47,600,000
차감 : **우선주지분**	**6,540,000**
보통주지분	**₩41,060,000**
유통보통주식수	**39,000**
주당 장부금액(₩41,060,000 ÷ 39,000)	**₩1,052.8**

우선주주식발행초과금 ₩300,000은 우선주지분에 포함되지 않는 것에 주의하라. 우선주 주주들은 보통 주식발행초과금에 대한 권리가 없다. 따라서 이러한 금액은 장부금액을 계산할 때 보통주지분으로 포함되어야 한다.

(2) 장부금액 대 시장금액

주당 장부금액은 주당 시장금액과 일치하지 않을 수 있다는 것을 꼭 알아야 한다. 장부금액은 보통 장부에 기록된 원가에 기초한다. 시장금액은 수많은 주주들과 잠재적인 투자자들이 회사의 미래 배당과 수익의 잠재력에 가지는 주관적인 판단을 반영한다. 주당 시장금액은 주당 장부금액을 초과할 수 있지만, 그 사실이 주가가 과대평가되었다는 것은 아니다. 주당 장부금액은 주주들의 주당 지분의 추세를 측정하는 데 유용하다. 또한 개별 당사자들의 권리가 원가정보에 기반을 두는 계약과 소송에서 중요성을 가진다.

EXERCISES

연습문제

[문제 1] 자본의 분류 〈난이도 : 하〉

다음은 한국㈜의 재무제표에서 추출한 자료이다.

감자차익	₩200,000	자기주식	₩150,000
주식할인발행차금	160,000	자기주식처분손실	60,000
주식발행초과금	180,000	자기주식처분이익	70,000
금융자산(FVOCI)평가손실	100,000	임의적립금	140,000
이익잉여금	400,000	재평가잉여금	90,000

〈요구사항〉

위 자료를 이용하여 자본잉여금, 자본조정, 기타포괄손익누계액을 각각 계산하라.

[문제 2] 보통주 발행 〈난이도 : 하〉

<사례 1>

한국㈜의 첫 사업연도에는 다음과 같은 보통주(액면가 ₩100) 자본거래가 있었다.

(1) 3월 2일 : 주당 ₩100에 5,000주를 발행하였다.

(2) 8월 31일 : 주당 ₩150에 1,500주를 발행하였다.

<사례 2>

성동회계법인은 각각 다른 고객을 감사하는 과정에서 다음과 같은 상황에 부딪혔다.

(1) 강북㈜는 비상장기업이다. 12월 5일 회사는 액면금액 ₩250의 보통주 1,000주를 발행하여 토지를 취득하였다. 땅 주인의 요구 금액은 ₩300,000이었고 토지의 공정가치는 ₩270,000이었다.

(2) 한국㈜는 상장기업이다. 12월 10일 회사는 액면금액 ₩200의 주식 1,000주를 발행하여 토지를 취득하였다. 거래 당시 토지의 공정가치는 알 수 없었다. 주식의 공정가치는 주당 ₩220이었다.

〈요구사항〉

1. 〈사례 1〉과 관련하여 날짜별 회계처리를 하라.
2. 〈사례 2〉와 관련하여 성동회계법인이 권고할 올바른 회계처리를 각 회사별로 나타내라.

[문제 3] **보통주, 우선주 발행** 〈난이도 : 중〉

한국㈜는 20×2년 1월 1일에 설립되었다. 회사는 액면금액 ₩100의 6% 우선주 20,000주와 액면금액 ₩200의 보통주를 500,000주를 발행하도록 승인되었다. 다음의 주식거래가 첫해연도에 발생하였다.

(1) 1월 10일 : 주당 ₩300에 보통주 100,000주를 현금발행하였다.
(2) 3월 1일 : 주당 ₩150에 우선주 10,000주를 현금발행하였다.
(3) 4월 1일 : 토지취득을 위해 보통주 2,500주를 발행하였다. 토지 소유주가 요구한 금액은 ₩900,000이었다. 토지의 공정가치는 ₩750,000이었다.
(4) 5월 1일 : 주당 ₩250에 보통주 75,000주를 현금발행하였다.
(5) 9월 1일 : 주당 ₩350에 보통주 5,000주를 현금발행하였다.
(6) 11월 1일 : 주당 ₩130에 우선주 2,000주를 현금발행하였다.

〈요구사항〉

1. 한국㈜의 위 거래들을 날짜별로 회계처리하라.
2. 20×2년 12월 31일 자본항목 중 납입자본을 나타내는 부분재무상태표를 작성하라.

[문제 4] **자기주식(1)** 〈난이도 : 중〉

20×1년 1월 1일, 한국㈜의 자본은 다음과 같다.

보통주자본금 (액면금액 ₩100)	₩15,000,000
주식발행초과금	1,000,000
이익잉여금	1,200,000

20×1년 중 다음과 같은 자기주식 거래가 발행하였다

(1) 3월 1일 : 주당 ₩150의 가격으로 자기주식 60,000주 취득하였다.
(2) 6월 1일 : 주당 ₩160에 자기주식 20,000주 처분하였다.
(3) 9월 1일 : 주당 ₩130에 자기주식 10,000주 처분하였다.

〈요구사항〉

1. 한국㈜의 자기주식 거래들을 회계처리하라.
2. 9월 1일의 처분금액이 주당 ₩110이라고 가정해서 다시 회계처리하라.

[문제 5] **자기주식(2)** 〈난이도 : 중〉

강남㈜의 20×2년 1월 1일 자본은 보통주자본금(액면금액 ₩500) ₩5,000,000, 주식발행초과금 ₩2,000,000, 이익잉여금 ₩1,000,000이다. 20×2년에 회사는 다음과 같은 자사주 거래가 있었다.

(1) 3월 1일 : 주당 ₩800에 자기주식 500주를 취득하였다.
(2) 6월 1일 : 주당 ₩620에 자기주식 100주를 처분하였다.
(3) 9월 1일 : 주당 ₩850에 자기주식 200주를 처분하였다.
(4) 12월 1일 : 주당 ₩750에 자기주식 100주를 처분하였다.

강남㈜는 자기주식을 회계처리할 때 원가법을 사용한다. 20×2년에 회사는 ₩40,000의 당기순이익을 보고하였다.

〈요구사항〉

1. 강남㈜의 자기주식 거래들을 분개하고 결산일인 12월 31일의 회계처리를 하라.
2. 20×2년 12월 31일의 강남㈜에 대한 자본계정을 나타내는 부분재무상태표를 작성하라.

[문제 6] **자기주식(3)** 〈난이도 : 상〉

강남㈜의 20×2년 1월 1일 자본은 보통주자본금(액면금액 ₩5,000) ₩2,000,000, 감자차익 ₩10,000, 이익잉여금 ₩1,000,000이다. 20×2년에 발생한 자기주식거래는 다음과 같다.

(1) 4월 1일: 주당 ₩8,000에 자기주식 50주를 취득하였다.
(2) 5월 1일: 주당 ₩8,500에 자기주식 10주를 처분하였다.
(3) 6월 1일: 주당 ₩7,200에 자기주식 10주를 처분하였다.
(4) 10월 1일: 4월 1일에 취득한 보통주 10주를 소각하였다.
(5) 12월 31일: 20×2년의 당기순이익으로 ₩400,000을 보고하였다.

〈요구사항〉

1. 강남㈜의 자기주식 거래들을 분개하고 결산일인 12월 31일의 회계처리를 하라.
2. 20×2년 12월 31일 재무상태표에 표시될 자기주식과 자본총계는 각각 얼마인가?

[문제 7] 주식배당 〈난이도: 중〉

20×1년 초 한국㈜는 액면금액으로 발행된 보통주 1,000주가 유통되고 있었다. 또한 회사의 이익잉여금은 ₩750,000이었다. 회사는 7월 1일 보통주 600주를 액면금액으로 추가로 발행하였고 당기순이익은 ₩400,0000이었다.

〈요구사항〉

20×2년 3월 10일 15%의 주식배당을 다음 각각의 상황에 따라 액면가액법을 적용하여 회계처리하라.

1. 액면금액은 ₩1,000
2. 액면금액은 ₩500

[문제 8] 이익잉여금의 처분 〈난이도: 중〉

강북㈜의 20×3년에 개최된 주주총회 결의일 직후 작성한 20×2년 재무상태표상 자본은 다음과 같다.

보통주자본금	₩2,200,000
주식발행초과금	880,000
이익준비금	22,000
임의적립금	33,000
차기이월미처분이익잉여금	110,000

강북㈜의 20×3년 이익잉여금의 변동사항은 다음과 같다.

(1) 20×3년도 당기순이익은 ₩550,000으로 보고하였다.

(2) 20×4년에 개최된 주주총회일에 다음과 같이 20×3년도 이익잉여금 처분을 결의하였다.

현금배당	₩220,000
주식배당	110,000
이익준비금 적립	55,000
임의적립금 적립	88,000

〈요구사항〉

1. 20×3년도 결산일 및 주주총회일에 강북㈜가 해야 할 분개를 하라.
2. 강북㈜의 결산일과 주주총회일 현재 재무상태표에 표시될 미처분이익잉여금 잔액을 각각 계산하라.

[문제 9] **종합(1)** 〈난이도: 중〉

20×1년 말 강북㈜는 액면금액 ₩100의 보통주 150,000주가 발행되어 유통되고 있었다. 20×1년 말의 자본계정 잔액은 다음과 같다.

보통주	₩15,000,000
자본잉여금(주식발행초과금)	1,500,000
이익잉여금	900,000

20×2년 중 발생한 거래와 자본계정과 관련된 기타 정보는 다음과 같다.

(1) 1월 10일에 회사는 액면금액 ₩100, 7% 비누적적우선주를 주당 ₩105에 100,000주 발행하였다.
(2) 2월 8일에 회사는 자사주보통주 15,000주를 주당 ₩160에 재취득하였다.
(3) 7월 1일에 회사는 유통보통주주들에 대해 주당 ₩5의 현금배당을 선언하였다. 지급예정일은 7월 10일이다.
(4) 12월 15일에 회사는 우선주 배당을 선언하였다. 지급예정일은 20×3년 1월 10일이다.
(5) 당기순이익은 ₩3,600,000을 보고하였다.
(6) 20×1년의 감가상각비가 ₩80,000 과대계상되었다는 사실을 발견하였다. 이 오류는 중대한 오류이다.

〈요구사항〉

1. 강북㈜의 20×2년도 자본변동표(이익잉여금 부분)를 작성하라.
2. 강북㈜의 20×2년 말 자본계정을 나타내는 부분재무상태표를 작성하라.

[문제 10] 종합(2) 〈난이도 : 상〉

백제㈜의 20×2년 말 장부 마감 후 원장에는 다음과 같은 자본계정들이 있다.

우선주 (10,000주 발행)	₩1,000,000
보통주 (4,400주 발행)	2,200,000
주식발행초과금 - 우선주	200,000
주식발행초과금 - 보통주	1,200,000
이익잉여금	?

회계처리 기록을 검토한 결과 다음과 같은 사실을 알아냈다.

(1) 20×2년의 거래와 당기순이익을 마감하는 과정에서 오류는 없었다.

(2) 우선주는 액면 ₩100, 8% 비누적적이고 상환가액 ₩125이다. 20×1년 1월 1일 이후로 10,000주가 유통되고 있으며 수권주식수는 20,000주이다.

(3) 보통주는 액면금액 ₩500이다. 수권주식수는 60,000주이다.

(4) 20×2년 초 이익잉여금은 ₩2,450,000이다.

(5) 20×2년 10월 1일에 보통주 4,000주가 주당 ₩800에 발행되었다.

(6) 중간배당 ₩600,000이 선언되고 11월 1일에 우선주와 보통주에 적정하게 배분되었다. 20×1년에 우선주에게 지급된 배당은 없었다.

(7) 20×2년 10월 31일 보통주 주식배당(액면배당) 10%가 이익잉여금으로 처분되었다.

(8) 당기순이익은 ₩795,000으로 보고되었다.

(9) 20×1년의 감가상각비가 ₩100,000 과소계상되었다는 사실을 발견하였다. 이 오류는 중대한 오류이다.

〈요구사항〉

1. 백제㈜의 20×2년도 자본변동표(이익잉여금 부분)를 작성하라.
2. 백제㈜의 20×2년 말 자본계정을 나타내는 부분재무상태표를 작성하라.
3. 가중평균유통주식수가 3,250주라고 가정하고 보통주에 대한 주당순이익을 계산하라.
4. 우선주와 보통주에 대해 현금배당을 계산하라.

제 3 부

현금흐름표와 재무제표 분석

IFRS _ Principles of Accounting

제13장 현금흐름표

제14장 재무제표 분석

13 현금흐름표

제 1 절 | 현금흐름표 기초개념

제 2 절 | 현금흐름표 작성원리

제 3 절 | 현금흐름표 작성

제 4 절 | 기업가치 평가시 현금흐름 이용

학습목표

재무상태표, 포괄손익계산서, 자본변동표에서는 발생주의에 따라 작성되므로, 현금의 변동에 대한 세부적인 전체적인 모습을 보여주지 못한다. 투자자는 회사의 재무제표를 보고 어떻게 당기순이익보다 배당지급액이 더 많은지, 순손실을 보고하면서도 어떻게 새로운 유형자산을 구입했는지에 대해 질문을 할지도 모른다. 이러한 질문에 대한 정보는 현금흐름표를 통해 얻을 수 있다. 본 장에서는 현금주의에 기초한 재무제표인 현금흐름표를 공부하기로 한다.

본 장에서 학습할 주요 내용을 요약하면 다음과 같다.

현금흐름표 : 직접법과 간접법, 영업활동, 투자와 재무활동, 순변동

➢ 현금흐름표 기초개념
- 현금흐름표의 유용성
- 현금흐름표 현금 개념
- 현금흐름표 형식
- 현금흐름표 활동별 현금흐름
- 중요한 비현금거래

➢ 현금흐름표 작성원리
- 재무제표의 활동구분
- 현금 유입과 유출의 계산원리

➢ 현금흐름표 작성
- 영업활동 현금흐름
- 투자활동 현금흐름
- 재무활동 현금흐름
- 현금흐름표 작성사례

➢ 기업가치 평가시 현금흐름 이용
- 잉여현금흐름

제 1 절 현금흐름표 기초개념

기업의 현금흐름 정보는 재무제표이용자에게 현금의 창출능력과 현금흐름의 사용 용도를 평가하는 데 유용한 기초를 제공한다. 재무제표이용자는 경제적 의사결정을 하기 위하여 현금 자산의 창출능력 및 현금흐름의 시기와 확실성을 평가해야 한다. 현금흐름표는 회계기간 동안 발생한 현금흐름을 영업활동, 투자활동 및 재무활동으로 분류하여 현금및현금성자산의 역사적 변동에 관한 정보를 제공한다.

재무상태표, 포괄손익계산서, 자본변동표는 회사의 현금흐름(현금 유입과 유출)에 대해 제한적인 정보만을 제공한다. 예를 들면, 비교 재무상태표는 당기 유형자산의 증감 여부는 나타내지만, 자산의 구입과정에서 어떻게 자금이 조달되고 지급되었는지는 나타내지 못한다. 반면에 포괄손익계산서와 자본변동표는 당기순이익과 당기의 자본에 대한 변동을 나타내지만 영업활동에 의해 창출되는 현금흐름을 설명하지 못한다. 이와 같은 재무제표는 현금의 유입과 유출에 대해 상세하게 나타내지 못하는 한계점을 갖고 있다.

1. 현금흐름표의 유용성

현금흐름표는 다른 재무제표와 같이 사용되는 경우 순자산의 변화, 재무구조(유동성과 지급능력 포함), 그리고 변화하는 상황과 기회에 대응하기 위하여 현금흐름의 금액과 시기를 조절하는 능력을 평가하는 데 유용한 정보를 제공한다.

현금흐름 정보는 현금자산의 창출능력을 평가하는 데 유용할 뿐만 아니라, 서로 다른 기업의 미래현금흐름의 현재가치를 비교·평가하는 모형을 개발할 수 있도록 한다. 또한 현금흐름 정보는 동일한 거래와 사건에 대하여 서로 다른 회계처리를 적용함에 따라 발생하는 영향을 제거하기 때문에 영업성과에 대한 기업 간의 비교가능성을 제고한다.

역사적 현금흐름 정보는 미래현금흐름의 금액, 시기 및 확실성에 대한 지표로 자주 사용된다. 또한 과거에 추정한 미래현금흐름의 정확성을 검증하고 수익성과 순현금흐름 간의 관계 및 물가 변동의 영향을 분석하는 데 유용하다.

2. 현금흐름표의 현금 개념

현금흐름표에서 현금흐름이란 현금및현금성자산의 유입과 유출을 의미한다. 현금및현금성자산에서 현금이란 통화, 통화대용증권 및 요구불예금을 의미하며, 현금성자산은 유동성이 매우 높은 단기 투자자산으로서 확정된 금액의 현금으로 전환이 용이하고 가치변동의 위험이 경미한 자산을 말한다.[1] 은행 차입은 일반적으로 재무활동으로 간주되나, 일부 국가의 경우에는 금융회사의 요구에 따라 즉시 상환하여야 하는 당좌차월은 기업의 현금관리의 일부를 구성하므로 당좌차월은 현금및현금성자산의 구성요소에 포함된다.[2] 그러한 은행거래약정이 있는 경우 은행잔고는 예금과 차월 사이에서 자주 변동하는 특성이 있다. 현금흐름표의 현금은 재무상태표의 현금및현금성자산에서 금융회사 요구에 따라 즉시 상환하여야 하는 당좌차월이 있으면 이를 차감한다.

현금흐름표의 현금	=	재무상태표의 현금및현금성자산	−	금융회사 요구에 따라 즉시 상환하여야 하는 당좌차월

현금및현금성자산을 구성하는 항목 간 이동은 영업활동과 투자활동 및 재무활동의 일부가 아닌 현금관리의 일부이므로 이러한 항목 간의 변동은 현금흐름에서 제외한다. 현금관리는 잉여현금을 현금성자산에 투자하는 것을 포함한다. 예를 들어, 현금으로 취득당시 만기가 3개월 이내인 유가증권을 취득하는 경우가 이에 해당된다.

3. 현금흐름표 형식

현금흐름표의 일반적인 형식은 현금흐름과 관련된 세 가지 활동(영업활동, 투자활동, 재무활동)의 결과와 주석에 표시되는 중요한 비현금흐름 투자활동과 재무활

1) 현금및현금성자산은 제7장 현금과 내부통제의 현금및현금성자산의 분류에서 설명한 것과 같다.

2) 금융회사 요구에 따라 즉시 상환하여야 하는 당좌차월이 없으면 현금흐름표의 현금은 재무상태표의 현금및현금성자산과 일치한다.

표 13-1 | 현금흐름표 예시

현금흐름표

20×1년 1월 1일부터 20×1년 12월 31일까지

한양㈜		(단위: 원)	
영업활동 현금흐름			
고객으로부터의 유입된 현금	₩30,150		직접법
공급자와 종업원에 대한 현금유출	(27,600)		
영업으로부터 창출된 현금	2,550		
법인세의 납부	(1,170)		
영업활동순현금흐름		₩1,380	
투자활동 현금흐름			
유형자산의 취득	(900)		
설비의 처분	20		
이자 수취	200		
배당금 수취	200		
투자활동순현금흐름		(480)	
재무활동 현금흐름			
유상증자	250		
장기차입금	250		
리스부채의 지급	(90)		
배당금 지급*	(1,200)		
재무활동순현금흐름		(790)	
현금및현금성자산의 순증가		110	
기초 현금및현금성자산		120	
기말 현금및현금성자산		₩230	

* 배당금 지급은 영업활동으로 분류할 수 있다.

동을 나타낸다. <표 13-1>은 일반적으로 사용되는 현금흐름표를 나타낸다.

영업활동 현금흐름 부분이 항상 제일 처음에 표시되며, 영업활동 현금흐름은 직접법과 간접법의 두 가지 방법으로 산출할 수 있다. 직접법에서는 현금의 유입과 유출을 초래하는 수익 또는 비용항목들을 직접 이용하여 영업활동 현금흐름을 계산하는데, 이 방법은 영업활동과 관련이 있는 현금유입액에서 영업활동과 관련이 있는 현금유출을 차감하여 계산하는 것이다.

직접법 영업활동 현금흐름 = 영업활동 현금유입 − 영업활동 현금유출

간접법은 포괄손익계산서의 당기순손익에 현금유출이 없는 비용을 가산하고 현금유입이 없는 수익을 차감하여 현금흐름을 계산하는 방법이다. 기업회계기준서 제1007호 "현금흐름표"에서는 직접법을 사용할 것을 권장하고 있다. 영업활동 다음으로 투자활동 부분과 재무활동 부분이 표시된다. 재무활동과 투자활동으로 인한 비현금거래는 주석이나 부속명세서에 표시한다.

현금흐름표의 하단에서 현금및현금성자산의 증감에 기초 현금및현금성자산을 더하여 기말 현금및현금성자산을 표시한다. 이처럼 회계기간 동안 영업과 투자 및 재무활동으로 구분하여 현금및현금성자산의 증감을 구하고 기초 재무상태표의 현금및현금성자산을 더하면 기말 재무상태표의 현금및현금성자산과 일치하여야 한다.

4. 현금흐름표 활동별 현금흐름

제2장에서 재무제표가 나타내고자 하는 기업의 활동을 재무활동과 투자활동 및 영업활동으로 설명하였다. 현금흐름표는 사업 특성을 고려하여 가장 적절한 방법으로 영업활동과 투자활동 및 재무활동에서 발생하는 현금흐름을 표시한다. 활동에 따른 분류는 이러한 활동이 기업의 재무상태와 현금및현금성자산의 금액에 미치는 영향을 재무제표이용자가 평가할 수 있도록 정보를 제공한다. 또한 이 정보는 각 활동 간의 관계를 평가하는 데 사용될 수 있다.

하나의 거래에는 서로 다른 활동으로 분류되는 현금흐름이 포함될 수 있다. 예를 들어, 이자와 차입금을 함께 상환하는 경우에는 이자지급은 영업활동으로 분류될 수 있고 원금상환은 재무활동으로 분류된다. 각 활동별 주요 내용은 다음과 같다.

(1) 영업활동 현금흐름

영업활동 현금흐름은 주로 기업의 주요 수익창출활동에서 발생한다. 따라서 영업활동 현금흐름은 일반적으로 **당기순손익의 결정에 영향을 미치는 거래**나 그 밖의 사건의 결과로 발생한다. 영업활동 현금흐름의 예는 다음과 같다.

구 분	정 의	현금유입	현금유출
영업활동	기업의 주요 수익창출활동 그리고 투자활동이나 재무활동이 아닌 기타의 활동	• 재화의 판매와 용역 제공에 따른 현금유입 • 로열티, 수수료, 중개료 및 기타수익에 따른 현금유입 • 법인세의 환급	• 재화와 용역의 구입에 따른 현금유출 • 종업원과 관련하여 직·간접으로 발생하는 현금유출 • 법인세의 납부

(2) 투자활동 현금흐름

투자활동은 장기성 자산 및 현금성 자산에 속하지 않는 기타 **투자자산의 취득과 처분활동**을 말한다. 투자활동 현금흐름은 미래수익과 미래현금흐름을 창출할 자원의 확보를 위하여 지출된 정도를 나타내기 때문에 **현금흐름을 별도로 구분 공시**하는 것이 중요하다. 재무상태표에 자산으로 인식되는 지출만이 투자활동으로 분류하기에 적합하다. 투자활동 현금흐름의 예는 다음과 같다.

구 분	정 의	현금유입	현금유출
투자활동	장기성 자산 및 현금성 자산에 속하지 않는 기타 투자자산의 취득 및 처분과 관련된 활동	• 유형자산, 무형자산 및 기타 장기성 자산의 처분 • 제3자에 대한 선급금 및 대여금의 회수	• 유형자산, 무형자산 및 기타 장기성 자산의 취득 • 제3자에 대한 선급금 및 대여금

(3) 재무활동 현금흐름

재무활동은 기업의 **납입자본과 차입금의 크기 및 구성내용에 변동을 가져오는 활동**이다. 재무활동 현금흐름은 미래현금흐름에 대한 자본 제공자의 청구권을 예측하는 데 유용하기 때문에 **현금흐름을 별도로 구분 공시**하는 것이 중요하다. 재무활동 현금흐름의 예는 다음과 같다.

구 분	정 의	현금유입	현금유출
재무활동	재무활동은 기업의 납입자본과 차입금의 크기 및 구성내용에 변동을 가져오는 활동	• 주식이나 기타 지분상품의 발행에 따른 현금유입 • 사채 및 어음의 발행과 기타 장·단기차입에 따른 현금유입	• 주식의 취득이나 상환에 따른 소유주에 대한 현금유출 • 차입금의 상환에 따른 현금유출

(4) 특수한 항목

1) 이자와 배당금

이자지급과 이자수입 및 배당금수입은 당기순손익 결정에 영향을 미치므로 영업활동 현금흐름으로 분류하는 것이 일반적이다. 그러나 이자지급은 재무자원을 획득하는 비용으로 보아 재무활동으로 분류할 수 있고 이자수입과 배당금수입은 투자자산에 대한 수익으로 보아 투자활동으로 분류할 수 있으며, 이는 회사정책에 따라 결정하도록 하고 있다. 반면 금융회사는 회사의 영업활동 성격상 이자지급과 이자수입 및 배당금수입을 영업활동 현금흐름으로 분류하도록 하고 있다.

배당금의 지급은 재무자원을 획득하는 비용이므로 재무활동 현금흐름으로 분류하는 것이 일반적이다. 그러나 영업활동 현금흐름에서 배당금을 지급하는 기업의 능력을 판단하는 데 도움을 주기 위하여 영업활동 현금흐름으로 분류할 수도 있다.[3)]

2) 정부보조에 의한 자산취득

기업회계기준서 제1020호 “정부보조금의 회계처리와 정부지원의 공시”에 의하면 재무상태표에 정부보조금이 관련 자산에서 차감하여 표시되는지에 관계없이 자산의 총투자를 보여주기 위하여 현금흐름표에 별도의 현금흐름으로 표시한다고 규정하고 있다. 이때 정부보조금은 유형자산을 취득하는 자금을 조달한 것으로 보아 **재무활동**으로 분류한다.

3) 한국채택국제회계기준에서는 이자 지급, 이자수입 및 배당금수입은 매 기간 일관성 있게 영업활동, 투자활동 또는 재무활동으로 분류하며 배당금의 지급은 영업활동 또는 재무활동으로 분류하도록 하고 있다.

3) 미수금과 미지급금

미수금은 유형자산과 무형자산의 처분과 관련된 자산이고 미지급금은 유형자산과 무형자산의 취득과 관련된 부채이므로 투자활동으로 분류하는 것이 합리적이다. **미수금** 회수는 **투자활동**으로 분류하는데, 이는 미수금 회수는 미수금 자산계정이 감소하고 현금의 회수로 자산이 증가하기 때문이다. 이에 반하여 **미지급금**은 **재무활동**으로 분류하는데, 이는 미지급금 지급은 부채 계정이 감소하고 현금의 지급은 자산이 감소하기 때문이다. 유형자산과 무형자산의 취득과 처분의 외상거래는 미수금과 미지급금을 수반하므로 이는 현금의 유입과 유출이 없는 거래에 해당한다.

4) 법인세

법인세는 현금흐름표에서 영업활동과 투자활동 또는 재무활동으로 분류되는 현금흐름을 유발하는 거래와 관련된다. 법인세가 투자활동이나 재무활동으로 쉽게 식별가능한 경우에도 관련된 법인세 현금흐름은 실무적으로 식별할 수 없는 경우가 많으며, 당해 거래의 현금흐름과 다른 기간에 발생하기도 한다. 따라서 법인세의 지급은 **일반적으로 영업활동** 현금흐름으로 분류한다. 그러나 투자활동이나 재무활동으로 분류한 현금흐름을 유발하는 개별 거래와 관련된 법인세 현금흐름을 실무적으로 식별할 수 있다면, 그 법인세 현금흐름은 **투자활동**이나 **재무활동**

표 13-2 | 특수한 항목의 현금흐름표 표시

구 분	현금흐름표 표시	비 고
이자 지급	영업활동 및 재무활동	
이자수입	영업활동 및 투자활동	
배당금 지급	영업활동 및 재무활동	
배당금수입	영업활동 및 투자활동	
법인세 지급	영업활동	투자활동이나 재무활동으로 분류한 현금흐름과 관련된 법인세는 투자활동 혹은 재무활동으로 분류
유형자산 외상구입	비현금거래로 표시	
미지급금 지급	재무활동	유형자산 등 외상구입 대금의 지급
유형자산 외상처분	비현금거래로 표시	
미수금 회수	투자활동	유형자산 등 외상처분 대금의 회수

으로 적절히 분류한다. 법인세 현금흐름이 둘 이상의 활동에 배분되는 경우에는 법인세의 총지급액을 공시한다.

이자 지급, 이자수입, 배당금 지급, 배당수입, 미지급금과 미수금, 법인세 등에 대한 현금흐름표상 분류를 정리하면 <표 13-2>와 같다.

5. 중요한 비현금활동

현금 유출과 유입을 수반하지 않는 투자활동과 재무활동 거래는 현금흐름표의 본문에 표시되지 않는다. 그러나 현금 유출과 유입을 수반하지 않는 활동도 정보이용자에게 목적 적합한 정보가 될 수 있으므로 재무제표의 본문이 아닌 부속명세서 또는 주석을 이용하여 공시한다. 자산 취득 시 직접 관련된 부채를 인수하거나 리스로 자산을 취득하는 경우와 주식 발행을 통한 기업의 인수 및 채무의 지분전환이 대표적인 비현금활동이다.

예제 13-1

첫 주 동안 강남㈜에는 다음과 같은 거래가 있었다.

(1) 주당 ₩500의 보통주 5,000주를 발행하고 ₩4,000,000을 받았다.
(2) 서울은행으로부터 ₩20,000,000을 차입하고, 연 5% 이자지급, 3년만기 채권을 발행했다.
(3) 두 대의 대형화물트럭을 구매하고 현금 ₩135,000,000을 지급하였다.
(4) 종업원에게 급여 ₩1,750,000을 지급했다.
(5) 용역을 제공하고 ₩450,000을 받았다.

▶▶ 요구사항

위의 거래를 현금흐름활동별로 각각 분류하라.

해답

(1) 재무활동 (2) 재무활동 (3) 투자활동 (4) 영업활동 (5) 영업활동

제 2 절 현금흐름표 작성원리

1. 재무제표의 활동구분

(1) 재무제표와 현금흐름표 간의 관계

[그림 13-1]은 재무제표 간의 연계성을 나타낸다. 재무상태표는 일정시점의 재무상태를 보고하며, 포괄손익계산서, 자본변동표 및 현금흐름표는 회계기간 동안 경영성과, 자본변동 및 현금흐름의 변동을 보고한다. 재무상태표, 포괄손익계산서 및 자본변동표는 발생주의 회계에 따라 작성되며, 현금흐름표는 현금주의 회계에 따라 작성된다.

현금흐름표는 기초 현금및현금성자산 대비 기말 현금및현금성자산의 증감을 영업활동과 투자활동 및 재무활동으로 구분하는 것이다.

그림 13-1 재무제표 간의 연계성

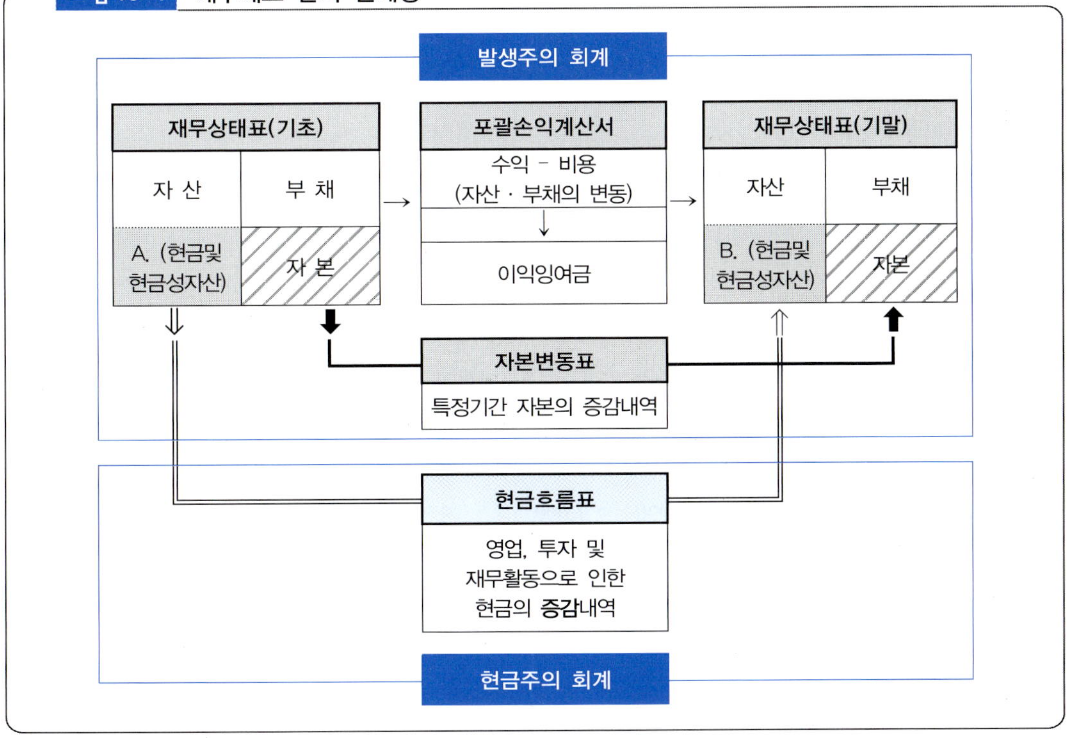

(2) 재무상태표와 현금흐름표의 활동구분

제2장에서 자산은 기업이 보유하고 있는 경제적 자원으로 총투자라고 정의하였고, 부채와 자본은 이러한 투자를 위해 조달된 재원이라고 설명하였다. 즉, 재무상태표의 대변인 부채는 재원조달 측면에서 타인자본이라고 하며 자본을 자기자본이라 한다. 따라서 대변은 자금의 조달을 나타내므로 원칙적으로 재무활동과 관련되며, 차변은 원칙적으로 조달된 재원의 운용인 투자활동을 나타낸다. 그리고 영업활동과 관련된 자산과 부채가 표시된다.

자산 중 현금및현금성자산의 증가는 현금주의에 의한 영업과 투자 및 재무활동의 이익이라 할 수 있으며, 자본 중 이익잉여금은 발생주의에 의한 영업과 투자 및 재무활동 이익의 누적이라 할 수 있다. 그러므로 재무상태표 차변은 영업 및 투자활동과 관련되며, 대변은 영업 및 재무활동과 관련된다. 재무상태표의 자산, 부채 및 자본과 현금흐름표의 활동과 관련성을 나타낸 것이 <표 13-3>이다.

표 13-3 | **재무상태표와 현금흐름표 활동과 관련성**

재무상태표

20×1년 12월 31일 현재

㈜ 한 국 (단위: 원)

	자 산			부 채			
	유동자산			매입채무	₩300		
영업, 투자, 재무의 결과	현금및현금성자산	₩5,000		미지급이자	300		영업활동
	매출채권	1,400		퇴직급여충당부채	400		
영업활동	재고자산	1,600		장기차입금	600		재무활동
	금융자산(FVPL)	3,000	₩11,000	부채총계		₩1,600	
	비유동자산			자 본			
	미수금(유형자산처분)	1,000		자본금	9,000		재무활동
투자활동	장기대여금	1,500		자본잉여금	3,000		
	유형자산	2,500		**이익잉여금**	**4,400**		영업, 투자, 재무의 결과
	무형자산	2,000	7,000	자본총계		16,400	
	자산총계		₩18,000	부채와 자본총계		₩18,000	

재무상태표 계정을 좀 더 세분하여 영업과 투자 및 재무활동으로 구분한 것이 다음의 <표 13-4>이다.

표 13-4 | 재무상태표 계정의 활동 구분

재무상태표	현금흐름표 구분			재무상태표	현금흐름표 구분		
	영업활동	투자활동	재무활동		영업활동	투자활동	재무활동
<자 산>				<부 채>			
[유동자산]				[유동부채]			
현금및현금성자산	○	○	○	단기차입금			○
				미지급금			○
금융상품		○		매입채무	○		
단기대여금		○		선수금	○		
매출채권	○			미지급비용	○		
미수금		○		선수수익	○		
부가세환급미수금	○			미지급법인세			
기타(회수)		○		투자·재무활동관련4)		○	○
선급비용, 미수수익	○			기 타	○		
선급금	○						
재고자산	○						
[비유동자산]				[비유동부채]			
투자자산 :		○		퇴직급여충당부채	○		
장기성매출채권	○			사채, 장기차입금			○
부도어음	○			이연법인세부채	○		
기타		○		<자 본>			
유형자산		○		자본금			○
무형자산		○		자본잉여금			○
기타비유동자산		○		자본조정			○
이연법인세자산	○			기타포괄손익누계액			○
				이익잉여금			
				당기순이익	○	○	○
				배당금	○		○

4) 미지급법인세는 법인세에서 설명한 것과 같이 법인세의 지급은 일반적으로 영업활동 현금흐름으로 분류한다. 그러나 투자활동이나 재무활동으로 분류한 현금흐름을 유발하는 개별 거래와 관련된 법인세 현금흐름을 실무적으로 식별할 수 있다면, 그 법인세 현금흐름은 투자활동이나 재무활동으로 적절히 분류한다.

(3) 포괄손익계산서와 현금흐름표의 활동구분

재무상태표 계정이 현금흐름표 활동과 관련되므로, 포괄손익계산서의 계정도 현금흐름표와 당연히 관련된다. 앞의 특수한 항목을 기억하고 있다면 <표 13-5>도 쉽게 이해될 것이다. 매출, 매출원가 및 판매비와관리비는 영업이익을 구성하므로 영업활동과 관련된다. 다만, 감가상각비는 유형자산과 관련되므로 투자활동으로 분류된다. 영업외수익인 이자수익과 배당금수익은 영업활동으로 구분하기도 하지만, 투자활동으로 기업이 선택할 수 있는 사항이다. 유형자산처분이익은 유형자산과 관련되므로 투자활동이다. 이자비용은 당기손익을 구성하므로 영업활동으로 분류하기도 하지만, 자금 조달의 대가를 지급하는 것이므로 재무활동이다. 법인세비용은 영업활동이지만, 투자활동 혹은 재무활동과 명백히 관련된다면 투자활동 혹은 재무활동으로 구분할 수 있다.

표 13-5 | 포괄손익계산서와 활동 구분

포괄손익계산서[5)]

20×1년 1월 1일부터 20×1년 12월 31일까지

㈜ 한 국 (단위: 원)

매 출		₩500,000	영업활동
매출원가		350,000	
기초상품	₩25,000		영업활동
매 입	340,000		
기말상품	(15,000)		
매출총이익		₩150,000	
판매비와관리비			
급 여	10,000		영업활동
퇴직급여	8,000		영업활동
대손상각비(매출채권)	8,000		영업활동
보 험 료	1,500		영업활동
감가상각비	24,500	(52,000)	투자활동
영업이익		₩98,000	
영업외수익			
이자수익	5,000		투자(영업)
배당금수익	6,000		투자(영업)
유형자산처분이익	1,000	12,000	투자활동
영업외비용			
이자비용	(1,500)	(1,500)	재무(영업)
법인세비용차감전순이익		₩108,500	
법인세비용		(23,500)	영업(투자, 재무)
당기순이익	257,120	₩ 84,700	

2. 현금 유입과 유출의 계산 원리

(1) 현금흐름표 작성을 위한 자료

현금흐름표는 현금주의에 기초하고 있으므로 다른 재무제표 작성방법과 다르다. 첫째, 다른 재무제표는 수정후시산표로부터 작성되지만, 현금흐름표의 작성은 기초 재무상태표와 기말 재무상태표가 작성되어 있어야 한다. [그림 13-1]에서와 같이 현금흐름표의 작성에는 전기와 당기 재무상태표를 비교하여 자산, 부채 그리고 자본의 변동을 구하여야 한다. 아래 [그림 13-2]에서와 같이 기중 거래의 결과(B)는 기말 재무상태표(C)와 기초 재무상태표(A) 간의 차이이며, 배당이 없다면 이익잉여금의 증감은 포괄손익계산서의 당기순손익과 일치할 것이다.

둘째, 발생주의로 계산된 경영성과를 현금주의 경영성과로 전환하기 위해서는 당기 포괄손익계산서와 추가적인 관련 정보가 필요하다. <표 13-5>에서와 같이 당기 포괄손익계산서에서 일정기간 동안 영업활동과 투자활동 및 재무활동으로 인한 손익의 정보를 얻을 수 있다.

셋째, 추가 정보는 비교 재무상태표의 자산, 부채 그리고 자본의 변동과 당기 포괄손익계산서의 손익 정보가 한 기간 동안 현금의 유입과 유출과 어떤 관련이 있는지에 대한 세부적인 정보를 얻을 수 있다. 추가 정보는 계정의 원장이나 매매계약서 등을 이용할 수 있으나, 학습 편의상 추가정보가 주어진다.

그림 13-2 회계기록과 각 계정의 차이 원리

					자 본	
기초	자 산	=	부 채	+	자본금 + 이익잉여금	(A)
	+		+		+ +	
기중거래	△자 산	=	△부 채	+	△자본금 + (수익 − 비용)	(B)
	‖		‖		‖ ‖	
기말	자 산	=	부 채	+	자본금 + 이익잉여금	(C)

5) 기타포괄손익은 생략하였다. 기타포괄손익은 기타포괄손익누계액과 연계되고 자본을 구성하므로 재무활동으로 구분된다.

(2) 현금의 유입과 유출의 계산원리

현금흐름표는 현금주의 회계에 의해 작성되므로 현금거래를 먼저 이해하여야 한다. 현금거래는 현금의 유출입이 수반되는 증감거래를 의미한다. 현금계정과 비현금계정 간의 거래는 현금의 증가(유입)거래와 현금의 감소(유출)거래로 양분된다. 회계등식에서 학습한 것과 같이 자산의 변동은 부채의 변동에 자본의 변동과 수익의 발생을 더하고 비용의 발생을 차감한 것과 같다. (1)회계등식은 기중거래를 나타낸 것이다. 여기에서 △은 변동을 의미하는데, △의 값이 양(+)이면 증가를 의미하며 음(−)이면 감소를 나타낸다.

△자산	=	△부채	+	△자본 + (수익 − 비용)	(1)

(1)의 자산의 변동을 현금의 변동(△현금)과 비현금자산의 변동으로 구분하고, 비현금자산의 변동(△비현금자산)을 이항하면 (2)의 식과 같이 표현된다. (2)의 식은 현금흐름표를 작성하고 이해하는 데 중요하다.

△현금	=	−△비현금자산 +△부채	+	△자본 + (수익 − 비용)	(2)

(2)의 등식에서 비현금자산이 감소(증가)하거나 부채가 증가(감소)하며, 자본이 증가하거나 수익이 발생(비용이 발생)하면 현금은 증가(감소)하여야 한다. 이러한 원리를 이용하여 현금의 증가(유입)과 현금의 감소(유출)로 구분하여 표시하면 다음과 같다. 현금의 유입과 유출의 상대계정은 비현금계정이다.

현금 유입 거래	
차 변	대 변
현금의 증가	비현금자산 감소
	부채의 증가
	자본의 증가
	수익의 발생

현금 유출 거래	
차 변	대 변
비현금자산 증가	**현금의 감소**
부채의 감소	
자본의 감소	
비용의 발생	

위의 현금 유입과 유출의 상대계정은 거래의 8요소와 같은 원리이다. 따라서 현금의 유입과 현금의 유출을 계산하기 위해서는 대차평균의 원리에 따라 비현금자산의 증가는 차변에 기록하고 비현금자산의 감소는 대변에 기록하면 되며, 부채

의 감소는 차변에 기록하고 부채의 증가는 대변에 기록한다. 또한 자본의 증가는 대변에 기록하고 자본의 감소는 차변에 기록한다. 수익의 발생은 대변에 기록하고 비용의 발생은 차변에 기록한다.

차변의 합과 대변의 합이 일치하여야 하므로 차변의 합이 대변의 합보다 크면 그 차이는 현금의 유출이 되며, 차변의 합이 대변의 합보다 작으면 그 차이는 현금의 유입이 된다. 투자활동의 경우에는 자산처분으로 인한 현금의 증가가 자료에 제시될 수 있다. 이 경우에는 차변과 대변의 합을 이용하여 자산취득으로 현금의 감소를 구할 수 있다. 현금 유입거래와 유출거래가 동시에 있는 경우에는 현금의 증가와 감소가 차변과 대변에 동시에 나타날 수도 있다.

제 3 절 현금흐름표 작성

1. 영업활동 현금흐름 작성

영업활동 현금흐름은 두 가지 방법 중 하나의 방법을 선택하여 보고한다. (1) 총현금유입과 총현금유출을 주요 항목별로 구분하여 표시하는 방법(이하 '직접법'이라 한다)과 (2) 당기순손익에 현금을 수반하지 않는 거래와 과거 또는 미래의 영업활동 현금유입이나 현금유출의 이연 또는 발생 및 투자활동 현금흐름이나 재무활동 현금흐름과 관련된 손익항목의 영향을 조정하여 표시하는 방법(이하 '간접법'이라 한다)으로 구분된다.

(1) 직접법에 의한 영업활동 현금흐름 작성

기업회계기준은 영업활동 현금흐름의 보고에 직접법 사용을 권장한다. 직접법을 적용하여 표시한 현금흐름은 간접법에 의한 현금흐름에서는 파악할 수 없는 정보를 제공하며, 미래현금흐름을 추정하는 데 보다 유용한 정보를 제공한다.

직접법을 적용하는 경우 총현금유입과 총현금유출의 주요 항목별 정보는 회계기록과 재무제표를 통해 구할 수 있다. 포괄손익계산서에서 매출, 매출원가 등의 손익 정보와 재무상태표의 증감을 통해 회계기간 동안 발생한 재고자산과 영업활동에 관련된 채권 · 채무의 변동 정보 및 투자활동 현금흐름이나 재무활동 현금흐름으로 분류되는 기타 항목의 정보를 얻을 수 있다.

영업활동 현금흐름의 계산을 설명하기 위하여 매월 결산하는 ㈜한국의 20×1년 1월 거래와 이와 관련된 분개를 제시하였다. ㈜한국은 계속기록법을 사용하고 있다고 가정한다.

(1) 1월 1일 : ㈜한국의 기초 현금은 ₩240,000이며, 기초상품은 ₩50,000이다. 기초 매출채권 잔액은 ₩150,000이며, 매출채권에 대한 대손충당금은 ₩10,000이다. 매입채무는 ₩20,000이다.

(2) 1월 5일 : ㈜한국은 상품 ₩300,000을 매입하면서 ₩200,000은 현금으로 지급하고, 나머지 대금은 1개월 후에 지급하기로 하였다. 외상 거래조건은 2/10, *n*/30이다.

(차) 상　품	300,000	(대) 현　금	200,000
		매입채무	100,000

(3) 1월 10일 : ㈜한국은 원가 ₩250,000인 상품을 ₩400,000에 판매하였다. 판매 즉시 현금 ₩300,000을 수령하고, 나머지 대금은 1개월 후에 받기로 하였다. 외상 거래조건은 2/10, *n*/30이다.

(차) 현　금	300,000	(대) 매　출	400,000
매출채권	100,000		
(차) 매출원가	250,000	(대) 상　품	250,000

(4) 1월 12일 : 전기 매출채권 중 ₩5,000이 대손 발생하였다.

(차) 대손충당금	5,000	(대) 매출채권	5,000

(5) 1월 14일 : 1월 5일의 외상매입대금의 50%를 지급하였다.

(차) 매입채무	50,000	(대) 현　금	49,000
		상　품	1,000

(6) 1월 31일 : 매출채권 잔액에 대해 ₩18,000 대손충당금을 설정하기로 하였다.

(차) 대손상각비	13,000	(대) 대손충당금	13,000

(7) 1월 31일 : ㈜한국의 기말 현금은 ₩291,000이며, 기말상품은 ₩99,000이다. 기말 매출채권 잔액은 ₩245,000이며, 매출채권에 대한 대손충당금은 ₩18,000이다.

※ 위의 분개를 기초로 약식 재무제표를 작성하면 아래와 같다.

기초 재무상태표

차 변		대 변	
현 금	240,000	매입채무	20,000
상 품	50,000	대손충당금	10,000
매출채권	150,000		
⋮		⋮	

기말 재무상태표

차 변		대 변	
현 금	291,000	매입채무	70,000
상 품	99,000	대손충당금	18,000
매출채권	245,000		
⋮		⋮	

포괄손익계산서

매 출	400,000
매출원가	250,000
매출총이익	150,000
대손상각비	13,000

※ 대손충당금은 매출채권에 차감표시하는 것이 원칙이나 편의상 대변에 표시하였다.

1) 회계기록을 통한 현금의 유입과 유출 파악

회계기록을 통해 직관적으로 매출로 인한 현금의 유입과 매입으로 인한 현금의 유출을 계산할 수 있다. 먼저 매출로 인한 현금의 유입을 계산하면 (3)의 거래에서 매출대금의 일부를 현금으로 수령한 금액이 ₩300,000이다. 매입으로 인한 현금의 유출을 계산하면 (2)의 거래에서 매입대금의 일부를 현금으로 지급한 금액이

₩200,000이고, (5)의 거래에서 매입채무를 상환한 금액이 ₩49,000이므로 총 ₩249,000의 유출이 있다.

매출로 인한 현금 유입	₩300,000
매입으로 인한 현금 유출	249,000
현금의 순증가	₩ 51,000

현금의 순증가를 검증하면 기초현금이 ₩240,000이었고, 여기에 기중 현금의 순증가 ₩51,000을 가산하면 기말현금 ₩291,000과 일치한다. 회계기록을 통한 현금의 유입과 유출은 분개나 원장을 찾아서 하는 방법으로 간단한 현금의 유입과 유출 거래에는 편리할 수 있다. 그러나 회계 유형별로 분개를 찾거나 원장을 일일이 확인해야 하는 번거로움이 있다.

2) 회계등식을 이용한 현금의 유입과 유출 파악

회계등식을 이용하는 방법은 매출, 매출원가 및 그 밖의 포괄손익계산서 항목에 회계기간 동안 발생한 재고자산과 영업활동에 관련된 채권·채무의 변동과 기타 비현금항목 및 투자활동 현금흐름이나 재무활동 현금흐름으로 분류되는 기타 항목을 조정하는 방법이다.

첫째, 기말 재무상태표와 기초 재무상태표를 비교하여 자산, 부채 및 자본의 증감을 계산한다.

기말 재무상태표		기초 재무상태표		증가(감소)	포괄손익계산서	
차 변		차 변			매 출	400,000
현 금	291,000	현 금	240,000	51,000 증가	매 출 원 가	250,000
상 품	99,000	상 품	50,000	49,000 증가	매출총이익	150,000
매 출 채 권	245,000	매 출 채 권	150,000	95,000 증가	대손상각비	13,000
대 변		대 변				
매 입 채 무	70,000	매 입 채 무	20,000	50,000 증가		
대손충당금	18,000	대손충당금	10,000	8,000 증가		

자산계정에서 현금이 ₩51,000 증가하였고 상품이 ₩49,000 증가하였으며 매출채권도 ₩95,000 증가하였다. 부채계정에서 매입채무가 ₩50,000 증가하였으며, 대손충당금이 ₩8,000 증가하였다. 포괄손익계산서에서 매출이 ₩400,000이며 매출원가는 ₩250,000이므로 매출총이익이 ₩150,000이다. 그리고 비용으로 대손상각비가 ₩13,000이다.

둘째, 포괄손익계산서를 이용하여 관련 계정을 구분한다. 매출로 인한 현금 유입과 관련된 손익계정은 매출과 대손상각비이며 매입으로 인한 현금 유출과 관련된 손익계정은 매출원가이다.

셋째, 회계등식을 이용하거나 'T' 계정을 이용하여 현금의 유입과 유출을 계산한다.

△현금 = −△비현금자산 +△부채 + △자본 + (수익 − 비용)

매출과 관련된 현금의 유입을 구하기 위해서는 매출과 관련된 계정을 위의 등식에 대입하면 된다. 이는 매출과 관련된 분개의 대차평균원리를 이용하여 현금의 유입을 구하는 것이다. 매출로 인한 현금의 유입과 관련하여 비교 재무상태표에서 계산한 매출채권의 증가와 대손충당금의 증가 및 포괄손익계산서의 매출 발생과 대손상각비를 고려하면 다음과 같다.

매출로 인한 현금의 유입 = −매출채권 증가 + 대손충당금의 증가 + 매출 발생 −대손상각비

"매출로 인한 현금의 유입 = −₩95,000 + ₩8,000 + ₩400,000 − ₩13,000"에서 현금의 유입은 ₩300,000이 된다.

매입으로 인한 현금의 유출은 비교 재무상태표에서 계산한 재고자산의 증가, 매입채무의 증가와 포괄손익계산서의 매출원가를 고려하면 다음과 같다.

매입으로 인한 현금의 유출 = −재고자산 증가 + 매입채무의 증가 − 매출원가 발생

"매입으로 인한 현금의 유출 = −₩49,000 + ₩50,000 − ₩250,000"에서 현금의

유출은 ₩249,000이 된다.

현금의 유입이 ₩300,000이고 현금의 유출이 ₩249,000이므로 순현금의 증가는 ₩51,000이며, 이는 비교 재무상태표의 현금의 증가와 일치한다.

3) T계정을 이용한 현금의 유입과 유출 파악

매출로 인한 현금의 유입과 매입으로 인한 현금의 유출을 'T' 계정을 이용하면 아래의 표와 같다. 매출로 인한 현금 유입을 계산하기 위하여 대변에 대손충당금 ₩8,000과 매출 ₩400,000을 기록하면 ①대변 합 ₩408,000이 된다. 차변에는 매출채권 ₩95,000과 대손상각비 ₩13,000을 기록하면 합이 ₩108,000이 된다. 대변의 합(₩408,000)에서 차변의 합(₩108,000)을 차감하면 ②현금증가 ₩300,000이 계산되고 ③차변 합 ₩408,000이 되어 대변의 합과 일치하게 된다. 매입으로 인한 현금 유출도 이와 같은 방법으로 계산할 수 있다.

매출로 인한 현금 유입			
차 변		대 변	
②현금증가	**300,000**	대손충당금	8,000
매출채권	95,000	매 출	400,000
대손상각비	13,000		
③차변 합	**408,000**	**①대변 합**	**408,000**

매입으로 인한 현금 유출			
차 변		대 변	
상 품	49,000	**②현금감소**	**249,000**
매출원가	250,000	매입채무	50,000
①차변 합	**299,000**	**③대변 합**	**299,000**

(2) 간접법에 의한 영업활동 현금흐름 작성

영업활동 현금흐름을 계산하는 직접법은 주요 항목별로 구분하여 표시하는 반면에 간접법은 **당기순손익에서 출발**하여 현금을 수반하지 않는 거래와 과거 또는 미래의 영업활동 현금유입이나 현금유출의 이연 또는 발생 및 투자활동 현금흐름이나 재무활동 현금흐름과 관련된 손익항목의 영향을 조정하여 표시하는 방법이다.

간접법은 당기순손익에서 출발하여 투자활동 현금흐름이나 재무활동 현금흐름과 관련된 손익항목을 조정하여 영업활동과 관련된 손익을 구한다는 의미이다. 따라서 당기순손익에서 투자활동 및 재무활동과 관련된 수익은 차감하고 투자활동 및 재무활동과 관련된 비용은 가산하여야 한다. 이러한 원리를 [그림 13-3]으로 설명할 수 있다.

그림 13-3 영업활동 현금흐름 간접법의 원리

구분	현금		비현금자산·부채		자본		이익잉여금	
기초	현금	=	−비현금자산 + 부채	+	자본	+	이익잉여금	①
	+		+		+		+	
기중거래	△현금	=	−△비현금자산+△부채	+	△자본	+	(수익−비용)	②
	△영업현금	=	−△비현금영업자산+△영업부채	+	*△영업자본*[6]	+	(영업수익−영업비용)	③
	△투자현금	=	−△비현금투자자산+△투자부채	+	*△투자자본*[6]	+	(투자수익−투자비용)	④
	△재무현금	=	−*△비현금재무자산*+△재무부채	+	△재무자본	+	*(재무수익−재무비용)*	⑤
	‖		‖		‖		‖	
기말	현금	=	−비현금자산 + 부채	+	자본금	+	이익잉여금	⑥

간접법에서 당기순손익은 포괄손익계산서에 표시되는 것으로 위의 그림에서 ②의 (수익−비용)이다. 이는 영업활동뿐만 아니라 ④투자활동 수익(이자수익, 배당수익)과 ④투자활동 비용(유형자산 감가상각비 등) 및 ⑤재무활동 비용(이자 지급, 배당금 지급)이 포함되어 있다.[7] 그림에는 재무활동 수익이 표시되어 있지만 이는 주식발행초과금과 같이 자본거래이므로 손익계산서에 반영되지 않는다. 그러므로 영업활동과 관련된 순손익은 다음과 같이 계산할 수 있다.

> ③영업활동순손익 = ②당기순손익 − ④투자활동 수익 + ④투자활동 비용
> + ⑤재무활동 비용

투자활동 비용과 재무활동 비용의 가산은 현금의 지출이 없는 비용 등의 가산에 해당되며, 투자활동 수익의 차감은 현금의 수입이 없는 수익 등의 차감에 해당된다.

---

6) 그림에서는 영업활동 자본, 투자활동 자본으로 표시하였지만, 영업활동은 자본거래가 아니므로 영업활동 자본은 존재하지 않으며, 투자활동은 재무상태표상 차변에만 나타나므로 투자활동 자본은 존재하지 않는다.

7) 이자수입과 배당수입을 투자활동으로, 이자 지급과 배당금 지급을 재무활동으로 분류하였다고 가정한다.

영업활동 순손익은 발생주의 회계에 따라 계산된 것이므로, 이를 현금주의로 전환하기 위해서는 ③영업활동순손익에 영업활동으로 인한 비현금자산의 증가(감소)는 차감(가산)하고 비현금부채의 증가(감소)는 가산(차감)하면 영업활동 현금흐름이 계산된다. 이는 회계기간 동안 발생한 재고자산과 영업활동에 관련된 채권·채무의 변동을 고려하라는 의미이다. [그림 13-4]는 간접법에 의한 영업활동 현금흐름을 요약한 것이다.

그림 13-4 간접법에 의한 영업활동 현금흐름 계산

△영업활동 현금흐름 = −△비현금영업자산 + △영업활동 부채 + 당기순손익

\+ 현금의 지출이 없는 비용 등 (투자 및 재무활동 비용)

− 현금의 수입이 없는 수익 등 (투자활동 수익)

2. 투자활동 현금흐름 작성

투자활동에 의한 현금의 유입과 유출은 투자활동과 관련된 자산의 처분과 취득 또는 자금의 대여와 회수로 인한 것으로 영업활동과 관련이 없는 자산의 증가와 감소거래이다. 현금흐름표에서 투자활동 현금흐름은 주요 항목별로 현금유입과 총현금유출을 구분하여 표시하고 이를 합산하여 투자활동순현금흐름으로 표시하여야 한다. 주요 항목별로 현금흐름을 작성하여야 하므로 투자활동 현금흐름의 계산은 앞서 학습한 영업활동 현금흐름의 직접법과 같은 원리를 적용한다.

투자활동 현금유입	
차 변	대 변
현금의 증가	대여금 감소
	미수금 감소
	투자자산 처분
	유형자산 처분

투자활동 현금유출	
차 변	대 변
대여금 증가	**현금의 감소**
미수금 증가	
투자자산 취득	
유형자산 취득	

3. 재무활동 현금흐름 작성

재무활동에 의한 현금의 유입과 유출은 재무활동과 관련된 부채의 증가와 상환 및 자본의 증가와 감소로 인한 현금의 유출입을 의미한다. 따라서 영업활동과 관련이 없는 부채의 증가와 감소거래 및 자본의 감소와 자본의 증가거래이다. 현금흐름표에서 재무활동 현금흐름은 주요 항목별로 현금유입과 총현금유출을 구분하여 표시하고 이를 합산하여 재무활동순현금흐름으로 표시하여야 한다. 주요 항목별로 현금흐름을 작성하여야 하므로 재무활동 현금흐름의 계산은 앞서 학습한 영업활동 현금흐름의 직접법과 같은 원리가 적용된다.

재무활동 현금유입	
차 변	대 변
현금의 증가	차입금 증가
	미지급금 증가
	사채의 발행
	자본 유상증자
	자기주식 처분

재무활동 현금유출	
차 변	대 변
차입금 감소	**현금의 감소**
미지급금 감소	
사채의 상환	
자본 유상감자	
자기주식 취득	
배당금 지급	

4. 현금흐름표 작성사례

㈜한국의 재무제표와 추가정보를 이용하여 현금흐름표를 작성하여 본다. ㈜한국의 기초 재무상태표는 <표 13-6>이다.

<표 13-7>과 <표 13-8>은 ㈜한국의 기말 재무상태표와 포괄손익계산서이다.

표 13-6 | ㈜ 한국 기초 재무상태표

재무상태표

20×1년 1월 1일 현재

㈜한국 (단위: 원)

자 산			부 채		
유동자산			유동부채		
현금및현금성자산	₩350,000		매입채무	₩250,000	
매출채권	500,000		미지급금(유형자산취득)	150,000	
(대손충당금)	(50,000)		미지급법인세	35,000	
상 품	250,000		비유동부채		
미수이자	135,300		사 채	1,000,000	
금융자산(FVPL)	700,000	₩1,885,300	(사채할인발행차금)	(34,700)	
비유동자산			부채총계		₩1,400,300
미수금(유형자산처분)	260,000		자 본		
장기대여금	970,000		자본금	2,000,000	
기계장치	1,000,000		자본잉여금	515,000	
(감가상각누계액)	(200,000)		이익잉여금	600,000	
무형자산	600,000	₩2,630,000	자본총계		₩3,115,000
자산총계		₩4,515,300	부채와 자본총계		₩4,515,300

표 13-7 | ㈜한국 기말 재무상태표

재무상태표

20×1년 12월 31일 현재

㈜한국 (단위: 원)

자 산			부 채		
유동자산			유동부채		
현금및현금성자산	₩650,800		매입채무	₩350,000	
매출채권	645,000		미지급금(유형자산취득)	50,000	
(대손충당금)	(80,000)		미지급법인세	40,000	
상 품	449,000		비유동부채		
단기대여금	100,000		사 채	1,000,000	
미수이자	8,000		(사채할인발행차금)	(33,320)	
금융자산(FVPL)	800,000	₩2,572,800	부채총계		₩1,406,680
비유동자산					
미수금(유형자산처분)	160,000		자 본		
장기대여금	800,000		자본금	2,150,000	
건 물	150,000		자본잉여금	515,000	
기계장치	800,000		이익잉여금	801,120	
(감가상각누계액)	(210,000)				
무형자산	600,000	2,300,000	자본총계		3,466,120
자산총계		₩4,872,800	부채와 자본총계		₩4,872,800

표 13-8 | ㈜한국의 포괄손익계산서

포괄손익계산서
20×1년 1월 1일부터 20×1년 12월 31일까지

㈜한국		(단위: 원)
매　출		₩850,000
매출원가		(400,000)
매출총이익		₩450,000
판매비와일반관리비		
종업원급여	₩100,000	
판매비	50,000	
대손상각비	35,000	
감가상각비	24,000	₩209,000
영업이익		₩241,000
영업외수익		
이자수익	14,200	
금융자산평가이익(FVPL)	100,000	114,200
영업외비용		
유형자산처분손실	6,000	
이자비용	8,080	(14,080)
법인세차감전순이익		₩341,120
법인세비용		(40,000)
당기순이익		₩301,120

㈜한국은 이자수입과 배당금수입을 투자활동으로 분류하고, 이자 지급과 배당금 지급을 재무활동으로 분류하기로 결정하였다. 법인세는 영업활동이며 투자나 재무활동과는 관련되지 않는다.

기초 재무상태표상 현금및현금성자산이 ₩350,000이고 기말 재무상태표상의 현금및현금성자산이 ₩650,800이므로 당기 현금의 증가는 ₩300,800이다. 이 현금의 증가를 영업활동과 투자활동 및 재무활동으로 분류하여 현금흐름표를 작성할 수 있다.

(1) 재무제표와 추가정보를 이용한 현금흐름표 작성

첫 번째 단계는 결산이 완료된 후 비교 재무상태표를 통하여 계정별 증감내역과 활동을 구분한다. 비교 재무상태표를 이용하여 기말 재무상태표 계정에서 기초 재무상태표 계정을 차감하여 자산, 부채 그리고 자본의 변동에 관한 정보를 얻을 수 있다.

<표 13-9>는 ㈜한국의 비교 재무상태표를 이용하여 계정별 증가(감소)를 구한 것이며 설명의 편의상 활동구분도 표시하였다.

표 13-9 | 비교 재무상태표 계정별 증(감)과 활동구분

비교 재무상태표
20×1년 1월 31일 현재

㈜한국 (단위: 원)

계정 명	기말 재무상태표		기초 재무상태표		계정의 증(감)	활동 구분
자 산						
유동자산						
현금및현금성자산	₩650,800		₩350,000		300,800	
매출채권	645,000		500,000		145,000	영업활동
(대손충당금)	(80,000)		(50,000)		(30,000)	영업활동
상 품	449,000		250,000		199,000	영업활동
단기대여금	100,000		0		100,000	투자활동
미수이자	8,000		135,300		(127,300)	투자활동
금융자산(FVPL)	800,000	₩2,372,800	700,000	₩1,885,300	100,000	투자활동
비유동자산						
미수금(유형자산처분)	160,000		260,000		(100,000)	투자활동
장기대여금	800,000		970,000		(170,000)	투자활동
건 물	150,000		0		150,000	투자활동
기계장치	800,000		1,000,000		(200,000)	투자활동
(감가상각누계액)	(210,000)		(200,000)		(10,000)	투자활동
무형자산	600,000	2,300,000	600,000	₩2,630,000		투자활동
자산총계		**₩4,672,800**		**₩4,515,300**		
부 채						
유동부채						
매입채무	₩350,000		₩250,000		100,000	영업활동
미지급금(유형자산취득)	50,000		150,000		(100,000)	재무활동
미지급법인세	40,000		35,000		5,000	영업활동
비유동부채						
사 채	1,000,000		1,000,000			재무활동
(사채할인발행차금)	(33,320)		(34,700)		1,380	재무활동
부채총계		**₩1,406,680**		**₩1,400,300**		
자 본						
자본금	2,150,000		2,000,000		150,000	재무활동
자본잉여금	515,000		515,000			재무활동
이익잉여금	801,120		600,000		201,120	
자본총계		**3,266,120**		**₩3,115,000**		
부채와 자본총계		**₩4,672,800**		**₩4,515,300**		

두 번째 단계는 <표 13-10>의 당기 포괄손익계산서에서 일정기간 동안 영업활동과 투자활동 및 재무활동으로 인한 손익의 정보를 식별하는 것이다.

표 13-10 | 포괄손익계산서와 활동 구분

포괄손익계산서

20×1년 1월 1일부터 20×1년 12월 31일까지

㈜한국		(단위 : 원)	
매 출		₩850,000	영업활동
매출원가		(400,000)	영업활동
매출총이익		₩450,000	
판매비와일반관리비			
종업원급여	₩100,000		영업활동
판매비	50,000		영업활동
대손상각비	35,000		영업활동
감가상각비	24,000	(209,000)	투자활동
영업이익		₩241,000	
영업외수익			
이자수익	14,200		투자활동
금융자산평가이익(FVPL)	100,000	114,200	투자활동
영업외비용			
유형자산처분손실	6,000		투자활동
이자비용	8,080	(14,080)	재무활동
법인세차감전순이익		₩341,120	
법인세비용		(40,000)	영업활동
당기순이익		₩301,120	

세 번째 단계는 추가정보를 이용하여 비유동자산과 비유동부채의 변동분과 비현금거래의 정보를 이용하여 투자활동과 재무활동 거래에 대한 정보를 얻는다. 다음은 ㈜한국의 현금흐름표 작성을 위한 추가정보이다.

[추가정보]

1. 장기대여금 중 ₩100,000을 단기대여금으로 유동성 대체하였다. 이자수익은 대여금 총액에서 발생한 것이다. 이자수익은 투자활동으로 분류한다.
2. 건물은 주식의 액면발행으로 취득한 것이며, 건물을 연말에 취득하여 감가상각하지 않았다.
3. 취득가액 ₩200,000의 기계장치를 처분하고 현금을 수령하였다. 연도 중 기계장

치의 신규취득은 없다.

4. 손익계산서상 이자비용은 사채이자비용이다. 이자비용은 재무활동으로 분류한다.
5. 당기에 배당으로 현금 ₩100,000을 지급하였다. 배당의 지급은 재무활동으로 분류한다.

1) 영업활동 현금흐름

① 직접법

직접법 하에서는 발생주의 회계로 작성된 포괄손익계산서의 각 항목을 현금주의 회계로 전환한다. 포괄손익계산서의 손익 항목별로 현금 유입과 유출을 분석하는 것이다.

가. 고객으로부터 현금 유입

고객으로부터 현금 유입은 발생주의로 계산된 매출을 현금주의로 전환하는 것이다. 매출계정과 매출과 관련된 포괄손익계산서 항목과 매출과 관련된 자산 · 부채 변동의 조정을 통해 현금의 유입을 계산한다. 포괄손익계산서의 매출은 ₩850,000이고 매출채권에 대한 대손상각비는 ₩35,000이다. 비교 재무상태표의 증감 분석에 의하면 매출채권은 ₩145,000 증가하였고 대손충당금은 ₩30,000 증가하였다. 거래의 8요소의 등식을 이용하면 아래와 같이 현금 유입 ₩700,000을 계산할 수 있다.

차 변			대 변		
현금 유입	② **700,000**		대손충당금	30,000	증가
매출채권	145,000	증가	매 출	850,000	발생
대손상각비	35,000	발생			
합 계	③ 880,000		합 계	① **880,000**	

영업활동 고객으로부터 현금유입액을 회계등식을 이용하여 계산할 수도 있다. 포괄손익계산서의 수익과 비용에 비현금자산의 증가(감소)는 차감(가산)하고 부채의 증가(감소)는 가산(차감)하여 현금의 증가(감소)를 계산할 수 있다.

매출로 인한 현금 유입 ＝－△매출채권 145,000＋△대손충당금 30,000＋매출 850,000
－대손상각비 35,000

위의 식에서 오른쪽의 합인 ₩700,000이 양(+)의 값이므로 고객으로부터 현금 유입액이 된다.

나. 공급자와 종업원에 대한 현금 유출

• 공급자에 대한 현금 유출

공급자에게 현금유출은 매입으로 인하여 거래처에 지급한 현금을 구하는 것이다. 매입과 관련된 매출원가, 재고자산, 매입채무의 증감을 통해 계산할 수 있다.

포괄손익계산서의 매출원가는 ₩400,000이고 비교 재무상태표의 증감에서 상품은 ₩199,000 증가하였고 매입채무도 ₩100,000 증가하였다. 거래의 8요소의 등식을 이용하면 아래와 같이 현금 유출 ₩499,000을 계산할 수 있다.

차 변			대 변		
매출원가	400,000	발생	**현금 유출**	② **499,000**	
상 품	199,000	증가	매입채무	100,000	증가
합 계	① **599,000**		합 계	③ **599,000**	

영업활동 공급자에 대한 현금유출액은 등식을 이용하여 계산할 수도 있다. 포괄손익계산의 수익과 비용에 비현금자산의 증가(감소)는 차감(가산)하고, 부채의 증가(감소)는 가산(차감)하여 현금의 증가(감소)를 계산할 수 있다.

공급자에 대한 현금 유출＝－△상 품 199,000＋△매입채무 100,000－매출원가 400,000

위의 식에서 오른쪽의 합이 음(－)의 값인 ₩499,000이므로 공급자에 대한 현금 유출이다.

• 종업원과 판매비에 대한 현금 유출

종업원에 대한 현금 유출은 급여, 미지급급여, 퇴직급여충당부채 및 퇴직급여 등이 관련된다. 포괄손익계산서에 종업원급여가 ₩100,000이며, 비교 재무상태표에 미지급급여가 없으므로 발생주의와 현금주의가 일치하여 종업원급여 ₩100,000이 현금 유출이 된다.

판매비에 대한 현금 유출은 판매비, 미지급판매비와 관련된다. 포괄손익계산서의 판매비가 ₩50,000이며, 비교 재무상태표에 미지급판매비가 없으므로 발생주의와 현금주의가 일치하여 판매비 ₩50,000이 현금 유출이 된다.

다. 법인세 납부 현금 유출

비교 재무상태표의 미지급법인세는 ₩5,000이 증가하고 있으며 포괄손익계산서의 법인세비용이 ₩40,000이다. 주어진 자료를 아래의 표와 같이 발생주의 법인세비용을 현금주의 법인세 유출액로 계산할 수 있다.

차 변			대 변		
법인세비용	40,000	발생	**현금 유출**	② **35,000**	
			미지급법인세	5,000	증가
합 계	① **40,000**		합 계	③ **40,000**	

이상의 결과를 요약하여 직접법에 의한 영업활동 현금흐름에 대한 부분 현금흐름표를 작성하면 <표 13-11>과 같다.

표 13-11 | 영업활동 현금흐름(직접법)

영업활동 현금흐름(직접법)		
고객으로부터의 유입된 현금	₩700,000	
공급자와 종업원에 대한 현금 유출	(649,000)	
영업으로부터 창출된 현금	51,000	
법인세의 납부	(35,000)	
영업활동순현금흐름		₩16,000

② 간접법

간접법 하에서 영업활동 현금흐름 계산은 먼저 영업활동순손익을 구하고 여기에 영업과 관련된 자산·부채의 변동을 고려하는 것이다. 따라서 간접법 하에서는 순현금 유입(유출)만 표시된다.

첫 번째는 영업활동순손익을 구한다. 포괄손익계산서에서 당기순이익 ₩301,120이고 판매비와일반관리비의 감가상각비 ₩24,000과 유형자산처분손실 ₩6,000은 투자활동과 관련된 비용이며, 영업외수익 이자수익 ₩14,200, 금융자산평가이익(FVPL) ₩100,000은 투자활동과 관련된 수익이다. 그리고 영업외비용 이자비용 ₩8,080은 재무활동 관련 비용이다. 따라서 영업과 관련 없는 손익을 조정하면 발생주의 영업활동순손익은 ₩225,000으로 계산된다.

영업활동순이익	= 당기순손익	−투자활동 수익	+투자활동 비용	+재무활동 비용
225,000	= 301,120	−114,200	+30,000	+8,080
	‖	‖	‖	‖
	당기순이익 301,120	이자수익 14,200	감가상각비 24,000	이자비용 8,080
		+	+	
		금융자산 평가이익 100,000	유형자산 처분손실 6,000	

두 번째는 영업과 관련된 발생주의 손익에 영업과 관련된 자산·부채를 조정하여 현금순유입(유출)을 계산한다.

차 변			대 변		
현금 유입	② **16,000**		**영업활동 순이익**	**225,000**	
매출채권	145,000	증가	미지급법인세	5,000	증가
			대손충당금	30,000	증가
상 품	199,000	증가	매입채무	100,000	증가
합 계	③ 360,000		합 계	① **360,000**	

이상의 결과를 요약하여 간접법에 의한 영업활동 현금흐름에 대한 부분 현금흐름표를 작성하면 <표 13-12>와 같다.

표 13-12 | 영업활동 현금흐름(간접법)

영업활동 현금흐름(간접법)		
당기순이익		₩301,120
가산 : 현금유출이 없는 비용		
감가상각비	₩24,000	
유형자산처분손실	6,000	
이자비용	8,070	38,080
차감 : 현금유입이 없는 수익		
이자수익	14,200	
금융자산평가이익	100,000	(114,200)
영업관련 자산·부채의 조정		
가산 :		
미지급법인세	5,000	
대손충당금	30,000	
매입채무	100,000	135,000
차감 :		
매출채권	145,000	
상 품	199,000	(344,000)
영업활동순현금흐름		₩16,000

앞의 <표 13-12>는 법인세 납부가 별도로 표시되어 있지 않다. 법인세 납부를 영업에서 창출된 현금을 구분하여 계산하려면 당기순손익 대신 법인세차감전순손익을 기준으로 투자 및 재무활동 손익을 조정하고, 법인세비용과 관련된 계정을 제외한 영업 관련 자산·부채를 조정하면 된다.

먼저, 영업에서 창출된 현금을 계산하기 위하여 영업과 관련 없는 손익을 조정하면 발생주의 영업활동 순손익은 ₩265,000으로 계산된다.

영업관련 순이익	=법인세차감전순이익	−투자활동 수익	+투자활동 비용	+재무활동 비용
265,000	=341,120	−114,200	+30,000	+8,080
	॥	॥	॥	॥
	법인세차감 전순이익 341,120	이자수익 14,200	감가상각비 24,000	이자비용 8,080
		+	+	
		금융자산 평가이익 100,000	유형자산 처분손실 6,000	

두 번째, 영업과 관련된 발생주의 손익에 영업과 관련된 자산·부채를 조정하여 현금주의 현금순유입(유출)을 계산한다.

차 변			대 변		
현금 유입	② **51,000**		**영업관련 순이익**	**265,000**	
매출채권	145,000	증가	대손충당금	30,000	증가
상　　품	199,000	증가	매입채무	100,000	증가
합 계	③ 395,000		합 계	① **395,000**	

세 번째, 법인세의 납부는 직접법에서와 같은 방법으로 계산한다.

차 변			대 변		
법인세비용	40,000	발생	**현금 유출**	② **35,000**	
			미지급법인세	5,000	증가
합 계	① **40,000**		합 계	③ **40,000**	

이상의 결과를 요약하여 법인세 납부를 별도로 표시하는 영업활동 현금흐름을 간접법으로 작성하면 <표 13-13>과 같다.

표 13-13 | **법인세 납부 별도 표시 영업활동 현금흐름(간접법)**

영업활동 현금흐름(간접법)		
당기순이익		₩341,120
가산 : 현금유출이 없는 비용		
감가상각비	₩24,000	
유형자산처분손실	6,000	
이자비용	8,070	38,080
차감 : 현금유입이 없는 수익		
이자수익	14,200	
금융자산평가이익	100,000	(114,200)
영업관련 자산·부채의 조정		
가산 :		
대손충당금	30,000	
매입채무	100,000	130,000
차감 :		
매출채권	145,000	
상 품	199,000	(344,000)
영업에서 창출된 현금		51,000
법인세 납부		(35,000)
영업활동순현금흐름		₩16,000

2) 투자활동 현금흐름

투자활동 현금흐름은 영업활동 현금흐름의 직접법과 같이 현금유입과 현금유출을 항목별로 계산하여 투자활동순현금흐름을 표시한다. 항목별로 투자활동 현금유입과 항목별로 투자활동 현금유출을 계산하고, 이를 합하여 투자활동순현금흐름을 표시한다.

가. 대여금 회수

비교 재무상태표상 단기대여금이 ₩100,000 증가하였고, 장기대여금은 ₩170,000이 감소하였다. 추가정보에 의하여 장기대여금 중 ₩100,000이 유동성 대체된 것을 알 수 있다. 이러한 정보를 이용하여 대여금 회수금액을 계산하면 아래와 같다.

차 변			대 변		
현금 유입	② **70,000**		장기대여금	170,000	감소
단기대여금	100,000	증가			
합 계	③ 170,000		합 계	① **170,000**	

따라서 대여금의 증감으로 인한 현금유입액은 ₩70,000이 된다.

나. 이자 회수

비교 재무상태표 상 미수이자가 ₩127,300 감소하였고 포괄손익계산서의 이자수익은 ₩14,200이다. 이러한 정보를 이용하여 대여금 회수금액을 계산하면 아래와 같다.

차 변			대 변		
현금 유입	② **141,500**		미수이자	127,300	감소
			이자수익	14,200	발생
합 계	③ 141,500		합 계	① **141,500**	

이자 회수로 인한 현금유입액은 ₩141,500이 된다.

다. 기계장치 처분과 미수금 회수 현금 유입

비교 재무상태표에서 기계장치는 ₩200,000 감소하였고 감가상각누계액은 ₩10,000 증가하였다. 그리고 미수금은 ₩100,000 감소하였다. 포괄손익계산서 상 감가상각비 ₩24,000과 유형자산처분손실 ₩6,000이 발생하였다. 추가정보에서 기계장치의 취득이 없으므로 관련 자료는 기계장치 처분 및 미수금 회수와 관련된다. 이러한 정보를 이용하여 현금유입을 계산하면 아래와 같다.

차 변			대 변		
현금 유입	② **280,000**		기계장치	200,000	감소
감가상각비	24,000	발생	감가상각누계액	10,000	증가
유형자산처분손실	6,000	발생	미수금	100,000	감소
합 계	③ 310,000		합 계	① **310,000**	

따라서 기계장치 처분과 미수금 회수로 인한 현금유입액은 ₩280,000이 된다.

라. 비현금거래

금융자산(FVPL)의 ₩100,000의 증가는 포괄손익계산서 금융자산평가이익(FVPL)과 일치하고, 추가정보에 별다른 언급이 없으므로 평가이익에 의한 증가이다. 당기에 건물이 ₩150,000 증가하였으나 추가정보에서 주식발행에 의한 취득이므로 현금을 수반하지 않는 투자활동이다.

대여금 회수, 이자수입, 기계장치 처분과 미수금 회수로 인한 투자활동 현금 유입을 현금흐름표 양식에 따라 정리하면 <표 13-14>와 같다.

표 13-14 | 투자활동 현금흐름

투자활동 현금흐름		
투자활동 현금 유입		
대여금 회수	₩70,000	
이자수입	141,500	
기계장치처분과 미수금 회수	280,000	₩491,500
투자활동 현금 유출		0
투자활동순현금흐름		₩491,500

3) 재무활동 현금흐름

재무활동 현금흐름은 영업활동 현금흐름의 직접법과 같이 현금유입과 현금유출을 항목별로 계산하여 재무활동순현금흐름을 표시한다. 항목별로 재무활동 현금유입과 재무활동 현금유출을 계산하고 이를 합하여 재무활동순현금흐름을 표시한다.

가. 미지급금 지급

미지급금(유형자산 취득) 지급은 재무활동 현금유출이다. 재무상태표의 대변은 영업활동과 재무활동으로 구성된다는 것을 기억하자. 비교 재무상태표에서 미지급금은 ₩100,000이 감소하였다. 따라서 미지급금 지급으로 인한 현금 유출은 ₩100,000이다.

차 변			대 변		
미지급금	100,000	감소	**현금 유출**	② **100,000**	
합 계	① 100,000		합 계	③ **100,000**	

나. 이자 지급

추가정보에서 이자비용은 사채와 관련된 것이다. 사채가 할인발행되었으므로 이자 지급시 사채할인발행차금이 감소하여 현금 지급이자는 이자비용보다 작게 된다. 비교 재무상태표의 사채할인발행차금은 ₩1,380 감소하고 포괄손익계산서상 이자비용은 ₩8,080이다. 이자 현금지급액을 계산하면 ₩6,700이다.

차 변			대 변		
이자비용	8,080	발생	**현금 유출**	② **6,700**	
			사채할인발행차금	1,380	감소
합 계	① 8,080		합 계	③ **8,080**	

다. 배당 지급

추가정보에서 당기에 현금배당 ₩100,000을 지급된 것을 알 수 있다. 따라서 현금배당 ₩100,000은 쉽게 구할 수 있다. 비교 재무상태표에서 이익잉여금은 ₩201,120 증가하는 것으로 나타나 있다. 포괄손익계산서 당기순이익 ₩301,120은 이익잉여금으로 대체되므로 아래와 같이 현금배당액 ₩100,000을 계산할 수도 있다.

차 변			대 변		
당기순이익	301,120	발생	**현금 유출**	② **100,000**	
			이익잉여금	201,120	
합 계	① 301,120		합 계	③ **301,120**	

미지급금 지급, 이자 지급 및 배당 지급으로 인한 재무활동 유출을 현금흐름표 양식에 따라 정리하면 <표 13-15>와 같다.

표 13-15 | 재무활동 현금흐름

재무활동 현금흐름		
재무활동 현금 유입		₩0
재무활동 현금 유출		
미지급금 지급	₩100,000	
이자 지급	6,700	
배당 지급	100,000	206,700
재무활동 현금 유출		0
재무활동순현금흐름		(₩206,700)

4) 현금흐름표 작성

지금까지 작성한 영업활동 현금흐름(직접법), 투자활동 현금흐름 및 재무활동 현금흐름을 종합하여 현금흐름표를 작성하면 <표 13-16>과 같다.

표 13-16 | 직접법에 의한 현금흐름표

현금흐름표

20×1년 1월 1일부터 20×1년 1월 31일까지

㈜ 한국 (단위: 원)

영업활동 현금흐름(직접법)			〈표 13-11〉
고객으로부터의 유입된 현금	₩700,000		
공급자와 종업원에 대한 현금 유출	(649,000)		
영업으로부터 창출된 현금	51,000		
법인세의 납부	(35,000)		
영업활동순현금흐름		₩16,000	
투자활동 현금흐름			〈표 13-14〉
투자활동 현금 유입			
대여금 회수	70,000		
이자수입	141,500		
기계장치처분과 미수금 회수	280,000	491,500	
투자활동 현금 유출		0	
투자활동순현금흐름		₩491,500	
재무활동 현금흐름			〈표 13-15〉
재무활동 현금 유입		0	
재무활동 현금 유출			
미지급금 지급	100,000		
이자 지급	6,700		
배당 지급	100,000	206,700	
재무활동 현금 유출		0	
재무활동순현금흐름		(₩206,700)	
현금및현금성자산의 순증가		**₩300,800**	
기초 현금및현금성자산		350,000	
기말 현금및현금성자산		₩650,800	

* 보통주식 발행을 통한 건물구입(비현금성 투자·재무활동 - 주석 공시) : ₩150,000

현금흐름표에서 현금및현금성자산 순증가 ₩300,800에 기초 현금및현금성자산 ₩350,000을 가산하면 기말 현금및현금성자산이 ₩650,800이 된다. 이 금액들은 비교 재무상태표를 통하여 확인할 수 있다. 같은 방법으로 간접법에 의한 현금흐름표를 작성하면 <표 13-17>과 같다.

표 13-17 | 간접법에 의한 현금흐름표

현금흐름표

20×1년 1월 1일부터 20×1년 1월 31일까지

㈜ 한국 (단위: 원)

영업활동 현금흐름(간접법)			〈표 13-13〉
당기순이익		₩341,120	
가산 : 현금 유출이 없는 비용			
감가상각비	₩24,000		
유형자산처분손	6,000		
이자비용	8,070	38,080	
차감 : 현금 유입이 없는 수익			
이자수익	14,200		
금융자산평가이익	100,000	(114,200)	
영업관련 자산·부채의 조정			
가산 :			
대손충당금	30,000		
매입채무	100,000	130,000	
차감 :			
매출채권	145,000		
상　　품	199,000	(344,000)	
영업에서 창출된 현금		51,000	
법인세의 납부		(35,000)	
영업활동순현금흐름		₩16,000	
투자활동 현금흐름			〈표 13-14〉
투자활동 현금 유입			
대여금 회수	70,000		
이자수입	141,500		
기계장치처분과 미수금 회수	280,000	491,500	
투자활동 현금 유출		0	
투자활동순현금흐름		₩491,500	
재무활동 현금흐름			〈표 13-15〉
재무활동 현금 유입		0	
재무활동 현금 유출			
미지급금 지급	100,000		
이자 지급	6,700		
배당 지급	100,000	206,700	
재무활동 현금 유출		0	
재무활동순현금흐름		(₩206,700)	
현금및현금성자산의 순증가		**₩300,800**	
기초 현금및현금성자산		350,000	
기말 현금및현금성자산		₩650,800	

* 보통주식 발행을 통한 건물구입(비현금성 투자·재무활동 – 주석 공시) : ₩150,000

두 현금흐름표를 비교하면 영업활동 현금흐름은 직접법과 간접법으로 작성할 수 있으나, 투자활동과 재무활동 현금흐름은 영업활동 현금흐름의 작성방법과 관계없이 동일하다.

예제 13-2

다음은 ㈜한국의 20×2년도 현금흐름표 작성을 위한 자료들이다. 이를 이용하여 직접법과 간접법에 의한 현금흐름표를 작성하라.

재무상태표

(주)한국 20×2.12.31.

과 목	20×2말	20×1말	증(감)
현 금	₩98,000	₩45,000	₩53,000
매출채권	69,500	68,000	1,500
대손충당금	(1,200)	(1,000)	(200)
상 품	52,000	56,000	(4,000)
선급비용	6,000	8,000	(2,000)
건 물	178,000	165,000	13,000
감가상각누계액	(35,300)	(34,000)	(1,300)
	₩367,000	**₩307,000**	**₩60,000**
매입채무	**57,000**	**54,000**	3,000
단기차입금	20,000	25,000	(5,000)
미지급비용	10,000	7,000	3,000
미지급법인세	3,000	0	3,000
사 채	40,000	0	40,000
사채할인발행차금	(4,000)	0	(4,000)
자 본 금	160,000	160,000	0
이익잉여금	**81,000**	**61,000**	20,000
	₩367,000	**₩307,000**	**₩60,000**

포괄손익계산서

20×2.1.1 ~ 20×2.12.31

(주)한국

매 출 액		₩342,000
매출원가		
기초재고액	₩56,000	
당기매입액	220,000	
기말재고액	52,000	224,000
매출총이익		118,000
이자수익	5,000	5,000
급 여	26,000	
감가상각비	4,800	
대손상각비	700	
판 매 비	47,500	
이자비용	11,000	
유형자산처분손실	2,000	92,000
법인세비용차감전순이익		31,000
법인세비용		3,000
당기순이익		₩28,000

<추가자료>

1. 취득원가 ₩12,000(장부가액 ₩8,500)의 건물을 ₩6,500에 처분하였으며, 그 이외의 처분거래는 없다.
2. 기중에 단기차입금 ₩10,000을 차입하였다.
3. 액면 ₩40,000의 사채를 ₩35,000에 할인발행하였다.
4. 당기 배당금 지급액은 ₩8,000이다.
5. 미지급비용과 선급비용은 판매관리비와 관련되며, 이자수익과 이자비용은 영업활동으로 분류한다.

▶▶ 요구사항

1. ㈜한국의 현금흐름표를 직접법으로 작성하라.
2. ㈜한국의 현금흐름표를 간접법으로 작성하라.

해답

1. 직접법 현금흐름표

현금흐름표

20×2.1.1 ~ 20×2.12.31

(주)한국

영업활동 현금흐름		₩49,500
매출로부터의 유입액 ①	₩340,000	
매입으로 인한 유출액 ②	(217,000)	
종업원 및 판매비 유출액 ③	(68,500)	
영업활동에서 창출된 현금	54,500	
이자수익 유입액 ④	5,000	
이자비용 유출액 ⑤	(10,000)	
법인세 지출액 ⑥	0	
투자활동 현금흐름		(18,500)
건물의 처분 ⑦	6,500	
건물의 취득 ⑦	(25,000)	
재무활동 현금흐름		22,000
사채의 발행 ⑧	35,000	
단기차입금의 차입⑨	10,000	
단기차입금의 상환⑨	(15,000)	
배당금의 지급 ⑩	(8,000)	
현금의 증가		₩53,000
기초의 현금		45,000
기말의 현금		₩98,000

[해설] 1. 현금흐름표(직접법)

(1) 영업활동 현금흐름

① 매출활동으로부터의 현금유입액 : ₩340,000

차 변			대 변		
현금 유입	② **340,000**		대손충당금	200	증가
매출채권	1,500	증가	매 출	342,000	발생
대손상각비	700	발생			
합 계	③ 342,200		합 계	① **342,200**	

② 매입활동으로 인한 현금유출액 : ₩217,000

차 변			대 변		
매출원가	224,000	발생	**현금 유출**	② **217,000**	증가
			매입채무	3,000	증가
			상 품	4,000	감소
합 계	① **224,000**		합 계	③ **224,000**	

③ 종업원 및 판매비 유출액 : ₩68,500

차 변			대 변		
급 여	26,000	발생	**현금 유출**	② **68,500**	증가
판매비	47,500	발생	미지급비용	3,000	증가
			선급비용	2,000	감소
합 계	① **73,500**		합 계	③ **73,500**	

④ 이자수익 유입액 : ₩5,000

차 변			대 변		
현금 유입	② **5,000**		이자수익	5,000	발생
합 계	③ **5,000**		합 계	① **5,000**	

⑤ 이자비용 유출액 : ₩10,000

차 변			대 변		
이자비용	11,000	발생	**현금 유출**	② **10,000**	
			사채할인발행차금*	1,000	감소
합 계	③ **11,000**		합 계	① **11,000**	

* 기중에 사채를 발행한 경우 이자비용은 발행당시 사채할인발행차금과 기말 사채할인발행차금의 차이를 이용하여 증감을 구해야 한다.

⑥ 법인세 유출액 : ₩0

차 변			대 변		
법인세비용	3,000	발생	미지급법인세	3,000	증가
합 계	③ **3,000**		합 계	① **3,000**	

(2) 투자활동 현금흐름 계산

⑦ 건물의 취득과 처분으로 인한 순현금유출 : ₩18,500

차 변			대 변		
현금 유입*	*** 6,500**		**현금 유출**	② **25,000**	
감가상각비	4,800	발생	감가상각누계액	1,300	증가
건 물	13,000	증가			
유형자산처분손실	2,000				
합 계	③ 26,300		합 계	① **26,300**	

* 추가자료 1 - 취득원가 ₩12,000(장부가액 ₩8,500)의 건물을 ₩6,500에 처분하였으며, 그 이외의 처분거래는 없다.

(3) 재무활동 현금흐름 계산

⑧ 사채의 발행으로 인한 현금유입 : ₩35,000

차 변			대 변		
현금 유입*	② **35,000**		사 채	40,000	증가
사채할인발행차금	5,000				
합 계	③ 40,000		합 계	① **40,000**	

* 추가자료 4 - 액면 ₩40,000의 사채를 ₩35,000에 할인발행하였다.

⑨ 단기차입금 차입과 상환 : 차입 ₩10,000, 상환 (₩15,000)

차 변			대 변		
현금 유입*	**10,000**		**현금 유출**	② **15,000**	증가
단기차입금	5,000	감소			
합 계	③ 15,000		합 계	① **15,000**	

* 추가자료 3 - 기중에 단기차입금 ₩10,000을 차입하였다.

⑩ 배당금 지급 : ₩8,000

차 변			대 변		
당기순이익	28,000	대체	**현금 유출**	② **8,000**	
			이익잉여금	20,000	증가
합 계	③ **28,000**		합 계	① **28,000**	

* 추가자료 5 - 당기 배당금 지급액은 ₩8,000이다.

2. 간접법 현금흐름표

현금흐름표

20×2.1.1～20×2.12.31

㈜한국

영업활동 현금흐름		₩49,500
법인세비용차감전순이익	₩31,000	
가감 조정 :		
① 감가상각비	4,800	
② 대손상각비	200	
③ 이자비용	11,000	
④ 이자수익	(5,000)	
⑤ 유형자산처분손실	2,000	
⑥ 재고자산의 감소	4,000	
⑦ 선급비용의 감소	2,000	
⑧ 매입채무의 증가	3,000	
⑨ 미지급비용의 증가	3,000	
⑩ 매출채권의 증가	(1,500)	
영업활동에서 창출된 현금	54,500	
이자수익 유입액	5,000	
이자비용 유출액	(10,000)	
법인세 지출액	0	
투자활동 현금흐름		(18,500)
직접법과 동일		
재무활동 현금흐름		22,000
직접법과 동일		
현금의 증가		₩53,000
기초의 현금		45,000
기말의 현금		₩98,000

[해설]

1. 현금흐름을 수반하지 않는 수익과 비용의 조정

   ①번부터 ⑤번까지는 영업활동과 관련된 이익을 구하기 위하여 비용을 가산하고 수익을 차감한 것이다.

2. 자산과 부채의 조정

   ⑥번부터 ⑩번까지는 발생주의 회계를 현금주의 회계로 조정하기 위해 자산과 부채를 조정한 것이다.

제 4 절 기업가치 평가시 현금흐름 이용

투자자와 채권자는 발생주의 회계에 기초를 둔 재무제표 분석과 함께 현금주의 회계에 기초한 비율분석도 많이 사용한다.

1. 잉여현금흐름

현금흐름표상의 영업활동 현금흐름은 현금창출능력의 기준으로 평가된다. 하지만 현재 영업수준을 유지하기 위해 유형자산에 얼마나 투자를 해야 하는지와 투자자들에게 얼마나 배당을 해야 하는지는 고려된 것이 아니다. 따라서 비유동자산에 대한 신규투자와 배당을 고려한 후의 현금흐름을 의사결정에 사용하여야 올바른 투자의사 결정을 할 수 있다. 영업활동 현금흐름에 신규투자와 배당을 고려한 새로운 현금흐름을 측정할 수 있는데 이를 '잉여현금흐름'이라고 한다. 잉여현금흐름의 측정은 영업활동 현금흐름이 갖고 있는 현금창출능력에 투자와 배당을 고려하므로 투자의사결정에 더 유용할 수 있다. 결국 잉여현금흐름은 자본적 지출과 배당금을 조정한 후의 영업활동으로부터 창출된 현금이라고 할 수 있다.

간단한 사례를 통하여 잉여현금흐름을 계산해 보기로 한다. 한국㈜는 올 한 해 동안 10,000대의 개인컴퓨터를 생산하여 판매하였고, 이로 인해 영업활동으로 인한 현금 ₩1,000,000이 유입되었다고 가정하자. 컴퓨터 10,000대 생산을 유지하기 위해서 한국㈜는 기계장치에 ₩450,000을 투자하였고, 배당으로 ₩15,000을 지급하기로 결정했다. 잉여현금흐름은 영업활동 현금흐름에서 투자금액과 배당을 차감한 ₩535,000(₩1,000,000 - ₩450,000 - ₩15,000)이다. 이 잉여현금흐름 ₩535,000을 사업을 확장하기 위해 새로운 자산을 구입하거나 배당금으로 지급하고 계속해서 10,000대의 컴퓨터를 생산하는 데 사용할 수 있다. 실제로 잉여현금흐름은 다양하게 정의되기도 하지만, 다음의 공식에 의해 계산된다.

잉여현금흐름 = 영업활동 현금흐름 − 자본적 지출 − 현금배당 다음은 20×3년 한국전자㈜의 현금흐름표에서 발췌한 일부 기본정보를 나타낸다.

부분 현금흐름표

20×3년 1월 1일부터 20×3년 12월 31일까지

한국전자㈜ (단위 : 원)

영업활동 현금흐름		₩1,680,000
투자활동 현금흐름		
유형자산 구입	₩ (220,000)	
투자자산 구입	(7,240,000)	
투자자산 매각	5,820,000	
기업 인수	(40,000)	
투자자산 만기	345,000	
투자활동에 의해 사용된 현금		(1,335,000)
배당금으로 지급된 현금		(230,000)

앞의 잉여현금흐름 산출공식에 따라 한국전자㈜의 잉여현금흐름은 다음과 같이 계산된다.

- 한국전자㈜의 잉여현금흐름 계산

영업활동 현금흐름	₩1,680,000
차감 : 유형자산 지출	(220,000)
배당금 지급	(230,000)
잉여현금흐름	1,230,000

회계연도에 창출된 현금으로 새로운 자산을 취득하고 주식이나 채권의 회수, 배당금 지급에 이용될 수 있다. 또한 이 금액은 한국전자㈜의 20×3년도 당기순이익과는 다른 금액이다. 잉여현금흐름은 잠재적인 미래 수행능력의 지표로서 이익에 추가적인 신용을 제공하는 역할을 한다.

요 약

1. 현금흐름표의 유용성

현금흐름표는 회계기간 동안 회사의 영업, 투자, 재무활동으로 인한 현금의 순변동과 현금 유입, 지출에 대한 정보를 제공한다.

2. 영업활동, 투자활동, 재무활동

영업활동은 당기순이익 결정에 포함되어 있는 현금흐름을 의미한다. 투자활동은 장기성 자산과 투자자산의 변동으로 인한 현금흐름을 의미한다. 재무활동은 장기성 부채와 자본 항목의 변동으로 인한 현금흐름을 의미한다.

3. 간접법을 이용하여 현금흐름표 작성

간접법을 이용한 현금흐름표 작성은 3단계를 거친다.

(1) 발생주의 회계의 당기순이익을 현금주의 회계로 조정하여 영업활동 현금흐름을 구한다. 당기순이익에 현금을 수반하지 않은 비용을 가산하고 수익은 차감하며, 투자활동과 재무활동과 관련된 수익과 비용을 가감하고 유동자산과 유동부채의 증감을 반영하여 계산한다.

(2) 비유동자산과 비유동부채 계정의 변동, 재무활동과 투자활동의 기록과 비현금성 거래의 공시를 분석하여 투자활동과 재무활동 현금흐름을 계산한다.

(3) 금액 일치를 확인하기 위해 재무상태표에 보고된 현금계정의 변동과 현금흐름표의 현금의 순변동을 비교한다.

4. 현금흐름표를 분석

잉여현금흐름은 추가적인 배당금 지급이나 사업 확장에 이용 가능한 당해 회계연도에 발생한 현금액을 나타낸다.

5. 직접법 사용을 통한 현금흐름표 작성

직접법을 사용한 현금흐름표 작성은 3단계를 거친다.

(1) 발생주의 회계에서 현금주의 회계로 전환하기 위하여 포괄손익계산서의 항목을 순서대로 조정하여 영업활동 현금흐름을 계산한다.

(2) 비유동자산과 비유동부채 계정의 변동, 재무활동과 투자활동의 기록과 비현금성 거래의 공시를 분석하여 투자활동과 재무활동 현금흐름을 계산한다.

(3) 금액 일치를 확인하기 위해 재무상태표에 보고된 현금계정의 변동과 현금흐름표의 현금의 순변동을 비교한다. 직접법은 영업활동으로 인한 순현금을 계산하기 위해 현금유입에서 현금유출을 차감하여 보고한다.

용어정리

간접법	당기순이익과 영업현금흐름의 차이를 가져오는 항목들을 당기순이익에 가감조정하여 영업활동으로 인한 현금흐름을 계산하여 보고하는 방법
영업활동 현금흐름	상품의 매매와 같이 영업활동으로 인한 당기순이익에 영향을 미치는 거래에서 발생하는 현금의 유입과 유출
잉여현금흐름	자본적 지출과 배당금 지급을 조정한 후의 영업활동으로 인한 현금흐름
재무활동 현금흐름	차입금의 차입과 상환, 주식발행과 같이 기업의 부채와 자본에 영향을 미치는 거래에서 발생하는 현금의 유입과 유출
직접법	총현금유입과 총현금유출을 주요 항목별로 구분하여 영업활동으로 인한 현금흐름을 계산하여 보고하는 방법
투자활동 현금흐름	유형자산의 취득이나 처분과 같이 투자활동에 영향을 미치는 거래에서 발생하는 현금의 유입과 유출
현금흐름표	일정기간 동안 기업실체의 현금 유입과 유출에 관한 정보를 제공하는 재무제표

EXERCISES

연습문제

[문제 1] 현금흐름의 구분 〈난이도: 하〉

다음은 한국㈜의 20×2년 회계연도 동안 발생한 거래이다.

거 래	(1) 현금흐름의 구분	(2) 현금유입, 유출, 영향 없음
(1) 재고자산인 상품의 현금매입		
(2) 거래처에 현금 대여		
(3) 건물 구입에 따른 현금 지급		
(4) 주택담보대출의 원금 상환		
(5) 보통주 발행으로 유상증자		
(6) 장기투자자산으로써 주식 구입		
(7) 주주에게 배당금 지급		
(8) 신용매출로 재고자산 매각. 계속기록법을 사용		
(9) 외상으로 재고자산 구입		
(10) 직원급여 지급		

〈요구사항〉

각 항목을 (1) 영업활동(O), 투자활동(I), 재무활동(F), 별도 부속명세서에 표기하는 비현금성 거래(NC)로 표기하고 (2) 현금유입, 유출, 현금에 영향 없음을 표시하여 표를 완성하라. 간접법을 이용하는 것으로 가정한다.

[문제 2] 영업활동 현금흐름 – 직접법(1) 〈난이도: 중〉

<사례 1>

경기㈜의 20×1년 매출채권 기초 잔액은 ₩1,000,000이고 기말 잔액은 ₩1,350,000이다. 당해 연도 매출액은 ₩6,351,000이다. 기초 대손충당금은 ₩25,000이고, 기말 대손충당금은 30,000이다. 포괄손익계산서상 대손상각비는 ₩6,000이다.

<사례 2>

강남㈜는 20×2년에 감가상각비 ₩22,500을 제외한 영업비용 ₩120,000을 보고했다. 회계기간 동안 선급비용은 ₩12,000 감소했고 미지급비용은 ₩6,600 증가했다.

<사례 3>

한국㈜는 20×1년 12월 31일에 미지급법인세 ₩415,500을 보고하였고, 20×2년 12월 31일에는 미지급법인세 ₩783,000을 보고하였다. 그리고 20×2년 포괄손익계산서에 ₩510,000의 법인세비용을 보고하였다.

〈요구사항〉

1. 〈사례 1〉의 자료를 이용하여 20×1년도 고객으로부터 현금유입액을 계산하라.
2. 〈사례 2〉의 자료를 이용하여 20×2년도에 영업비용으로 인한 현금유출액을 계산하라.
3. 〈사례 3〉의 자료를 이용하여 20×2년도에 법인세비용으로 인한 현금유출액을 계산하라.

[문제 3] 영업활동 현금흐름 – 직접법(2) 〈난이도 : 중〉

한국㈜의 20×9년도 포괄손익계산서에 의하면 매출원가는 ₩976,350이고, 감가상각비 ₩234,300을 제외한 영업비용이 ₩2,105,000이다. 다음은 당해 연도 비교 재무상태표에 나타난 일부의 정보이다.

• 재고자산 ₩1,000 감소	• 선급비용 ₩60,000 증가
• 미지급비용 ₩30,000 감소	• 매입채무(상품공급자에 대한 것) ₩20,000 감소

〈요구사항〉

1. 위 자료를 이용하여 20×9년도 공급자에 대한 현금유출액을 계산하라.
2. 위 자료를 이용하여 20×9년도 영업비용으로 인한 현금유출액을 계산하라.

[문제 4] 영업활동 현금흐름 – 직접법(3) 〈난이도 : 상〉

경기㈜의 포괄손익계산서는 다음 정보를 포함하고 있다.

포괄손익계산서

20×2년 1월 1일부터 20×2년 12월 31일까지

경기㈜ (단위 : 원)

매 출		₩1,455,000
감가상각비 제외한 영업비용	₩450,000	
매출원가	486,000	
감가상각비	90,000	
기계장치처분손실	24,000	(1,050,000)
법인세차감전 순이익		405,000
법인세비용		(60,000)
당기순이익		₩345,000

경기㈜의 비교 재무상태표는 다음과 같다.

	20×2	20×1
매출채권	₩112,500	₩90,000
재고자산	20,000	10,000
매입채무	61,500	42,000
미지급법인세	16,500	10,500

〈요구사항〉

직접법을 이용하여 현금흐름표상 영업활동으로 인한 순현금흐름을 계산하라.

[문제 5] 영업활동 현금흐름 – 간접법(1) 〈난이도 : 중〉

한국㈜의 20×1년, 20×2년 유동부문을 나타내는 부분 재무상태표이다. 한국㈜의 20×2년도 당기순이익은 ₩229,500이고 감가상각비는 ₩36,000이다.

	20×2	20×1
유동자산		
현　　금	₩157,500	₩148,500
매출채권	165,000	133,500
재고자산	237,000	258,000
선급비용	40,500	33,000
유동자산(계)	₩600,000	₩573,000
유동부채		
미지급비용	₩22,000	₩15,000
매입채무	127,000	276,000
유동부채(계)	₩149,000	₩291,000

〈요구사항〉

간접법을 이용하여 20×2년 현금흐름표상 영업활동으로 인한 순현금흐름을 계산하라.

[문제 6] 영업활동 현금흐름 – 간접법(2) 〈난이도 : 중〉

한국㈜의 포괄손익계산서이다.

포괄손익계산서

20×2년 1월 1일부터 20×2년 12월 31일까지

한국㈜ (단위 : 원)

매　출		₩2,025,000
매출원가		
기초재고	₩667,500	
당기매입	1,286,250	
판매가능재고	1,953,750	
기말재고	(720,000)	(1,233,750)
매출총이익		791,250
영업비용		
판매비	157,500	
관리비	196,875	
감가상각비	39,375	
무형자산상각비	7,500	(401,250)
당기순이익		₩390,000

〈추가정보〉

(1) 회계기간 동안 매출채권은 ₩195,000 감소했고, 재고자산은 ₩52,500 증가했다.

(2) 선급비용은 ₩65,625 증가했다.

(3) 회계기간 동안 공급자에 대한 매입채무는 ₩18,750 증가했다.

(4) 회계기간 동안 미지급비용은 ₩61,875 증가했다.

〈요구사항〉

간접법을 이용하여 20×2년 현금흐름표상 영업활동으로 인한 순현금흐름을 계산하라.

[문제 7] **투자활동 현금흐름(1)** 〈난이도: 중〉

20×1년 말에 한국㈜는 사용하던 기계장치를 매각처분하고 새로운 기계장치를 구입하였다. 처분 및 구입에 관한 자료는 다음과 같다.

처분한 기계장치의 취득원가	₩4,000,000
처분 당시 기계장치의 감가상각누계액	2,000,000
처분한 기계장치의 처분대금 수취액	1,400,000
새로운 기계장치의 취득원가	5,000,000
새로운 기계장치의 취득대가 지급액	3,000,000
새로운 기계장치의 취득대가 미지급액 (3개월 만기 어음을 발행)	2,000,000

〈요구사항〉

1. 기계장치의 처분과 구입에 대한 회계처리를 하라.
2. 다른 투자활동 거래가 없었다고 가정하고, 한국㈜의 투자활동 순현금흐름을 계산하라.

[문제 8] **투자활동 현금흐름(2)** 〈난이도: 상〉

다음은 20×1년도 한국㈜의 현금흐름표를 작성하기 위한 자료의 일부이다.

과 목	20×0년 말	20×1년 말
건 물	₩410,000	₩540,000
감가상각누계액	(220,000)	(190,000)
개 발 비	180,000	200,000

(1) 취득원가 ₩100,000(장부금액 ₩40,000)의 건물을 당기 중에 ₩60,000에 처분하였다.

(2) 개발비의 당기 상각액은 ₩40,000이다.

〈요구사항〉

20×1년도 한국㈜의 현금흐름표에 표시될 투자활동 순현금흐름을 계산하라.

[문제 9] 재무활동 현금흐름(1) 〈난이도 : 중〉

다음은 20×1년 중에 일어난 한국㈜의 재무활동에 관한 거래이다.

유상증자에 의한 현금납입	₩6,000,000
유상증자 신주의 액면금액	4,000,000
자기주식의 취득대가 지급	900,000
사채의 조기상환에 따른 지급(1월1일 상환으로 이자발생은 없다.)	4,900,000
상환 당시 사채의 장부금액(사채는 액면 발행되었다.)	5,000,000

〈요구사항〉

1. 유상증자 및 자기주식 취득에 대한 회계처리를 하라.
2. 사채의 상환에 대한 회계처리를 하라.
3. 한국㈜의 재무활동 순현금흐름을 계산하라.

[문제 10] 재무활동 현금흐름(2) 〈난이도 : 상〉

다음은 20×2년도 한국㈜의 현금흐름표를 작성하기 위한 자료의 일부이다.

과 목	20×1년 말	20×2년 말
단기차입금	₩300,000	₩350,000
자본금	3,000,000	3,500,000
자본잉여금	400,000	500,000
이익잉여금	420,000	450,000

(1) 당기 중 단기차입금 ₩190,000 차입거래가 발생하였다.

(2) 당기 중 액면총액 ₩500,000의 보통주를 ₩600,000에 유상증자하였다.

(3) 당기순이익은 ₩180,000이다.

〈요구사항〉

20×2년도 한국㈜의 현금흐름표에 표시될 재무활동 순현금흐름을 계산하라.

[문제 11] 현금흐름표의 작성(1) 〈난이도 : 상〉

다음은 20×2년도 강원㈜의 재무제표이다.

비교 재무상태표

20×2년 12월 31일 현재

강원㈜ (단위 : 원)

	20×2	20×1
자 산		
현 금	₩70,000	₩40,000
매출채권	66,000	28,000
재고자산	54,000	40,000
유형자산	120,000	156,000
감가상각누계액	(58,000)	(48,000)
자산총계	₩252,000	₩216,000
부채와 자본		
매입채무	₩58,000	₩30,000
미지급법인세	14,000	16,000
사 채	54,000	66,000
자본금	36,000	28,000
이익잉여금	90,000	76,000
부채와자본총계	₩252,000	₩216,000

포괄손익계산서

20×2년 1월 1일부터 20×2년 12월 31일까지

강원㈜ (단위 : 원)

매 출		₩484,000
매출원가		(350,000)
매출총이익		134,000
판매비	₩36,000	
관리비	12,000	(48,000)
영업이익		86,000
이자비용		(6,000)
법인세차감전 이익		₩80,000
법인세비용		(16,000)
당기순이익		₩64,000

〈추가정보〉

(1) 배당금 ₩50,000을 현금 지급하였다.

(2) 회계연도 중 기계장치를 ₩17,000에 처분하였다. 취득원가가 ₩36,000이고 장부금액이 ₩17,000이다.

(3) 판매비에 감가상각비 ₩29,000이 포함되어 있다.

(4) 모든 매출과 매입은 외상으로 이루어진다.

〈요구사항〉

1. 간접법으로 20×2년도 강원㈜의 현금흐름표를 작성하라.
2. 20×2년도 강원㈜의 잉여현금흐름을 계산하라.

[문제 12] **현금흐름표의 작성(2)** 〈난이도 : 상〉

다음은 20×2년도 한국㈜의 재무정보이다.

비교 재무상태표

20×2년 12월 31일 현재

한국㈜ (단위 : 원)

	20×2	20×1
자 산		
현 금	₩180,000	₩96,800
매출채권	188,000	66,000
재고자산	225,000	205,700
선급비용	56,000	52,000
투자자산	276,000	228,000
유형자산	540,000	485,000
감가상각누계액	(100,000)	(104,000)
자산총계	₩1,365,000	₩1,029,500
부채와 자본		
매입채무	₩224,000	₩134,600
미지급비용	33,000	34,000
사 채	220,000	300,000
자본금	440,000	350,000
이익잉여금	448,000	210,900
부채와자본총계	₩1,365,000	₩1,029,500

포괄손익계산서

20×2년 1월 1일부터 20×2년 12월 31일까지

한국㈜ (단위 : 원)

매출		₩785,560
차감 :		
매출원가	₩270,920	
감가상각비 제외한 영업비용	24,820	
감가상각비	93,000	
이자비용	9,460	
유형자산처분손실	15,000	(413,200)
법인세차감전순이익		372,360
법인세비용		(54,560)
당기순이익		₩317,800

〈추가정보〉

(1) 회계기간 중 새로운 유형자산을 ₩170,000에 현금 취득했다.

(2) 취득원가가 ₩57,500인 유형자산을 ₩3,000에 현금 처분하였다.

(3) 사채를 액면금액으로 만기 상환했다. 이자비용은 영업활동으로 분류한다.

(4) 회계기간 동안 현금배당 ₩80,700을 지급했다.

〈요구사항〉

1. 간접법을 이용하여 20×2년도 한국㈜의 현금흐름표를 작성하라. 단, 이자지급과 법인세의 납부는 영업에서 창출된 현금과 별도로 구분 표시하라.
2. 직접법을 이용하여 20×2년도 한국㈜의 현금흐름표를 작성하라.

14 재무제표 분석

학습목표

재무제표는 회사의 재무구조나 영업활동에 관한 다양한 정보를 포함하고 있다. 정보이용자들이 이러한 재무제표를 이용하여 올바른 투자의사결정을 내리기 위해서는 회계정보를 다각적으로 분석할 필요가 있다. 이번 장에서는 재무제표를 분석하기 위한 방법을 소개하고 이를 바탕으로 한 의사결정에 대해 학습할 것이다.

본 장에서 학습할 주요 내용을 요약하면 다음과 같다.

재무제표 분석 : 수평적 분석, 수직적 분석, 유동성, 수익성, 지급능력

➢ 재무제표 분석의 기본
- 비교분석의 필요성
- 분석방법

➢ 수평적 분석
- 재무상태표
- 포괄손익계산서
- 이익잉여금처분계산서

➢ 수직적 분석
- 재무상태표
- 포괄손익계산서

➢ 비율분석
- 유동성 비율
- 수익성 비율
- 지급능력 비율

제 1 절 재무제표 분석의 기본

재무제표 분석은 회사의 유동성, 수익성 그리고 지급능력을 평가하는 것과 관련된다. 예를 들어, 단기채권을 보유한 은행은 기한이 도래했을 때 회사가 지급의무를 이행할 수 있는 능력이 있는지에 관심이 있다. 이러한 단기 지급능력을 평가하는 데는 유동성이 중요한 지표가 된다. 반면에 장기채권을 보유한 채권자에게는 회사의 장기적인 존속가능성을 나타내는 수익성과 지급능력이 중요하다. 따라서 채권자들은 회사의 자본구조에서 부채가 차지하는 비중과 이자지급능력과 같은 지표를 고려하여야 한다. 이와 유사하게 주주들은 회사의 수익성과 지급능력을 살피기 위해서 주식의 성장 잠재력과 배당 가능성을 평가하길 원한다. 이런 각각의 이해관계자들은 그들의 목적에 따라서 관심을 가지는 지표가 다를 것이므로 재무제표에 대한 다각적인 분석이 필요하다.

1. 비교분석의 필요성

재무제표에 보고된 모든 항목은 의미를 가지고 있다. 예를 들어, 재무상태표에 현금 20억원을 보고한다면 정보이용자들은 회사가 현금을 보유하고 있다는 사실을 알게 된다. 그러나 전기에 비해 현금보유량이 증가 또는 감소했는지, 회사가 필요로 하는 현금을 충분히 보유했는지는 알 수 없다. 이러한 정보를 얻기 위해서는 아래와 같이 세 가지 방법을 사용할 수 있다.

(1) 기업 내 비교(기간 간 비교)

기업 내 비교는 회사의 당기 계정과목이나 재무적 관계를 전기 또는 그 이전 기간의 동일한 계정과목이나 재무적 관계들과 비교하는 것이다. 예를 들어, 당기의 현금을 전기의 현금과 비교하여 증감 여부를 파악할 수 있다. 마찬가지로 당기의 당좌비율을 전기 또는 그 이전 기간과 비교할 수 있다. 기업 내 비교는 재무적 관계의 변화나 중요한 추세의 변화를 탐지하는 데 유용하다.

(2) 기업 간 비교

기업 간 비교는 회사의 계정과목이나 재무비율을 하나 이상의 경쟁회사의 동일 계정과목이나 재무비율과 비교하는 것이다. 재무분석가들은 회사별로 공표한 재무제표에 기초해서 기업 간 비교를 수행하는데 회사의 연간 총매출액을 동일 산업에 속한 주요 경쟁기업의 매출과 비교할 수 있다. 기업 간 비교는 회사의 경쟁우위를 측정하는 데 유용하다.

(3) 산업평균 비교

이 방법은 회사의 계정과목이나 재무비율을 신용평가기관 등에서 공표하는 산업 평균값과 비교하는 것이다. 예를 들어, 회사의 당기순이익이 200억원인데 산업평균이 150억원이라면 회사의 당기성과는 다른 기업에 비해 양호하다고 볼 수 있다. 따라서 이러한 상대적인 비교는 기업의 성과 평가에 유용한 정보를 제공해 준다.

2. 분석방법

재무제표 자료의 중요성을 평가하기 위해 다양한 분석방법을 이용하는데, 주로 수평적 분석, 수직적 분석과 비율분석이 사용된다.

수평적 분석은 재무제표 항목의 기간별 변화의 크기와 방향을 파악하기 위해 기준연도의 수치와 비교연도의 수치를 상호 비교하는 것을 말한다. 수평적 분석은 기본적으로 기업 내 비교에서 사용된다. 재무제표의 두 가지 기능은 기업 내 비교를 용이하게 한다. 첫째, 각 기본재무제표는 최소한 2개 연도의 비교 재무정보를 포함한다. 둘째, 선택된 재무정보의 요약에서 5년에서 10년 또는 그 이상의 장기적인 정보가 제공된다.

수직적 분석은 재무제표를 구성하는 각 재무제표 항목의 상대적인 크기를 백분율로 표시하여 분석하는 것을 말하며, 기업 내 비교와 기업 간 비교에서 이용된다.

비율분석은 재무제표 항목 중 상호관계가 있는 항목들 간의 관계를 백분율이나 간단한 비례식으로 표현하는데 기업 내 비교, 기업 간 비교뿐만 아니라 산업평균과의 비교에서 이용 가능하다.

제 2 절 수평적 분석

수평적 분석은 재무제표 항목의 기간별 변화를 평가하는 기법으로 계정과목이나 재무비율의 증감을 금액이나 백분율로 나타낸다.

다음 <표 14-1>은 한국㈜의 20×1년과 20×2년의 2년간 비교 재무상태표를 이용한 수평적 분석을 나타낸 것이다.

표 14-1 | 한국㈜ 재무상태표(수평적 분석)

비교 재무상태표

제 2 기: 20×2년 12월 31일 현재
제 1 기: 20×1년 12월 31일 현재

한국㈜ (단위 : 백만원)

	20×2년	20×1년	20×2년의 증가(감소) 금액	20×2년의 증가(감소) 백분율
자 산				
Ⅰ. 유동자산	**₩292,000**	**₩346,100**	**₩(54,100)**	**(15.6%)**
(1) 당좌자산	270,000	326,600	(56,600)	(17.3%)
(2) 재고자산	22,000	19,500	2,500	12.8%
Ⅱ. 비유동자산	**2,345,900**	**2,073,900**	**272,000**	**13.1%**
(1) 투자자산	981,000	907,000	74,000	8.2%
(2) 유형자산	1,342,000	1,089,000	253,000	23.2%
(3) 무형자산	1,500	1,000	500	50.0%
(4) 기타비유동자산	21,400	76,900	(55,500)	(72.2%)
자산총계	₩2,637,900	₩2,420,000	₩217,900	9.0%
부 채				
Ⅰ. 유동부채	₩622,800	₩557,700	₩65,100	11.7%
Ⅱ. 비유동부채	306,000	365,000	(59,000)	(16.2%)
부채총계	₩928,800	₩922,700	6,100	0.7%
자 본				
Ⅰ. 자본금	₩100,000	₩100,000	-	-
Ⅱ. 자본잉여금	528,000	528,000	-	-
Ⅲ. 이익잉여금	1,081,100	869,300	211,800	24.4%
자본총계	₩1,709,100	₩1,497,300	₩211,800	14.1%
부채와자본총계	₩2,637,900	₩2,420,000	₩217,900	9.0%

20×1년을 기준연도로 하면 기준연도로부터 백분율의 증감을 계산할 수 있다.

$$기준연도\ 이후의\ 변화 = \frac{당기\ 금액 - 기준연도\ 금액}{기준연도\ 금액}$$

예를 들어, 한국㈜의 자산총계는 20×1년부터 20×2년까지 9.0% 증가한 것을 알 수 있다[(₩2,637,900－₩2,420,000)÷₩2,420,000].

다른 방법으로는 당기 자산총계를 기준연도의 자산총계로 나누어 기준연도의 백분율로 표현할 수 있다.

$$기준연도와\ 비교한\ 당기의\ 결과 = \frac{당기\ 금액}{기준연도\ 금액}$$

한국㈜의 비교 재무상태표는 20×1년부터 20×2년까지 회사의 재무구조에 다음과 같은 중요한 변화가 발생했다는 것을 나타낸다.

- 자산에서 유형자산의 비중이 253,000백만원 또는 23.2% 증가
- 부채에서 유동부채가 65,100백만원 또는 11.7% 증가
- 자본에서 이익잉여금이 211,800백만원 또는 24.4% 증가

비교 재무상태표를 통해 20×2년 한 해 동안 자산이 9.0% 증가하였고 자산 증가의 주된 원인은 부채의 변화보다는 이익잉여금의 증가에 기인한 것임을 알 수 있다.

다음 <표 14-2>는 한국㈜의 20×1년과 20×2년의 2개연도 비교 포괄손익계산서에 대한 수평적 분석을 나타낸 것이다.

표 14-2 | 한국㈜ 포괄손익계산서(수평적 분석)

비교 포괄손익계산서
제 2 기: 20×2년 1월 1일부터 12월 31일까지
제 1 기: 20×1년 1월 1일부터 12월 31일까지

한국㈜ (단위 : 백만원)

			20×2년의 증가(감소)	
	20×2년	20×1년	금액	백분율
Ⅰ. 매출액	₩838,700	₩804,000	₩34,700	4.3%
Ⅱ. 매출원가	213,500	200,500	13,000	6.5%
Ⅲ. 매출총이익	625,200	603,500	21,700	3.6%
Ⅳ. 판매비와관리비	430,000	434,700	(4,700)	(1.1%)
Ⅴ. 영업이익	195,200	168,800	26,400	15.6%
Ⅵ. 영업외수익	155,900	187,900	(32,000)	(17.0%)
Ⅶ. 영업외비용	52,700	79,100	(26,400)	(33.4%)
Ⅷ. 법인세비용차감전순이익	298,400	277,600	20,800	7.5%
Ⅸ. 법인세비용	59,000	56,000	3,000	5.4%
Ⅹ. 당기순이익	₩239,400	₩221,600	₩17,800	8.0%

한국㈜의 비교 포괄손익계산서에 대한 수평적 분석은 20×1년에 비해 20×2년에 다음과 같은 변화가 발생했다는 것을 나타낸다.

- 순매출은 34,700백만원 또는 4.3% 증가
- 매출원가는 13,000백만원 또는 6.5% 증가
- 판매비와관리비는 4,700백만원 또는 1.1% 감소

20×1년에 비해 20×2년에 매출총이익과 당기순이익은 각각 3.6%와 8.0%가 증가한 것으로 나타나 한국㈜의 수익에 대한 추세는 긍정적인 것으로 보인다.

기간별 변화를 분석하는 수평적 분석은 비교적 간단하고 유용하다. 그러나 계산 과정에서 몇 가지 문제점이 발생할 수 있는데, 예를 들면 기준연도에는 계정과목의 값이 없었는데 다음 연도에는 값이 있다면 비율을 계산할 수 없다. 이와 유사하게 기준연도나 전기에 음의 값이 나타나고 다음 연도에 양의 값이 나타난다면 비율 계산이 의미가 없다.

예제 14-1

강동㈜의 요약 재무정보는 다음과 같다.

	20×2년 12월 31일	20×1년 12월 31일
유동자산	₩234,000	₩180,000
순유형자산	756,000	420,000
총자산	₩990,000	₩600,000

▶▶ 요구사항

20×1년과 20×2년의 금액과 비율 변화에 대한 수평적 분석을 수행하라.

해답

	20×2년 증가분	
	금액	비 율
유동자산	₩ 54,000	30% [(₩234,000 − ₩180,000) ÷ ₩180,000]
순유형자산	336,000	80% [(₩756,000 − ₩420,000) ÷ ₩420,000]
총자산	₩390,000	65% [(₩990,000 − ₩600,000) ÷ ₩600,000]

제 3 절 수직적 분석

표준화 분석이라고도 불리는 수직적 분석은 각 계정과목을 기준금액과 비교하여 나타내는 방법이다. 재무상태표에서 유동자산이 총자산의 22%에 해당하는 경우 기준금액은 총자산이다. 또는 포괄손익계산서에서 판매비와일반관리비가 매출액의 16%에 해당하면 기준금액은 매출액이다.

다음 <표 14-3>은 한국㈜의 비교 재무상태표에 대한 수직적 분석을 나타낸다. 자산 항목의 기준금액은 총자산이고, 부채와 자본 항목의 기준금액은 부채와 자본 총계이다.

표 14-3 | **한국㈜ 재무상태표(수직적 분석)**

비교 재무상태표

제 2 기: 20×2년 12월 31일 현재
제 1 기: 20×1년 12월 31일 현재

한국㈜ (단위 : 백만원)

	20×2년		20×1년	
	금액	비율	금액	비율
자 산				
Ⅰ. 유동자산	**₩292,000**	**11.1%**	**₩346,100**	**14.3%**
(1) 당좌자산	270,000	10.2%	326,600	13.5%
(2) 재고자산	22,000	0.8%	19,500	0.8%
Ⅱ. 비유동자산	**2,345,900**	**88.9%**	**2,073,900**	**85.7%**
(1) 투자자산	981,000	37.2%	907,000	37.5%
(2) 유형자산	1,342,000	50.9%	1,089,000	45.0%
(3) 무형자산	1,500	0.1%	1,000	0.0%
(4) 기타비유동자산	21,400	0.8%	76,900	3.2%
자산총계	₩2,637,900	100.0%	₩2,420,000	100.0%
부 채				
Ⅰ. 유동부채	₩622,800	23.6%	₩557,700	23.0%
Ⅱ. 비유동부채	306,000	11.6%	365,000	15.1%
부채총계	₩928,800	35.2%	₩922,700	38.1%
자 본				
Ⅰ. 자본금	₩100,000	3.8%	₩100,000	4.1%
Ⅱ. 자본잉여금	528,000	20.0%	528,000	21.8%
Ⅲ. 이익잉여금	1,081,100	41.0%	869,300	35.9%
자본총계	₩1,709,100	64.8%	₩1,497,300	61.9%
부채와자본총계	₩2,637,900	100.0%	₩2,420,000	100.0%

수직적 분석을 통해 재무상태표 내에서 자산, 부채, 자본 과목의 범주별 상대적 크기뿐만 아니라 비율의 변화도 파악할 수 있다. 유동자산이 총자산에서 차지하는 비율은 20×1년 14.3%에서 20×2년 11.1%로 감소했고, 유형자산의 총자산 대비율은 45.0%에서 50.9%로 증가하였다. 또한 부채총계가 부채와자본총계에서 차지하는 비율은 38.1%에서 35.2%로 다소 감소하였으나 이익잉여금이 부채와자본총계에서 차지하는 비율은 35.9%에서 41.0%로 증가하였다. 이러한 결과들은 한국㈜가 성장을 위한 자금을 조달하기 위해 추가적인 부채를 발행하기보다 이익을 유보하는 것으로 해석할 수 있다.

다음 <표 14-4>는 한국㈜의 비교 포괄손익계산서에 대한 수직적 분석을 나타낸다. 손익 항목의 기준금액은 매출액이다.

표 14-4 | 한국㈜ 포괄손익계산서(수직적 분석)

비교 포괄손익계산서

제 2 기: 20×2년 1월 1일부터 12월 31일까지
제 1 기: 20×1년 1월 1일부터 12월 31일까지

한국㈜ (단위 : 백만원)

	20×2년		20×1년	
	금액	비율	금액	비율
Ⅰ. 매출액	₩838,700	100.0%	₩804,000	100.0%
Ⅱ. 매출원가	213,500	25.5%	200,500	24.9%
Ⅲ. 매출총이익	625,200	74.5%	603,500	75.1%
Ⅳ. 판매비와관리비	430,000	51.3%	434,700	54.1%
Ⅴ. 영업이익	195,200	23.3%	168,800	21.0%
Ⅵ. 영업외수익	155,900	18.6%	187,900	23.4%
Ⅶ. 영업외비용	52,700	6.3%	79,100	9.8%
Ⅷ. 법인세비용차감전순이익	298,400	35.6%	277,600	34.5%
Ⅸ. 법인세비용	59,000	7.0%	56,000	7.0%
Ⅹ. 당기순이익	₩239,400	28.5%	₩221,600	27.6%

매출액에서 매출원가가 차지하는 비중은 20×1년 24.9%에서 20×2년 25.5%로 0.6%증가하였고, 판매비와관리비는 54.1%에서 51.3%로 2.8%감소하였다. 그 결과 매출액에 대한 당기순이익 비율은 27.6%에서 28.5%로 증가하여 회사의 수익성이 증가한 것으로 나타났다.

수직적 분석의 이점은 서로 다른 규모의 회사들을 비교할 수 있다는 것이다. 예를 들면, 한국㈜와 동일한 업종을 영위하는 주요 경쟁기업이 부산㈜라면 수직적 분석을 이용하여 다음과 같이 한국㈜와 부산㈜의 포괄손익계산서를 비교할 수 있다.

표 14-5 | 한국㈜와 부산㈜의 포괄손익계산서 비교

비교 포괄손익계산서

20×2년 1월 1일부터 12월 31일까지

(단위 : 백만원)

	한국㈜		부산㈜	
	금액	비율	금액	비율
Ⅰ. 매출액	₩838,700	100.0%	₩7,800,000	100.00%
Ⅱ. 매출원가	213,500	25.5%	3,665,000	47.0%
Ⅲ. 매출총이익	625,200	74.5%	4,135,000	53.0%
Ⅳ. 판매비와관리비	430,000	51.3%	2,416,000	31.0%
Ⅴ. 영업이익	195,200	23.3%	1,719,000	22.0%
Ⅵ. 영업외수익	155,900	18.6%	256,000	3.3%
Ⅶ. 영업외비용	52,700	6.3%	421,200	5.4%
Ⅷ. 법인세비용차감전순이익	298,400	35.6%	1,553,800	19.9%
Ⅸ. 법인세비용	59,000	7.0%	186,800	2.4%
Ⅹ. 당기순이익	₩239,400	28.5%	₩1,367,000	17.5%

부산㈜의 매출액은 한국㈜의 매출액에 비해 9.3배에 해당한다. 그러나 수직적 분석을 통한 비교는 이와 같이 규모의 차이가 존재하는 경우에도 가능하다. 한국㈜와 부산㈜의 매출총이익률은 각각 74.5%와 53.0%로 한국㈜의 이익률이 부산㈜의 약 1.4배에 달한다. 그리고 영업이익률은 23.3%와 22.0%로 유사한 것으로 나타났는데 한국㈜의 매출원가비율은 25.5%로 부산㈜의 47.0%보다 훨씬 낮으나, 한국㈜의 판매비와관리비 비율은 51.3%로 부산㈜의 31.0%보다 높은 것으로 나타났다. 아울러 부산㈜는 한국㈜ 당기순이익의 5.7배에 해당하는 당기순이익을 기록하였지만 매출액 대비 당기순이익 비율은 17.5%로 한국㈜의 28.5%에 비해 낮은 것을 확인할 수 있다.

제 4 절 비율분석

비율분석은 재무제표에서 계정과목들 간의 관계를 나타내는 것으로 「유동자산은 유동부채의 300%이다」 또는 「유동자산 대 유동부채는 3 : 1이다」와 같이 백분율이나 간단한 비례식으로 표현된다.

회사의 재무제표를 분석하기 위해서는 유동성, 수익성 그리고 지급능력을 평가하는 비율을 사용할 수 있다. 유동성 비율은 만기가 도래하는 부채에 대한 단기지급능력과 예상치 못한 현금 수요에 대비하는 능력을 측정하고, 수익성 비율은 일정기간 동안 회사의 이익이나 영업성과를 측정하며, 지급능력 비율은 장기간에 걸친 회사의 생존능력을 측정한다.

비율분석은 재무제표의 개별 항목들에서는 발견하기 어려운 기업의 재무상태에 대한 단서를 제공할 수 있다. 그러나 단일 비율 자체만으로는 큰 의미가 없고 기업 내 비교, 기간 간 비교, 산업평균과의 비교를 이용하여 분석할 필요가 있다.

1. 유동성 비율

유동성 비율(liquidity ratio)은 만기가 도래하는 단기부채에 대한 지급능력과 예상치 못한 현금 수요에 대비하는 능력을 측정한다. 은행이나 공급업체 같은 채권자들은 유동성에 관심이 많은데, 기업이 단기부채를 상환할 수 있는 지급능력을 갖고 있지 않는다면 현금 상환에 어려움을 겪을 수 있기 때문이다. 기업의 단기부채지급능력을 평가하는 비율로는 유동비율, 당좌비율, 매출채권회전율 그리고 재고자산회전율 등이 있다.

(1) 유동비율

유동비율(current ratio)은 회사의 유동성과 단기부채지급능력을 평가하는 데 광범위하게 사용된다. 유동비율은 유동자산을 유동부채로 나누어 계산한다.

다음은 한국㈜의 20×1년과 20×2년의 유동비율을 계산한 내용이다.

$$유동비율 = \frac{유동자산}{유동부채}$$

20×2년	20×1년
$\frac{₩292,000}{₩622,800} = 0.47$	$\frac{₩346,100}{₩557,700} = 0.62$

20×2년의 유동비율 0.47(또는 47%)은 유동부채 1원에 대해 0.47원의 유동자산을 가지고 있다는 것을 뜻한다. 20×1년의 유동비율 0.62와 비교하면 20×2년의 유동비율은 감소한 것으로 나타났는데, 유동부채는 증가한 반면 유동자산은 감소하여 단기부채지급능력이 다소 낮아지고 있음을 의미한다.

유동비율은 운전자본(working capital)과 비교되기도 한다. 운전자본은 유동자산에서 유동부채를 차감한 값이다. 유동성 지표로서 유동비율을 운전자본보다 신뢰할 수 있는 이유는 동일한 금액의 운전자본을 보유한 회사라도 유동비율은 현저하게 다를 수 있기 때문이다.

유동비율은 기업의 전반적인 유동성을 평가하는 한 가지 평가비율일 뿐, 유동자산의 세부구성 항목을 고려하지는 못한다. 예를 들어, 유동자산을 구성하는 세부항목으로는 현금, 매출채권, 재고자산 등이 있는데, 유동자산 중 대부분이 상대적으로 유동성이 낮은 재고자산으로 구성되어 있다면 유동비율이 높다고 하더라도 단기지급능력에는 문제가 있을 수 있다. 이와 같은 유동비율이 갖는 한계점을 보완하기 위해 당좌비율을 사용하여 기업의 단기지급능력을 평가하기도 한다.

유동비율은 분자와 분모에 동일한 금액을 가산해도 비율은 변하므로 실제 적용에는 한계가 있다. 예를 들어, 유동자산 ₩200,000과 유동부채 ₩100,000을 보유한 회사의 유동비율은 2이다. 이때 재고자산 ₩100,000을 외상매입하면 유동자산은 ₩300,000이 되고 유동부채는 ₩200,000이 되므로 유동비율은 1.5이다. 반면에 유동자산 ₩200,000과 유동부채 ₩100,000을 보유한 회사가 유동부채 중 ₩50,000을 현금 상환한다면 유동자산은 ₩150,000이 되고 유동부채는 ₩50,000이 되므로 유동비율은 3으로 증가할 것이다.

유동비율은 경영활동에 따라 영향을 받기 쉽고 변화가 많기 때문에 추세분석을 할 때는 주의를 기울여야 한다. 즉, 회사의 영업활동이 유동비율에는 어떻게 영향을 미칠 것인지 신중히 검토해야 한다.

(2) 당좌비율

유동비율의 한 가지 단점은 유동자산 세부 구성항목을 고려하지 못한다는 점이다. 기업 간 유동비율이 동일하더라도 유동자산 세부항목의 구성비율에 따라 유동부채를 지급하는 능력은 다를 수 있으므로 당좌비율을 이용하여 기업의 단기지급능력을 평가한다.

당좌비율(quick ratio)은 회사의 즉각적인 단기유동성의 지표이다. 당좌비율은 현금및현금성자산, 단기투자자산, 매출채권 등과 같이 현금으로 전환되기 용이한 자산을 유동부채로 나누어 계산한다.[1] 한국㈜의 20×1년과 20×2년의 유동자산의 구성이 다음 <표 14-6>과 같다고 하자.

표 14-6 | 한국㈜의 유동자산

요약 재무상태표

제 2 기: 20×2년 12월 31일 현재
제 1 기: 20×1년 12월 31일 현재

한국㈜ (단위 : 백만원)

	20×2년	20×1년
Ⅰ. 유동자산	₩292,000	₩346,100
(1) 당좌자산	₩270,000	₩326,600
1. 현금및현금성자산	3,000	12,000
2. 단기투자자산	200	58,200
3. 매출채권	248,300	239,400
4. 미수금	17,100	14,000
5. 선급비용	1,400	3,000
(2) 재고자산	₩22,000	₩19,500
1. 상　품	12,000	11,900
2. 원재료	8,400	5,600
3. 저장품	1,600	2,000

유동자산 구성항목 중에서 현금및현금성자산, 단기투자자산, 매출채권은 재고자산, 선급비용에 비하여 유동성이 높다고 볼 수 있다. 재고자산은 즉시 팔리지 않을 수 있고 선급비용은 다른 회사에 이전할 수도 없다. 따라서 당좌비율은 즉각

1) 당좌비율은 단순하게 당좌자산을 유동부채로 나누어 계산하기도 한다.

적인 유동성을 측정할 수 있다. 한국㈜의 20×1년과 20×2년의 당좌비율은 다음과 같다.

$$당좌비율 = \frac{현금및현금성자산 + 단기투자자산 + 매출채권}{유동부채}$$

20×2년	20×1년
$\frac{₩3,000+200+248,300}{₩622,800}$ = 0.40	$\frac{₩12,000+58,200+239,400}{₩557,700}$ = 0.55

20×2년 한국㈜의 당좌비율은 0.40(또는 40%)으로 20×1년의 당좌비율 0.55와 비교해보면 다소 감소된 것으로 확인할 수 있다. 이는 유동부채는 증가한 반면 현금및현금성자산과 단기투자자산이 감소하여 나타난 결과라고 볼 수 있으며, 20×2년 한국㈜의 단기유동성이 20×1년에 비해 낮아졌음을 의미한다.

예제 14-2

강동㈜의 20×1년 12월 31일의 부분재무상태표에는 현금 ₩60,000, 매출채권 ₩80,000, 재고자산 ₩70,000, 유동부채 ₩140,000으로 구성되어 있다. 유동비율과 당좌비율을 계산하라.

해답

유동비율은 1.5배 (=₩210,000 ÷ ₩140,000)
당좌비율은 1배 (=₩140,000 ÷ ₩140,000)

(3) 매출채권회전율

재화를 판매한 대가인 매출채권을 현금으로 회수하는 기간이 빠를수록 경영활동에 사용할 수 있는 현금이 많아지고 회사의 지급능력이 개선된다. 따라서 매출채권이 얼마나 신속하게 현금으로 전환되는지를 파악하는 것은 중요하다. 매출채권회전율(receivables turnover)은 매출채권의 유동성을 측정하는 비율로 매출액을 평균순매출채권으로 나누어 계산하며 일정기간 동안 회사가 평균적으로 매출채권을 몇 번 회수하는지를 나타낸다.[2] 계절적인 요인이 중요하지 않다면 평균순매출채권은 기초와 기말 잔액을 평균하여 사용할 수 있다.[3]

매출채권회전율이 높다는 것은 매출채권을 현금으로 회수한 횟수가 많다는 것을 의미하므로 기업이 신용정책을 잘 수립하였고 효율적으로 현금을 회수하고 있다고 평가할 수 있다. 이와 반대로 매출채권회전율이 낮을 경우 매출채권의 회수기간이 길어지므로 그에 따른 대손발생 위험이 증가하고 수익 감소의 원인이 된다.

아래 자료는 한국㈜의 매출채권회전율을 나타낸다. 20×1년 기초의 순매출채권은 225,000백만원이다. 한국㈜의 20×1년과 20×2년의 매출채권회전율은 각각 3.46배와 3.44배로 유사하게 나타났다. 20×2년의 매출채권회전율 3.44배는 회사가 연간 평균적으로 243,850백만원의 매출채권을 보유하고 3.44번에 걸쳐 판매대금을 현금으로 회수하고 있음을 의미한다.

$$\text{매출채권회전율} = \frac{\text{매출액}}{\text{평균매출채권}}$$

20×2년	20×1년
$\dfrac{₩838{,}700}{\left[\dfrac{₩239{,}400+248{,}300}{2}=₩243{,}850\right]}=3.44\text{배}$	$\dfrac{₩804{,}000}{\left[\dfrac{₩225{,}000+239{,}400}{2}=₩232{,}200\right]}=3.46\text{배}$

매출채권회전율은 매출채권평균회수기간(average collection period)으로 변형할 수 있다. 매출채권평균회수기간은 365일을 매출채권회전율로 나누어 계산하며, 매출채권을 회수하는데 소요되는 평균기간을 의미한다. 한국㈜의 20×2년 매출채권평균회수기간은 대략 106.1일(365일÷3.44)인데, 매출채권이 평균적으로 106.1일 또는 15주(106.1일÷7일)마다 회수된다는 것을 의미한다. 재무분석가들은 회사의 신용과 회수정책의 효과를 평가하기 위해 매출채권평균회수기간을 자주 사용한

2) 외상판매하고 매출채권으로 인식한 금액을 현금으로 회수하는 정도를 나타내므로 엄격히 말해서 매출액 대신에 외상매출액(credit sales)이 분자로 사용되어야 하나, 재무제표에는 외상매출액 자료가 별도 공시되지 않으므로 일반적으로 매출액 총액을 사용한다.

3) 만약 계절적인 요인이 중요하다면 평균매출채권잔액은 월별 금액을 이용해야 할 것이다.

다. 일반적인 원칙은 매출채권평균회수기간이 외상매입으로 인한 신용기간을 크게 초과해서는 안 된다는 것이다.

(4) 재고자산회전율

재고자산회전율(inventory turnover)은 재고자산의 유동성을 측정하는 비율로 재고자산이 당좌자산으로 변화하는 속도를 나타낸다. 재고자산회전율은 매출원가를 평균재고자산으로 나누어 계산한다. 계절적 요인이 중요하지 않는 한 평균재고자산은 기초와 기말의 재고 잔액을 평균하여 사용할 수 있다.

재고자산회전율이 높다는 것은 재고가 창고에 누적되기 전에 판매된다는 것을 의미하고, 재고자산회전율이 낮다는 것은 매출 부진으로 창고에 오랫동안 재고자산이 쌓여 있다는 것을 의미한다. 일반적으로 재고자산회전율이 높을수록 재고자산에 묶이는 자금이 줄어들고 재고자산이 진부화될 가능성도 낮아진다.

한국㈜의 20×1년 기초 재고자산이 15,600백만원이면 재고자산회전율은 아래와 같다. 한국㈜의 20×1년과 20×2년의 재고자산회전율은 각각 11.42배와 10.29배로 20×2년에 다소 감소한 것으로 나타나 재고자산에 대한 관리가 악화되었음을 의미한다. 20×2년의 경우 매출원가는 다소 증가하였으나(매출액 증가를 의미함) 평균재고자산은 20,750백만원으로 20×1년의 17,550백만원에 비해 증가하여 재고자산회전율이 감소하였음을 알 수 있다.

$$\text{재고자산회전율} = \frac{\text{매출원가}}{\text{평균재고자산}}$$

20×2년	20×1년
$\dfrac{₩213{,}500}{\left[\dfrac{₩22{,}000+19{,}500}{2} = ₩20{,}750\right]} = 10.29\text{배}$	$\dfrac{₩200{,}500}{\left[\dfrac{₩15{,}600+19{,}500}{2} = ₩17{,}550\right]} = 11.42\text{배}$

매출채권회전율과 마찬가지로 재고자산회전율은 재고자산평균회전기간(average turnover period)으로 변형할 수 있다. 재고자산평균회전기간은 365일을 재고자산회전율로 나누어 계산한다. 한국㈜의 20×2년 재고자산평균회전기간은 대략 35.5일(365일÷10.29)로 재고자산이 평균 35.5일만에 판매된다는 것을 의미한다.

2. 수익성 비율

수익성 비율(profitability ratio)은 일정기간 동안 회사의 이익 또는 영업성과를 측정하는 것이다. 이익은 회사의 자본과 부채조달 능력뿐만 아니라 회사의 유동성과 성장 가능성에도 영향을 미친다. 따라서 채권자와 투자자들 모두 수익성 비율에 관심을 가진다. 또한 재무분석가들은 경영자의 영업성과에 대한 최종적인 지표로 수익성을 자주 사용한다.

(1) 매출액순이익률

매출액순이익률(profit margin)은 당기순이익이 매출액에서 차지하는 비중을 나타낸다. 한국㈜의 20×1년과 20×2년의 매출액순이익률은 다음과 같다.

$$\text{매출액순이익률} = \frac{\text{당기순이익}}{\text{매출액}}$$

20×2년	20×1년
$\frac{₩239,400}{₩838,700} = 28.5\%$	$\frac{₩221,600}{₩804,000} = 27.6\%$

한국㈜의 매출액순이익률은 20×1년 27.6%에서 20×2년 28.5%로 다소 증가하였다. 판매량이 많은 식료품 가게나 할인점들은 일반적으로 낮은 매출액순이익률을 나타내는 반면, 판매량이 적은 귀금속 가게나 기계 제조업체 등은 높은 매출액순이익률을 나타내는 경향이 있다.

(2) 총자산회전율

총자산회전율(asset turnover)은 자산을 이용하여 얼마나 효율적으로 매출을 창출했는지를 평가하는 비율이다. 총자산회전율은 매출액을 평균총자산으로 나누어 계산한다. 계절적 요인이 중요하지 않다면, 평균총자산을 계산할 때 기초와 기말 자산 잔액을 평균하여 사용할 수 있다. 한국㈜의 20×1년 기초 자산이 2,132,000백만원이라면 20×1년과 20×2년의 총자산회전율은 다음과 같다.

$$\text{총자산회전율} = \frac{\text{매출액}}{\text{평균총자산}}$$

20×2년	20×1년
$\dfrac{₩838,700}{\left[\dfrac{₩2,420,000+2,637,900}{2} = ₩2,528,950\right]} = 0.33\text{배}$	$\dfrac{₩804,000}{\left[\dfrac{₩2,132,000+2,420,000}{2} = ₩2,276,000\right]} = 0.35\text{배}$

한국㈜는 20×2년에 자산 1원당 0.33원의 매출을 기록하였다. 20×1년과 20×2년을 비교해보면 총자산회전율의 변화는 크지 않은 것을 확인할 수 있다. 일반적으로 총자산회전율은 고정자산 비율이 높은 대형 설비산업에서는 낮은 편이고, 식료품산업에서는 높은 편으로 산업별 큰 차이를 보인다.

(3) 총자산이익률

총자산이익률(return on assets: ROA)은 회사의 전반적인 수익성을 나타내는 지표로서 당기순이익을 평균총자산으로 나누어 계산한다. 총자산이익률은 회사가 이익을 창출하기 위해 자산을 얼마나 효율적으로 사용하였는지를 나타내는 비율이며, 다음과 같이 매출액순이익률과 총자산회전율의 2가지 요소로 분해할 수 있다. 따라서 총자산이익률을 높이기 위해서는 매출액순이익률이나 총자산회전율을 개선하는 방법이 필요하다.

$$\text{ROA} = \frac{\text{당기순이익}}{\text{매출액}} \times \frac{\text{매출액}}{\text{평균총자산}} = \text{매출액순이익률} \times \text{총자산회전율}$$

한국㈜의 20×1년과 20×2년의 총자산이익률은 다음과 같다.

$$\text{총자산이익률} = \frac{\text{당기순이익}}{\text{평균총자산}}$$

20×2년	20×1년
$\dfrac{₩239,400}{\left[\dfrac{₩2,420,000+2,637,900}{2} = ₩2,528,950\right]} = 9.5\%$	$\dfrac{₩221,600}{\left[\dfrac{₩2,132,000+2,420,000}{2} = ₩2,276,000\right]} = 9.7\%$

한국㈜의 총자산이익률은 20×1년에 9.7%, 20×2년에 9.5%로 대체로 유사하게 나타났다. 앞에서 분석한 바와 같이 20×2년 매출액순이익률은 전기에 비해 다소 증가한 반면 총자산회전율은 전기보다 감소한 것으로 나타나 총자산이익률과 유사한 결과를 나타내고 있다.

(4) 자기자본이익률

수익성 지표로 널리 사용되는 또 다른 지표로는 자기자본이익률(return on equity: ROE)이 있다. ROA는 총자산의 효율성을 나타내는 비율인데 반해 ROE는 자기자본의 효율성을 나타내는 비율이다. 자기자본이익률은 당기순이익을 평균자기자본으로 나누어 계산하며, 주주의 관점에서 소유주가 투자한 자금 한 단위당 당기순이익을 얼마나 창출하였는지를 평가할 때 이용된다.

총자산이익률과 유사하게 자기자본이익률도 매출액순이익률, 총자산회전율, 재무레버리지의 3가지 요소로 분해할 수 있다.

$$\text{ROE} = \frac{\text{당기순이익}}{\text{매출액}} \times \frac{\text{매출액}}{\text{평균총자산}} \times \frac{\text{평균총자산}}{\text{평균자기자본}}$$

$$= \text{매출액순이익률} \times \text{총자산회전율} \times \text{재무레버리지}(= 1 + \text{부채}/\text{자기자본})$$

한국㈜의 20×1년 기초 자기자본이 1,300,000백만원이라면 20×1년과 20×2년의 자기자본이익률은 다음과 같다.

$$\text{자기자본이익률} = \frac{\text{당기순이익}}{\text{평균자기자본}}$$

20×2년	20×1년
$\dfrac{₩239{,}400}{\left[\dfrac{₩1{,}497{,}300 + 1{,}709{,}100}{2} = ₩1{,}603{,}200\right]} = 14.9\%$	$\dfrac{₩221{,}600}{\left[\dfrac{₩1{,}300{,}000 + 1{,}497{,}300}{2} = ₩1{,}398{,}650\right]} = 15.8\%$

주목할 점은 한국㈜ 20×2년의 자기자본이익률은 14.9%로 총자산이익률 9.5%보다 높다는 것이다. 그 이유는 한국㈜가 레버리지를 효과적으로 사용했기 때문

이다. 레버리지 효과는 ROA와 ROE 비율 간의 차이를 설명하는데, 회사는 채권자로부터 차입한 자금을 이용하여 소유주의 이익을 증대하는 데 이용한 것을 의미한다. 총자산이익률과 차입이자율을 비교하는 것은 자본거래의 수익성을 알려주는데, 차입금에 대해 지급하는 이자비용보다 차입금을 이용하여 더 많은 이익을 창출하는 긍정적인 레버리지 효과가 존재하면 ROE가 ROA를 초과하게 되는 것이다.

한국㈜의 자기자본이익률은 20×1년의 15.8%에 비해 20×2년에 14.9%로 다소 감소하였다. 20×2년에 총자산이익률보다 자기자본이익률의 감소폭이 더 큰 이유는 전기보다 부채를 이용한 재무레버리지 효과의 차이로 보인다. 20×1년과 20×2년의 부채/평균자기자본 비율은 각각 66.0%, 57.9%로 비교기간의 당기순이익은 큰 차이가 없으나 20×2년에는 상대적으로 부채/평균자기자본 비율이 감소한 것으로 나타나 부채를 활용한 레버리지 효과가 감소한 결과로 해석이 가능하다.

회사가 우선주를 발행하였을 때는 당기순이익에서 우선주 배당금을 차감해야 보통주 주주들이 이용가능한 이익을 구할 수 있다. 이와 유사하게 총주주지분에서 우선주 액면금액(또는 상환금액)을 차감해야 보통주 주주의 지분 금액을 구할 수 있다. 이 경우 자기자본이익률은 다음과 같이 계산된다.

$$\text{자기자본이익률} = \frac{\text{당기순이익} - \text{우선주배당금}}{\text{평균(보통주)자본}}$$

(5) 주당순이익

주당순이익(earnings per share)은 보통주 1주당 벌어들인 당기순이익을 측정하는 지표이다. 주당순이익은 당기순이익을 가중평균유통보통주식수로 나누어 계산한다. 1주당 벌어들인 당기순이익을 측정하는 것은 수익성을 판단하는 데 유용한 정보를 제공한다. 평균유통주식수는 20×1년과 20×2년에 25백만주로 변화 없이 일정하다고 가정하자. 다음은 한국㈜의 20×1년과 20×2년의 주당순이익을 나타낸다.[4)]

4) 주당순이익의 계산을 위해서 회계연도 중에 보통주 주식수가 변동되면 일자별로 가중평균유통주식수를 계산하여야 한다.

$$주당순이익 = \frac{당기순이익}{가중평균유통보통주식수}$$

20×2년	20×1년
$\frac{₩239,400}{25주}$ = 9,576원/주	$\frac{₩221,600}{25주}$ = 8,864원/주

주당순이익의 비교는 산업평균 비교보다는 기업 내 비교가 의미를 갖는데 기업 간에 유통주식수가 상이하기 때문이다. 한국㈜의 주당순이익은 20×2년에 전년대비 주당 712원이 증가하였다. 이것은 20×1년의 주당순이익 8,864원에 비해 8.0% 증가한 것이다.

주당순이익은 보통주에 대한 당기순이익 금액을 의미하는 것이다. 따라서 주당순이익을 계산할 때 우선주 배당이 예정되어 있다면 당기순이익에서 우선주 배당금을 차감하여 보통주 주주들에게 귀속되는 이익을 결정해야 한다.

(6) 주가수익률

주가수익률(price-earnings ratio)은 주당순이익 대비 보통주 1주당 시장가격을 측정하는 것으로 회사의 미래 수익에 대한 투자자들의 기대를 반영하는 측정치이다. 주가수익률은 주당시장가격을 주당순이익으로 나누어 계산한다. 한국㈜ 주식의 주당시장가격이 20×1년에 ₩150,000, 20×2년에 ₩180,000이라면 주가수익률은 다음과 같다.

$$주가수익률 = \frac{주당시장가격}{주당순이익}$$

20×2년	20×1년
$\frac{₩180,000}{₩9,576}$ = 18.8배	$\frac{₩150,000}{₩8,864}$ = 16.9배

한국㈜의 20×2년 주가수익률은 18.8배로 회사의 주식이 각 주당 벌어들인 이익보다 18.8배의 금액으로 거래되었다는 것을 의미한다. 20×2년 주가수익률은 20×1년의 16.9배에 비해 향상되었는데 이는 회사의 미래 수익에 대한 투자자들의 기대가 개선되고 있다는 것을 의미한다.

(7) 배당성향

배당성향(payout ratio)은 이익 중에서 현금배당의 형태로 배분된 비율을 측정하는 것으로 배당금을 당기순이익으로 나누어서 계산한다. 성장률이 높은 기업들은 대체로 배당성향이 낮은 경향을 보이는데 순이익의 대부분을 사업에 재투자하기 때문이다. 한국㈜의 20×1년과 20×2년의 현금배당이 27,600백만원으로 일정하다면 회사의 배당성향은 아래와 같다.

$$\text{배당성향} = \frac{\text{현금배당}}{\text{당기순이익}}$$

20×2년	20×1년
$\frac{₩27,600}{₩239,400} = 11.5\%$	$\frac{₩27,600}{₩221,600} = 12.5\%$

한국㈜의 20×2년 배당성향은 11.5%로 20×1년의 12.5%에 비해 감소하였는데 당기순이익이 증가하였음에도 불구하고 현금배당액은 변화하지 않았기 때문이다.

3. 지급능력비율

지급능력비율(solvency ratio)은 회사의 장기적인 생존능력을 측정한다. 장기채권자들과 주주들은 특히 회사의 이자지급능력과 만기에 채무의 액면금액을 지급할 능력에 관심이 있다. 부채비율과 이자보상비율이 부채지급능력에 관한 정보를 제공하는 두 지표이다.

(1) 부채비율

부채비율(debt to total assets ratio)은 부채와 자본에 의한 자금조달 비율을 측정한다. 부채비율은 총부채를 총자산으로 나누어서 계산한다.[5] 이 비율은 회사의 레버리지를 나타낸다. 또한 채권자의 이해관계를 손상시키지 않으면서 손실을 감내할 수 있는 회사의 능력을 보여주기도 한다. 부채비율이 높을수록 만기에 원금

5) 부채비율을 재무상태표상의 총부채를 자기자본으로 나누어 계산하기도 한다.

을 지급하지 못할 위험은 증가한다. 한국㈜의 20×1년과 20×2년의 부채비율은 다음과 같다.

$$\text{부채비율} = \frac{\text{총부채}}{\text{총자산}}$$

20×2년	20×1년
$\frac{₩928,800}{₩2,637,900} = 35.2\%$	$\frac{₩922,700}{₩2,420,000} = 38.1\%$

부채비율이 35.2%라는 것은 한국㈜의 총자산 중 채권자로부터 부채의 형태로 자금을 조달한 부분이 35.2%라는 것을 의미한다. 부채비율이 낮을수록 부채를 상환할 자기자본에 여유가 있으므로 채권자들은 보통 낮은 부채비율을 더 선호한다. 이 비율이 적당한지는 회사의 이익으로 판단한다. 일반적으로 이익이 안정적인 회사들이 이익의 변동이 심한 회사보다 낮은 부채비율을 나타낸다.

(2) 이자보상비율

이자보상비율(times interest earned)은 회사의 이자부담능력을 평가하는 지표로 회사의 이익이 감소하는 경우 이자비용을 지급하지 못할 위험을 측정하기 위한 지표이다. 이 비율이 높을수록 기업의 장·단기 이자지급능력이 좋은 것으로 평가된다. 이자보상비율은 이자비용과 법인세비용차감전순이익을 이자비용으로 나누어서 계산한다. 한국㈜의 20×1년과 20×2년의 이자비용이 각각 12,000백만원, 10,000백만원이라면 이자보상비율은 다음과 같다.

$$\text{이자보상비율} = \frac{\text{이자비용} + \text{법인세비용차감전순이익}}{\text{이자비용}}$$

20×2년	20×1년
$\frac{₩308,400}{₩10,000} = 30.84$배	$\frac{₩289,600}{₩12,000} = 24.13$배

이자보상비율에서는 이자비용과 법인세비용차감전순이익을 합한 값이 사용된다는 점을 주의해야 한다. 한국㈜의 20×2년 산식에서 308,400백만원은 법인세비용

차감전순이익 298,400백만원에 이자비용 10,000백만원을 더하여 계산된 것이다. 한국㈜의 20×2년 이자보상비율은 30.84배로 이익으로 이자비용을 충분히 충당할 수 있는 수준이고, 20×1년 대비 20×2년의 법인세비용차감전순이익은 증가한 반면 이자비용은 감소하여 20×1년의 24.13배에 비해 이자보상비율이 증가한 것으로 나타났다.

(3) 재무제표 분석 비율 요약

이 장에서 다룬 비율들을 요약하면 다음과 같다. 각 비율의 계산공식과 사용목적에 대한 내용을 포함하고 있다.

비 율	공 식	목 적
■ **유동성 비율**		
(1) 유동비율	$\frac{\text{유동자산}}{\text{유동부채}}$	단기적인 부채지급 능력 측정
(2) 당좌비율	$\frac{\text{현금및현금성자산} + \text{단기투자자산} + \text{매출채권}}{\text{유동부채}}$	단기적인 유동성 측정
(3) 매출채권회전율	$\frac{\text{매출액}}{\text{평균매출채권}}$	매출채권의 유동성 측정
(4) 재고자산회전율	$\frac{\text{매출원가}}{\text{평균재고자산}}$	재고자산의 유동성 측정

■ **수익성 비율**		
(1) 매출액순이익률	$\frac{\text{당기순이익}}{\text{매출액}}$	매출액 1원당 창출된 당기순이익 측정
(2) 총자산회전율	$\frac{\text{매출액}}{\text{평균총자산}}$	자산이 얼마나 효율적으로 매출을 창출했는지 측정
(3) 총자산이익률	$\frac{\text{당기순이익}}{\text{평균총자산}}$	자산의 전반적인 수익성 측정
(4) 자기자본이익률	$\frac{\text{당기순이익}}{\text{평균자기자본}}$	소유주 지분에 대한 수익성 측정
(5) 주당순이익	$\frac{\text{당기순이익}}{\text{가중평균유통보통주식수}}$	보통주 1주당 벌어들인 당기순이익 측정

비 율	공 식	목 적
(6) 주가수익률	$\frac{\text{1주당 시장가격}}{\text{주당순이익}}$	주당순이익 대비 보통주 1주당 시장가격 측정
(7) 배당성향	$\frac{\text{현금배당}}{\text{당기순이익}}$	이익 중에서 현금배당의 형태로 배분된 비율 측정

■ 지급능력 비율		
(1) 부채비율	$\frac{\text{총부채}}{\text{총자산}}$	총자산 중 채권자가 투자한 비율
(2) 이자보상비율	$\frac{\text{이자비용 + 법인세비용차감전순이익}}{\text{이자비용}}$	회사의 이자부담능력을 측정

요 약

1. 비교분석의 방법

비교분석은 다음의 3가지 방법을 이용하여 수행된다. (1) 계정과목이나 재무 관계를 회사 내의 다른 수치와 비교하는 기업 내 비교 (2) 산업평균과 회사의 수치를 비교하는 산업 비교 (3) 하나 이상의 경쟁기업과 비교하는 기업 간 비교

2. 재무제표 분석의 수단

재무제표를 이용한 분석방법에는 수평적 분석, 수직적 분석, 비율 분석이 있다.

3. 수평적 분석

수평적 분석은 재무제표 항목의 기간별 변화를 평가하는 기법이다.

4. 수직적 분석

수직적 분석은 재무제표 내에서 각 계정과목을 기준금액과 비교하여 평가하는 기법이다.

5. 기업의 유동성, 수익성과 지급능력

유동성은 단기부채에 대한 지급능력과 예상치 못한 현금수요에 대비하는 능력을 측정하는 것이며, 수익성은 일정기간 동안 회사의 이익 또는 영업성과를 측정하는 것이다. 또한 지급능력은 회사의 장기적인 부채 지급능력을 측정한다.

용어정리

당좌비율	유동성이 매우 높은 자산인 당좌자산만을 고려하여 보다 엄격하게 유동성을 평가하는 지표로서 당좌자산을 유동부채로 나누어서 계산
레버리지	총자산이익률과 자기자본이익률의 차이
매출채권회전율	매출채권이 현금화되는 속도 또는 매출채권에 대한 투자효율성을 나타내는 지표로서 매출액을 평균매출채권으로 나누어서 계산
배당성향	당기순이익에서 배당금이 차지하는 비율로서 현금배당액을 당기순이익으로 나누어서 계산
부채비율	기업의 지급능력을 나타내는 지표로서 총부채를 총자산으로 나누어서 계산
비율분석	재무제표상의 계정과목들 간의 관계를 백분율이나 간단한 비례식으로 나타내어 기업의 재무상태나 경영성과 등을 평가하는 것

수직적 분석	재무제표상의 계정과목을 기준금액과 비교하여 나타내는 분석기법으로 표준화 분석이라고도 함
수평적 분석	두 개 이상의 연속된 회계기간에 대해 재무제표의 금액을 비교하여 분석항목에 대한 여러 기간의 추세를 분석하는 것
운전자본	유동자산에서 유동부채를 차감한 값
유동비율	기업의 유동성을 평가하는 지표의 하나로 유동자산을 유동부채로 나누어서 계산
유동성비율	기업의 단기채무에 대한 변제능력 유무를 나타내는 지표
이자보상비율	채권자에게 지급해야 할 고정비용인 이자비용의 안전도를 측정하는 지표로서 이자비용과 법인세차감전순이익의 합을 이자비용으로 나눈 값
자기자본이익률	주주의 관점에서 측정한 수익성 지표로서 당기순이익을 평균자기자본으로 나누어서 계산
재고자산회전율	매출원가를 평균재고자산으로 나눈 값으로 회계기간 동안 재고자산이 평균적으로 몇 번이나 판매되었는지를 나타냄
주가수익률	기업에 대한 투자가능성을 분석할 때 자주 사용되며 주식의 1주당 시장가격을 주당순이익으로 나눈 값
주당순이익	당기순이익을 가중평균유통보통주식수로 나누어서 계산한 금액
지급능력비율	부채를 상환할 수 있는 능력을 나타내는 지표
총자산이익률	당기순이익을 평균총자산으로 나누어서 계산하며, 수익성과 활동성을 복합적으로 평가하는 재무비율
총자산회전율	기업의 총자산을 효율적으로 사용하는지 여부를 파악하기 위하여 매출액을 평균총자산으로 나누어서 산출하는 비율

EXERCISES

연습문제

[문제 1] 수평적 분석 〈난이도: 하〉

다음은 대구㈜의 재무정보이다.

	20×3	20×2
유동자산	₩250,000	₩200,000
유형자산(순액)	726,000	660,000
유동부채	168,000	140,000
비유동부채	266,000	190,000
보통주자본, 액면10원	322,000	230,000
이익잉여금	220,000	300,000

〈요구사항〉

20×2년을 기준으로 20×3년의 수평적 분석을 나타내는 표를 작성하라.

[문제 2] 수평적/수직적 분석(1) 〈난이도: 중〉

다음은 강남㈜의 비교 재무상태표이다.

비교 재무상태표

제 4 기: 20×3년 12월 31일 현재
제 3 기: 20×2년 12월 31일 현재

강남㈜ (단위: 백만원)

	20×3	20×2
자 산		
유동자산	₩148,000	₩160,000
유형자산(순액)	198,000	180,000
무형자산	54,000	80,000
자산총계	₩400,000	₩420,000
부채와 자본		
유동부채	₩84,000	₩96,000
비유동부채	286,000	300,000
보통주자본	30,000	24,000
부채와자본총계	₩400,000	₩420,000

〈요구사항〉

1. 20×2년을 기준으로 강남㈜의 재무상태표에 대한 수평적 분석을 나타내는 표를 작성하라.
2. 강남㈜의 20×3년 재무상태표에 대한 수직적 분석을 나타내는 표를 작성하라.

[문제 3] 수평적/수직적 분석(2) 〈난이도 : 중〉

다음은 한국㈜의 비교 포괄손익계산서이다.

비교 포괄손익계산서

제 5 기: 20×3년 1월 1일부터 12월 31일까지
제 4 기: 20×2년 1월 1일부터 12월 31일까지

한국㈜ (단위 : 백만원)

	20×3	20×2
순매출액	₩300,000	₩250,000
매출원가	(241,500)	(210,000)
매출총이익	₩58,500	₩40,000
영업비용	(28,600)	(22,000)
당기순이익	₩29,900	₩18,000

〈요구사항〉

1. 20×2년을 기준으로 한국㈜의 포괄손익계산서에 대한 수평적 분석을 나타내는 표를 작성하라(증감액을 표시하라).
2. 한국㈜의 포괄손익계산서에 대한 수직적 분석을 나타내는 표를 작성하라.

[문제 4] **비율분석 – 유동성 비율(1)** 〈난이도 : 중〉

강남㈜의 비교 재무상태표는 다음과 같다.

비교 재무상태표

제 4 기: 20×3년 12월 31일 현재

제 3 기: 20×2년 12월 31일 현재

강남㈜ (단위 : 백만원)

	20×3	20×2
현 금	₩30,000	₩60,000
매출채권(순액)	140,000	120,000
재고자산	120,000	100,000
유형자산(순액)	400,000	360,000
	₩690,000	₩640,000
매입채무	₩100,000	₩120,000
장기차입금	200,000	200,000
보통주자본금(액면 ₩100)	280,000	240,000
이익잉여금	110,000	80,000
	₩690,000	₩640,000

20×3년의 추가정보는 다음과 같다

(1) 당기순이익은 ₩50,000이다.

(2) 외상매출액은 ₩820,000이고 매출에누리와 환입은 ₩40,000이다.

(3) 매출원가는 ₩396,000이다.

〈요구사항〉

20×3년에 대한 다음의 비율을 계산하라.

1. 유동비율
2. 당좌비율
3. 매출채권회전율
4. 재고자산회전율

[문제 5] 비율분석 – 유동성 비율(2) 〈난이도: 상〉

<사례 1>

다음 자료는 강북㈜의 재무제표에서 발췌한 자료이다.

	20×3	20×2
기말 매출채권(순액)	₩275,000	₩260,000
외상매출액(순액)	1,980,000	1,550,000

<사례 2>

다음은 한국㈜의 손익계산서로부터 추출한 자료이다.

	20×3	20×2
매　　출	₩3,210,000	₩3,120,000
기초재고	490,000	430,000
매　　입	2,170,000	2,330,500
기말재고	510,000	490,000

〈요구사항〉

1. 〈사례 1〉과 관련하여 연도별 매출채권회전율과 평균회수기간을 계산하라. 20×1년 말의 매출채권(순액)은 ₩240,000이다.
2. 〈사례 1〉의 자료에서 매출채권 관리에 대해 어떤 결론을 얻을 수 있는가?
3. 〈사례 2〉와 관련하여 연도별 재고자산회전율과 재고자산회수기간을 계산하라.
4. 〈사례 2〉의 자료에서 재고관리에 대해 어떤 결론을 얻을 수 있는가?

[문제 6] 비율분석 – 수익성 비율(1) 〈난이도: 중〉

다음은 강남㈜의 비교 재무제표에서 발췌한 자료이다. 재무상태표 자료는 기말 현재의 금액이다.

	20×3	20×2
매　　출	₩380,000	₩360,000
매출원가	240,000	220,000
이자비용	3,500	2,500
당기순이익	₩25,000	₩21,000
매출채권	60,000	50,000
재고자산	42,500	37,500
자산총계	₩290,000	₩250,000
자기자본	₩215,000	₩162,500

〈요구사항〉

20×3년에 대한 다음의 비율을 계산하라.

1. 매출액이익률
2. 총자산회전율
3. 총자산이익률
4. 자기자본이익률

[문제 7] 비율분석 – 수익성 비율(2) 〈난이도 : 중〉

한국㈜의 20×3년도 포괄손익계산서는 아래와 같다.

포괄손익계산서

제 5 기: 20×3년 1월 1일부터 12월 31일까지

한국㈜	(단위 : 천원)
매 출	₩200,000
매출원가	(115,000)
매출총이익	₩85,000
비용(이자비용 ₩16,000과 법인세비용 ₩24,000 포함)	(52,500)
당기순이익	₩32,500

〈추가정보〉

(1) 20×3년의 가중평균유통보통주식수는 30천주이다.

(2) 한국㈜의 2007년 평균 주가는 주당 1,300원이다.

(3) 현금배당은 ₩13,000이 지급되었고 이 중 ₩2,500은 우선주 주주들에 대한 몫이다.

〈요구사항〉

20×3년에 대한 다음의 비율을 계산하라.

1. 주당순이익
2. 주가수익비율
3. 배당성향
4. 이자보상비율

[문제 8] **종합(1)** 〈난이도 : 상〉

청주㈜의 비교 재무상태표는 아래와 같다.

비교 재무상태표

제 8 기: 20×2년 1월 1일부터 12월 31일까지
제 7 기: 20×1년 1월 1일부터 12월 31일까지

청주㈜ (단위 : 백만원)

	20×2년	20×1년
현 금	₩10,600	₩7,400
매출채권	42,400	46,800
재고자산	18,000	14,000
토 지	40,000	52,000
건 물	140,000	140,000
감가상각누계액	(30,000)	(20,000)
합 계	₩221,000	₩240,200
매입채무	20,740	62,200
보통주자본	150,000	138,000
이익잉여금	50,260	40,000
합 계	₩221,000	₩240,200

청주㈜의 20×2년 포괄손익계산서에는 ₩220,000의 매출액과 ₩120,000의 매출원가, ₩24,000의 당기순이익이 포함되어 있다.

〈요구사항〉

20×2년에 대한 다음의 비율을 계산하라.

1. 유동비율
2. 당좌비율
3. 매출채권회전율
4. 재고자산회전율
5. 매출액이익률
6. 총자산회전율
7. 총자산이익률
8. 자기자본이익률
9. 부채비율

[문제 9] **종합(2)** 〈난이도 : 상〉

진주㈜는 20×3년 12월 31일 화재로 인해 재무 기록이 일부 소실되었으나 다음과 같은 재무자료를 확인할 수 있었다.

	20×3	20×2
현 금	₩60,000	₩20,000
매출채권(순액)	145,000	252,000
재고자산	400,000	360,000
매입채무	100,000	180,000
장기차입금	60,000	120,000
보통주자본금(액면 ₩100)	800,000	800,000
이익잉여금	227,000	202,000

〈추가정보〉

(1) 재고자산회전율은 3.5배이다.

(2) 자기자본이익률은 24%이다. 회사에 추가적인 자본은 없다.

(3) 매출채권회전율은 8.8배이다.

(4) 총자산이익률은 24%이다.

(5) 20×2년 말 자산총계는 ₩1,210,000이다.

〈요구사항〉

다음의 값을 계산하라.

1. 20×3년의 매출원가
2. 20×3년의 순외상매출액
3. 20×3년의 당기순이익
4. 20×3년 말의 자산총계

Appendix

부 록

표 1 | 현재가치 이자율계수($PVIF$)

기간 (t)	t기 후에 받는 1원의 현재가치 $= 1/(1+r)^t$								
	이자율(r)								
	1%	2%	3%	4%	5%	6%	7%	8%	9%
1	0.9901	0.9804	0.9709	0.9615	0.9524	0.9434	0.9346	0.9259	0.9174
2	0.9803	0.9612	0.9426	0.9246	0.9070	0.8900	0.8734	0.8573	0.8417
3	0.9706	0.9423	0.9151	0.8890	0.8638	0.8396	0.8163	0.7938	0.7722
4	0.9610	0.9238	0.8885	0.8548	0.8227	0.7921	0.7629	0.7350	0.7084
5	0.9615	0.9057	0.8626	0.8218	0.7835	0.7473	0.7130	0.6806	0.6499
6	0.9420	0.8880	0.8375	0.7903	0.7462	0.7050	0.6563	0.6302	0.5963
7	0.9327	0.8706	0.8131	0.7599	0.7107	0.6651	0.6227	0.5835	0.5470
8	0.9235	0.8635	0.7894	0.7307	0.6768	0.6274	0.5820	0.5403	0.5019
9	0.9143	0.8368	0.7664	0.7026	0.6446	0.5919	0.5439	0.5002	0.4604
10	0.9053	0.8203	0.7441	0.6756	0.6139	0.5584	0.5083	0.4632	0.4224
11	0.8963	0.8043	0.7224	0.6496	0.5847	0.5268	0.4751	0.4289	0.3875
12	0.8874	0.7885	0.7014	0.6246	0.5568	0.4970	0.4440	0.3971	0.3555
13	0.8787	0.7730	0.6810	0.6006	0.5303	0.4688	0.4150	0.3677	0.3262
14	0.8700	0.7579	0.6611	0.5775	0.5051	0.4423	0.3878	0.3405	0.2992
15	0.8613	0.7430	0.6419	0.5553	0.4810	0.4173	0.3624	0.3152	0.2745
16	0.8528	0.7284	0.6232	0.5339	0.4581	0.3936	0.3387	0.2919	0.2519
17	0.8444	0.7142	0.6050	0.5134	0.4363	0.3714	0.3166	0.2703	0.2311
18	0.8360	0.7002	0.5874	0.4936	0.4155	0.3503	0.2959	0.2502	0.2120
19	0.8277	0.6864	0.5703	0.4746	0.3957	0.3305	0.2765	0.2317	0.1945
20	0.8195	0.6730	0.5537	0.4564	0.3769	0.3118	0.2584	0.2145	0.1784
21	0.8114	0.6598	0.5375	0.4388	0.3589	0.2942	0.2415	0.1987	0.1637
22	0.8034	0.6468	0.5219	0.4220	0.3418	0.2775	0.2257	0.1839	0.1502
23	0.7954	0.6342	0.5067	0.4057	0.3256	0.2618	0.2109	0.1703	0.1378
24	0.7876	0.6217	0.4919	0.3901	0.3101	0.2470	0.1971	0.1577	0.1264
25	0.7798	0.6095	0.4776	0.3751	0.2953	0.2330	0.1842	0.1460	0.1160
30	0.7419	0.5521	0.4120	0.3083	0.2314	0.1741	0.1314	0.0994	0.0754
40	0.6717	0.4529	0.3066	0.2083	0.1420	0.0972	0.0668	0.0460	0.0318
50	0.6080	0.3715	0.2281	0.1407	0.0872	0.0543	0.0339	0.0213	0.0134

이자율(r)										
10%	12%	14%	15%	16%	18%	20%	24%	28%	32%	36%
0.9091	0.8929	0.8772	0.8696	0.8621	0.8475	0.8333	0.8065	0.7813	0.7576	0.7353
0.8264	0.7972	0.7695	0.7561	0.7432	0.7182	0.6944	0.6504	0.6104	0.5739	0.5407
0.7513	0.7118	0.6750	0.6575	0.6407	0.6086	0.5787	0.5245	0.4768	0.4348	0.3975
0.6830	0.6355	0.5921	0.5718	0.5523	0.5158	0.4823	0.4230	0.3725	0.3294	0.2923
0.6209	0.5674	0.5194	0.4972	0.4761	0.4371	0.4019	0.3411	0.2910	0.2495	0.2149
0.5645	0.5066	0.4556	0.4323	0.4104	0.3704	0.3349	0.2751	0.2274	0.1890	0.1580
0.5132	0.4523	0.3996	0.3769	0.3538	0.3139	0.2791	0.2218	0.1776	0.1432	0.1162
0.4665	0.4039	0.3506	0.3269	0.3050	0.2660	0.2326	0.1789	0.1388	0.1085	0.0854
0.4241	0.3606	0.3075	0.2843	0.2630	0.2255	0.1938	0.1443	0.1084	0.0822	0.0628
0.3855	0.3220	0.2697	0.2472	0.2267	0.1911	0.1615	0.1164	0.0847	0.0623	0.0462
0.3505	0.2875	0.2366	0.2149	0.1954	0.1619	0.1348	0.0938	0.0662	0.0472	0.0340
0.3186	0.2567	0.2076	0.1869	0.1685	0.1372	0.1122	0.0757	0.0517	0.0357	0.0250
0.2897	0.2292	0.1821	0.1625	0.1452	0.1163	0.0935	0.0610	0.0404	0.0271	0.0184
0.2633	0.2046	0.1597	0.1413	0.1252	0.0985	0.0779	0.0492	0.0316	0.0205	0.0135
0.2394	0.1827	0.1401	0.1229	0.1079	0.0835	0.0649	0.0397	0.0247	0.0155	0.0099
0.2176	0.1631	0.1229	0.1069	0.0930	0.0708	0.0541	0.0320	0.0193	0.0118	0.0073
0.1978	0.1456	0.1078	0.0929	0.0802	0.0600	0.0451	0.0258	0.0150	0.0089	0.0054
0.1799	0.1300	0.0946	0.0808	0.0691	0.0508	0.0376	0.0208	0.0118	0.0068	0.0039
0.1635	0.1161	0.0829	0.0703	0.0596	0.0431	0.0313	0.0168	0.0092	0.0051	0.0029
0.1486	0.1037	0.0728	0.0611	0.0514	0.0365	0.0261	0.0135	0.0072	0.0039	0.0021
0.1351	0.0926	0.0638	0.0531	0.0443	0.0309	0.0217	0.0109	0.0056	0.0029	0.0016
0.1228	0.0826	0.0560	0.0462	0.0382	0.0262	0.0181	0.0088	0.0044	0.0022	0.0012
0.1117	0.0738	0.0491	0.0402	0.0329	0.0222	0.0151	0.0071	0.0034	0.0017	0.0008
0.1015	0.0659	0.0431	0.0349	0.0284	0.0188	0.0126	0.0057	0.0027	0.0013	0.0006
0.0923	0.0588	0.0378	0.0304	0.0245	0.0160	0.0105	0.0046	0.0021	0.0010	0.0005
0.0573	0.0334	0.0196	0.0151	0.0116	0.0070	0.0042	0.0016	0.0006	0.0002	0.0001
0.0221	0.0107	0.0053	0.0037	0.0026	0.0013	0.0007	0.0002	0.0001	–	–
0.0085	0.0035	0.0014	0.0009	0.0008	0.0003	0.0001	–	–	–	–

표 2 | 미래가치 이자율계수(*FVIF*)

현재 1원의 t기 후의 미래가치 $= (1+r)^t$

기간 (t)	이자율(r)								
	1%	2%	3%	4%	5%	6%	7%	8%	9%
1	1.0100	1.0200	1.0300	1.0400	1.0500	1.0600	1.0700	1.0800	1.0900
2	1.0201	1.0404	1.0609	1.0816	1.1025	1.1236	1.1449	1.1664	1.1881
3	1.0303	1.0612	1.0927	1.1249	1.1576	1.1910	1.2250	1.2597	1.2950
4	1.0406	1.0824	1.1255	1.1699	1.2155	1.2625	1.3108	1.3605	1.4116
5	1.0510	1.1041	1.1593	1.2167	1.2763	1.3382	1.4026	1.4693	1.5386
6	1.0615	1.1262	1.1941	1.2653	1.3401	1.4185	1.5007	1.5869	1.6771
7	1.0721	1.1487	1.2299	1.3159	1.4071	1.5036	1.6058	1.7138	1.8280
8	1.0829	1.1717	1.2668	1.3686	1.4775	1.5938	1.7182	1.8509	1.9926
9	1.0937	1.1951	1.3048	1.4233	1.5513	1.6895	1.8385	1.9990	2.1719
10	1.1046	1.2190	1.3439	1.4802	1.6289	1.7908	1.9672	2.1589	2.3674
11	1.1167	1.2434	1.3842	1.5395	1.7103	1.8983	2.1049	2.3316	2.5804
12	1.1268	1.2682	1.4258	1.6010	1.7959	2.0122	2.2522	2.5182	2.8127
13	1.1381	1.2936	1.4685	1.6651	1.8856	2.1329	2.4098	2.7196	3.0658
14	1.1495	1.3195	1.5126	1.7317	1.9799	2.2609	2.5785	2.9372	3.3417
15	1.1610	1.3459	1.5580	1.8009	2.0789	2.3966	2.7590	3.1722	3.6425
16	1.1726	1.3728	1.6047	1.8730	2.1829	2.5404	2.9522	3.4259	3.9703
17	1.1843	1.4002	1.6528	1.9479	2.2920	2.6928	3.1588	3.7000	4.3276
18	1.1961	1.4282	1.7024	2.0258	2.4066	2.8543	3.3799	3.9960	4.7171
19	1.2081	1.4568	1.7535	2.1068	2.5270	3.0256	3.6165	4.3157	5.1417
20	1.2202	1.4859	1.8061	2.1911	2.6533	3.2071	3.8697	4.6610	5.6044
21	1.2324	1.5157	1.8603	2.2788	2.7860	3.3996	4.1406	5.0338	6.1088
22	1.2447	1.5460	1.9161	2.3699	2.9253	3.6035	4.4304	5.4365	6.6586
23	1.2572	1.5769	1.9736	2.4647	3.0715	3.8197	4.7405	5.8715	7.2579
24	1.2697	1.6084	2.0328	2.5633	3.2251	4.0489	5.0724	6.3412	7.9111
25	1.2824	1.6406	2.0938	2.6658	3.3864	4.2919	5.4274	6.8485	8.6231
30	1.3478	1.8114	2.4273	3.2434	4.3219	5.7435	7.6123	10.063	13.268
40	1.4889	2.2080	3.2620	4.8010	7.0400	10.286	14.974	21.725	31.409
50	1.6446	2.6916	4.3839	7.1067	11.467	18.420	29.457	46.902	74.358
60	1.8167	3.2810	5.8916	10.520	18.679	32.988	57.946	101.26	176.03

이자율(r)										
10%	12%	14%	15%	16%	18%	20%	24%	28%	32%	36%
1.1000	1.1200	1.1400	1.1500	1.1600	1.1800	1.2000	1.2400	1.2800	1.3200	1.3600
1.2100	1.2544	1.2996	1.3225	1.3456	1.3924	1.4400	1.5376	1.6384	1.7424	1.8496
1.3310	1.4049	1.4815	1.5209	1.5609	1.6430	1.7280	1.9066	2.0972	2.3000	2.5155
1.4641	1.5735	1.6890	1.7490	1.8106	1.9388	2.0736	2.3642	2.6844	3.0360	3.4210
1.6105	1.7623	1.9254	2.0114	2.1003	2.2878	2.4883	2.9316	3.4360	4.0075	4.6526
1.7716	1.9738	2.1950	2.3131	2.4364	2.6996	2.9860	3.6352	4.3980	5.2899	6.3275
1.9487	2.2107	2.5023	2.6600	2.8262	3.1855	3.5832	4.5077	5.6295	6.9826	8.6054
2.1436	2.4760	2.8526	3.0590	3.2784	3.7589	4.2998	5.5895	7.2058	9.2170	11.703
2.3579	2.7731	3.2519	3.5179	3.8030	4.4355	5.1598	6.9310	9.2234	12.166	15.917
2.5937	3.1058	3.7072	4.0456	4.4114	5.2338	6.1917	8.5944	11.806	16.060	21.647
2.8531	3.4785	4.2262	4.6524	5.1173	6.1759	7.4301	10.657	15.112	21.199	29.439
3.1384	3.8960	4.8179	5.3503	5.9360	7.2876	8.9161	13.215	19.343	27.983	40.037
3.4523	4.3635	5.4924	6.1528	6.8858	8.5994	10.699	16.386	24.759	36.937	54.451
3.7975	4.8871	6.2613	7.0757	7.9875	10.147	12.839	20.319	31.691	48.757	74.053
4.1772	5.4736	7.1379	8.1371	9.2655	11.974	15.407	25.196	40.565	64.359	100.71
4.5950	6.1304	8.1372	9.3576	10.748	14.129	18.488	31.243	51.923	84.954	136.97
5.0545	6.8660	9.2765	10.761	12.468	16.672	22.186	38.741	66.461	112.14	186.28
5.5599	7.6900	10.575	12.375	14.463	19.673	26.623	48.039	85.071	148.02	253.34
6.1159	8.6128	12.056	14.232	16.777	23.214	31.948	59.568	108.89	195.39	344.54
6.7275	9.6463	13.743	16.367	19.461	27.393	38.338	73.864	139.38	257.92	468.57
7.4002	10.804	15.668	18.822	22.574	32.324	46.005	91.592	178.41	340.45	637.26
8.1403	12.100	17.861	21.645	26.186	38.142	55.206	113.57	228.36	449.39	866.67
8.9543	13.552	20.362	24.891	30.376	45.008	66.247	140.63	292.30	593.20	1178.7
9.8497	15.179	23.212	28.625	35.236	53.109	79.497	174.63	374.14	783.02	1603.0
10.835	17.000	26.462	32.919	40874	62.669	95.396	216.54	478.90	1033.6	2180.1
17.449	29.960	50.950	66.212	85.850	143.37	237.38	634.82	1645.5	4142.1	10143.
45.259	93.051	188.88	267.66	378.72	750.38	1469.8	5455.9	19427.	66521.	–
117.39	289.00	700.23	1083.7	1670.7	3927.4	9100.4	46890.	–	–	–
304.48	897.60	2595.9	4384.0	7370.2	20555.	56348.	–	–	–	–

표 3 | 연금의 현재가치계수(*PVIFA*)

*t*기까지 매기 1원을 지불하는 연금의 현재가치 = $[1-1/(1+r)^t]/r$

기간 (t)	이자율(r)								
	1%	2%	3%	4%	5%	6%	7%	8%	9%
1	0.9901	0.9804	0.9709	0.9615	0.9524	0.9434	0.9346	0.9259	0.9174
2	1.9704	1.9416	1.9135	1.8861	1.8594	1.8334	1.8080	1.7833	1.7591
3	2.9410	2.8839	2.8286	2.7751	2.7232	2.6730	2.6243	2.5771	2.5313
4	3.9020	3.8077	3.7171	3.6299	3.5460	3.4651	3.3872	3.3121	3.2397
5	4.8534	4.7135	4.5797	4.4518	4.3295	4.2124	4.1002	3.9927	3.8897
6	5.7955	5.6014	5.4172	5.2421	5.0757	4.9173	4.7665	4.6229	4.4859
7	6.7282	6.4720	6.2303	6.0021	5.7864	5.5824	5.3893	5.2064	5.0330
8	7.6517	7.3255	7.0197	6.7327	6.4632	6.2098	5.9713	5.7466	5.5348
9	8.5660	8.1622	7.7861	7.4353	7.1078	6.8017	6.5152	6.2469	5.9952
10	9.4713	8.9826	8.5302	8.1109	7.7217	7.3601	7.0236	6.7101	6.4177
11	10.3676	9.7858	9.2526	8.7605	8.3064	7.8669	7.4987	7.1390	6.8052
12	11.2551	10.5753	9.9540	9.3851	8.8633	8.3838	7.9427	7.5361	7.1607
13	12.1337	11.3484	10.6350	9.9856	9.3936	8.8527	8.3577	7.9038	7.4869
14	13.0037	12.1062	11.2961	10.5631	9.8986	9.2960	8.7455	8.2442	7.7862
15	13.8651	12.8493	11.9379	11.1184	10.3797	9.7122	9.1079	8.5595	8.0607
16	14.7179	13.5777	12.5611	11.6523	10.8378	10.1059	9.4466	8.8514	8.3126
17	15.5623	14.2919	13.1661	12.1657	11.2741	10.4773	9.7632	9.1216	8.5436
18	16.3983	14.9920	13.7535	12.6593	11.6896	10.8276	10.0591	9.3719	8.7556
19	17.2260	15.6785	14.3238	13.1339	12.0853	11.1581	10.3356	9.6036	8.9501
20	18.0456	16.3514	14.8775	13.5903	12.4622	11.4699	10.5940	9.8181	9.1285
21	18.8570	17.0112	15.4150	14.0292	12.8212	11.7641	10.8355	10.0168	9.2922
22	19.6604	17.6580	15.9369	14.4511	13.1630	12.0416	11.0612	10.2007	9.4424
23	20.4558	18.2922	16.4436	14.8568	13.4886	12.3034	11.2722	10.3741	9.5802
24	21.2434	18.9139	16.9355	15.2470	13.7986	12.5604	11.4693	10.5288	9.7066
25	22.0232	19.5235	17.4131	15.6221	14.0939	12.7834	11.6536	10.6748	9.8226
30	25.8077	22.3955	19.6004	17.2920	15.3725	13.7648	12.4090	11.2578	10.2737
40	32.8347	27.3555	23.1148	19.7928	17.1591	15.0463	13.3317	11.9246	10.7574
50	39.1961	31.4236	25.7298	21.4822	18.2559	15.7619	13.8007	12.2335	10.9617

이자율(r)										
10%	12%	14%	15%	16%	18%	20%	24%	28%	32%	36%
0.9091	0.8929	0.8772	0.8696	0.8621	0.8475	0.8333	0.8065	0.7813	0.7576	0.7353
1.7355	1.6901	1.6467	1.6257	1.6052	1.5656	1.5278	1.4568	1.3916	1.3315	1.2760
2.4869	2.4018	2.3216	2.2832	2.2459	2.1743	2.1065	1.9813	1.8684	1.7663	1.6735
3.1699	3.0373	2.9137	2.8550	2.7982	2.6901	2.5887	2.4043	2.2410	2.0957	1.9658
3.7908	3.6048	3.4331	3.3522	3.2743	3.1272	2.9906	2.7454	2.5320	2.3452	2.1807
4.3553	4.1114	3.8887	3.7845	3.6847	3.4976	3.3255	3.0205	2.7594	2.5342	2.3388
4.8684	4.5638	4.2883	4.1604	4.0386	3.8115	3.6046	3.2423	2.9370	2.6775	2.4550
5.3349	4.9676	4.6389	4.4873	4.3436	4.0776	3.8372	3.4212	3.0758	2.7860	2.5404
5.7590	5.3282	4.9464	4.7716	4.6065	4.3030	4.0310	3.5655	3.1842	2.8681	2.6033
6.1446	5.6502	5.2161	5.0188	4.8332	4.4941	4.1925	3.6819	3.2689	2.9304	2.6495
5.4951	5.9377	5.4527	5.2337	5.0286	4.6560	4.3271	3.7757	3.3351	2.9776	2.6834
8.8137	6.1944	5.6603	5.4206	5.1971	4.7932	4.4392	3.8514	3.3868	3.0133	2.7084
7.1034	5.4235	5.8424	5.5831	5.3423	4.9095	4.5327	3.9124	3.4272	3.0404	2.7268
7.3667	6.6282	6.0021	5.7245	5.4675	5.0081	4.6106	3.9616	3.4587	3.0609	2.7403
7.6061	6.8109	6.1422	5.8474	5.5755	5.0916	4.6755	4.0013	3.4834	3.0764	2.7502
7.8237	6.9740	6.2651	5.9542	5.6685	5.1624	4.7296	4.0333	3.5026	3.0882	2.7575
8.0216	7.1196	6.3729	6.0472	5.7487	5.2223	4.7746	4.0591	3.5177	3.0971	2.7629
8.2014	7.2497	6.4674	6.1280	5.8178	5.2732	4.8122	4.0799	3.5294	3.1039	2.7668
8.3649	7.3658	6.5504	6.1982	5.8775	5.3162	4.8435	4.0967	3.5386	3.1090	2.7697
8.5136	7.4694	6.6231	6.2593	5.9288	5.3527	4.8696	4.1103	3.5458	3.1129	2.7718
8.6487	7.5620	6.6870	6.3125	5.9731	5.3837	4.8913	4.1212	3.5514	3.1158	2.7734
8.7715	7.6446	6.7429	6.3587	6.0113	5.4099	4.9094	4.1300	3.5558	3.1180	2.7746
8.8832	7.7184	6.7921	6.3988	6.0442	5.4321	4.9245	4.1371	3.5592	3.1197	2.7754
8.9847	7.7843	6.8351	6.4338	6.0726	5.4509	4.9371	4.1428	3.5619	3.1210	2.7760
9.0770	7.8431	6.8729	6.4641	6.0971	5.4669	4.9476	4.1474	3.5640	3.1220	2.7765
9.4269	8.0552	7.0027	6.5660	6.1772	5.5168	4.9789	4.1601	3.5693	3.1242	2.7775
9.7791	8.2438	7.1050	6.6418	6.2335	5.5482	4.9966	4.1659	3.5712	3.1250	2.7778
9.9148	8.3045	7.1327	6.6605	6.2463	5.5541	4.9995	4.1666	3.5714	3.1250	2.7778

표 4 | 연금의 미래가치계수($FVIFA$)

기간 (t)	t기까지 매기 1원을 지불하는 연금의 미래가치 $= [(1+r)^t - 1] / r$								
	이자율(r)								
	1%	2%	3%	4%	5%	6%	7%	8%	9%
1	1.0000	1.0000	1.0000	1.0000	1.0000	1.0000	1.0000	1.0000	1.0000
2	2.0100	2.0200	2.0300	2.0400	2.0500	2.0600	2.0700	2.0800	2.0900
3	3.0301	3.0604	3.0909	3.1216	3.1525	3.1836	3.2149	3.2464	3.2781
4	4.0604	4.1216	4.1836	4.2465	4.3101	4.3746	4.4399	4.5061	4.5731
5	5.1010	5.2040	5.3091	5.4163	5.5256	5.6371	5.7507	5.8666	5.9847
6	6.1520	6.3081	6.4684	6.6330	6.8019	6.9763	7.1533	7.3359	7.5233
7	7.2135	7.4343	7.6625	7.8983	8.1420	8.3938	8.6540	8.9228	9.2004
8	8.2857	8.5830	8.8932	9.2142	9.5491	9.8975	10.260	10.637	11.028
9	9.3685	9.7546	10.159	10.583	11.027	11.491	11.978	12.488	13.021
10	10.462	10.950	11.464	12.006	12.578	13.181	13.816	14.487	15.193
11	11.567	12.169	12.808	13.486	14.207	14.972	15.784	16.645	17.560
12	12.683	13.412	14.192	15.026	15.917	16.870	17.888	18.977	20.141
13	13.809	14.680	15.618	16.627	17.713	18.882	20.141	21.495	22.953
14	14.947	15.974	17.086	18.292	19.599	21.015	22.550	24.215	26.019
15	16.097	17.293	18.599	20.024	21.579	23.276	25.129	27.152	29.361
16	17.258	18.639	20.157	21.825	23.657	25.673	27.888	30.324	33.003
17	18.430	20.012	21.762	23.698	25.840	26.213	30.840	33.750	36.974
18	19.615	21.412	23.414	25.645	26.132	30.906	33.999	37.450	41.301
19	20.811	22.841	25.117	27.671	30.539	33.760	37.379	41.446	46.018
20	22.019	24.297	26.870	29.778	33.066	36.786	40.995	45.762	51.160
21	23.239	25.763	28.676	31.969	35.719	39.993	44.865	50.423	56.765
22	24.472	27.299	30.537	34.248	38.505	43.392	49.006	55.457	62.873
23	25.716	28.845	32.453	36.618	41.430	46.996	53.436	60.893	69.532
24	26.973	30.422	34.426	39.083	44.502	50.816	58.177	66.765	76.790
25	28.243	32.030	36.459	41.646	47.727	54.865	63.249	73.106	84.701
30	34.785	40.568	47.575	56.085	66.439	79.058	94.461	113.28	136.31
40	48.886	60.402	75.401	95.026	120.80	154.76	198.64	259.06	337.88
50	64.463	84.579	112.80	152.67	209.35	290.34	406.53	573.77	815.08
60	81.670	114.05	163.05	237.99	363.58	533.13	813.52	1253.2	1944.8

이자율(r)										
10%	12%	14%	15%	16%	18%	20%	24%	28%	32%	36%
1.0000	1.0000	1.0000	1.0000	1.0000	1.0000	1.0000	1.0000	1.0000	1.0000	1.0000
2.1000	2.1200	2.1400	2.1500	2.1600	2.1800	2.2000	2.2400	2.2800	2.3200	2.3600
3.3100	3.3744	3.4396	3.4725	3.5056	3.5724	3.6400	3.7776	3.9184	4.0624	4.2096
4.6410	4.7793	4.9211	4.9934	5.0665	5.2154	5.3680	5.6842	6.0156	6.3624	6.7251
6.1051	6.3528	6.6101	6.7424	6.8771	7.1542	7.4416	8.0484	8.6999	8.3983	10.146
7.7156	8.1152	8.5355	8.7537	8.9775	9.4420	9.9299	10.980	12.136	13.406	14.799
9.4872	10.089	10.730	11.067	11.414	12.142	12.916	14.615	16.534	18.696	21.126
11.436	12.300	13.233	13.727	14.240	15.327	16.499	19.123	22.163	25.678	29.732
13.579	14.776	16.085	16.786	17.519	19.086	20.799	24.712	29.369	34.895	41.435
15.937	17.549	19.337	20.304	21.321	23.521	25.959	31.643	38.593	47.062	57.352
18.531	20.655	23.045	24.349	25.733	28.755	32.150	40.238	50.398	63.122	78.998
21.384	24.133	27.271	29.002	30.850	34.931	39.581	50.895	65.510	84.320	108.44
24.523	28.029	32.089	34.352	36.786	42.219	48.497	64.110	84.853	112.30	148.47
27.975	32.393	37.581	40.505	43.672	50.818	59.196	80.496	109.61	149.24	202.93
31.772	37.280	43.842	47.580	51.660	60.965	72.035	100.82	141.30	198.00	276.98
35.950	42.753	50.980	55.717	60.925	72.939	87.442	126.01	181.87	262.36	377.69
40.545	48.884	59.118	65.075	71.673	87.068	105.93	157.25	233.79	347.31	514.66
45.599	55.750	68.394	75.836	84.141	103.74	128.12	195.99	300.25	459.45	700.94
51.159	63.440	78.969	88.212	98.603	123.41	154.74	244.03	385.32	607.47	954.28
57.275	72.052	91.025	102.44	115.38	143.63	186.69	303.60	494.21	802.86	1298.8
64.002	81.699	104.77	118.81	134.84	174.02	225.03	377.46	633.59	1060.8	1767.4
71.403	92.503	120.44	137.63	157.41	206.34	271.03	469.06	812.00	1401.2	2404.7
79.543	104.60	138.30	159.28	183.60	244.49	326.24	582.63	1040.4	1850.6	3271.3
88.497	118.16	158.66	184.17	213.98	289.49	392.48	723.46	1332.7	2443.8	4450.0
98.347	133.33	181.87	212.79	249.21	342.60	471.98	898.09	1706.8	3226.8	6053.0
164.49	241.33	356.79	434.75	530.31	790.95	1181.9	2640.9	5873.2	12941.	28172.
442.59	767.09	1342.0	1779.1	2360.8	4163.2	7343.9	22729.	69377.	–	–
1163.9	2400.0	4994.5	7217.7	10436.	21813.	45497.	–	–	–	–
3043.8	7471.6	18535.	29220.	46058.	–	–	–	–	–	–

찾아보기

저자소개

신호영
Vassar College 경제학 학사
Columbia University 경영학 석사
동국대학교 대학원 경영학 박사
(현)한양대학교 경영대학 교수

이화득
한양대학교 경영학 학사
University of Washington 경영학 석사(MBA)
UCLA 경영학 박사
(현)한양대학교 경영대학 교수

고종권
서울대학교 경영학 학사
서울대학교 경영학 석사
서울대학교 경영학 박사(회계학전공)
(현)한양대학교 경영대학 교수

김우영
한양대학교 경영학 학사
한양대학교 경영학 석사
한양대학교 경영학 박사(회계학전공)
(현)동덕여자대학교 사회과학대 경영학과 교수

김종현
한양대학교 경영학 학사
한양대학교 경영학 석사
한양대학교 경영학 박사(회계학전공)
(현)한양대학교 경상대학 회계세무학과 교수

IFRS 회계원리 – 제4판

2020년 8월 17일 4판 발행
2021년 7월 15일 4판2쇄 발행

저 자 신호영 · 이화득 · 고종권 · 김우영 · 김종현
발행인 김광범
발행처 도서출판 **시대가치**
주 소 서울특별시 마포구 토정로 222, 422-1호(한국출판콘텐츠센터)
전 화 02)3152-2620
팩 스 02)6442-2621
등 록 2017년 3월 23일 제2018-000088호
이메일 kgb9136@hanmail.net

ISBN 979-11-89607-33-3 93320

정 가 33,000원

이 도서의 국립중앙도서관 출판예정도서목록(CIP)은 서지정보유통지원시스템 홈페이지(http://seoji.nl.go.kr)와 국가자료종합목록 구축시스템(http://kolis-net.nl.go.kr)에서 이용하실 수 있습니다. (CIP제어번호 : CIP2020031389)